国家开放大学开放教育·现代物业管理专业系列教材

2007年度国家精品课程（网络教育）教材
首届全国广播电视大学省建优质课程教材

Property Management Practice Ⅰ

物业管理实务Ⅰ

主　编　黄安心

广东高等教育出版社
Guangdong Higher Education Press
·广州·

图书在版编目（CIP）数据

物业管理实务Ⅰ/黄安心主编. —广州：广东高等教育出版社，2022.3（2024.8 重印）
（国家开放大学开放教育·现代物业管理专业系列教材）
ISBN 978-7-5361-7160-2

Ⅰ. ①物… Ⅱ. ①黄… Ⅲ. ①物业管理-开放大学-教材 Ⅳ. ①F293.347

中国版本图书馆 CIP 数据核字（2021）第 247638 号

WUYE GUANLI SHIWU Ⅰ

出版发行	广东高等教育出版社 地址：广州市天河区林和西横路 邮编：510500 电话：（020）87551597 http://www.gdgjs.com.cn
印 刷	东莞市雅达彩印有限公司
开 本	787 毫米×1 092 毫米 1/16
印 张	20
字 数	412 千
版 次	2022 年 3 月第 1 版
印 次	2024 年 8 月第 2 次印刷
定 价	52.00 元

内容提要

本教材是物业管理专业核心必修课教材，旨在培养物业管理服务人员基本理论素质和基本业务实操技能。内容选择与教学栏目设计主要针对开放教育物业管理专业专科、高职高专物业管理专业学生，以及物业服务企业中层、基层管理人员的专业素质和综合管理能力培养的实际需要来编写。教材主要介绍物业管理的基本理论知识（第一章至第三章）、主要业务领域实务工作（第四章至第六章）和与物业管理工作相关的实务知识（第七章至第十二章）。主要内容有：物业管理概述、物业服务企业、管理团体和管理规约、前期物业管理服务、物业综合管理服务、物业经营管理、物业管理的招标与投标、物业管理经费与财务管理、物业服务企业的人力资源管理、物业管理区域社区文化建设、物业管理服务质量与考评、物业管理现代化等。

本教材可作为开放教育物业管理专业专科和高职高专院校物业管理专业或相关专业主要的文字教材使用，也可以作为物业服务企业员工培训和职业技能鉴定培训教材使用。

序

物业管理服务是一个新兴服务行业。20 世纪 80 年代，专业化的物业管理模式被引进我国以来，物业管理已渗透城市各个不同类型的物业领域，从新建的住宅区到旧城区、商业楼宇、办公楼宇及工业厂房、仓库，从政府大楼到道路广场，等等，乃至发达地区乡村，到处都有物业服务。

与此同时，物业管理行业也在迅速发展。《2020—2025 年中国物业管理行业调研及高质量发展战略咨询报告》显示，截至 2019 年年底，国内物业服务企业数量约为 13.4 万家，物业服务行业从业人员约为 1 079.6 万人，市场规模约为 8 206 亿元，行业净利率约为 10.12%，行业在管规模突破 330 亿平方米。形成包括房屋及相关设施设备维修养护、保安、环境清洁、绿化养护、居民服务等系列化的配套管理服务。物业服务行业将在经营理念、管理手段、服务创新、人力资源管控模式、产业链上出现新的发展趋势，包括互联网与物业服务行业深度融合，物业服务行业集中度稳步提升，物业服务行业价值稳步兑现，等等。物业管理在房地产业与其他服务业相结合的基础上，已经发展成为与我国经济社会协调发展、与广大人民生活和工作息息相关的一个相对独立的新兴行业。

物业行业的崛起，一方面填补了城镇社区公共服务的空白，另一方面由于其行业素质与市民生活极不匹配，素质亟待提高。我国物业企业职工队伍的专业素质和管理能力远不能满足行业发展的需要。在美国，具有高等教育水平的注册物业经理占比高达 94%，物业企业形成了高度专业化的职工队伍。与之形成鲜明对比的是，2013 年发布的《物业管理行业发展报告》显示，在我国物业行业的从业人员中，中专及以下学历所占比例约为 84%，本科及以上学历人员占比为 6%，持有物业管理师执业资格的人员仅占 0.7%。这种学历及执业资格结构状况至今没有多大改变。因此，加大物业管理人才培养，形成稳定的物业服务企业人才梯队，优化物业管理行业从业人员整体素质尤为重要且紧迫。

从20世纪90年代中期开始，我国已有少数高等学校尝试在大专层次上开办物业管理专业。2003年教育部公布的高职高专专业目录中，已经把物业管理列为公共事业类的正式专业。国家开放大学（原中央广播电视大学）决定从2003年春季开始，与广州开放大学（原广州市广播电视大学）合作，在教育部人才培养模式改革与开放教育试点中开设全国共享物业管理专业，利用开放大学（广播电视大学）办学系统覆盖面广、网络条件好、多媒体教学手段好、数字化学习资源丰富的优势，在全国范围内大规模培养物业管理的专业人才，这对加快我国物业管理人才培养的步伐起到了重要作用。目前国家开放大学已累计培养物业管理人才5万余名，是全国单个学校培养物业管理人才最多的高校。

物业管理是一个涉及知识领域十分广泛的行业，其管理的对象是物业，而服务的对象是人，即物业的业主和非业主使用人。因此，物业管理企业的管理人员不仅要有房屋建筑、给水排水、机电设备、局域网络系统等工程技术方面的知识，同时也需要管理学、经济学、心理学、社会学、法学、政治学等方面的知识，不但要有物业管理岗位专业技能，更要有参与社区治理相关政策的水平和能力。因此，物业管理从业人员不但要具备多个学科交叉的综合知识素质，还要有活动组织、文案策划、沟通协调、运营管理、控制情绪与抗压、危机应对等能力。这些素质和能力不是通过简单的企业内部培训就能获得的，而是需要由良好的专业教育来培养的。

《物业管理实务Ⅰ》是开放教育专科（高职教育）物业管理专业核心必修课教材，兼有基本理论和基本业务实务，对物业管理专业人才专业素质和职业价值观的形成有着不可替代的作用。因此编好此教材，意义重大。自2003年出版第1版、2006年出版第2版、2011年出版第3版、2020年出版第4版以来，我国物业管理行业发展迅速，特别是新型冠状病毒肺炎疫情发生以来，物业服务企业在疫情防控中所表现出来的英雄事迹和无可替代的重要地位作用，被党和政府以及全国人民充分认可，各级党委、政府越来越重视社区治理体系中物业管理的地位与作用；《中华人民共和国民法典》、各地重新修订的“地方物业管理条例”等相关政策法规的出台，促使物业服务管理制度日益完善；同时，理论创新发展不断推进，教学成果不断产生。这些因素为教材的改编创造了良好条件。值得一提的是，本课程在2007年被评为全国高校物业管理学科专业第一门国家精品课程，本教材还获得广州市教材二等奖，以本课程建设立项的教育改革项目获得广东省教学成果二等奖，等等。

本教材在编写过程中，吸取其他已出版的物业管理专业教材的优点，形成了自身的特点。

一是知识理论先进。本教材吸收和融会了近年来物业管理新的理论研究成果。如将物业管理学科性质定位为以公共管理为根本属性，并兼有经营管理属性；以建筑物区分所有权理论分析业主的权利，区分所有建筑物所有权人的管理团体和管理规约；以委托代理理论分析物业管理服务合同的订立；以公共管理理论分析物业管理的实质；“小物业管理”向城市服务“大物业管理”转型发展；物业管理融入社区治理并成为社区治理的重要基础；以固定资产管理理论展望了物业管理发展的前景。

二是教学功能明确。围绕培养岗位能手型物业管理人才，充分发挥课程的理论素养和业务技能培养的功能，强调理论知识够用，业务流程和方法到位，知识融会贯通，知识模块选择恰当，知识层次定位准确，适应高职高专层次学生的学习需要。

三是学习方式开放。本教材充分考虑到开放教育和现代信息技术运用广，互联网发达，学生学习要求灵活、学习自主性强等特点，在教材和多媒体资源建设上开发有网络课程。教材每章设有学习目标、学习概要、本章小结、案例分析、问题思考等栏目，并配有开放学习指导和在线学习资源，进一步帮助大家解决问题。

四是采取码书码课的方式。本课程制作了40个系列微视频，其中有1个导学微视频，39个分知识点微视频，对课程内容进行重点讲授，学习者通过手机扫码即可观看视频进行学习。

本教材由国家开放大学、广州开放大学共享物业管理专业负责人及本课程组长黄安心教授担任主编。

在编写过程中，得到了广州开放大学，国家、省、市物业管理专家的大力支持，如广州开放大学熊军校长、孙彬副校长，原国家开放大学副校长李林曙等。武汉理工大学李晨辉教授担任本教材的主审，暨南大学管理学院马建会博士、广州珠江酒店管理公司杨戟高级工程师参加了本教材的审定工作并提出了大量中肯意见，陈少芬、陈妍、刘慧、黄澜屿、梅汉荣等参加了资料收集整理工作，在此深表感谢。

由于时间仓促，编者水平有限，书中尚有不当之处，恳请各位专家、教师、读者指正。

编 者
2022年1月26日

目　录

第一章　物业管理概述

【学习目标】

了解：物业管理的作用；物业管理的产生和发展；中国物业管理的产生和发展。

掌握：物业的含义和属性；物业管理的含义和基本特征。

识记：物业管理的业务范围；物业管理的基本环节。

【学习概要】

从本章开始连续三章（第一章至第三章）将学习物业管理的基本理论知识，包括物业管理概述、物业服务企业、管理团体和管理规约。

本章主要介绍物业管理的基本范畴——物业及物业管理。首先介绍物业及物业管理的概念，理解物业的属性和物业管理的基本特征，以便对物业管理有一个初步的认识。然后从物业管理行业的历史发展进程的纵向角度认识物业管理行业的大致情况。最后，结合物业管理工作流程的主要环节，介绍物业管理工作的业务范围和主要任务，从而了解物业管理工作的全貌。

通过本章的学习，了解物业管理的产生和发展情况；从物业管理专业角度重新认识物业及物业管理的含义与性质；对物业管理的内容、物业管理的基本环节有一个总体认识。

第一节　物业管理概念

一、物业的含义和属性

（一）物业的含义

“物业”一词源于我国的港澳地区和东南亚一带的国家。“物业”一词译自英语

“property”或“estate”。“property”的意思是财产、资产（包括无形资产)、所有物、所有权、房地产等；而“estate”意为财产、不动产、阶层等，并有产权的含义，但不包括无形资产。这两个单词都属于较为广义的范畴。

物业及其属性

从物业管理的角度来说，物业是指正在使用或可投入使用的各类建筑物及其附属设备、配套设施、相关场地等。其内容包括：一是房屋建筑物，即已建成并具有使用功能的各类可供居住和非居住的房屋。二是配套设施设备，指与这些房屋相配套的机电设备，如电梯、空调、水泵、消防设备等；相关的公用设施，包括给排水管道、道路、电话线、网线、游泳池等。三是附属场地，指绿化地、停车场、文体活动及游憩场地。

（二）物业的属性

1. 物业的自然属性

（1）构成内容上的二元性。

物业是房屋建筑与土地的统一体，土地是物业的直接构成要素，对物业来说，土地是不可以分割的，这种构成内容上的二元性便体现在物业的属性中。

（2）空间上的不可移动性。

由于土地是物业的直接物质构成要素，决定了物业在空间位置上的不可移动性，房屋与土地构成一个有机整体。土地不可移动，就意味着房产不可移动，那么与房产配套的设施，如管道、道路、电缆等也不可移动。物业所具备的这种“不动产”性质，使其成为一种有别于其他商品的特殊商品。

（3）使用寿命的长期性。

物业使用寿命上的长期性反映在两个方面：一是构成物业基础的土地使用权的长期性。根据国家有关规定，对于不同用途的土地，其使用权出让的年限也不同，一般为几十年。二是土地上建筑物使用寿命的长期性，一个建筑物在正常情况下，使用寿命可达几十年甚至更长，可供人们长期使用。

（4）形式上的多样性。

不同建筑物的功能不同、位置不同、环境条件不同，形成了物业形式上的多样性，一般物业都有高、中、低档之分，在建筑材料、建筑风格、空间布局上，都会随着时代变化而各具特色，坐落在不同区位的物业，其形式上也是有区别的。物业环境是城市环境的一部分，它包括自然环境、人工环境和社会环境，为了更好地适应和利用这些环境条件，物业在形式上也有所不同。总之，物业在类别、品种、规格、结构、式样、外观等方面，都存在着某些不同之处，从而导致物业形式上的多样性。

2. 物业的经济属性

物业的基本经济属性是商品。随着经济体制改革的不断深化，物业的商品属性越来越被人们所认识，物业的经济价值和使用价值，只有通过市场的交易活动（物业的买卖、租赁、抵押，土地使用权的出让、转让等）才能得以实现。物业的开发建设、经营管理活动等都是市场经济活动，价值规律是最基本的经济活动规律。按照价值规律的要求和等价交换的原则，物业的商品化通过其生产、经营、交换、分配、消费等各个环节表现出来。凡是从事物业开发与经营活动的企业，都应当是商品生产的独立行业，其全部经济活动都应纳入市场经济轨道，实行企业化经营。因此，物业要实现完全的商品化运作，必须具备以下条件：有明确的、独立的、完整的物业制度；有能够独立进行物业生产经营管理的行为；有健全的物业经济活动运行机制；有能够进行物业交换活动的完整市场。

3. 物业的权属性质

物业的权属性质包括物业的所有权，其性质集中反映在物权的关系上。

物业所有权是房地产物权中的核心权利，是物业所有者在法律规定的范围内对物业所拥有的占有、使用、收益和处置的权利，其他物权皆源于此。物业所有权具有绝对性、永久性和排他性等法律特征。

物业使用权是在推行所有权的两权分离制度以后形成的一种物权，是对物业加以利用和获得收益的权利。物业使用属于收益物权，它包括土地使用权和房屋承租权。

二、物业管理的含义及其基本特征

（一）物业管理的含义

综观国内外物业管理活动的实践，物业管理有广义与狭义之分。

广义的物业管理泛指受业主委托所进行的，开展旨在对物业合理使用和保值、增值而提供的服务与经营活动。

狭义的物业管理主要指物业服务企业接受业主的委托，按照物业服务合同的约定，对房屋及配套的设施设备和相关场地进行维修、养护、管理，维护相关区域内的环境卫生和秩序的活动。

物业管理的含义及特征

本教材所使用的物业管理概念，主要指狭义的物业管理范畴。当然，物业不一定需要委托物业服务企业来管理，《中华人民共和国民法典》（以下简称《民法典》）第二百八十四条规定：“业主可以自行管理建筑物及其附属设施，也可以委托物业服务企业或者其他管理人管理。”

无论是物业服务企业还是其他管理人，最终提供的都应当是专业的物业服务管理。本教材讨论的物业管理范畴仅指专业的物业服务管理。

（1）物业管理是由业主通过选聘物业服务企业或其他管理人的方式提供的专业的物业管理活动，就法律属性而言，物业管理是具有中介性质的委托管理，通过一定的契约，规定相关各方的责任、权利和义务。物业服务企业根据物业服务合同的约定提供物业管理服务，物业服务者行使的只是对特定物业的管理服务权，业主根据物业服务合同交纳相应的物业费。双方是平等的民事法律主体，业主是物业管理的权力主体，而物业服务企业是受委托的管理与服务主体。

（2）物业管理的对象是物业，是指已建成投入使用的各类建筑物及其相关的设施设备和场地；物业管理的服务对象是人，即物业的所有人和使用人；物业管理维护的对象是行为，一种符合法律和道德要求的，为大多数业主和使用人认可的物业使用行为。

（3）物业服务企业提供的是有偿服务产品。提供服务的主体可以是物业服务企业或其他管理人，物业服务产品的提供需要一定的物质条件，主要是通过物业管理人员的劳务活动来实现。因此物业服务提供者要有合法的组织形式，具备一定的条件才能提供物业服务。物业服务企业是依法登记的法人企业，可以提供物业服务。其他管理人应当具备法人资格或由法律法规认可、许可从事物业管理服务活动，如老旧物业区域、城中村物业区域在不具备专业物业管理时可以由业主组织自主管理，但必须经城市主管部门许可或确认其管理资格，物业管理服务人员特别是特殊岗位人员必须应当依法取得相应的职业技术资格证书。

（4）物业管理的目标是发挥物业的最大使用功能，并使其保值、增值，为物业所有人和使用人创造整洁、文明、安全、舒适的生活和工作环境，最终实现社会效益、经济效益、环境效益的统一和同步增长。

（二）物业管理的基本特征

1．物业管理的业主主导化

物业管理的权力来源于业主，而物业服务企业所进行的物业管理活动，仅是一种由业主委托授权，在合同约定的框架内，对房屋的共用部分及其配套的设施设备和相关场地提供的一种服务。

“共有”是指两个或两个以上业主对同一物业的共同拥有。共有是物业所有权的确定，是产权关系的概念；共用是指多个业主共同使用同一部位或设施设备。在物业管理日常习惯中，已将“共用”代替“共有”使用，但“共有”有时还不一定能“共用”，例如，由于房屋结构关系，某些天台仅能供一位业主独立使用。

2．物业管理社会化

物业管理社会化是指物业管理将分散的社会工作集中起来，统一承担，除了房屋及机电设备的维修养护外，诸如清洁、绿化、秩序维护等关系到人们日常生活及物业正常使用的，都可能委托物业服务企业来承担。每位业主只需面对一家物业服务企业，而不需要去面对不同的专业公司，这样既方便了业主，又便于统一管理，这是提高整个城市管理水平和社会化程度的重要措施，物业管理的出现有利于发挥物业的整体功能，实现经济效益、社会效益、环境效益的统一和综合改善。

3. 物业管理专业化

物业管理专业化是指由专门的物业服务企业通过委托合同的签订，按照业主和使用人的意图，提供专业的管理服务。

物业服务企业是由社会专业分工的细化而产生的专门提供物业管理服务的组织机构。为便于统一管理，物业管理将有关的各项专业管理都纳入了物业服务企业的业务范围内。物业服务企业可以通过设置专门的职能部门来从事相应的管理服务业务，配备诸如机电设备、空调、电梯、给水与排水、房屋检测与维修等多方面的专业人才，并有专门的管理工具和方法。按照《民法典》第九百四十一条规定："物业服务人将物业服务区域内的部分专项服务事项委托给专业性服务组织或者其他第三人的，应当就该部分专项服务事项向业主负责。物业服务人不得将其应当提供的全部物业服务转委托给第三人，或者将全部物业服务支解后分别转委托给第三人。"即物业服务企业是可以将专项服务事项委托给专业性服务组织或其他第三人的，例如，环境卫生可以委托给专业清洁公司，机电设备的保养可以委托给专业机电设备维修公司。这些专业公司的出现反映了物业管理服务行业分工的进一步细化。服务领域的进一步专业化，可以使业主享受到成本更低而服务水平更高的专业化服务。

三、物业管理的业务范围

物业管理业务涉及范围相当广泛，包含一切旨在对物业进行维护保养，使之保持完好状态，符合正常使用功能所进行的活动。业主可以采取自己管理、委托不同的专业服务公司管理、选聘物业服务企业管理等方式管理物业。《中华人民共和国物业管理条例》（以下简称《物业管理条例》）第二条所称的物业管理，是指"业主通过选聘物业服务企业，由业主和物业服务企业按照物业服务合同约定，对房屋及配套的设施设备及相关场地进行维修、养护、管理，维护相关区域内的环境卫生和相关秩序的活动"。根据以上的定义，结合我国物业服务企业多年来的实践，物业管理的业务范围可以分为以下两大类。

（一）物业服务区域公共服务

物业服务区域公共服务是一项基本的业务，是物业服务企业面向所有业主和使用人提供的最基本的服务，其目的是确保物业的正常使用和及时养护、维修，保证正常的生活工作秩序和净化、美化生活工作环境。公共服务是物业服务区域内所有的业主和使用人每天都能享受到的，其具体内容与要求由业主和物业服务企业在物业服务合同中约定，但应满足对物业进行维修养护、管理，对相关区域内的环境卫生和秩序进行维护的基本要求。

1．物业共用部位的维修、养护和管理

物业共用部位包括本体建筑物的共有部分、附属建筑物、配套建筑物以及文体活动、游憩场地、停车场等相关场地，如房屋的承重结构、房屋主体结构、公共厅门、公共走廊、公共楼梯间、内天井、户外墙面、屋面、传达室等。物业服务企业须对这些共用部位进行养护、维修和管理，使房屋及相关设施场地得到及时的维护和修缮，保持和充分发挥它们的使用功能，并在业主装修房屋前，履行告知义务，把相关禁止行为和注意事项告知业主。

2．物业共用设施设备的运行、维修、养护和管理

物业共用设施设备，主要包括绿地、道路、化粪池、上下水管道、落水管、水箱、加压水泵、电梯、天线、共电线路、通信线路、照明、锅炉、供热线路、供气线路、消防设施、绿化、道路、污水井、雨水井、垃圾中转站、水泵、电梯、信报箱、消防设施、公共照明设施、监控设施、避雷设施、共用天线、机动车库、露天停车场、非机动车库、共用设施设备用房、物业管理用房等。商用物业共用设施设备，还包括通风空调设施、备用电源设施、沟渠、池井、公益性文体设施和使用专用设施设备的房屋。

《物业管理条例》明确规定，物业管理区域内，供水、供电、供气、供热、通信、有线电视等单位应当向最终用户收取有关费用。对于居住物业而言，最终用户就是各单元住宅的业主或使用人。因此，单元住宅外的设施运行、维护管理也归各个相关的公用事业单位负责，居住物业中所有相关设备都交给这些部门，解决了困扰物业服务企业多年的设备运行、管理维护、损耗负担、业主分摊费用等烦琐而又容易发生矛盾的问题。但物业内的水泵房，并不属于供水部门规定的配套设施，因此，二次供水、公共用电、用水等设备的运行、维修、管理、更新仍由业主负责。

至于商业物业、工业物业和其他物业，由于多方面的原因，公用事业单位向最终用户收费，并承担相关设施设备运行、维修、管理责任的问题还未完全解决。

共用设施设备和配套设施设备是两个不同的概念，只有产权为区分所有权人共用的设施设备才能称为共用设施设备，而配套设施不一定为共用设施，可能为某一业主专有，但在物业管理区域中不能随意改变其用途。

在共用设施设备中，为满足业主正常生活需要的运行费用，如电梯运行费、楼梯灯、路灯的电费及二次供水的电费、人工喷泉、溪流水电费等同样应由业主来缴纳。

3．环境卫生

物业管理中的环境卫生是为了净化物业环境而进行的服务工作，基本要求是：物业环境卫生设施完备，设有垃圾箱、垃圾中转站等保洁设备；实行标准化的清扫保洁、垃圾日产日消；不得违反规定饲养家禽、家畜；房屋的公共楼梯、扶栏、走道、地下

室等保持清洁，不得堆放杂物和占用；居民日常生活所需商业网点管理有序，无乱设摊点、广告牌，乱贴、乱画现象，保持雨污水管道的通畅排泄；等等。

4. 公共绿化的养护管理

物业区域内的公共绿化、庭院绿地和道路两侧绿化合理分布，花坛、树木、建筑小品配置得当。对栽培物应适时修剪、除杂草、施肥、除虫害，确保栽培物正常生长。

5. 交通秩序与车辆停放管理

保证物业区域内道路通畅，公交车辆管理运行有序，无乱停、乱放机动车与非机动车的现象。

6. 公共秩序维护和安全防范的协助管理

主要协助有关部门做好以下工作：物业区域内实行24小时安保制度；保安人员有明显标志，工作规范，作风严谨；危及住户安全之处有明显标志和防范措施；物业区域内无重大火灾、刑事犯罪和交通事故，保障业主的生命和财产安全，生活、工作环境安静，对物业管理区域违反有关治安、环保、物业装饰、装修和使用等法律法规的行为加以制止，并及时向有关行政管理部门报告；发生安全事故及时采取应急措施，并及时向有关行政部门报告，协助做好救助工作；等等。

7. 房屋共用部位、共用设施专项维修资金计划管理

物业服务企业接受业主、业主委员会委托，对专项维修资金的使用做出计划安排。

8. 物业档案资料的管理工作

物业档案资料包括业主和使用人的基本资料、物业建筑物与附属场地基本资料、公共设施设备的基本资料三大类。物业档案资料是在物业建设、租售、使用和管理过程中直接生成的，具有保存和使用价值的历史记录。物业档案资料的建立主要是通过收集、整理、分类存档和建立相关管理制度，保持物业资料的现实性。

（二）物业经营性服务

物业经营性服务包括专项服务和针对性服务。专项服务一般是指能通过专业商家规模经营方式提供的商业服务，并在专门的营业场所交易的项目。如在“店”“场”“所”“室”等物业服务区域内进行的商业服务场所交易项目，其内容很多。针对性服务是指以个别委托的中介服务或劳务服务提供无固定交易场所的交易活动。

1. 专项服务

专项服务是指住户（业主）对某些能形成经营规模或批量需要，能支撑商户经营的服务项目，主要是可市场化经营的专项服务项目，包括了衣、食、住、行、娱乐、购物等各方面，下面列举一些服务项目。

（1）衣着方面。如服装洗涤服务，服装裁剪、制作服务。

（2）饮食方面。如酒店、餐饮等服务，音乐茶社、咖啡屋等便民服务。

（3）居住方面。如房屋装潢、房屋修缮、搬家服务等。

（4）文体娱乐方面。如棋牌社、读书社，影视、歌舞、健身活动，游泳、球类体育活动等。

（5）购物方面。通常有传统的线下购物便利项目和电子商务在线生活服务项目两类。

2. 针对性委托服务

针对性委托服务项目主要有家政服务和资产经营服务两种。

（1）家政服务。

家政服务为广大家庭提供了保姆、护理、保洁、物流配送、家庭管理等方面全方位的服务。家政服务涉及20多个门类，200多个服务项目。为适应市场需求的多样性特点，家政服务也呈现出多样化发展态势。传统的保洁、搬家、保姆等项目不断细分，月嫂、陪护、聊天、养老、保健等服务不断成为家政服务的主要内容。

（2）资产经营服务。

资产经营服务为业主提供租赁、理财、保险等资产经营服务，如出租服务、产权交易中介，利用物业服务区域资源进行广告位出租服务，物业服务区域临时停车时的车辆看管服务和场地出租服务，等等。

以上两类服务业务项目相互促进、相互补充。公共服务是物业管理的基础工作，任何物业服务企业要树立企业形象，均必须努力完成好这项业务，为企业的物业管理服务打下扎实的基础；经营性服务，是物业管理服务在其基础工作上的进一步拓展，从深度和广度上进一步满足业主和使用人的需求。

四、物业管理的作用

物业作为房地产开发建设过程中的最终产品，也是物业管理的主要物质对象，城市物业是城市居民生存、活动和安居乐业的重要空间，更是一个城市立体形象的物质载体和主体，物业相对于一般的商品而言建造所需时间相对较长，而使用和管理过程都是开发时间的几十倍乃至更长。因此，物业管理对于物业保值与增值，促进社会进步、政治文明、经济发展和环境建设等方面具有十分重要的作用。

（一）完善的物业管理可以使物业保值、增值

房屋建设“三分在建、七分在管”，如果疏于管理，就会令房屋的使用功能过早损坏，建筑格局遭到破坏，使社会财产折旧加速，使用寿命偏短。实行物业管理可以有效地减少这种现象，其通过不断地追加劳动（如房屋设备维修、养护、室内外装修等），不仅能使物业处于良好运行状态，而且可以提高物业的档次和适应性，实现保值、增值。因此，无论是在国内还是国外，使物业保值、增值是对物业管理的最基本

要求。

（二）物业管理改善人民群众的居住条件，提高人民群众的居住质量

随着人民生活水平的不断提高，群众的居住观念已经发生了很大变化，房屋不再仅仅是“大庇天下之寒士”的栖身之所，而是人们精神的需求。人们在购房时，除了考虑房屋面积、功能、设施外，还要考虑外部环境。

物业管理的目的是为业主创造一个整洁、舒适、安全、平静、优雅的工作和生活环境。良好的物业管理，能把优美的环境和高雅的文化融合在一起，使人们不仅能得到物质生活上的满足，还能使情操得到陶冶，精神得到享受。

（三）物业管理是社区和谐发展的“稳定器”

住宅物业管理的实质是一种住宅文化的推广。物业管理建立了一种新型的社区文化，营造一个有利于人与人沟通、人与自然和谐、人与文化融通的居住空间。舒适的文化环境和生态环境，良好的居住和工作环境不仅可以使人减少烦恼、焦躁、矛盾、摩擦，减少危害社会的不轨行为，还有助于形成互助、互谅的社会风气，促进人们积极上进。这一切都是社会稳定、经济增长和城市发展所必须具备的前提条件，也是社区和谐发展的“稳定器”。

我国正处于经济转型期，各种社会矛盾、人口老龄化等给社会稳定带来不少的压力，从国外特别是西方发达国家的发展规律来看，越是经济处于转型期或高速发展的繁荣期，重大刑事案件发生的概率亦越大。要维护社会稳定，创造管理有序、环境优美、治安良好、生活便利的居住环境，必须下大力气做好物业管理。

（四）有利于改善经济结构和扩大就业

第三产业或服务业在现代产业结构中发挥着重要的支撑作用，保障了第一、第二产业的发展。据统计，2020 年第一产业的 GDP 贡献率为 9.5%，第二产业的 GDP 贡献率为 43.3%，第三产业的 GDP 贡献率为 47.3%。物业管理作为一个新兴服务行业，不但成为服务业的重要支柱，而且为社会提供了更多的就业机会，物业管理行业发展需要的人才很多。管理人员和技术人员构成物业服务企业的两大类人员，此外，随着社会经济的发展和物业管理行业的进一步完善，又出现了若干热门的职业岗位，如市场拓展人员、网络工程师、复合型维修工、企业文化经理、信息主管等，为社会提供更多就业岗位。除物业服务企业本身对从业人员的需求外，与物业管理相配套的各种服务项目，对就业人员的需求量更大。物业管理的配套服务项目涉及各行各业，一方面，方便了物业区域内的业主和物业使用人员；另一方面，为社会提供了很多就业的机会，这对于扩大就业、缓解就业压力，无疑起到十分积极的作用。

（五）有利于推动社区文化建设

随着住宅商品化改革力度的加大，房屋的产权呈现多元化趋势，社会结构发生了

巨大的变化，大量的社会事务和问题需要用相应的方法来管理。社区文化作为一种先进的、富有人情色彩的新型管理模式，可以创造一种和谐、愉快、友好的家庭及周边环境氛围，让人们的心理得到放松，身体更健康、精力更充沛，从而调节人们的情绪，改善人际关系，被广大群众所接受。

社区文化建设非常重要，但其实现依赖于物业服务企业的工作。物业服务企业作为社区的服务提供者，提供了社区文化活动的硬件条件以及活动的组织和开展所必需的软件条件。社区文化建设离不开物业服务企业的工作，物业服务企业也需要通过社区服务来发挥作用，两者相互依存、相互促进。

（六）有利于形成良好的社会秩序

社会秩序是指人们交互作用的正常结构、过程和变化模式，是人们互动的状态和结果。它包含着生产关系、生活关系、行为和状态，以及人类与外在客观世界的关系。社会秩序是人类社会生存发展的基本保证。规则、价值取向、外在条件、集体目标等可以看作是构成秩序的基本要素，其中“社会规则是社会秩序的内核”。物业管理通过业主公约等形成居住区全体住用人日常生活行为的共同规则，并提供良好的生活环境、优质服务，使物业区域内住用人的生活处于有序的状态，是社会经济发展不可或缺的稳定因素。

第二节 物业管理的产生和发展

一、早期的物业管理

物业管理起源于19世纪60年代的英国，当时英国工业正处在一个发展的高涨阶段，对劳动力的需求很大，城市住房的空前紧张成为一大社会问题。一些开发商相继修建一批简易住宅以低廉租金租给贫民和工人家属居住。由于住宅设施极为简陋，环境条件又脏又差，不仅承租人拖欠租金严重，而且人为破坏房屋设施的情况时有发生，严重影响了业主的经济收益。于是，在英国的第二大城市伯明翰，一位名叫奥克维娅·希尔的女业主迫不得已为其出租的物业制定了一套规范——“约束租户行为的管理办法”，要求承租者严格遵守。同时，希尔女士本人也及时对损坏的设备、设施进行修缮，维持了起码的居住环境。此举收到了意想不到的良好效果，使得当地人士纷纷效仿，并逐渐被政府有关部门重视，普遍推广到其他西方国家，因而被视为早期的物业管理。

二、中期的物业管理

物业管理虽然起源于英国，但真正意义上的现代物业管理却是20世纪初期在美国形成并发展的。

物业管理发展的历史与重要作用（1）

公寓大厦、摩天办公大楼是现代物业管理的催生剂。19世纪末至20世纪初，美国进入垄断资本主义经济阶段，垄断资本在积累巨额财富的同时，也带来大规模的国内民工潮、国际移民潮和求学潮，这样，就加速了美国的城市化过程。与此同时，美国政府出于对环境保护的长远考虑，对城市土地的使用面积进行了严格的控制，加上建筑新材料、新结构、新技术的出现和不断进步，一幢幢高楼大厦迅速拔地而起，组成蔚为壮观的摩天大楼群景观。然而，高层建筑附属设备多，结构复杂，防火、保安任务繁重，特别是一些标志性建筑的美容清洁工作，技术要求很高。因此，大厦的日常管理、服务、维修、养护的专业技术要求超出了传统的物业管理的要求。于是一种为适应这种客观需要的专业性物业管理机构应运而生，该机构应业主的要求，为楼宇提供统一的管理和系列的服务，开启了物业管理的大门。

现代物业管理的另一标志是物业管理行业组织的诞生。随着物业管理机构的增加，为协调规范众多机构的运作，物业管理行业组织也逐渐建立。

物业管理发展的历史与重要作用（2）

芝加哥摩天大楼的所有者和管理者乔治·A. 霍尔特在管理工作中发现，与同行们一起交谈，既能相互学习，又能交流信息，解决了不少管理工作中的疑难问题。在他的策划下，1908年，芝加哥建筑管理人员组织（Chicago Building Managers Organization，CBMO）举行了第一次全国性会议，有来自美国各地的75名代表参加，世界上第一个专门的物业管理行会建立了。

CBMO的建立和运作，推动了另外两个重要的全国性物业管理组织的诞生。在其后的三年中，CBMO先后在底特律、华盛顿、克利夫兰等美国大城市举行年会，促使世界上第一个全国性的业主组织——建筑物业主组织（Building Owners Organization，BOO）问世。CBMO和BOO的成立，对美国的物业管理的发展起了积极的作用。然后，在这两个组织的基础上，美国又成立了建筑物业主与管理人协会（Building Owners and Managers Association，BOMA），这是一个地方性和区域性组织的全国联盟，代表物业管理过程中业主和房东的利益。业主和管理者的追求目标原本是一致的，都是为了物业保值、增值和创造一个良好的居住、工作环境，而通过组织活动，就能进一步加强两者之间的情感、理解和协作。而且，BOMA还经常提供行业内的信息，开办一些专题讲座和教育课程，提高了业主参与管理的积极性和管理人员的服务效率，因而颇受各方欢迎，所以，CBMO、BOO、BOMA一起将美国的物业管理推入现代化轨道。后来，随着加拿大、英格兰、南非和澳大利亚分部的成立，CBMO组织于1970年更名为国际建筑物业主与管理人协会（Building Owners and Managers Association International，BOMA International）。

在美国物业管理模式的影响下，欧洲很多国家在第二次世界大战前后都实现了这种管理行为与组织体制的有机结合，并且涌现了一大批高素质的物业管理人才。在20世纪六七十年代，这种物业管理模式也引入到亚洲的新加坡、中国香港等地。

三、现代的物业管理

自20世纪80年代以来，发达国家的物业管理更趋成熟，物业管理体制日益健全。

（一）物业管理组织管理体制完善，实现物业管理体系化、制度化

由美国引领的现代物业管理在组织体制方面的建构在第二次世界大战以前已经有一定的基础。第二次世界大战以后，发达国家的物业管理组织体制，应该说已基本上形成了比较健全的架构和运作方式。管理机构的建设也实现从中央到地方、从宏观到微观的多种形式的体系化，而且在物业管理的行政机构体系、平行权力的监督机构体系、物业管理同业会体系三者之间形成了一种权限职能不同但相辅相成、相互制约又彼此促进的良性的结构关系。

例如，美国的行政性物业管理机构是联邦政府的“城市住房与城市发展部”，其下辖“公众住房局”和“联邦住房管理局”。城市住房与城市发展部在美国的10个地区设有办公室，每个办公室负责5个州。其主要职责是：执行联邦政府的住房政策，掌握并使用联邦政府用于住房方面的资金，包括公房建设、维修、补贴、税收优惠、房租收入、抵押贷款担保和保险等方面的资金。联邦政府的公共房屋委员会下设34个代理机构，监督着166个公房项目的开发与使用情况。美国的专业性物业管理机构也多如牛毛，形成多个颇具规模和影响力的行为组织体系。规范这些专业性物业管理机构的行业协会，既有全国性的组织，也有地方性的组织，其中规模最大的有三个协会：一是美国房地产经纪人协会物业管理学会（IREM）。这是一个负责培训物业管理师的组织，通过培训对合格者颁发官方承认的注册管理师（CPM）证书，IREM的总部设在芝加哥，有100多个地方协会。二是国际设施协会（IFMA），其成员单位主要负责物业设施的管理，包括电话传真、网络系统、清洁工具、消防器具等，成员单位分布在美国各州、各地区，甚至还包括一些跨国公司。三是国际建筑物业主和管理人协会，它代表着管理过程中业主和房东的利益。

专业性物业服务公司内部的机构设置也形成体系。负责物业管理日常事务的是房产经理，其领导的具体职能部门（配有专职的部门经理）一般包括管理与维修部门、财会部门、能源管理部门、治安保卫部门、保洁与绿化部门等。房产经理的主要职责是制订管理计划、编制预算、制订保养计划、负责租金收取和管理活动等，并由各职能部门执行和开展具体的管理活动。

（二）多种管理机制有机结合，促进微观物业管理机制的良性化

发达国家的各类物业管理机构，不论是行政管理机构，还是中央监督机构或同业公会，它们在运作的过程中，常常是突出或兼顾市场调节的基础性作用。因此，对微观物业管理行为，一般不采用直接干预方式，而主要是通过法律和制度进行规范与引导。另外，不少国家还十分注意民间或民众参与政府的决策和管理，有的还形成惯例或制度。这样做不仅有利于形成物业开发与管理上的合力，而且激发了一种参与机制、凝聚机制或动力机制的形成。也就是说，在发达国家物业管理体制的运作过程中，存在着多种机制综合作用，如行政管理机制与市场机制、宏观管理机制与微观管理机制、中央监督机制与行业自律机制、法律规范机制与公众参与机制等一起发生作用，并形成一种化互斥为协调、化冲突为平衡、化消极为积极的有机运作关系，促进微观物业管理机制良性化发展。

（三）物业管理与人居问题同等对待观念的转变，将物业管理同房地产开发同步化

20 世纪 80 年代中期以前，发达国家上至政府及其各部门，下至广大物业管理工作者，在住房上的管理理念是“先有房子，后有管理”，即只有先解决了家庭或个人的住房问题，然后才有住房的维修、安保、绿化、保洁等管理行为。20 世纪 80 年代中期以后，人们意识到“先有物业管理，才会拥有那儿的房子”，即有没有专业性物业管理或者有没有现代物业管理方式，已经成为人们选房、买房、租房时考虑的前提条件之一。

而这种观念的转变与现代城市管理的发展相适应，又与联合国人类住区委员会（简称“人居委员会”）推广普及国际文明居住标准的战略要求相吻合，因此，发达国家已将物业管理规模、水平、质量、规范性与人居问题的解决，以及与国际文明居住标准实施紧密联系起来，并且放在同等重要的地位。这种重视既体现在立法上、人才流动方向上，又体现在管理体制的改革上。美国是物业管理方面的先进的国家之一，其对物业管理的重视程度与引导方向可以从立法活动和法律内容上得到反映。美国的物业管理法规制度经过几十年建设，虽已显示出成熟性和系统性，但为了适应上述观念变化，促进并更好地规范物业管理行业的发展，美国国会又通过了 10 多个物业开发、使用和管理方面的法案。美国是一个较典型的自由市场经济国家，其资源和人才流向除受到政策导向作用外，主要的影响力来自市场的供求机制、价格机制和竞争机制的支配作用。美国物业管理不仅组织机构稳定，从业人员数量可观，而且素质也高，全美国约有 100 万人从事与房地产有关的工作，包括物业管理工作。物业管理经理人员或管理工程师需要专门的资格证书认定，必须大学毕业，还必须定期接受必要的课程教育或专业培训。

（四）物业管理向综合化、专业化、智慧化方向发展

综合化又称全方位化，是指微观物业管理的业务或服务范围，包括：居住的实体环境或硬环境（通过维护、保洁、绿化、治保等物业服务行为营造或体现）；人文环境或软环境（通过居住区文化建设，邻里关系、管理者与被管理者的关系，管理者之间的关系等人际关系营造或体现）；生态环境或自然环境（通过绿色建材、设备和设施的使用，绿色消费行为和绿色管理行为联合营造或体现）。

专业化主要是指，物业管理的模式已由直线式的“垂直管理”改为事业部制的分权管理，但更多的是开发公司或业主另聘专业性物业服务公司实施契约式社会化管理，即物业服务公司在接受委托完成内容十分广泛的服务时，一般不是通过“小而全”的方式，而是利用现代社会本已存在的企业间高度专业分工的有利条件，采取契约化运作方式，将有关专项管理任务交给社会上的专业性经营公司去完成，自己只负责协调监督。如机电设备维修承包给专业设备维修公司，园林绿化可承包给专业绿化公司，环境卫生也可以承包给专业保洁公司。物业管理在这方面的社会化运作方式既可更好地保证服务质量，也可精简公司的机构及人员设置，降低管理成本。

智慧化主要是指利用现代信息网络技术手段，推进物业管理服务的数字化、智能化、网络化发展，提升物业管理信息化水平，催生物业服务新产品、新模式和新业态。物业管理的网络化，主要由电子信息网络、职能部门电子化运作网络和电子中央监控网络等三类网络系统构建成或体现。在一些智能电子居住物业管理区域，则是上述三类网络系统的完整建设与运用，即实现了网络化系统管理。随着5G时代的到来，其高带宽、低时延等特性将进一步提升移动互联网用户的体验，促进物业服务消费持续扩大升级，提升物业服务数字化、智能化水平，许多传统的物业管理手段和服务工作，将利用万物互联、大数据、云计算、人工智能、机器人技术创造的数字化、场景化条件来实现，并且创造新的服务产品、模式和业态。

第三节　中国物业管理的产生与发展

一、中国香港的物业管理

自20世纪50年代开始，为解决住房紧张的问题，中国香港地区开始兴建公共住房，简称“公屋”，主要出租给低收入阶层的人士。另外，政府部门工务局也兴建了设备齐全的屋村，并由香港房屋委员会负责管理。由于对住房的需求量很大，单靠政府的财力还难以解决问题，于是发展商也积极投资大型屋村的建设。当第一个大型私人屋村向政府申请规划许可证时，政府担心人口如此密集的大型屋村如果缺乏良好的

管理，一旦出现问题后果难以预料，因此，在批准其发展计划时，要求发展商承诺在批地契约签订后的有效期限内要妥善管理该屋村。这样就出现了由发展商为私人屋村提供专业化物业管理服务的现象。

随着建筑物高度的增加和屋村规模的扩大，以及人们对居住环境的要求日益提高，单靠政府或开发商提供管理服务比较难。于是，发挥住户自我管理、民主管理的作用就愈显得必要。为此，香港地区于 1970 年制定了《多层建筑物（业主法团）条例》，1993 年修改后称为《建筑物管理条例》，确定业主可以“参与管理者”的原则，组织业主立案法团，其由半数以上的自住（用）业主组成，是合法的管理组织。它可以收取管理费，可以雇用员工，也可以聘请专业管理公司，为大厦提供多方面的服务。业主立案法团是具有法人资格的社团，通过召开业主会议，由业主会议委任管理委员会，再由管理委员会在获委托后 28 天内，向土地注册处申请将各业主注册成为法团成员。回归祖国前香港政府主要是通过立法对物业管理进行引导，并分别由建筑事务监督员、消防专员、卫生专员按照法律规定进行有关的检查和监督，以确保物业管理的各项工作和内容符合有关条例的要求。

1997 年回归祖国后，香港的物业管理服务发展加速，制度逐步完善。目前香港物业管理服务市场上，大约有 800 家物业服务公司，4 000 多名具有资格的物业管理经理，7 500 名具有资格的物业管理主任。2016 年 5 月 26 日，香港立法会通过香港《物业管理条例》，并成立了物业管理业监管局，将实施强制性发牌制度，提供一个法律框架，并制定细则。物业管理业监管局的主要职能是通过给物业管理公司及物业管理人发牌制度，规范管理及管制其在香港提供物业管理服务；推动物业管理专业行事持正，并提高该专业的能力及专业性，以及维持和提升物业管理专业的地位。其权力主要有：订明物业管理服务；制定持牌准则、施加于牌照的条件及牌照费；规定物业管理公司提供订明的资料给客户；制定操守守则及持续进修的规定；纪律处分违纪行为的持牌人。

二、中国内地的物业管理

（一）早期物业管理实践

19 世纪末 20 年代初至中华人民共和国成立前夕，是中国房地产和物业管理的萌芽阶段。在此期间，我国的上海、天津、武汉、广州等城市大量出现一些八九层高的建筑物。以上海为例，此期间出现了 28 座 10 层以上的高层建筑，形成当时上海风格各异的各式建筑群，如外滩的建筑群、南京路及淮海路的商业街、幽静的西区住宅群等，上海也因此获得“万国建筑博览”的美誉。那时，出于房地产交易、使用等的需要，产生了代理经租、清洁卫生、住宅装修、服务管理等经营服务性的专业公司，初具当今专业化、企业化物业管理的雏形。

1949 年中华人民共和国成立后，国家对城市房地产逐步实行国有化的政策。一方面，大量城市房屋经过私房社会主义改造转化为国有；另一方面，政府和国有企业又建造大量的住房提供给居民和职工租用，形成了具有中国特色的公有住宅体系。除国营单位自行经营管理的房屋外，政府房地产行政主管部门还直接管理一部分公房，出租给居民使用，由房管所具体负责管理和养护。在计划经济环境下，房地产这一生产、生活要素就几乎没有像其他商品一样进入流通领域，物业经营活动也随之停止，中国的物业管理从此进入冬眠期。

1978 年以后，随着我国经济体制改革逐步展开，房地产领域进行了三项改革：一是城镇住房制度改革，二是城市土地使用制度改革，三是房地产生产方式改革。其中，城镇住房制度改革是经济体制改革的重要组成部分。1979 年国家开始逐步推行城镇住房制度改革，开始实行向居民售房的试点。1998 年，国务院发布了《进一步深化城镇住房制度改革加快住房建设的通知》（国发〔1998〕23 号），取消住房实物分配，开始实施住房分配货币化。随着商品房市场的建立和完善，居住区规划布局日臻合理，商品房数量越来越多，规模越来越大，建筑水平越来越先进，与之配套的设施设备日益完善，为推行专业的物业管理创造了有利条件。

（二）物业管理专业化成长发展

我国专业物业管理成长发展经历了引进探索、快速发展、规范调整、转型升级四个阶段。

1. 引进探索阶段

引进探索阶段的主要内容是成立专业的物业管理公司，开展专业的物业管理探索实践。20 世纪 80 年代初期，广州和深圳借鉴外国和中国香港的先进物业管理经验，结合中国实际情况，大胆探索，在一些涉外商品房管理中，首先推行专业化的物业管理方式。1981 年 3 月 10 日，深圳市第一家涉外商品房管理专业公司——深圳市物业服务公司正式成立，开始对深圳市的涉外商品房实施统一的物业管理。1982 年广州市在东湖新村开始试点实行新型住宅管理方式，东华实业公司参考了香港屋村管理经验，在东湖新村内组建管理处，并在多个方面实施了专业物业管理措施。尽管初期的管理水平较低，但颇受好评，引起有关部门和社会的重视。随着房地产业的迅速发展，带动了物业管理的发展，从南方到北方，从沿海到内地，物业服务企业像雨后春笋般涌现，物业管理行业发展进入了快车道。

2. 快速发展阶段

快速发展阶段主要是成立物业管理行业组织，制定相关政策制度，大力推进专业物业管理模式，使专业物业管理在全国快速扩张发展。1993 年 6 月 30 日，全国首家物业管理协会——深圳市物业管理协会成立。1994 年 4 月建设部[①]颁布了 33 号令，即《城市新建住宅小区管理办法》，正式确立了我国物业管理的新体制。自建设部颁发 33 号令以后，全国新建住宅小区，特别是沿海和经济发达地区的大中城市的新建住宅小区普遍实施了专业化、企业化、社会化的物业管理模式，商业、办公楼宇和工业大厦实行物业管理愈来愈广泛。为了规范物业管理行业和物业管理活动的行为，相应的立法工作也受到重视，自 1994 年以来，建设部会同财政部等有关部门先后制定了《物业服务企业财务管理规定》《住宅共用部位共同设施设备维修基金管理办法》《物业服务企业资质管理试行办法》《物业服务企业资质管理办法》等规章（后有修改）。2000 年 10 月 15 日，中国物业管理协会在北京成立，这是以物业服务企业为主体的全国性的行业自律组织，在推进我国物业管理行业发展中发挥应有作用。

3. 规范调整阶段

规范调整阶段主要是针对物业管理快速发展带来的问题，进行经验教训的总结，进而完善物业管理法规体系，规范物业管理市场秩序，保证物业服务质量。1999 年，建设部在深圳召开了全国第三次物业管理工作会议，推广深圳物业管理项目招投标制度和经验，明确了物业管理市场的核心问题是推进竞争、规范行为，应当把市场竞争作为推动物业管理健康发展的根本途径。尽管如此，全国性物业管理法规仍旧滞后于实践，同时物业管理队伍的壮大以及中国加入 WTO 的机遇，加剧了物业管理市场的竞争，加大了经营风险，因此，需要加强物业管理法制建设。2003 年 6 月 8 日，国务院公布了《物业管理条例》并自 2003 年 9 月 1 日开始实施。2007 年 10 月 1 日起施行《中华人民共和国物权法》（以下简称《物权法》）。[②]《物权法》的颁布实施，促进了《物业管理条例》的贯彻执行，使物业管理活动更加有法可依。为提高物业经营管理人员水平，2007 年年底，人事部[③]和建设部联合下发了《关于公布物业管理师资格认定考试结果的通知》，全国共有 1 119 名从业人员取得了物业管理师资格，2010 年 10 月首次举行了全国物业管理师资格认定考试。物业管理师制度的实施，有助于职业经理人队伍的成长，推进了我国物业管理专业化、市场化、社会化和国际化的进程。2009 年 9 月 1 日起施行《最高人民法院关于审理城镇房屋租赁合同纠纷案件具体应用法律若干问题的解释》，2009 年 10 月 1 日起施行《最高人民法院关于审理物业服务纠纷案件具体应用法律若干问题的解释》及《最高人民法院关于审理建筑物区分所有权纠纷案件具体应用法律若干问题的解释》。这三个司法解释，进一步规范了物业管理活动，促进了物业管理规范化、有序化、法治化进程。2010 年 1 月 1 日起实施的《业主

---

① 建设部为住房与城乡建设部的前身。

② 《物权法》于 2021 年 1 月 1 日起废止。

③ 人事部为人力资源和社会保障部的前身。

大会和业主委员会指导规则》，规范业主大会和业主委员会的活动。2011 年 1 月 1 日起施行的住房和城乡建设部《物业承接查验办法》，旨在加强前期物业管理活动的指导和监督，规范物业承接查验行为，维护业主的合法权益，成为完善我国物业服务市场体系的重要制度。

4. 转型升级阶段

这一阶段主要是针对政府职能转变，加强行业自律发展、企业信用制度建设和适应互联网时代到来，针对物业管理环境的变化发展，所采取的标准化建设、人才发展、职业技能大赛、质量提升、资本运作、社区服务与社区治理、科技创新应用、信息化智慧化城市服务等应对措施。从 2008 年至 2012 年，国务院《政府工作报告》三次提出“大力发展物业服务业”。2012 年 12 月，国务院发布《服务业发展“十二五”规划》，提出了“十二五”期间物业服务业发展的发展目标、工作重点和保障措施。2017 年 1 月 12 日发布《国务院关于第三批取消中央指定地方实施行政许可事项的决定》（国发〔2017〕7 号），决定第三批取消 39 项中央指定地方实施的行政许可事项，其中第 12 项就是取消二级以下物业服务企业资质的认定，并提出体制改革要求，要研究制定物业服务标准规范，通过建立黑名单制度、信息公开制度和推动行业自律管理等方式，加强事前、事中、事后监督。2017 年 6 月 12 日《中共中央　国务院关于加强和完善城乡社区治理的意见》发布，提出要“着力补齐城乡社区治理短板”“改进社区物业服务管理”。2018 年 7 月 23 日，中国物业管理协会与国家开放大学在北京中国物业管理协会签订战略合作框架协议，筹建国家开放大学学习成果认证中心（物业）和现代物业服务与不动产管理学院，加快物业管理中高端人才培养的进程。2019 年 2 月 1 日，习近平总书记在北京看望慰问前门东区草厂四条胡同物业服务站，勉励物业职工“坚守岗位、心系群众，做好服务”“提高社区治理和服务的精准化、精细化水平”。2019 年 5 月 26 日，中国物业管理协会第四届理事会发布工作报告《坚持党建引领，服务为本，推动行业创新发展》，提出要积极推动党的建设与行业发展深度融合，推动党建引领物业管理创新，融入城市基层治理新格局。

自 2020 年春新型冠状病毒肺炎疫情发生以来，物业服务企业在疫情防控中，严格执行政府依法实施的防控措施，承担了大量具体工作。例如，不仅要在社区、写字楼、园区、商场等出入口设卡值守测温、查验健康码，严控人员进出，还要进行全方位无死角的清洁消毒，针对口罩等医疗垃圾进行分类收集、处理，为隔离观察业主提供基础生活物资、外卖接送等保护措施和服务，充分体现物业管理服务在基层社区公共服务中的功能和特性。一些城市甚至赋予物业服务公司部分公共事务管理权力，还有一些城市给物业服务公司发放补贴。正是物业服务行业的作用在大灾大难面前的全面彻底展现，让人民看到物业服务在基层公共服务管理中的价值。2020 年 11 月 24 日，住房和城乡建设部、国家发改委等六部门发布《关于推动物业服务企业发展居家社区养老服务的意见》。提出补齐居家社区养老服务设施短板，推行“物业服务 + 养老服务”居家社区养老模式，丰富居家社区养老服务内容，积极推进智慧居家社区养老服务，完善监督管理和激励扶持措施。充分发挥物业服务企业常驻社区、贴近居民、响应快速等优势，推动和支持物业服务企业积极探索“物业服务 + 养老服务”模式。2020 年 11 月 27 日，住房和城乡建设部等 12 部门联合印发了《关于进一步推进生活垃圾分类工作的若干意见》，要求充分利用物业单位力量推进生活垃圾分类工作等。2020 年 12 月 15 日住房和城乡建设部等 6 部门联合印发《关于推动物业服务企业加快发展线上线下生活服务的意见》，要求加快建设智慧物业管理服务平台，补齐居住社区服务短板，推动物业服务线上线下融合发展。2020 年 12 月 25 日住房和城乡建设部等 10 部门联合印发了《关于加强和改进住宅物业管理工作的通知》，要求融入基层社会治理体系，健全业主委员会治理结构，提升物业管理服务水平，推动发展生活服务业，规范维修资金使用和管理，强化物业服务监督管理等方面对提升物业管理水平和效能提出了新的要求。2021 年 1 月 1 日起施行的《民法典》，从民法角度对建筑区分所有权制度、业主组织制度、物业服务合同、物业服务企业参与公共管理特等方面做了全面梳理和规范，为物业管理服务工作提供了民法保障。

物业管理已经在社区生活服务、城市服务管理、社区治理和社区基层建设中发挥着不可替代的作用。杭州、武汉、深圳、广州、上海等城市探索形成了以党建引领推进居民委员会、业主委员会、物业服务企业建设“三位一体”的社区治理模式，并以“红色物业”推动物业服务融入基层社会治理创新、创建社区物业党建，物业服务企业和业主委员会、居民委员会等社区组织开展党组织联建等实践经验，推动物业力量与社区力量的有效融合，推动物业服务企业提升服务质量。通过红色物业打通服务群众“最后一公里”，创造了行业新价值和新形象。

第四节　物业管理的基本环节

一、物业管理的策划阶段

（一）物业管理的前期介入

物业管理的前期介入（也称超前介入）是指物业服务企业在物业形成之前，就参与物业的规划设计和建设的全过程，从业主（使用人）及物业管理的角度，提出合理化建议。前期介入并不是整个物业服务企业介入，而是物业服务企业主要技术人员或社会上的物业管理专家参与即可。

（二）制订物业管理方案

在早期介入的同时，就应由开发建设单位负责制订物业管理方案，主要内容包括以下方面。

1. 确定管理档次

根据物业类型和功能，规划物业管理的档次。管理薄弱和超档次管理都是一种浪费，一幢设施先进的高档楼宇，如果没有完善的管理，则楼宇功能就难以充分发挥作用，而且如果维修服务跟不上，会使设备过早老化而失去使用功能。一幢档次低的楼宇，管理档次很高也没有实际意义，因为购买低档房屋的人多为中低收入者，物业管理的档次高，费用也高，中低收入者无法承受。

2. 确定服务标准

不同类型、功能、档次的物业，需要提供的物业管理服务项目和服务质量是有较大差别的。普通居民住宅区可能只需要基本的管理和服务内容，收费也相对低廉；而高层大厦则需要提供水平更高的专业化服务，如设立服务台，外墙定期清洁，高标准的保洁和园林绿化服务，24 小时安保巡逻，行李搬运服务，假日、节日的装饰，订车和租车服务，等等，收费也相对高。

物业管理的环节

3. 财务收支预算

（1）依据政府的有关规定，根据物业管理服务标准，进行费用测算，确定各项目的收费标准及支出预算，每年收入总额除物业费外，还应包括利用业主的共有部分和共用设施从事经营活动的收入，如停车费、广告位出租等。支出总额即每年提供物业管理服务所需的经费总额。

（2）进行费用分摊。根据测算的物业费支出，按每平方米建筑面积进行分摊并以此核定各单元业主应承担的物业管理费用。如物业费的单价在当地物业管理行政主管部门公布的指导价范围内，则不需报物价主管部门审批；若超过政府指导价，则要报物价主管部门审批。

（3）建立完善有效的物业费收支控制的财务制度。

二、前期物业管理的准备阶段

前期物业管理，是指物业开始销售（预售）起，至业主委员会成立、业主大会选聘物业服务企业之前，由建设单位选聘物业服务企业实施物业管理的整个阶段。在实践中，因各种因素的影响，前期物业管理的实施时间一般都比较长，短则几年，长则十几年，甚至有些物业使用时间已超过 20 年，但由于没有成立业主委员会，无法召开业主大会，故仍属于前期物业管理阶段。根据物业管理服务的内容，前期物业管理可分为准备阶段和实施阶段。

（一）制定临时管理规约

《物业管理条例》规定，建设单位应当在销售物业之前，制定临时管理规约，对有关物业的使用、维护、管理，业主的共同利益，业主应当履行的义务，违反临时管理规约应当承担的责任等事项依法做出约定。

临时管理规约，也称为业主临时公约，是指由物业所有人共同承诺对全体业主和使用人产生约束力的，阐明业主在消费、使用、维护和管理等方面权利和义务的规范性文件。

建设单位应当在物业销售前将临时管理规约向物业买受人明示，并予以说明。物业买受人在与建设单位签订物业买卖合同时，应当对遵守临时管理规约予以书面承诺。

（二）选聘物业服务企业

前期物业管理，由建设单位选聘物业服务企业，并应当签订书面的前期物业服务合同。

在《物业管理条例》中，国家提倡建设单位按照房地产开发与物业管理相分离的原则，通过招标与投标的方式选聘具有相应资质的物业服务企业。

住宅物业的建设单位，应当通过招标与投标的方式选聘具有相应资质的物业服务企业；投标人少于 3 个或者住宅规划较小的，经物业所在地的区、县人民政府房地产行政主管部门批准，可以采取协议方式选聘具有相应资质的物业服务企业。

可见，我国的行政性法规，对住宅物业前期管理实施招标与投标进行强制性规定。而非住宅物业是否以招标与投标的方式选聘物业服务企业，目前只有倡导性规定，并没有强制性的要求。同时，由于规模较小的住宅物业，采用招标与投标的程序相对复杂，费时较多，费用也较高，建设单位可以采取协议的方式选聘物业服务企业；投标人少于 3 个的，由于缺乏足够的竞标，已经成为废标，也可以采用协议方式选聘物业服务企业。另外，不管是采取招标与投标的方式还是采取协议的方式，招标文件或协议文件的编制都应以物业管理方案为基础，选聘的物业服务企业都应具有相应的资质。

前期物业服务合同可以约定期限，而前期物业服务合同是一种附终止条件的合同，虽然期限未满，但业主委员会与其选聘的物业服务企业合同生效时，前期物业服务合同依然终止。也就是说，履行前期物业服务合同的物业服务企业，必须把物业管理服务移交给业主委员会选聘的物业服务企业。这是由前期物业管理的过渡性决定的。现时，有些地方少数履行前期物业服务合同的物业服务企业，以委托合同期未满为理由，拒绝向业主委员会选聘的物业服务企业移交物业管理权，是十分错误的。

（三）物业租售的代理

物业的租售在其建设阶段就已开始，开发建设单位除自行进行市场营销外，通常委托给经纪代理机构进行。物业服务企业开始提供管理服务后，只要具备相应的资质，也可介入剩余物业的租售工作。

三、前期物业管理的服务阶段

前期物业管理的启动以物业的承接查验为标志，从物业的承接查验开始到业主委员会的正式成立，包括物业的承接查验、用户入住、产权备案和档案资料建立、前期物业管理的运作等。

（一）物业的承接查验

当前期物业服务合同签订生效后，根据《物业管理条例》和《物业承接查验办法》的规定，物业服务企业承接物业时，应当对物业共用部位、共用设施设备进行查验。在办理物业承接验收手续时，建设单位应当向物业服务企业移交下列资料：竣工总平面图，单体建筑、结构、设备竣工图，配套设施、地下管网工程竣工图等竣工验收资料；共用设施设备清单及其安装、使用和维护保养等技术资料；供水、供电、供气、供热、通信、有线电视等准许使用文件；物业质量保修文件和物业使用说明文件；承接查验所必需的其他资料。

物业管理承接查验，是指承接新物业前，物业服务企业和建设单位按照国家有关规定和前期物业服务合同的约定，共同对物业共用部位、共用设施设备进行检查和验收的活动。根据物业管理义务的不同，物业验收可分为开发建设单位对施工单位移交的物业进行的验收、入住前业主对物业专有部分的验收、建设单位对专用设施设备的验收、物业服务企业对物业管理区域共用设施设备实施管理之前的验收四种情况，前三种是接收验收与承接查验同时进行。接收验收是对物业或设备的物理性能、功能、质量状况等是否可以接收的判定，它只能由就物业的所有权为对象发生转移的开发建设单位、业主等来完成；承接查验只是对物业的现状进行调查摸底，为日后的物业管理提供良好基础，它由负有管理义务的人或法人来完成。

（二）用户入住

用户入住是指住宅区的业主入住，或商业楼宇中业主和非业主使用人的迁入，这是物业管理服务企业与服务对象的首次接触。为了能有一个良好的开端，物业服务企业需要做好下列工作。

1. 通过宣传，业主了解和配合物业管理工作

根据《物业管理条例》，建设单位在物业销售前已经将业主临时公约向物业买受人明示，物业买受人在与建设单位签订物业买卖合同时，应当对遵守业主临时公约予以书面承诺，并且规定建设单位与物业买受人签订的买卖合同应当包含前期物业服务合同约定的内容。因此，业主对于前期物业服务的内容及管理规约的要求，应是有一定了解的，但其家属或使用人则未必了解，为此，物业服务企业要向业主发放《业主须知》或《业主手册》，使业主及使用人了解临时管理规约的规定，同时也告知业主

物业服务企业所能提供的服务项目。

2. 配合业主搬迁

无论是住宅区还是商业楼宇，业主搬迁对物业服务企业而言十分关键，既要热情服务，又要让业主意识到应积极配合物业服务企业，共同维持舒适的工作与生活环境，遵守管理规约的有关规定。

（1）清洁卫生。

物业服务企业要做好室内外及道路的环境卫生工作。

（2）协助业主搬迁。

物业服务企业可以替业主联系搬家公司或由物业服务企业自己组织临时性的有偿搬迁服务，并可依据业主情况，调整搬迁时间，避免搬迁时间过于集中而造成拥挤和混乱。

（3）做好业主搬迁阶段的安全防范工作。

业主搬迁在一段时间内比较集中，此时的人身安全、财产安全应引起特别关注，这一时期物业服务企业应加强安全防范，安排较多的保安人员值班、巡逻。

（4）对业主的房屋装修应尽告知义务。

《物业管理条例》规定，业主需要装饰或装修房屋的，应当事先告知物业服务企业，物业服务企业应当将房屋装饰或装修中的禁止行为和注意事项告知业主。

装饰或装修房屋是业主的权利，但这一权利的行使应以不损害他人利益和社会公共利益为前提。在一个存在多业主的物业管理区域内，业主装饰或装修房屋的行为有可能会对其他业主造成影响。因此，物业服务企业有义务根据物业服务合同的约定对物业进行管理。考虑到业主对相关法律法规并不一定很了解，对房屋装饰或装修中的禁止行为和注意事项不一定都清楚，所以物业服务企业在知道业主装修后应当将相关禁止行为和注意事项告知业主。

（三）产权备案和档案资料建立

1. 产权备案

房地产的产权备案和权属登记是不同性质的工作，权属登记是政府行政部门的行政管理。产权备案是物业管理中的一个环节，产权人应按照城市房地产政策主管部门核发的所有权证规定的范围行使权利，并承担相应的义务。物业中的共用设施和房屋共用部位，是多个产权人共有的财产，其维修养护费应由共有人按产权份额比例分担，为准确界定每个产权人拥有的产权范围和比例，维护其合法权益，建立产权备案是实施物业管理必须做而且要做好的一项工作。

2. 档案资料的建立

档案资料包括业主和非业主使用人的资料和物业的资料。

业主或非业主使用人入住后，应及时建立他们的档案资料，如业主的姓名、家庭成员情况、工作单位、平时联系的方式、收缴物业费的情况、物业的使用或维修情况等。

物业档案资料主要是指根据《物业管理条例》的规定，建设单位应当向物业服务企业移交的物业资料。档案资料的建立应主要抓住收集、整理、归档、利用四个环节，做到归档有序、及时更新、利用合理。

（四）前期物业管理的运作

前期物业服务主要还是提供公共服务。

日常的综合服务是指用户入住后，物业服务企业按照前期物业服务合同的约定，提供公共服务，这也是物业服务企业最基本和最经常的服务，也最能体现企业的服务水平。此外，系统内外的协调，对物业服务是否能达到预期目标也有很大的影响。系统内部主要是物业服务企业与业主的相互关系协调，系统外部就是与相关的行政部门及居民委员会的协调。系统的内外协调做不好，会给物业服务工作带来很多难以想象的困难。

四、业主自行管理阶段

业主自行管理阶段，是指首次业主大会召开，成立业主委员会并选聘物业服务企业，再由业主委员会与物业服务企业签订物业服务合同，转入正常物业管理服务的整个过程，包括首次业主大会的筹备与召开、物业服务企业的选聘、开展正常物业管理等环节。

（一）首次业主大会的筹备与召开

当物业管理区域的入住业主超过一定比例时，就可以召开首次业主大会。

一般而言，出售交付使用的物业建筑面积达到物业管理区域建筑面积50%以上，可以申请召开首次业主大会，这是很多省、市的物业管理法规的规定，也是业主大会能够通过一些决议的起码条件。地方法规中规定占业主总数的20%的业主可以联合申请召开业主大会，但如果物业出售和交付使用的面积还未达到物业管理区域建筑面积50%以上时，召开业主大会也是没有意义的，因为这样的业主大会不能通过任何决议，按照《物业管理条例》第十二条的规定，业主大会的决议要通过双重多数才有效。

1. 组织筹备工作

当召开首次业主大会的要求获准后，就可以筹备召开业主大会，成立业主委员会。

业主委员会应当在所在地的区、县人民政府房地产行政主管部门、街道办事处、乡镇人民政府的指导下，由业主代表、建设单位及街道办事处、乡镇人民政府代表组成筹备组，其中业主代表人数不得少于筹备组人数的一半。业主大会筹备组履行下列职责：确认并公示业主身份、业主人数以及所拥有的专有部分面积；确定首次业主大会会议召开的时间、地点、形式和内容；草拟管理规约、业主大会议事规则；依法确定首次业主大会会议表决规则；制定业主委员会委员候选人产生办法，确定业主委员会委员候选人名单；制定业主委员会选举办法；完成召开首次业主大会会议的其他准备工作。

上述事项内容应当在首次业主大会会议召开 15 日前以书面形式在物业管理区域内公告。

2. 首次业主大会的召开

自筹备组成立之日计，90 日内必须组织召开首次业主大会，共同决定：制定和修改业主大会议事规则；制定和修改管理规约；选举业主委员会或者更换业主委员会委员；制订物业服务内容、标准以及物业服务收费方案；选聘和解聘物业服务企业；筹集和使用专项维修资金；改建、重建建筑物及其附属设施；改变共有部分的用途；利用共有部分进行经营以及所得收益的分配与使用；法律法规或者管理规约确定应由业主共同决定的事项。

（二）物业服务企业的选聘

首次业主大会召开，产生业主委员会后，业主就可根据自己的意愿，选聘物业服务企业。虽然首次业主大会有此项议程，但因前期工作量很大，一般情况下，首次业主大会可能只通过一个原则上的意见，具体工作要到业主委员会成立后才做。

1. 评估提供前期物业管理服务的物业服务企业

由首次业主大会筹备组或业主委员会向业主发放调查问卷，征求业主对提供前期管理服务的物业服务企业在各方面的意见，并明确表达续聘或解聘的意见，如有半数以上业主同意续聘的，则向该物业服务企业反映业主对他们工作的评价、对尚待改善的地方提出整改意见，并准备材料提交业主大会表决，但若有半数以上业主认为要解聘则也通知物业服务企业准备交接。

2. 选聘物业服务企业

对于用何种方式选聘物业服务企业，国家目前并没有强制性规定，国家提倡业主通过公开、公平、公正的市场竞争机制选择物业服务企业，业主可以采取招标与投标的方式来选择物业服务企业，也可以采取协议等其他方式选择物业服务企业。

无论是续聘还是新选聘，无论采取何种方式选聘，都应按业主大会议事规则所定，提交业主大会审议通过，并签订物业服务合同。

如果业主大会决定解聘提供前期物业管理服务的物业服务企业，当业主委员会代表业主大会与选聘的物业服务企业签订的物业服务合同生效时，前期物业服务合同中止。原物业服务企业把管理用房及档案资料交还给业主委员会。物业服务企业之间也应做好交接工作。

（三）开展正常物业管理

选聘的物业服务企业承接物业时，应当与业主委员会办理物业验收手续。业主委员会应当在前期物业服务合同终止时，将前期物业服务企业移交给业主委员会的资料向现物业服务企业移交。

物业服务企业按物业服务合同要求提供物业管理服务，并可根据业主的委托提供物业服务合同约定以外的服务项目，服务报酬由双方约定，物业管理区域进入《物业管理条例》所定义的物业管理阶段。

【本章小结】

1. “物业”一词在不同的国家和地区的解释略有差异。我国从物业管理的角度来解释，物业是指正在使用或可投入使用的各类建筑物及其附属设备、配套设施、相关场地等。物业具有自然属性（构成内容上的二元性、空间上的不可移动性、使用寿命的长期性、形式上的多样性等）、经济属性和权属性质。

2. 物业管理有狭义与广义之分，广义的物业管理泛指受业主委托所进行的，开展旨在对物业合理使用和保值、增值而提供的服务与经营活动。狭义的物业管理主要指物业服务企业接受业主的委托，按照物业服务合同的约定，对房屋及配套的设施设备和相关场地进行维修、养护、管理，维护相关区域内的环境卫生和秩序的活动。物业管理具有业主主导化、社会化、专业化等特征。

3. 物业管理的业务范围，可分为物业服务区域公共服务和物业经营性服务两类。物业服务区域公共服务是一项基本的业务，具体包括：物业共用部位的维修、养护和管理；物业共用设施设备的运行、维修、养护和管理；环境卫生；公共绿化的养护管理；交通秩序与车辆停放管理；公共秩序维护和安全防范的协助管理；房屋共用部位、共用设施专项维修资金计划管理；物业档案资料的管理工作；等等。物业经营性服务包括专项服务和针对性委托服务。专项服务是指住户（业主）对某些能形成经营规模或批量需要，能支撑商户经营的服务项目，主要是可市场化经营的专项服务项目，包括了衣、食、住、行、娱乐、购物等各方面。针对性委托服务主要有家政服务和资产经营服务。

4. 物业管理在物业保值与增值，促进社会进步、政治文明、经济发展和环境建设等方面起着十分重要的作用。

5. 物业管理已有 100 多年历史，最早出现在英国。20 世纪初美国建立了现代物业管理。我国的香港地区自 20 世纪 50 年代开始了物业管理服务实践，在 80 年代初，随着改革开放而引进内地。自 80 年代以来，发达国家的物业管理更趋成熟，物业管理体制日益健全。现代物业的主要特点有：物业管理组织管理体制完善，实现宏观物业管理制度化；通过数种管理机制有机结合促使微观物业管理机制良性化；物业管理与人居问题同等对待观念的转变，将物业管理同房地产开发同步化；推动物业管理向综合化、专业化、智慧化方向发展。

6. 从物业的规划设计到管理工作的全面运作，按先后顺序可分为四个阶段：物业管理的策划阶段，包括物业管理的前期介入、制定物业管理方案两个环节；前期物业管理的准备阶段，包括制定临时管理规约、选聘物业服务企业、物业租售的代理三个环节；前期物业管理服务阶段，包括物业的承接查验、用户入住、产权备案和档案资料建立、前期物业管理的运作四个环节；业主自行管理阶段，包括首次业主大会的筹备与召开、物业服务企业的选聘和开展正常物业管理三个环节。

【案例分析】

无锡市某花园小区的超前管理

无锡市某花园小区的开发商为了使居民一入住某花园小区就感受到良好的居住环境和生活环境，积极贯彻“以人为本”的宗旨，以优质服务为基础，认真做好超前管理工作，在居民入住前就做好物业管理的各项准备工作。

首先，小区在开始建设时，就成立了该花园小区物业服务公司。对小区商业网点和服务网点的设置，物业管理用房的安排，门卫、安全保卫的安排，以及组团的隔离等都提出了建设性的意见。

其次，在小区竣工之前，物业服务公司超前制定了包括装修、入住、保修、房管、治安、消防、服务、环卫、道路绿化等方面的管理制度和办法，并编制成册；同时还做好了对入住居民进行宣传教育的材料准备工作。

小区物业管理采用了现代化的管理手段，在居民入住时，将业主户籍、费用收缴、车辆停放、图纸档案等基本情况全部输入物业管理微机数据库，以便更好地为居民提供各种服务。

在居民办理入住手续时，向每户居民发放住户手册、房屋质保书和保修卡。该花园小区配套服务设施齐全，有超市、农贸市场、商店、居委会、卫生所、小学、幼儿园、托儿所以及环卫设施等商业网点和服务网点，使居民进入小区后就有舒适感和方便感。

［问题讨论］

1. 按照物业管理基本环节的要求，无锡某花园小区的超前管理完成了多少个环节，其内容是否符合要求？

2. 对照物业管理的基本环节，你认为还有什么地方可以继续完善？

[参考点评]

这个案例反映了物业服务公司前期管理工作的水平。做好前期物业管理工作能为日后的物业管理工作打下基础。无锡市某花园小区的开发建设单位的超前管理工作是正确的做法。

按照物业管理基本环节的要求，超前管理工作应该包括前期物业管理的策划阶段、前期物业管理的准备阶段和前期物业管理的服务阶段所要做的部分工作。无锡市某花园小区的超前管理基本上完成了其中的前期部分介入（如对小区商业网点和服务网点的设置，物业管理用房的安排，门卫、安全保卫的安排以及组团的隔离等都提出了建设性的意见等）、选聘物业服务企业（成立了花园小区物业服务公司）、制定规章制度（如物业服务公司超前制定了包括装修、入住、保修、房管、治安、消防、服务、环卫、道路绿化等方面的管理制度和办法）、准备用户入住宣传教育的材料、做好产权备案和档案资料建立（小区物业服务公司在居民入住时，将业主户籍、费用收缴、车辆停放、图纸档案等基本情况全部输入物业管理微机数据库；在居民办理入住手续时，向每户居民发放住户手册、房屋质保书和保修卡）等。其内容基本符合要求。但还有制订物业管理方案、物业服务企业内部的机构设置和拟定人员编制、物业管理人员的选聘和培训、物业租售代理、物业承接查验、首次业主大会和业主委员会筹备等工作未开展，前期介入、用户入住等环节工作也不够完善。对照物业管理的基本环节，有许多地方可以继续完善。一是在前期介入环节应该从业主的角度，对物业的环境、功能、质量及安全等方面进行有效介入。二是制订完整健全的物业管理方案，按方案执行有利于提高物业管理的水平，提高物业业主的满意度。三是提倡通过物业管理招标与投标的方式选聘物业管理机构，尽可能通过市场化方式交易物业管理权，减少日后的物业管理纠纷。四是对物业管理这个劳动密集型的服务行业来说，要搞好人力资源的开发与管理工作，特别是物业管理人员的全员培训工作。五是开展好物业承接查验工作，确保物业的质量，为业主的物业功能发挥、安全使用等提供保障，从而提高业主的物业服务满意度。六是在业主入住达50%时，支持业主成立业主委员会。

【问题思考】

1. 简述物业的含义及属性。
2. 简述物业管理的含义及特征。
3. 物业管理的业务范围有哪些？
4. 物业管理有什么作用？
5. 现代物业管理有什么特点？
6. 试述物业管理方案的内容。

第二章　物业服务企业

【学习目标】

了解： 物业服务企业的类型；物业管理处（服务中心）的职责；物业管理处（服务中心）的架构与运作模式；管理处主任（经理）的基本素质和能力要求。

掌握： 物业服务企业的性质；物业服务企业的资质条件和审批程序；物业服务企业的权利和义务；物业服务企业组织机构的一般形式。

识记： 物业服务企业机构设置的原则；矩阵式组织形式在物业服务企业中的应用。

【学习概要】

本章将学习五个重点内容：物业服务企业的性质和类型；物业服务企业的机构设置；物业管理处（服务中心）的组织架构与职责；物业服务企业的权利和义务。

通过本章的学习，将了解物业服务企业的性质和类型、物业服务企业的设立与组织架构、物业服务企业的权利和义务等方面的知识。弄清如何根据物业管理行业特点和物业管理处（服务中心）的情况来设立物业服务企业及其机构，特别是物业服务企业资质条件的要求、物业管理处（服务中心）的架构与运作模式、管理处（服务中心）主任（经理）的基本素质和能力要求。初步认识物业服务企业与一般企业的相同之处和其自身的特点，找到合适的思路、方式、方法、技巧，处理好物业管理工作中的问题。

第一节　物业服务企业的性质和类型

一、物业服务企业的概念

物业服务企业，是指依法设立、具有独立法人资格、从事物业管理服务活动的企业。物业服务企业属于从事经营活动的市场主体，应当具有相应的主体资格、法人资格，享有完全的民事权利能力和行为能力，能够独立地承担民事责任。

物业服务企业的类型

二、物业服务企业的类型

（一）委托服务型物业服务企业

委托服务型物业服务企业也称为实体型物业服务企业。按接受委托业务分为两种情况：一种是由开发建设单位委托，承担业主委员会成立前的前期管理服务。另一种是业主委员会成立后，由业主委员会选聘或在招标竞投中取得管理服务权，由业主委员会委托实施管理服务。无论哪一种形式，均应签订物业服务委托合同。

委托服务型物业服务企业大多数从事住宅区的物业管理服务，以做好公共服务、专项服务和特约服务的工作为主，同时也兼有一些为住宅区内业主和非业主使用人生活提供方便的经营性项目。

（二）租赁经营型物业服务企业

有些房地产开发建设单位建成的商业大厦、写字楼、工业园区、批发市场等物业并不出售，而是交给从事租赁经营的物业服务企业管理，通过租金收回投资。可见，租赁经营型物业服务企业不仅具有维护管理服务的职能，更主要的是对所管物业进行租赁经营，实质上是房地产开发的延续，通过物业的出租经营为开发建设单位回收项目投资和获得长期、稳定的利润。它的经营职责不只是将一层楼、一套单元简单地租出去，还要精心策划，根据市场的需要和变化对所管的物业进行定期更新，如室内装修、空间的重新分隔，改善与完善物业的使用条件，如电信通信、楼层交通等，以提高物业的档次和适应性，进而根据市场价格的变化调整租金，从中获得更丰厚的利润。

租赁经营型物业服务企业虽然以物业的租赁经营业务为主，但管理服务也占有相当重要的地位。与住宅区相比，写字楼、商业大厦等更需要高标准、高质量的管理。这些楼宇都有比较现代化的设备和较高档次的装修，如自动控制的电梯和升降梯，由电脑控制的楼宇自动化系统、中央空调设备、通风设备、保安监控设备等。这些设备需要具备专门知识的技术人员来操作和养护，人们对这类楼宇，特别是出入口、大堂、洗手间、公共通道的清洁卫生，楼宇的治安防范及消防系统的要求很高，为保护楼宇的外观，楼宇的外墙也需定期清扫。一栋楼宇物业是否达到安全、舒适、快捷的管理服务要求，直接影响物业租金收益，而且也对楼宇本身的价值有很大的连带关系。因此，这类物业服务企业不仅要坚持经营与管理并重，而且对管理人员的素质有较高的要求。

（三）委托代理型物业服务企业

委托代理型物业服务企业可称为委托顾问型物业服务企业。尽管代理的方式和内容有差异，但委托代理型物业服务企业的共同特点是只有管理层，不设或只设很少的操作层，清洁卫生、园林绿化、电梯维护、水电设备的运行维护、治安防范等均委托专业公司实施，物业服务企业与专业公司建立合同关系，并且要对专业公司的服务进行及时的监督、检查和考核。而其本身主要的管理服务职能是物业的产权产籍管理、物业产权经营、中介服务（房地产估价、经纪及咨询等）、物业档案资料管理、物业维护计划的制订、整体管理计划的制订与组织实施、建立健全各种规章制度、做好群众工作和其他管理（如签订服务协议、办理入伙手续）等。

委托代理形式基本上可分为两类：一类是对业主聘请专业公司提供顾问性意见，由业主委员会选聘专业公司签订合同，物业服务企业只负责监督合同条款的执行。另一类是物业服务企业接受业主委托，代聘各类的专业公司，由物业服务企业与各专业公司签订合同。但全部代聘的专业公司均需试用，服务如不能令委托方满意，可以随时更换。

委托代理型物业服务企业只收取管理员的薪金及服务代理酬金，其余均属代收、代支。从理论上说，这类物业服务企业所代表的是一种比较先进的管理模式，它不但恰如其分地充当“管家”的角色，既不喧宾夺主，出现“主人”与“管家”的错位，又不用对操作层的工作“事必躬亲”，而且还能充分利用专业公司的优越性，降低业主支付的管理费用，提高管理服务质量。因为专业公司在多个物业中均从事同一性质的专业服务工作，可以灵活机动地调派工作人员，做到满负荷工作。另外，还可以采取较先进的设备和工艺提高劳动生产率。这些都是自己组建操作层的物业服务企业难以做到的。

近年来，我国有一些物业服务企业已经开始把部分操作层的工作交给专业公司承包，比较多的是把清洁卫生和绿化管理交给专业清洁卫生公司和园林绿化公司承包，也有些规模较大的物业服务企业自建了具有独立法人地位的专业公司，参与市场竞争。这些专业公司与物业服务企业的业务是一种经济契约关系。上述这些物业服务企业只是不同程度地吸收了委托代理型物业服务企业的优点，但已收到了降低成本、提高管理服务质量的效果。例如，广州市番禺区丽江花园物业服务公司，自1997年开始陆续把清洁卫生、绿化管理、水电设备维护等服务项目通过招标交给专业公司负责，每一个项目聘请专业公司之后，都能够比原来的自营节约5%～10%的成本。

三、物业服务企业设立的条件和程序

（一）有限责任公司和股份有限公司设立的条件

由于现代物业服务企业都是以公司的形式出现的，因此，申请设立物业服务企业首先要按照《中华人民共和国公司法》（以下简称《公司法》）规定的条件执行。

1．有限责任公司的设立条件

《公司法》第二十三条规定："设立有限责任公司，应当具备下列条件：（一）股东符合法定人数；（二）有符合公司章程规定的全体股东认缴的出资额；（三）股东共同制定公司章程；（四）有公司名称，建立符合有限责任公司要求的组织机构；（五）有公司住所。"

2．股份有限公司的设立条件

《公司法》第七十六条规定："设立股份有限公司，应当具备下列条件：（一）发起人符合法定人数；（二）有符合公司章程规定的全体发起人认购的股本总额或者募集的实收股本总额；（三）股份发行、筹办事项符合法律规定；（四）发起人制定公司章程，采用募集方式设立的经创立大会通过；（五）有公司名称，建立符合股份有限公司要求的组织机构；（六）有公司住所。"

（二）物业服务企业设立的程序

物业服务企业设立的程序一般分为文件准备、工商注册登记和资质申请、税务登记和公章办理等步骤。

1．文件准备

根据《公司法》规定的申请条件，提前准备好有关材料文件。

2．工商注册登记和资质申请

新设立的物业服务企业须持有关材料文件到所在地的工商行政管理部门进行工商注册登记，领取营业执照、法人证书、机构代码证等，并应当自领取营业执照之日起30日内，持营业执照、企业章程、验资证明、企业法定代表人的身份证明、物业管理专业人员的职业资格证书和劳动合同、管理人员与技术人员的职称证书和劳动合同等文件向工商注册登记所在地直辖市、设区的市级人民政府房地产主管部门申请资质。

3．税务登记和公章办理

在取得上述有关证件后，物业服务企业还要持这些证件到税务部门办理税务登记，到公安部门（或授权单位）办理公章备案和刻制。

第二节　物业服务企业的机构设置

一、物业服务企业机构设置的原则

物业服务企业的机构设置实际上就是一个组织结构设计问题。在现代企业中，由于时间和精力限制，主管人员不可能直接地、面对面地安排和指导每个成员的工作，而需要委托或多或少的人与他一起分担管理工作。委托多少人？委托什么样的人？每个受委托人从事何种性质的工作？他们在工作中的关系以及与委托者的关系如何？要解决这些问题，就需要设计组织的机构和结构，确定管理职务的类型的组合方法，规定它们的工作任务和相互关系。

物业服务
企业的机构设置

组织所处的环境、采用的技术、制定的战略、发展的规模不同，所需的职务和部门及其相互关系也不同。但任何组织在进行机构和结构设计时，都需遵守一些共同的原则，综合组织设计学者比较一致的观点，这些原则包括以下方面。

（一）因事设职的原则

组织设计的根本目的是保证组织目标的实现，使目标活动的每项内容都落实到具体的岗位和部门，即“事事有人做”，而非“人人有事做”。因此，在组织设计中，逻辑性地要求首先考虑工作的特点和需要，要求因事设职、因职用人。

（二）权责对等的原则

组织中每个部门的人员都必须完成规定的工作。在委以责任的同时，必须委以自主完成任务所必需的权力，即相应地取得和利用人力、物力、财力以及信息等工作条件的权力。所委以的权力不可太大也不可太小，必须与职责相适应，有责无权会束缚管理人员的积极性和主动性，而且使责任制度形同虚设，最后无法完成任务；而有权无责必然助长官僚主义。

（三）统一指挥的原则

统一指挥的原则最早是法国的亨利·法约尔提出来的。他认为无论什么工作，一个下级只能接受一个上级的指挥。如果两个或两个以上领导人同时对一个下级或一件工作行使权力，社会就出现混乱局面。在法约尔之后，人们又把该原则发展为一个人只能接受同一的命令。如果需要两个或两个以上领导人同时指挥的话，那么必须在下达命令前，领导人互相沟通，达成一致意见后再行下达，这样下级才不会无所适从。在一个领导人下达命令后，如果情况紧急，来不及同其他领导人沟通，事后必须及时把情况向其他领导人讲清楚，形成统一意见，避免出现多头指挥的现象。

（四）分工与协作的原则

分工就是为了提高管理的专业化程度和工作效率，把组织的任务、目标分成各个层次、各个部门以及个人的任务和目标，明确各个层次、各个部门乃至各个人应该做好工作以及完成工作的手段、方式和方法。分工是提高工作效率的有效手段，通过分工，人们可以专心从事某一方面的工作，对工作会更加熟练，更能提高效率。

协作是与分工互相联系的一个概念，它是指明确部门与部门之间内部的协调关系和配合方法。组织作为一个系统，各个部门都是其子系统，各部门不可能脱离其他部门而单独运行，必须经常与其他部门相互协调，实现本部门的目标，同时保证整个组织目标的实现。

只有分工没有协作，分工就失去意义，而没有分工就谈不上协作，它们之间是相辅相成的。因此，在进行组织设计时，要同时考虑这两方面的问题。

（五）经济原则

要以较少的人员、较少的层次、较少的时间达到管理的效果。层次多，则管理人员多，管理费用增加，办事迟缓，人浮于事，增加矛盾；层次少，则管理人员少，便于建立良好的沟通，减少内耗，提高办事效率，迅速做出决策。但层次不是越少越好，层次太少，必然加大管理跨度，使领导工作不深入、不具体，指挥无力。

以上一般企业组织机构设计的原则，同样适用于物业服务企业的机构设置。物业服务企业的规模、管理对象、管理内容不同，企业的机构设置就不会一样。总的来说，要根据企业自身的物业经营管理的规模、复杂程度和专业化水平、管理水平，本着利于统一领导、分级管理、精干高效的总原则按需设置机构。

二、物业服务企业组织机构的类型

物业服务企业组织机构的基本类型一般有直线制、直线职能制、事业部制、矩阵制等组织形式。

（一）直线制组织形式

直线制组织形式是最简单的企业管理组织形式。它的特点是企业各级领导都亲自执行全部管理职能，按垂直系统直接领导，不设专门的职能机构，只设职能人员协助主管人员工作。

直线制组织形式的优点是：集指挥和职能于一身，命令统一，责权统一，行动效率高。其缺点是：对领导者要求比较高，领导者要通晓多种专业知识，亲自处理许多具体业务。

我国一般采用直线制组织形式的物业服务企业都是小型的专业化物业服务企业，以作业性工作为主，如专业的保洁公司、保安公司、维修公司等。这些公司下设专门的作业组，由主管直接指挥。在国外，很多委托代理型物业服务企业也采用类似的组织机构形式（如图 2－1 所示）。

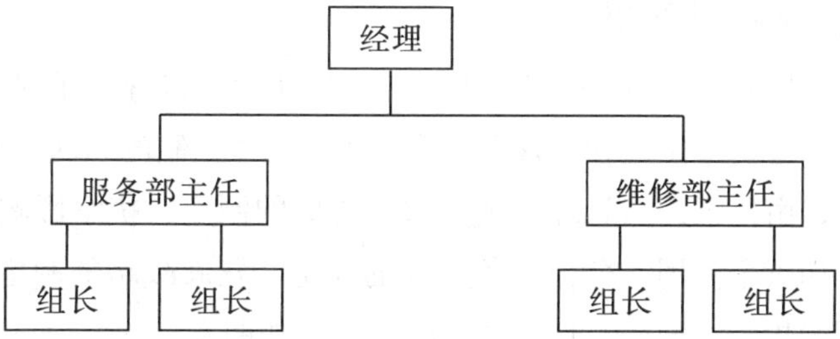

图 2－1 直线制组织结构形式

（二）直线职能制组织形式

直线职能制组织形式是在直线制组织形式的基础上吸收了职能制的长处而形成的。各级组织单位除主管负责人外，还相应地设置了职能部门，并将管理人员分成两类：一类是行政指挥人员，对下级进行指挥；另一类是职能管理人员，是作为领导的参谋和助手，对下级没有指挥的权力，但如果受行政负责人委托，可在自己主管的业务范围内负责某方面的管理工作。

直线职能制组织形式的优点是：既能发挥职能机构专业管理的作用，又便于领导统一指挥。其缺点是：横向协调配合困难，不利于沟通信息，有些问题各部门要向直线领导机构和人员请示报告后才能处理，影响工作效率。

直线职能制是我国目前中等规模的同城经营的物业服务企业较多采用的一种组织结构形式。比较常见的是，企业的总体机构分成两级，即企业总部和各物业管理处（服务中心）。企业总部设若干职能部门，指导各物业管理处（服务中心）不同的业务。物业管理处（服务中心）是物业管理工作的实体，负责具体的操作。企业实行总经理负责制，一般情况可下设四部一室，即办公室、财务部、工程部、管理部、经营服务部（如图 2－2 所示）。

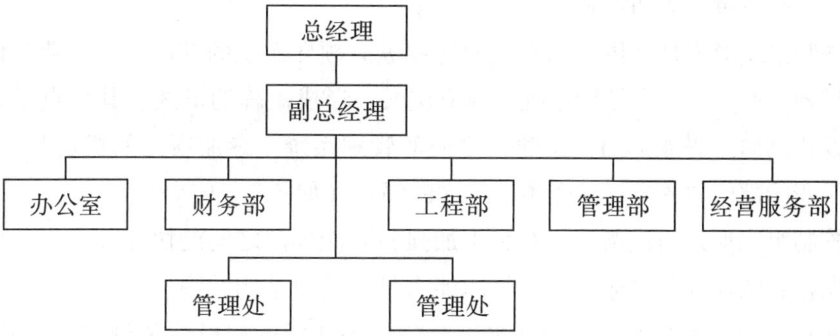

图 2－2 直线职能制组织结构形式

（三）事业部制组织形式

事业部制组织形式又称分权组织，即大企业把那些相对独立的业务部门划分为各个独立的单位或分公司，使之独立核算，形成由总公司控制的利润中心，按集中管理、分散经营的原则，由公司最高管理层负责重大方针的制定，执掌影响公司成败的重大问题的决策权，如资金使用、分公司负责人的任免、发展战略的制定等。分公司经理根据总公司经理的指示，统一负责分公司的管理（如图 2－3 所示）。

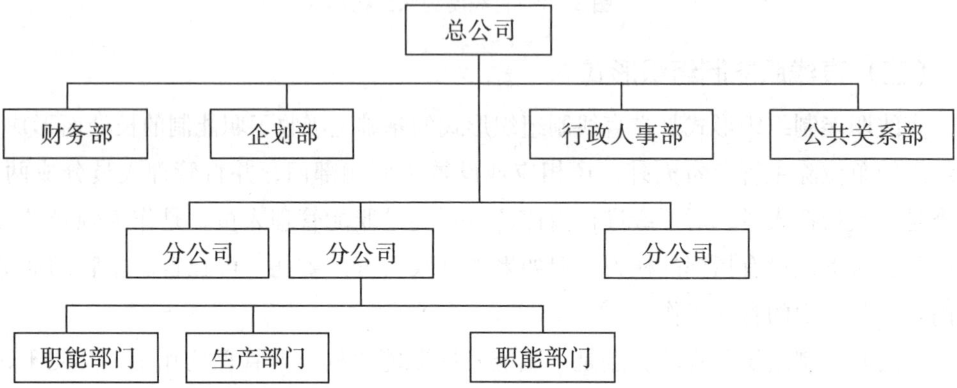

图 2－3　事业部制组织结构形式

事业部制组织形式的优点是：各事业部在容许范围内独立经营，提高了管理的灵活性和市场竞争力，又具有较高的稳定性，有利于最高管理机构摆脱日常事务工作，能够集中精力做好决策和大政方针的研究，有利于建立考核管理人员业绩的标准，培养全面的管理人才。其缺点是：机构重叠，管理人员浪费，易造成事业部之间的本位主义，影响事业部之间的合作。

许多跨地区（非同城）、多元化经营的大、中型物业公司多采用事业部制。

（四）矩阵制组织形式

矩阵制组织形式是在传统的直线职能制纵向领导系统的基础上，按业务内容、任务或项目划分而建立横向领导系统，纵横交叉，形成矩阵的形式。其特点是在同一组织中既设置纵向的职能部门，又建立横向的管理系统。参加项目的成员受双重领导，既受所属职能部门的领导，又受项目经理的领导（如图 2－4 所示）。

矩阵制组织形式的优点是：有利于加强各职能部门之间的协作配合，各项目经理可以根据特定的任务和目标灵活选择职能人员，组织结构的弹性较大，有利于把具有各种专业知识和技能的人员结合起来，充分发挥他们的积极性和创造性。其缺点是：组织结构的稳定性较差，人员经常变动，职能人员由于受双重领导，若横向和纵向两方面出现矛盾，容易导致管理混乱和推卸责任。

矩阵制的组织结构在国外的物业服务企业中用得较多。在我国，多用在新的住宅

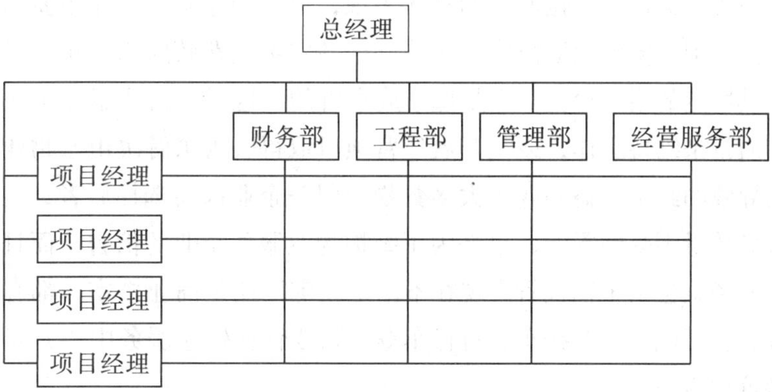

图 2－4　矩阵制组织结构形式

区（大厦）物业管理处（服务中心）或在异地新组建的分公司筹建阶段。

第三节　物业管理处（服务中心）的组织架构与职责

一、物业管理处（服务中心）的职责

物业管理工作不仅是对物业本身的管理，更重要的是为物业的业主与非业主使用人提供综合服务。为了统筹有关的管理和服务工作，一般的物业服务企业都会在所管辖的物业项目内设置物业管理处（服务中心），以保证管理服务的及时性和有效性。管理处（服务中心）是整个物业服务企业指挥链的终端，管理处（服务中心）的员工处于直接面对业主和用户的第一线，在管理中起着执行实际操作和协调的作用。

物业管理处职责架构及经理人员素质能力

（一）全力做好物业服务区域公共服务工作

物业服务区域公共服务是物业服务企业面向所有业主与非业主使用人提供的最基本的管理和服务，也是物业内所有业主与非业主使用人每天能享受到的普惠性服务。业主和用户只要交纳了物业费，物业服务企业就应该按照合同的约定提供“两基本、五管理、一代办”的公共服务，无论物业费的标准是高还是低，都不可以减少公共服务的项目，要责无旁贷地做好公共服务工作。而物业管理处（服务中心）正是各物业内提供公共服务的具体执行机构，因此，公共服务的质量实际上也就反映了物业服务企业的水平。

（二）根据条件与业主需要积极开展多种经营服务

物业服务区域的多种经营服务包括专项服务与针对性服务，是物业服务企业向业主和非业主使用人提供全方位服务的具体表现，也是物业服务企业主要的经营收入来源。由于目前我国大多数地区由物价主管部门核定物业费政府指导价，考虑到群众的承受能力，其所定的指导价实际上是低于成本价的，这样，物业服务企业就面临着或是降低服务质量来维持运作，或是开展经营项目取得收入来解决由于物业费标准低或收取率低而导致的经济效益问题。大多数物业服务企业都会选择后者，这不仅是为了保证管理服务质量不受到影响，也是为了维护物业服务企业的信誉，而且是有可能做到的。专项服务就包括车辆代管，现在不论是住宅区还是商业楼宇，都有不少车辆需要代管服务，包括汽车、摩托车、自行车等，物业管理处（服务中心）可以利用自身的条件开展这项服务。

（三）组织业主和用户开展社区文化活动，促使住户间建立友好和谐的邻里关系

居住区社区文化建设的任务就是通过各种形式的文娱、体育和其他形式的文化活动，创造一种文化氛围，让社区成员能够相互了解和交流，提高对不同文化的鉴别和适应能力，减少文化冲突带来的负面影响，使社区成员对某些不同的文化要素逐渐达成文化认同，并在此基础上建立社区共同的居住观和形成相应的行为模式。

从长远来说，在社区文化建设中，处于物业管理第一线的物业管理处（服务中心），应当逐步从社区活动的组织者转变为社区文化的协调者与引导者。社区文化最终应逐渐发展为以业主为主，自发开展自主式和自助式社区文化活动。

自主式社区文化，就是逐步将业主委员会也吸引到社区文化的建设中来，从业主自身的角度出发，尝试采取业主自主、物业管理处（服务中心）配合的方式开展一些社区文化活动，吸引业主参与，增强业主的成就感，提高业主的满意度，引领社区文化的时代潮流。

自助式社区文化，就是将在某方面具有一定特长的业主组织起来，组成社区的某种社团（如合唱团、足球队、篮球队、英语沙龙等），定期进行交流。这有助于提高业主参与社区文化活动的积极性，既能保证活动的频率及适合性，又能减轻部门组织工作的压力。

（四）协助政府职能部门履行职责，进行社会综合管理

物业管理与政府的建设、公安、卫生、市政、供电等多个行政主管部门及属地的街道办事处的工作有直接的联系。物业管理处（服务中心）既要在社会管理职能上与他们把关系理顺，又要积极协助这些部门履行职责，做好社会综合管理。

（五）完成企业总部下达的工作任务

物业管理处（服务中心）在机构改革的试验、人才培训基地的建立、经营管理模式创新等方面的工作，都要选择下属适当的物业管理处（服务中心）来开展，如物业

服务人才“师徒制”实施、物业管理项目管理模式探讨、红色物业住宅区打造、社区治理模式探讨、社区智慧物业服务、养老服务模式创新等研讨、研究、创新、探索任务都需要物业项目管理处（中心）来实施或配合完成。凡属企业总部下达的这类工作任务，物业管理处（服务中心）都要努力完成。

二、物业管理处（服务中心）的架构和运作模式

物业管理处（服务中心）的架构和运作模式一般由企业的规模、类型、体制和资源情况，以及所管辖物业的具体类型、性质和管理要求等决定。

（一）中小型项目区物业管理处（服务中心）架构

中小型项目区物业管理处（服务中心）架构较精简，物业管理处（服务中心）根据公司统一的管理模式，实行企业领导下的物业管理处（服务中心）主任（经理）负责制，物业管理处（服务中心）是相对独立运作的质量中心，物业管理处（服务中心）主任（经理）有充分的权力决定如何处理物业管理处（服务中心）的事务。企业总部的职能部门对物业管理处（服务中心）进行质量检查和资源调配，利用整个企业的资源优势，可以快速调整各种资源支持物业管理处（服务中心）工作，各类助理分管不同的事务，对物业管理处（服务中心）主任（经理）负责（如图2－5所示）。

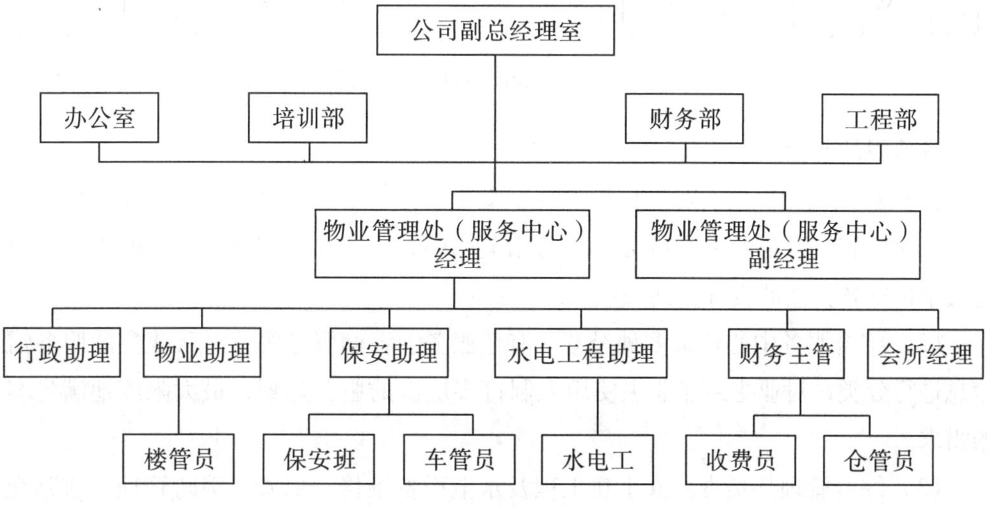

图2－5　中小型项目区管理架构

物业管理处（服务中心）是为住户提供服务的一个虚拟机构，物业管理处（服务中心）的员工都是这个中心的成员。业主或非业主使用人只要把需求告诉物业管理处（服务中心），就会有专门的员工调配公司内部和外部资源解决业主与非业主使用人的问题。在提供服务方面，物业管理处（服务中心）可以请求企业总部在服务资源、信息资源、质量保证等方面的支持和配合。业主和用户在供电、供水、煤气等方面的问

题，也可以通过物业管理处（服务中心）进行协调解决。

（二）大型项目区物业管理处（服务中心）架构

若管理的物业面积大、功能复杂、社会影响大、服务对象复杂，则可以成立专门的管理服务分支机构——分公司。独立的分公司具有较大的灵活性，便于质量监管和制度落实。分公司设经理作为主管负责，下设社区文化部、综合服务中心、综合管理部、财务部等（如图 2 –6 所示），并对专项服务项目如清洁、绿化、垃圾清运等采取招标形式进行发包运作。

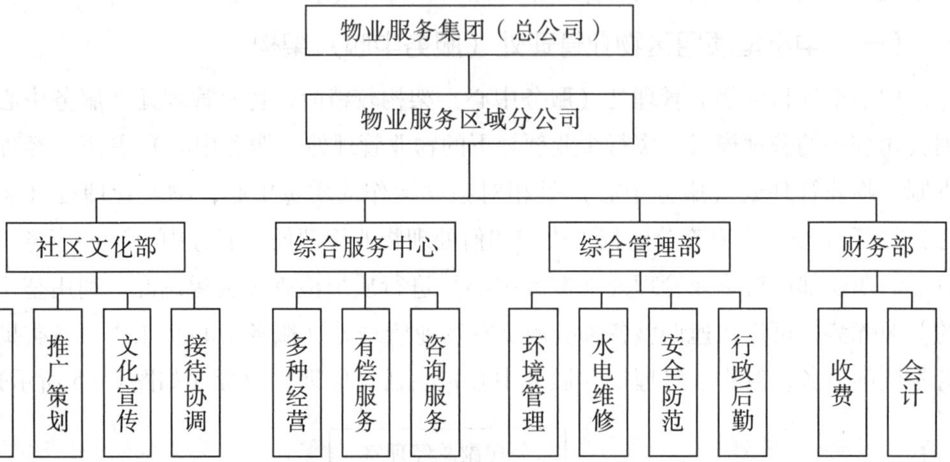

图 2 –6　大型项目区管理架构

各部门的职责如下。

(1) 社区文化部负责对外接待参观、文化宣传、主题活动策划、形象策划、关系协调；建立和维系与业主委员会、政府相关部门、业务和合作单位、新闻媒介、开发建设单位等各方面的良好公共关系。

(2) 综合服务中心负责多种经营、有偿服务、咨询服务等，对所收集的服务需求信息进行分类，对业主或非业主使用人制订多层次的服务计划，最大限度地满足客户的需求。

(3) 综合管理部负责公共土建工程及水电设备维修、保安、消防管理、道路交通管理、环境管理（包括园林绿化、清洁卫生）、客户服务信息收集、人事行政管理、文档管理、物料管理等。

(4) 财务部负责财务计划目标管理、财务成本控制和财务核算。

(5) 中央调度中心是虚拟的部门，也是管理的核心，由各部门的主要管理人员构成，它对物业管理的实体运作进行统一的协调及调度，在各工作时段、工作环节、工作层面上系统地收集各类管理服务信息。

（三）大厦物业管理处（服务中心）的架构

高层综合写字楼、商业大厦在物业特性、管理及服务对象等方面与住宅小区有较大的差别，主要体现在物业的权属、服务对象、设备管理、经营管理等方面，因此，大厦物业管理处（服务中心）的架构要根据其用途和特点设置。

三、物业管理处（服务中心）主任（经理）的基本素质和能力要求

（一）物业管理处（服务中心）主任（经理）的基本素质

1．服务意识

物业管理属于服务行业，与其他生产性的企业所生产的有形产品不同，物业服务企业的产品就是服务。对于物业管理处（服务中心）主任（经理）而言，服务意识的理解不能仅仅停留在“销售的产品是服务”这一理念上，服务意识的深层含义在于：管理者所提供的服务能持续地符合业主的要求，并得到他们的信赖；随着时间的推移，特别是对生活要求的不断提高，业主的要求会随之发生变化；作为物业管理处（服务中心）主任（经理），要动态地掌握业主的需求，不断地改进服务，使业主满意。

2．沟通技巧

物业管理处（服务中心）主任（经理）作为项目区管理的全权代表，对所管辖项目区的物业管理负直接责任。物业管理处（服务中心）涉及方方面面的关系，外部包括与政府职能部门、新闻媒体、业主、外判项目的分承包方等的关系；内部则包括物业管理处（服务中心）与企业总部之间、物业管理处（服务中心）内部各部门之间及物业管理处（服务中心）内部员工之间的关系等。这就要求物业管理处（服务中心）主任（经理）必须具有良好的沟通技巧，才能与各方建立顺畅、互利、双赢的关系。

3．职业道德

物业管理处（服务中心）主任（经理）作为企业的中层管理人员，具有“承上启下”的作用，一方面是企业决策的执行者，另一方面又是基层员工的领导者。因此，物业管理处（服务中心）主任（经理）的职业道德，将直接影响到员工队伍建设和企业的整体形象。

一名优秀的物业管理处（服务中心）主任（经理）应具有良好的职业道德，包括以身作则、敬业精神、乐于奉献、勇于担责、廉洁自律等。

4．自我完善

现代化楼宇功能的多样化带来管理内容的复杂性和专业性，住宅区居住生活质量的提高所带来的服务要求的综合性和特殊性，均向物业管理处（服务中心）提出了不断完善和自我提升的要求。

（二）物业管理处（服务中心）主任（经理）应具备的能力

1. 专业技能

（1）掌握物业管理的基本知识。

包括物业管理理论、物业管理服务技巧、物业管理规范，了解物业管理法律法规、ISO 9000 质量体系及其运作。

（2）相关专业知识。

包括财务管理、企业管理、法律法规、土木工程、房屋设备、人力资源管理、公文写作、计算机应用等方面的专业知识。

2. 学习能力

学习能力是管理人员最重要的能力，管理处（服务中心）主任（经理）应具有求知欲和上进心，只有不断拓展知识面，洞察行业的发展趋势，吸收他人的先进经验，才能适应行业发展和实际工作的需要。

3. 计划能力

物业管理工作的特点要求物业管理处（服务中心）主任（经理）必须具备极强的计划性和前瞻性，必然要对项目区近期、中期、远期管理服务工作有一个通盘而清晰的考虑。因此，制订详细而又行之有效的计划，是衡量管理处（服务中心）主任（经理）工作能力的一项重要标准。

4. 协调能力

物业管理服务性行业的性质决定了管理处（服务中心）主任（经理）的大部分时间都处于协调者的角色。有效地协调对外和对内工作中各种要素之间的关系，将会促进提高管理工作的效率和效果，从而实现更好的社会效益和经济效益。

5. 组织能力

如何有效安排各项工作，发挥员工所长，达到预期目标，是管理处（服务中心）主任（经理）的基本要求，而物业管理处（服务中心）主任（经理）在开展各项日常工作和处理应急事故时，需要较强的组织能力方可胜任。

6. 控制与督导能力

（1）控制能力。

在物业管理处（服务中心）日常工作中，关键就是如何有效地落实和完成任务。一旦计划付诸实施，物业管理处（服务中心）主任（经理）就要定期、定时检查计划的执行情况。为此物业管理处（服务中心）主任（经理）要定期进行绩效评估并与预期目标做对比，分析两者的差距，然后为使结果符合预期目标而采取纠偏措施。

（2）督导能力。

为保障服务标准和服务规范能达到预定目标，物业管理处（服务中心）主任（经理）必须就此对所有员工的工作质量进行必要的监督和指导，否则，再好的规范和标准也无法实施。因此，只有提升督导能力和技巧，才能更好地落实各项工作和达到预期目标。

7. 员工管理能力

物业管理处（服务中心）主任（经理）应当清晰了解有关劳动人事制度，落实相关工作制度和工作纪律，激励员工为实现目标而努力。另外，还应掌握员工的性格特点和技能水平，做到因材而用，力求尽展所长；为员工营造良好的工作氛围和发展空间；提供培训机会和发挥专长的机会；塑造物业管理处（服务中心）的团队精神，使员工在工作中充满斗志和激情而又保持适当的压力，全心全意投入工作中去。

8. 与人相处和沟通的能力

管理服务工作要求必须有很强的沟通能力。在日常工作中，物业管理处（服务中心）主任（经理）时刻面对业主与非业主使用人、各级管理部门、专项业务承包方等。物业管理处（服务中心）主任（经理）的与人相处和沟通能力，代表了整个物业管理处（服务中心）甚至物业服务企业的形象，热情、有礼、坦诚、不亢不卑是服务行业应有的服务态度；耐心聆听、细心解答，是获得信任和谅解的捷径。物业管理处（服务中心）主任（经理）应该通过不断学习和实践，使与人相处和沟通的能力得到提高。

9. 领导艺术

作为一名部门负责人，领导艺术是不可缺少的；一名成功的领导者，应懂得合理运用领导权力，选择适当的领导方式，从而形成自己的领导风格。因此，必须善于观察和总结，大胆尝试，方能逐渐掌握其关键。

第四节 物业服务企业的权利和义务

一、物业服务企业的权利

物业服务企业是物业管理委托合同的执行者，它必须按照委托人的意志办事。因此，物业服务企业的权利内容有三个方面：一是有权采取完成委托任务所必需的行为；二是有权获得劳动报酬；三是有权根据物业管理合同制止违背全体业主利益的行为。最主要的是，当物业服务企业接受某个辖区业主的委托后，便获得了该物业管理区域的管理权，并具有以下的具体权利。

物业服务企业的权利和义务

（一）物业服务项目投标权

物业服务人可以通过市场化方式获得业主的委托承接物业服务项目。同时，随着物业服务企业向城市服务领域的发展，国家有关法规、政策也鼓励物业服务企业向社区服务和城市公共服务领域进军，物业服务企业可依据国家有关法律法规公平、公正地参与物业服务项目、政府购买社会服务项目、环卫管理项目、家政养老服务等服务项目的招标。

（二）专属物业服务权

根据《物业管理条例》一个物业管理区域由一个物业服务企业实施物业管理的原则，物业服务企业具有专属物业服务权。物业服务人有权与业主签订“物业服务合同”。其内容一般包括服务事项、服务质量、服务费用的标准和收取办法、维修资金的使用、服务用房的管理和使用、服务期限、服务交接等条款。物业服务人根据物业服务合同在物业服务区域内，为业主提供建筑物及其附属设施的维修养护、环境卫生和相关秩序的管理维护等物业服务，接受业主的监督，并及时答复业主对物业服务情况提出的询问，但其自主的企业营业行为不受任何单位或个人的非法干预。业主必须支付物业费。物业服务合同终止后，在业主或者业主大会选聘的新物业服务人或者决定自行管理的业主接管之前，原物业服务人应当继续处理物业服务事项，并可以请求业主支付该期间的物业费。

（三）物业服务经营权

首先，物业服务企业根据物业服务合同约定经营本物业服务区域的物业服务业务。物业服务人将物业服务区域内的部分专项服务事项委托给专业性服务组织或者其他第三人的，应当就该部分专项服务事项向业主负责。物业服务人不得将其应当提供的全部物业服务转委托给第三人，或者将全部物业服务业务分解成子项目后分别转委托给其他物业服务人。其次，物业服务企业可以在其所登记的经营范围内，经业主大会或业主委员会同意后，利用小区公共资源，开展多种经营活动。最后，物业服务企业有权根据物业服务合同收取物业费。业主违反约定逾期不支付物业费的，物业服务人可以催告其在合理期限内支付；合理期限届满仍不支付的，物业服务人可以提起诉讼或者申请仲裁。业主依法解除物业服务合同造成物业服务人损失的，除不可归责于业主的事由外，业主应当赔偿损失。业主装饰装修房屋的，应当事先告知物业服务人，遵守物业服务人提示的合理注意事项，并配合其进行必要的现场检查。业主转让、出租物业专有部分、设立居住权或者依法改变共有部分用途的，应当及时将相关情况告知物业服务人。物业服务期限届满后，业主没有依法做出续聘或者另聘物业服务人的决定，物业服务人继续提供物业服务的，原物业服务合同继续有效，但是服务期限为不定期。

（四）对损害他人物业或妨害物业管理的行为有进行劝阻、制止的权利

物业服务企业有维护物业服务区域秩序的职责，对损害业主利益的行为有进行劝阻、制止权。根据《民法典》规定，业主应当遵守法律、法规以及管理规约，相关行为应当符合节约资源、保护生态环境的要求。对于物业服务企业或者其他管理人执行政府依法实施的应急处置措施和其他管理措施，业主应当依法予以配合。《物业管理条例》规定，对物业管理区域内违反有关治安、环保、物业装饰装修和使用等方面法律、法规规定的行为，物业服务企业应当制止，并及时向有关行政管理部门报告。物业服务企业应当协助做好物业管理区域内的安全防范工作。发生安全事故时，物业服务企业应事先履行告知义务，突发事件发生后在采取应急措施的同时，应当及时向有关行政管理部门报告，协助做好救助工作。对居民之间的利益冲突、小区居民与外界之间的利益冲突应主动做好协调工作。物业服务企业要与业主有书面约定，并在协议中双方约定违约的责任。这样物业服务企业才能有效进行制止违章或侵权行为，维护物业服务区域正常秩序。

（五）有要求业主委员会及有关行政部门协助管理的权利

物业服务企业有权要求业主委员会及有关行政部门协助或帮助处理物业管理区域发生的违法或不良行为。根据《物业管理条例》规定，业主委员会有“监督和协助物业服务企业履行物业服务合同”的职责。有关行政管理部门在接到物业服务企业有关物业管理区域内违反有关治安、环保、物业装饰装修和使用等方面法律、法规规定的行为的报告后，应当依法对违法行为予以制止或者依法处理。县级以上地方人民政府房地产行政主管部门应当及时处理业主、业主委员会、物业使用人和物业服务企业在物业管理活动中的投诉。

二、物业服务企业的义务

（一）全面履行物业服务合同，提供约定的物业服务

作为物业服务合同的甲方，应当根据合同约定的项目、内容、标准要求提供物业服务产品，并尽可能赢得业主的认可，令业主满意。根据《民法典》规定，物业服务人应当按照约定和物业的使用性质，妥善维修、养护、清洁、绿化和经营管理物业服务区域内的业主共有部分，维护物业服务区域内的基本秩序，采取合理措施保护业主的人身、财产安全。对物业服务区域内违反有关治安、环保、消防等法律法规的行为，物业服务人应当及时采取合理措施制止，向有关行政主管部门报告并协助处理。

（二）依法公开物业服务人信息

为保证物业服务的质量，物业服务公司应当具备一定的服务条件和能力，通过公

开物业服务人的信息，让业主了解服务提供方的条件和能力，有利于维护业主的权益。根据《民法典》规定，物业服务人应当定期将服务的事项、负责人员、质量要求、收费项目、收费标准、履行情况，以及维修资金使用情况、业主共有部分的经营与收益情况等以合理方式向业主公开并向业主大会、业主委员会报告。

（三）接受业主委员会和业主、物业使用人的监督

业主及业主委员会在监督管理规约的实施、监督和协助物业服务企业履行物业服务合同、监督专项维修资金的筹集和使用方面负有重要责任。特别是物业服务质量和财务收支等方面是监督的重点。物业服务企业要定期向业主大会或业主委员会报告工作，定期公布物业服务费用和代管资金收支账目，接受质询和审计。根据业主委员会要求，列席业主大会及业主委员会会议，解答业主和业主委员会提出的质询，听取意见和建议，改进物业服务质量，提高业主的物业服务满意度。对建设单位聘请的物业服务企业或者其他管理人，业主有权依法更换。

（四）协助政府部门和做好物业管理区域内的安全防范、应急管理等行政性工作

物业服务企业应当协助做好物业管理区域内的安全防范工作，协助有关部门制止违法、违规行为，维护物业管理区域公共秩序，保障物业管理区域内业主的生命、财产安全。发生安全事故时，物业服务企业在采取应急措施的同时，应当及时向有关行政管理部门报告，协助做好救助工作。物业服务企业雇请保安人员的，应当遵守国家有关规定。保安人员在维护物业管理区域内的公共秩序时，应当履行职责，不得侵害公民的合法权益。对物业服务区域内违反有关治安、环保、消防等法律法规的行为，物业服务人应当及时采取合理措施制止，向有关行政主管部门报告并协助处理。另外出现疫情、险情、灾情等突发公共事件时要配合政府部门做好应急管理工作。

（五）接受有关行政管理部门的指导和监督

物业服务企业要自觉服从政府主管部门的指导和监督，物业服务企业要接受资质管理，依法登记成立。与业主委员会订立管理服务合同不得损害国家利益、社会公共利益或第三者利益。物业服务合同应到房地产主管部门备案。物业服务企业的管理和经营行为涉及社会管理领域时，要服从行政部门的管理或指导。根据《民法典》规定，物业服务企业或者其他管理人应当执行政府依法实施的应急处置措施和其他管理措施，积极配合开展相关工作。物业服务人不得采取停止供电、供水、供热、供燃气等方式催交物业费。

（六）物业移交中应当履行的义务

根据《民法典》规定，物业服务期限届满前，业主依法共同决定续聘的，应当与原物业服务人在合同期限届满前续订物业服务合同。但物业服务期限届满前，物业服

务人不同意续聘的，应当在合同期限届满前九十日书面通知业主或者业主委员会，但是合同对通知期限另有约定的除外。当事人可以随时解除不定期物业服务合同，但是应当提前六十日书面通知对方。物业服务合同终止的，原物业服务人应当在约定期限或者合理期限内退出物业服务区域，将物业服务用房、相关设施、物业服务所必需的相关资料等交还给业主委员会、决定自行管理的业主或者其指定的人，配合新物业服务人做好交接工作，并如实告知物业的使用和管理状况。原物业服务人违反前款规定的，不得请求业主支付物业服务合同终止后的物业费；造成业主损失的，应当赔偿损失。物业服务合同终止后，在业主或者业主大会选聘的新物业服务人或者决定自行管理的业主接管之前，原物业服务人应当继续处理物业服务事项，并可以请求业主支付该期间的物业费。

【本章小结】

1. 物业服务企业，是指依法设立、具有独立法人资格、从事物业管理服务活动的企业。凡符合《公司法》规定条件的物业服务企业，应依法律程序按自身条件注册为有限责任公司或股份有限公司。

2. 物业服务企业的类型按业务性质划分，可分为委托服务型物业服务企业、租赁经营型物业服务企业、委托代理型物业服务企业等。

3. 物业服务企业的机构设置必须遵循组织设计的一般原则，物业服务企业组织机构的基本类型一般有直线制、直线职能制、事业部制、矩阵制等组织形式。

4. 物业管理处（服务中心）是物业服务企业指挥链的终端，直接为广大业主和用户提供管理服务。其职责是做好物业服务区域公共服务和物业经营性服务；组织业主开展社区文化建设；协助有关行政职能部门和属地政府机构搞好社会综合治理；完成企业总部下达的工作任务；等等。因此，对物业管理处（服务中心）主任（经理）的素质和能力都提出了较高的要求。

5. 物业服务企业作为法人，享有相应的权利和履行应尽的义务。

【案例分析】

几分耕耘，几分收获

——天津华夏物业管理发展有限公司创公司品牌的历程

天津华苑居华里、安华里小区是全国的金牌示范小区。在小区里，一幢幢风格各异、色彩纷呈的建筑装点了城市，更给居民带来安宁和温煦。也许你知道建造这美丽的是无数的建筑的大军，可你知否，维护这份美丽的又是谁呢？他们是这雄伟建筑的美容师，承担小区物业管理的天津华夏物业管理发展有限公司的员工，他们在默默地创造美，悄悄地塑造着辉煌。该公司有100余名20岁左右的年轻人，个个生龙活虎、文韬武略，整个公司朝气蓬勃，充满了生机。

就是这个名不见经传的年轻的物业服务公司在先后接管14万平方米的福东北里小区和总计32万平方米的华苑安华里、居华里小区后，经过精心管理、热忱服务，不仅赢得了广大住户的认可和好评，而且一举荣膺"1997年度建设部授予的全国城市物业管理优秀示范小区和全国城市物业管理优秀住宅小区"称号，成为同行业的佼佼者。

物业管理是一项充满着无限生机和活力的事业，蕴含着极大的市场潜力，建设部也将着力加大对物业管理的领导。教训告诉人们，一幢建筑、一个小区如果只会建，不去管，固定资产就会很快贬值。然而物业管理到底如何才能管好，天津华夏物业管理发展有限公司的管理之路不失为一条好经验，可为同行借鉴。

1. 靠服务之优势，叩开市场之门

对于物业管理部门来说，要生存，首先应该处理好市场和效益之间的关系，市场就是业主。具体地说，就是要摆正业主和管理者之间的关系，深刻认识业主是主角、管理者是配角的定位。早在接管华苑试点小区之初，天津华夏物业管理发展有限公司就提出物业管理的基本思路，即超前介入，系统管理，参与小区规划设计，提出意见；熟悉图纸和小区管网布局，为维修做好准备；超前制定物业管理章程，对工作人员进行住户入住实地演练，对保安人员进行全方位军事化训练。本着为住户着想的原则，坚持在管理上体现安居特色，尽量减少住户负担。据统计，小区居民每月每平方米只需交纳0.35～0.4元，就可享受全方位的物业管理。每逢重大的传统节日，物业服务公司对新迁住户或孤寡老人开展送温暖活动，一盆花、一副对联、一个蛋糕，使居民备受感动。全心全意的优质服务，既赢得了住户的赞扬，实现了为业主服务的宗旨，又达到了效益的最大化。两者相辅相成、相得益彰。

2. 实施品牌战略，树立良好形象

"品牌战略"有两层含义：一是企业要成为社会信赖的、承认的企业；二是要勇于创"名牌工程"，塑造公司品牌，树立良好的企业形象。在实践中，该公司深深感到，创"名牌工程"仅仅靠满腔热情还不够，必须依靠科学管理和先进的科技手段。如在华苑两个小区管理中，针对居住人口多、管理难度大的特点，借鉴国内外优秀小区的管理经验，并结合小区实际，与有关单位和部门共同开发了自动化系统的管理软件，提高了工作效率和质量。上级部门还将小区作为物业管理的教学示范基地。

目前，该公司开发的自动化系统的八个基本模型得到全面应用。与此同时，他们已全面导入ISO 9000质量管理和质量保证系统，加强人员的专业化和知识化培训，不断进行人员结构调整，优化人员配置，进一步提高工作效率和服务水平。

3．压缩经费，节约开支，提高管理水平

任何问题都存在正反两方面，千方百计地增加收入是补充物业管理经费不足的必要手段，勤俭持家、节约开支是一切经营管理成功的必要前提。

该公司首先注重“人”的管理，不断优化员工队伍，做到人员配置精，“一人多能，一专多能”，不仅使员工在工作中得到锻炼和提高，而且令人员的配置得到优化。同时教育每一位员工树立节约意识，处处为公司利益着想，在工作方法上进行突破，为公司节约开支。

对小区实施超前物业管理是逐步实现物业管理社会化、专业化、企业化、经营型新体制的必要手段，是系统化、全方位物业管理的首要组成部分。

天津华夏物业管理发展有限公司在安居小区的管理实践中，初步探索出一条具有自身特色的管理思路。

［问题讨论］

1．从本案例所提供的资料中，天津华夏物业管理发展有限公司按业务性质划分，该属于哪一类型的物业服务企业？

2．天津华夏物业管理发展有限公司提倡的“一人多能，一专多能”是否与组织设计中所需求的岗位责任制有矛盾？

［参考点评］

本案例反映的是天津华夏物业管理发展有限公司按市场经济的规律，以市场为导向创品牌的典型案例，体现了物业管理市场化和企业通过品牌战略经营为业主的物业保值，为业主提供良好的物业管理服务，以赢得业主，从而赢得物业管理市场。这是一条物业服务企业发展的正确道路。

从本案例所提供的资料中，可以看出天津华夏物业管理发展有限公司属于委托服务型物业服务企业，也就是实体型物业服务企业。该公司的工作范围涉及的内容有：超前介入，系统管理，参与小区规划设计，提出意见；熟悉图纸和小区管网布局，为维修做好准备；超前制定物业管理章程，对工作人员进行住户入住实地演练，对保安人员进行全方位军事化训练；等等。这说明该公司既从事前期介入和前期管理工作，又从事业主入住后的日常物业管理工作。

该公司不但在物业管理服务和实施品牌战略方面做了有益探索，而且在内部管理上提出了一些好的做法与思路，如提倡的“一人多能，一专多能”的员工配置的人事改革措施。这种做法的优点在于：一是作为劳动密集型服务型企业，对人力资源的开发与管理是最重要的管理工作，该公司注重了“人”的管理，抓住了问题的关键；二是“一人多能，一专多能”可以使人员配置更加精干，员工队伍不断优化，节约了人力资源成本；三是“一人多能，一专多能”使员工之间有竞争、有压力，从而有学习和钻研业务知识的动力，使员工整体素质得到提高；四是“一人多能，一专多能”不仅可以使员工增加更多的业务知识，提高工作兴趣，而且还可以在不同的岗位工作中得到锻炼和提高。这说明“一人多能，一专多能”的做法与组织设计中所需求的岗位责任制没有矛盾，能更好地促进员工履行岗位职责，完成岗位工作任务。当然，要做到“一人多能，一专多能”必须有一定的条件，如公司相应的配套措施应到位、员工的素质较高等。

【问题思考】

1. 什么是物业服务企业？物业服务企业应具备哪些条件？
2. 简述物业服务企业的类型。
3. 简述物业服务企业设立的程序。
4. 试述物业服务企业机构设置的原则。
5. 试述物业管理处的职责。
6. 试述管理处（服务中心）主任（经理）的基本素质和能力要求。
7. 简述物业服务企业的权利和义务。

第三章　管理团体和管理规约

【学习目标】

了解： 建筑物区分所有权制度的产生；业主委员会的产生。

掌握： 业主大会的组织形式；建筑物区分所有权的特征；建筑物区分所有权的组成；区分所有权建筑物管理的内容、方式。

识记： 业主委员会的组织，业主委员会的权利和义务；管理团体，管理规约。

【学习概要】

本章的重点内容包括：建筑物区分所有权的概念和特征；建筑物区分所有权的组成；区分所有权建筑物的管理制度；业主大会的组织形式；业主委员会的产生和组织。

通过本章的学习，将了解到建筑物区分所有权制度的产生与发展的大致情况，对建筑物区分所有权制度和区分所有权建筑物的管理制度有一个全面的认识；弄清业主大会和业主委员会的组织形式。从而有利于维护业主和物业服务企业的合法权益；也有利于规范物业管理活动；更有利于物业管理工作按规律办事、依法办事，提高物业管理行业的整体素质和管理水平。

第一节　建筑物区分所有权制度

一、建筑物区分所有权制度的产生和发展

建筑物区分所有权，作为一项重要的民法制度，早在19世纪已为英美法系和大陆法系的一些国家民事立法所确立。

19世纪上半叶，英国、法国、德国、瑞士等国家先后开始了以棉纺织业的机械化、蒸汽机的发明和运用及铁路建设为内容的工业革命。工业革命的结束，一方面，

使大机器生产代替了工场手工业，解放和促进了生产力；另一方面，它又加速了城市和工业中心的发展，进而造成人口激增、地价飞涨、住宅缺乏的局面。

建筑物区分所有权制度

各国根据实际情况，积极解决住宅缺乏问题，政府和开发商相继修建了一些简易住宅，以低廉租金出租给工人使用。伴随着建筑技术的不断进步，一些高层建筑拔地而起。当这些有着多个单元的房屋出售后，产权多元化带来的楼宇管理中的一些问题逐渐暴露出来，使得确立建筑物区分所有权法律制度越来越迫切。最早对此领域进行立法规制的是法国，在1804年《法国民法典》第664条就有了相关记载。随后，意大利、葡萄牙、日本、西班牙、瑞士、希腊、波兰、巴西、罗马尼亚等国家都先后对建筑物区分所有权予以立法确认，但由于各国在建筑物区分所有权问题上还未充分展开研究，立法经验上又不足，特别是由于区分所有权建筑物产生了大量的纠纷，使人们对此类建筑物产生了厌恶的态度，导致立法机关和法学家对此类建筑物所产生的法律关系予以立法规制持轻蔑态度，甚至使一些国家民法立法采取了断然否定的立场。

驱使建筑物区分所有权制度发展的原动力，是20世纪上半叶爆发的两次世界大战。第二次世界大战期间，各参战国都遭到战火的严重破坏。世界大战使许多城市夷为平地，无数建筑物成为废墟。例如，日本约260万户、法国约110万户房屋毁坏或受损。世界大战给人类住宅问题带来了重大影响。

为了克服住宅危机，解决市民的住宅问题，各国政府开始将目标投向高层或多层建筑物的兴建上。这些由多个单元组成的区分所有建筑物，由于土地立体化利用而使房价降低，且融资也比较容易，而此期间，由于资本主义工业革命的完成，建筑材料和建筑技术获得长足提升，客观上又为建筑物向高空立体方向发展提供了有利条件。自此，区分所有建筑物的发展进入一个蓬勃发展阶段，并成为各国解决市民居住问题的重要方式。

除了向高空发展外，向地底延伸的建筑物也逐渐增多。据计算，100平方米土地，如果盖一栋地下5层、地上20层的建筑物，则可利用的建筑空间达到25 000平方米。建筑物的利用面积越大，人口密度越高，人际关系也越复杂，从而产生的纠纷也越多。为了解决此类问题，已立法的检讨既有的制度，未立法的积极创设理论体系，并加以立法化。例如，进入20世纪60年代的日本，旧有木造的平房逐渐为钢筋水泥的中高层建筑所取代。其原有民法中有关区分所有权的规定难以适应复杂的法律关系，受德国1951年住宅所有权的影响，遂于1962年4月制定了《有关建筑物区分所有权之法律》，从而使区分所有权制度成为日本法制上的一项基本制度。

二、建筑物区分所有权的概念和特征

（一）建筑物区分所有权的含义

关于“建筑物区分所有权”一词的表述，各国立法不尽相同。例如，法国称之为“区分各阶层不动产之共有”，德国称之为“住宅所有权”，英国称之为“公寓所有权”，瑞士称之为“楼层所有权”，而在美国各州的州法中，更是不一，有称“公寓所有权”（Condominium Ownership），或“单位所有权”（Unit Ownership）或“水平财产权”（Horizontal Property）。尽管各国称谓各不相同，但实质内容却是相同的，即均是对以建筑物的某一特定部分为客体而成立的不动产所有权形式的抽象概括。

建筑物区分
所有权的组成

关于“建筑物区分所有权”的名称，是日本的独创。所谓区分，是指“区分开”“分类”“划分”或“分开”。我国法学界对建筑物区分所有权做如下解释：建筑物区分所有权，简称区分所有权，是指在对建筑物内的不动产进行区分的基础上，业主享有的由专有所有权、共有所有权、共同管理权三项权利相结合而组成的一种特殊物权。

（二）建筑物区分所有权的客体

建筑物区分所有权作为一项独立的不动产权利形态，仅是指一栋建筑物的一部分，这样，就面临着一个问题，即建筑物区分所有权的成立与“一物一权主义”的关系问题。一物一权主义是罗马法以来物权法的基本原则。根据这项原则，一物一权的客体是以一物为限及一物之上不能存在着两种相同的物权。这里所指的“物”是指除人的身体外，凡能为人力所支配，具有独立性，能满足人类社会生活需要的有体物及自然力。对建筑物来说，将其划分为不同的部分而分别设所有权，不仅不会影响物的使用功能，反而恰恰是使用该建筑物所需要的，特别是对建筑物中的专有部分完全可以进行独立的和排他性的占有、使用、处分，并可以通过房地产登记公示于众。因此，于建筑上设定区分所有权，并不违反一物一权主义，关键是对民法上的“物”要做到灵活的理解。

建筑物区分所有权所涉及的另一问题是：“空间”是否为“物”？因为建筑物区分所有权是存在于一栋建筑物的各个被区分的空间上，也就是说，“空间权”是否确立？

远古农业社会，人类对于土地的利用，一般以地表的平面利用为主，人们使用土地的目的是从事种植业、养殖业等。人们占有、使用土地也就是占有、使用土地地表。土地法以前，人们对这个问题的认识并不深刻。假如一个人拥有的土地仅仅以地表为限，也就是说，土地的所有人不能建屋掘井，这样难以保护土地所有权的安全。随着19世纪工业革命进行，城市地价高涨，土地的立体化利用已很普遍，使得土地的立法由平面转向立体，即土地所有人对自己所拥有的土地以地表为中心，而有上下垂直的支配权力，在此情况下，“空间权”的概念也应运而生，因此，“空间”作为物，可成为区分所有权的客体。

（三）建筑物区分所有权的特征

1. 复合性

建筑物区分所有权的复合性表现为建筑物区分所有权的内部是由专有所有权、共有所有权和共同管理权所构成的。

2. 专有所有权的主导性

在专有所有权、共有所有权和共同管理权三项权利构成中，专有所有权占主导地位，即区分所有权人只有取得了专有所有权，才能取得共有所有权和共同管理权。而共有所有权和共同管理权则不单独登记，其大小取决于专有所有权的大小。

3. 一体性

专有所有权、共有所有权和共同管理权必须合为一体，不可分离。在转让、处分、抵押、继承时，不得保留其一或二而转让、抵押其他权利。《民法典》第二百七十三条规定：“业主对建筑物专有部分以外的共有部分，享有权利，承担义务；不得以放弃权利为由不履行义务。业主转让建筑物内的住宅、经营性用房，其对共有部分享有的共有和共同管理的权利一并转让。”

4. 登记有效性

《民法典》第二百零九条规定：“不动产物权的设立、变更、转让和消灭，经依法登记，发生效力；未经登记，不发生效力，但是法律另有规定的除外。”根据《民法典》的这条规定，业主必须要到法定的不动产登记机构办理登记手续，才能转变所拥有物业的物权。所以，区分建筑物内的物业，只有经过不动产物权登记，业主才能拥有建筑物区分所有权的全部权利。

但是，《民法典》第二百一十五条又规定：“当事人之间订立有关设立、变更、转让和消灭不动产物权的合同，除法律另有规定或者当事人另有约定外，自合同成立时生效；未办理物权登记的，不影响合同效力。”当事人双方订立了房屋买卖合同之后，合同就已生效，如果没有办理登记手续，房屋所有权不能发生转移，但买受人基于有效合同而享有的占有权仍然受到保护。即在这种情况下，业主所拥有的建筑物区分所有权是不完整的，因为其转移处分权受到了限制。

5. 权利主体身份的多重性

由于建筑物区分所有权是由专有所有权、共有所有权和共同管理权等权利构成，因此，区分所有权人的身份具有多重性，即专有所有权人、共有所有权人和共同管理权人。

三、建筑物区分所有权的组成

（一）专有所有权

专有所有权又称专有权或特别所有权，是指区分所有权人对专有部分予以享有占有、使用、收益和处分的权利。关于专有所有权的性质，德国学者认为，专有所有权是关于“供居住或其他用途”（尤其供营业或办公用途）的建筑物空间上所建立的空间所有权。我国台湾地区的学者认为，专有所有权并非是对某一有体物加以管理支配，相反却是对由建筑材料所组成的空间加以管理和支配的权利。我国内地的学者认为，专有所有权是指区分所有权人对专有使用的建筑空间所拥有的所有权。

1. 关于专有部分的要件

我国学者认为，专有部分包括：具有构造上的独立性，能够明确区分；具有利用上的独立性，可以排他使用；能够登记成为特定业主所有权的客体。规划上专属于特定房屋，且建设单位销售时已根据规划列入该特定房屋买卖合同中的露台等，应当认定为专有部分的组成部分。

2. 专有部分的范围

区分所有建筑物的专有部分是由具有一定平面的长度与一定立体的厚度所构成，与其他专有部分或共用部分以墙壁（共同墙壁）、天花板、地板相间隔。因此，所谓专有部分的范围，即专有部分的界限。由于专有部分的界定直接影响到境界壁部分相接点处，各区分所有权人能够自由使用、改良的权利；同时也间接影响到为维持建筑物整体的安全，而对各区分，有必要对专有部分的范围进行界定，以明确所有权有可能产生的损害建筑物安全的行为的禁止问题。

对专有部分范围的界定，一般有中心说、空间说、最后粉刷表层说、壁心和最后粉刷表层说四种学说。

（1）中心说认为，区分所有建筑物专有部分的范围达到墙柱地板、天花板等境界部分厚度的中心。这种说法虽然赋予了各区分所有权人很大的使用分隔境界的权利，但对建筑物的整体的维护与管理不利。因为分隔各部分内部构造复杂，且敷设了各种管线，如果任凭区分所有权人自由使用或变更，对整体建筑物的管理、维护和管线敷设都有重大影响。

（2）空间说主要从专有部分是由建筑材料所围成的空间的观点出发，认为专有部分的范围仅限于墙壁（共用墙壁）、地板、天花板所围成的空间部分，而界线点的分隔部分，如墙壁、地板、天花板等则为全体或部分区分所有权人的共同部分。该说的优点是反映了建筑物区分所有权的专有客体的所有空间特征，但出现的问题是必然给区分所有权人的生活带来不便。试想，如果境界壁（如墙壁、地板、天花板等）为共用部分，那么区分所有权人欲粉刷墙壁、在墙上钉钉子、铺地板或地砖，都必须以其他部分所有权人同意方可进行，这在现实中是不可能的，而物业服务企业管理到单元内的墙壁、地板、天花板等所谓的共用部分也是不现实的。

（3）最后粉刷表层说认为，专有部分包含至壁、柱等境界部分表层所粉刷的部分，即境界壁与其他境界的本体属共用部分。这种说法虽然弥补了中心说和空间说的不足，但缺点是忽视了现实中区分所有建筑物以壁心为界线的交易习惯。

（4）壁心和最后粉刷表层说分析了中心说、空间说和最后粉刷表层说的观点，认为可以从内部关系与外部关系分别对专有部分的范围进行界定。在内部关系上，即区分所有权人相互间，尤其是有关建筑物的维持、管理关系，专有部分仅包括壁、柱、地板、天花板等境界部分表层所粉刷的部分；但在外部关系上，尤其是与第三人（如买卖、保险、税金等）关系，专有部分包括含在壁、柱、地板、天花板等境界部分厚度的中心线。这种观点不但得到日本学者的认同，也得到我国大陆和台湾地区学者的认同。

依据《最高人民法院关于审理建筑物区分所有权纠纷案件具体应用法律若干问题的解释》第二条规定：建筑区划内符合下列条件的房屋，以及车位、摊位等特定空间，应当认定为法定专有部分。①具有构造上的独立性，能够明确区分；②具有利用上的独立性，可以排他使用；③能够登记成为特定业主所有权的客体。

3. 专有所有权的内容

专有所有权的内容是指区分所有权人作为专有所有权人应享有的权利与承担的义务。

（1）区分所有权人作为专有所有权人所享有的权利。

①所有权。专有所有权是以区分建筑物的专有部分为客体而成立的单独所有权，具有绝对性、永久性和排他性。区分所有权人在法律界限的范围内，可以自由使用、收益、处分专有部分而不受他人干涉，也享有物权保护请求权。

②相邻使用权。这是指区分所有权人为保存其专有部分或共有部分，或于改良的必要范围内，可以请求使用其他区分所有权人的专有部分，或不属于自己所有的共有部分。《民法典》第二百九十二条对相邻土地的利用做出如下规定：“不动产权利人因建造、修缮建筑物以及铺设电线、电缆、水管、暖气和燃气管线等必须利用相邻土地、建筑物的，该土地、建筑物的权利人应当提供必要的便利。”但这种利用，应当选择损害最小的方法安设，仍有损害的，应支付赔偿金。

（2）区分所有权人作为专有所有权人所应承担的义务。

建筑物的专有部分与其共有部分具有一体性、不可分离性，故区分所有权人对专有部分行使所有权时应受到一定限制，要履行一定的义务。其主要包括：不得违反使用目的，维护建筑物牢固和完整；不得侵害专有部分中的共有部分；不得损害其他区分所有权人的合法权益。例如，区分所有权人对专有部分装修时，不得拆除房屋内的承重墙，不得在专有部分内储藏或存放易燃、易爆等危险物品，危及整个建筑物的安全。

（二）共有所有权

1. 共有所有权的形态

《民法典》第二百九十七条规定："共有包括按份共有和共同共有。"

按份共有又称分别共有，是指数人按应有份额（部分）对共有物共同享有权利和分担义务的共有。在按份共有中，各共有人对共有物享有不同的份额。各共有人的份额，又称应得份，其具体数额一般是由共有人约定明确的。在区分所有建筑物中，区分所有人应占的共用部分的份额，一般是按物业登记时颁发的房屋产权证中的产权面积作为计算基础，如楼梯、走道、电梯间及电梯间前厅的面积分摊，均按产权面积所占份额计算。

共同共有是指两个或两个以上的民事主体，根据某种共同关系而对某项财产不分份额地共同享有权利并承担义务。共同共有的特征表现在：一是共同共有根据共同关系而产生，以共同关系的存在为前提。二是在共同共有关系存续期间内，共同财产不分份额，这是共同共有与按份共有的主要区别。三是各共有人平等地对共有物享有权利和承担义务，在区分所有建筑物中，道路、绿地、文体设施等就属于共同共有。

2. 共有所有权人的权利和义务

《民法典》第二百七十三条对专有部分以外的共有部分的权利和义务作出规定："业主对建筑物专有部分以外的共有部分，享有权利，承担义务；不得以放弃权利为由不履行义务。"任何建筑物区分所有权人对共有部分的合理利用不认为是侵权，业主基于对住宅、经营性用房等专有部分特定使用功能的合理需要，无偿利用屋顶以及与其专有部分相对应的外墙面等共有部分的，不应认定为侵权。但违反法律、法规管理规约、损害他人合法权益的除外。

（1）区分所有权人作为共有所有权人所享有的权利。

建筑物区分所有权人对共有部分享有的权利主要包括：一是业主对于共有部分享有共有权；二是业主对于共有部分享有共同管理权的权利。前者主要是指在法律未作特殊规定的情形下，对专有部分以外的楼梯、走廊、过道、外墙面、水箱、水电气管线等共有部分，对物业管理用房、绿地、道路、公用设施以及其他公共场所等共有部分享有占用、使用的权利。后者指业主有权对共用部位与公用设施设备的使用、收益、维护等事项行使管理的权利。

（2）区分所有权人作为共有所有权人所承担的义务。

①按共用部分的本来用途使用共用部分。所谓本来用途，是指由共用部分的种类、

位置、构造、性质及规约规定的目的或用途。例如：停车场用于停车，不允许堆放杂物；用于垂直运输的工具电梯（货梯），不能用于载客用途；等等。另外，根据各国立法，某些不按共用部分的本来用途使用的共用部分，在无损于建筑物的保存与不违反区分所有权人的共同利益的前提下，也可以准允。

②分担共同的费用和履行共用的义务。区分所有建筑物的共用部分，通常是整栋建筑物的实体部分，而为此所发生的管理、修缮、维持、改良等费用，应由全体区分所有权人分担。鉴于共用部分分为全体共用和部分共用两类，因而各国立法规定，全体共用部分的费用由全体区分所有权人分担，部分共用的费用由该部分区分所有权人分担。共用费用负担的范围主要包括：日常维修和更新共同部分及公共设备的费用；管理事务的费用，包括管理人员酬金；由区分所有权人共同负担的税项；不动产或区分所有权人连带负责的债务。至于共同费用和负担的份额分担，一般按区分所有权人专有部分占建筑物总面积的比例确定。

③区分所有权人不得以放弃权利为由不履行义务。由于区分所有权人对专有部分以外的共有部分既享有权利，又负有义务，有些业主就可能以放弃权利为由，不履行义务。这违反了《民法典》的规定。例如：业主不得以不使用电梯为由，不交纳电梯维修费用；在集中供暖的情况下，不得以冬季不在此住宅居住为由，不交纳暖气费用。

（三）共同管理权

1．共同管理权的含义

共同管理权即成员权，它是基于一栋建筑物的构造、权利归属及使用上的不可分割的共同关系而产生的。作为建筑物的一个区分所有权人，既享有一定的权利，也要承担一定的义务。

建筑物区分所有权的成立，是以一栋建筑物为基础的。该建筑物的区分所有权人为了实现使用专有部分的目的而必须使用共用部分行使专有部分权利时，不得妨碍其他区分所有权人对其专有部分的使用，不得违反全体共有所有权人的共同利益。此种建筑物构造与权利归属和使用上的不可分割的相互关系，使各区分所有权人在事实上总有该建筑物的共同使用的建筑空间，从而使全体区分所有权人之间形成共同的关系。区分所有权人为了维持该共同关系存在，应共同管理共用设施设备、场地等共用部分及其他需要共同管理的事务，维持区分所有权人继续存在的组织机能。这样一来，各区分所有权人作为团体组织之一的成员参与共同管理，享有应有的权利和承担相应的义务。这便形成所谓的共同管理权。

2．共同管理权的特征

（1）共同管理权是一项独立于专有所有权和共有所有权以外的权利，它不仅仅是单纯的财产关系，其中很大部分是管理关系。

（2）共同管理权是基于区分所有权人之间的共同关系而产生的权利。

（3）共同管理权是一种具有永续性的权利，只要建筑物存在，区分所有权人之间的团体关系就会存续，原则上不得解散，尤其不得以区分所有权人之一的单独行为解散。

（4）共同管理权是一项与专有所有权、共有所有权紧密结合而不可分割的权利。《民法典》第二百七十三条规定："业主转让建筑物内的住宅、经营性用房，其对共有部分所享有的共有和共同管理的权利一并转让。"

3. 共同管理权人的权利与义务

（1）共同管理权人的权利。

①选择表决权。参加业主大会会议，行使表决权；选举业主委员会成员，并享有被选举权。

②提议权。提议召开业主大会会议，并就物业管理有关事项提出建议；提出制定和修改管理规约、业主大会议事规则的建议。

③知情监督权。按照物业服务合同的约定，接受物业服务企业提供的服务，并监督物业服务企业履行物业服务合同；监督业主委员会的工作；对物业共用部位、共用设施设备和相关场地使用情况享有知情权和监督权；监督物业共用部位、共用设施设备专项维修资金的管理和使用。

④请求权。指区分所有权人作为管理团体的成员而对公共管理事项及公共利益应得份额所享有的请求权。

（2）共同管理权人的义务。

①交纳义务。按照国家有关规定交纳专项维修资金，按时交纳物业费。

②遵守义务。遵守管理规约、业主大会议事规则；遵守物业管理区域内物业共用部位和共用设施设备的使用、公共秩序和环境卫生的维护等方面的规章制度。

③执行义务。执行业主大会的决定和业主大会授权业主委员会所作出的决定。

第二节　区分所有权建筑物的管理制度

根据各国建筑物区分所有权法，区分所有权建筑物的管理，也就是物业管理，是指维系区分所有权建筑物的物理机能，并充分发挥其社会的经济机能，而对之所为的一切经营活动。一般而言，它包括建筑物的保存、改良、利用、处分，以及对区分所有权人共同生活秩序的维护。

区分所有权
建筑物管理制度

一、管理内容

现代区分所有权建筑物的管理，包括物的管理和人的管理。

（一）物的管理

所谓物的管理，是指对建筑物的基地以及附属设施的保存、改良、利用以至处分等所为的物的管理，原则上仅限于建筑物的共用部分。

1. 建筑物

建筑物分为专有和共有两大部分，共用部分是管理的主要内容。除此之外，专有部分相互间或专有部分与共有部分间的墙壁、地板、天花板、柱等所谓境界壁，以及为维护建筑物的安全与外观所必要的支柱、屋顶、外壁等建筑物基本构造部分，也视为共用部分，纳入管理内容之中。

2. 基地

基地包括立体重叠上去的专有部分下的基地、共用部分的基地、建筑物至市政道路的基地、其他基地。

3. 附属设施

附属设施是指附属于建筑物的一切设施。如建筑物的附属物、附属的建筑物、非属专有部分建筑物的附属物，包括供电系统、供水系统、煤气管道、空调系统、紧急报警系统、中央监控系统、电梯及屋顶的贮水槽等共用部分。

（二）人的管理

所谓人的管理，是指对区分所有权人的群居生活关系所产生的社区管理，主要包括对建筑物不当毁损行为的管理，对建筑物不当使用行为的管理以及对生活妨害行为的管理。

1. 对建筑物不当毁损行为的管理

对建筑物不当毁损行为是指区分所有权人在使用部分或改造专有部分时所产生的危及建筑物整体安全或影响整栋建筑物外观的行为，如将阳台或前院扩充为室内部分，擅自添设铁窗、栅栏，改变建筑物外貌，或在室内装修时随意更改承重墙等影响建筑物安全的结构等。

2. 对建筑物不当使用行为的管理

对建筑物不当使用行为是指改变房屋性质，如将住宅改变为舞厅、餐厅、小型加工厂等，此种对建筑物的不当使用，不仅带来噪声、震动，降低居住生活品质，甚至会使居家安全蒙上阴影。

3. 对生活妨害行为的管理

对生活妨害行为，是指一栋区分所有权建筑物内的区分所有权人，由于不同的生活习惯、嗜好，没有对建筑物的用途等达成共识，在使用建筑物时所产生的一些影响他人生活的行为，如饲养宠物、大声喧哗、不合时宜地大声播放音乐妨碍邻居安宁、任意堆放垃圾或物品或者妨碍公共安全等，这些都应在管理和禁止之列。

二、管理方式

共有部分为全体或一部分区分所有权人共有，因而应由全体或一部分区分所有权人共同管理，而这种共同管理在意见的形成与费用的分担上较难达成共识，特别是数十户、数百户等较大规模的区分所有建筑物更是如此。各式各样的管理方式，归纳起来有以下类型。

（一）自主管理方式与委托管理方式

自主管理，是指区分所有权人自行执行管理业务或者彼此构成一个管理团体执行管理业务的管理。自主管理根据区分所有权的多少可分为直接管理（人数较少时）和管理团体组织管理（人数较多时）。管理团体的最高权力机关为区分所有权人大会（或称业主大会）。大会决议事项直接构成区分所有权人的权利义务。管理团体设理事会（或称业主委员会）作为其执行机构。理事会成员由管理团体构成员（承租人通过规约明确其权限，也可以成为构成员）推代表组成。理事会设理事长、副理事长等。理事长通常为管理团体的具体管理人，执行管理任务。

委托管理是指区分所有权人将管理业务委托管理公司或第三人管理。这时，区分所有权人与管理者通过委托合同或契约形成委托关系，根据委托业务的内容，又可分为全部委托和部分委托。全部委托是将管理业务全部委托管理公司，区分所有权人仅付物业费便能享受到管理服务；部分委托是将管理业务的部分委托管理公司，而另一部分则由管理团体承担。相比较而言，后一种委托费用较低。

（二）管理人方式与非管理人方式

管理人方式是指设置管理人员管理建筑物的管理方式，反之为非管理人方式。在全部委托的情况下，管理人由委托方委派；在自主管理时，管理人由区分所有权人管理团体自行推选。管理人素质的好坏，直接关系到管理水平的高低。因此，管理规约应该有明文规定，以确保管理质量，至于管理者的身份，既可以是法人，也可以是自然人。

（三）法人与非法人管理组织

生活在同一栋建筑物内的各区分所有权人在共同关系上而结成为管理团体，该管理团体依法具有法人资格的，称为法人管理方式。反之，称为非法人管理方式。在现代立法中，明确区分所有权人管理具有法人资格的仅有法国、新加坡和我国香港特别行政区。日本现行的建筑物区分所有权法分情况，对具备一定条件的管理团体，赋予其法人资格，称为管理团体法人。

三、管理规约

（一）管理规约的概念

在现代各国建筑物区分所有权立法与实务中所说的管理规约，是指全体区分所有权人就建筑物的管理、使用及所有关系，以书面形式所为的自治规则。一般来说，建筑物规模大而且区分所有权人数较多时，共用部分的管理及所有关系也变得比较复杂。因此有必要设定一个各区分所有权人共同遵守的规约以维护区分所有权人全体的合法权益，以及物业管理区域内的公共环境秩序，保障物业的安全与合理使用。管理规约的性质，是区分所有权人管理团体客观化的自治法规，如同国家的宪法和公司的章程，为区分所有权人管理团体的最高自治规范。

（二）管理规约的设定、变更及废止

关于管理规约的设定、变更和废止，各国立法及实务虽然不尽一致，但归纳起来主要有两种途径：一是通过区分所有权人全体会议进行；二是房地产开发建设单位或出售单位预先制定，在分批出售房屋时，分别与单个买受人（受让人）达成同意该项管理规约的协议。

（三）管理规约的内容

1. 关于区分所有权人间的基础法律关系（或所有关系）的事项

例如，物业共用部分的持分比例、共用部分的所有关系——部分共用部分与全体共用部分，各专有部分分配基地利用权的比例，建筑物灭失（或部分灭失）时，利害关系人对灭失（或部分灭失）房屋所有权的确权，以及各区分所有权人的权利和义务。

2. 关于区分所有权人间共同事务的事项

例如，管理团体的组织机构、人数、权限及营运方式，管理人的选任、任期及职务权限，集会的方式（如召开会议的通知、表决权比例与法定人数的变更时），物业费的数额及交纳方法（如交费日、迟延利息及存放等）。

3. 关于区分所有权人间利害关系调整的事项

（1）专有部分的使用限制。专有部分虽然为专有所有权客体，区分所有权人可以任意使用，收益及处分，但为了建筑物的安全使用及维持区分所有权人间的共同体秩序，专有所有权的行使应受到一定的制约。例如：重量物、易燃物、爆裂危险物、不洁物、散发恶臭物等均可以用规约规定严禁携入；对其他区分所有权人构成妨碍或危害的动物饲养的禁止；供居住用建筑物，一般不得供非居住以外目的使用，尤其禁止饮食店等营业使用。但居住建筑物对用途限制不得超过合理限度。

（2）共用部分（含基地）及附属设施的使用方法。例如，在基地内的一幢住宅，其一定部分作为某些区分所有权人的专用庭院，或将基地某一部分作为停车场，使拥有汽车的人作为无偿或有偿使用。当然，这些部位的使用有一定的限制，并且在不损害其他区分所有权人使用其他部分时，规约方为有效。

4. 关于对违反义务者的处置意见

区分所有权人违反了相关的管理规约，应受到相应的处罚。因此，在制定管理规约时，必须详细说明对违反义务者的有关处置意见。

（四）管理规约的效力、保管及阅览

管理规约是区分所有权人团体的最高自治规则，因此，区分所有权人集会的决议、管理者的行为等均不得与规约相抵触。关于规约的时间效力，规约本身若定有生效日期的，以规定为准；若没有定生效日期，一般解释为自规约订立之日起生效。

规约的保管一般由管理者予以保管。但在无管理人时，则由使用建筑物的区分所有权人或其代理人根据规约或集会决议所定的保管人予以保管。保管规约的人在有利害关系的人请求查阅时，除有正当理由外，不得拒绝对规约的阅览。关于规约的保管地点，一般是张贴在建筑物内容易看见的地方，或每个区分所有权人都有一份。

四、管理团体

（一）管理团体的产生

为了维护建筑物各部分应有的机能，解决彼此间的纷争，维护共同生活秩序，协调彼此间的共同利益，需要一个超越个人的团体组织，以借助该团体组织的力量，妥善订立管理规约，设置管理机构，处理共同事务。区分所有权人团体组织因而形成。

（二）管理团体的建立

所谓团体，是指一栋区分所有权建筑物中全体区分所有权人为进行建筑物及其基地、附属设施的管理而结成的管理组织。

（三）管理团体的模式

区分所有权人管理团体具有怎样的法律性质，这是现代区分所有建筑物管理制度上的一个重大问题。比较各地立法，我国学者认为，管理团体的法律性质可归纳为以下四种模式：

其一，不具法人资格的团体。此类是以德国现行住宅所有权法为代表的。我国台湾地区的“管理委员会”，也是不具有法人资格的管理团体。

其二，具有法人资格的团体。其代表国家有法国、新加坡。此模式不分情况，一律承认区分所有权人管理团体享有法人资格，我国香港特别行政区的管理团体也属于

这一模式。

其三，管理团体法人（附条件的法人资格模式）。如日本建筑物区分所有权法规定，由 30 人以下的区分所有权人所构成的管理团体在性质上即为无权利能力的社团，称为区分所有权人的团体（或管理团体）；但区分所有权人的人数在 30 人以上，且由区分所有权人及议决权（表决权）者各以 3/4 以上的多数的集体会议，决定成立法人，规定名称和办公场所，并在主要办公处所所在地进行登记，即成为拥有法人资格的"管理团体法人"。

其四，判例实务上的法人资格。如美国，在现有法律制度上不承认区分所有权人管理团体（公寓所有人协会）具有法人资格，但在实际上，在法院案例判决中，区分所有权人管理团体（公寓所有人协会）的法人资格已普遍获事实上的承认。

第三节 业主大会与业主委员会

一、业主大会的组织形式

（一）业主大会召开

1．首次业主大会

第一次业主大会在物业交付使用且住用率达到一定比例时，在政府主管部门的指导下，由业主按法定程序和形式召开。

《物业管理条例》第十条规定："同一个物业管理区域内的业主，应当在物业所在地的区、县人民政府房地产行政主管部门或者街道办事处、乡镇人民政府的指导下成立业主大会，并选举产生业主委员会。"

业主大会

成立业主大会也并非业主唯一可以选择的自我管理方式，在只有一个业主或者业主人数较少的情况下，业主完全可以自行或通过全体协商的方式对共同事项做出决定，没有必要成立业主大会。

2．业主大会的年度会议

业主委员会成立后，负责召集之后的业主大会。业主大会的定期会议由业主大会议事规则做出规定，原则上每年至少召开一次。

3．业主大会的临时会议

有下列情况之一的，业主委员会应当及时组织召开业主大会临时会议。

（1）经专有部分占建筑物总面积 20% 以上且占总人数 20% 以上业主提议的。

（2）发生重大事故或者紧急事件需要及时处理的。

（3）业主大会议事规则或者管理规约规定的其他情况。

发生应当召开业主大会临时会议的情况，业主委员会不履行组织召开会议职责的，区、县人民政府房地产行政主管部门应当责令业主委员会限期召开。

4. 召开业主大会的法定人员

业主大会会议应当有物业管理区域内专有部分占建筑物总面积过半数的业主且占总人数过半数的业主参加。

（1）专有部分面积。

按照不动产登记簿记载的面积计算，尚未进行物权登记的，暂按测绘机构的实测面积计算；尚未进行实测的，暂按房屋买卖合同记载的面积计算。

（2）业主人数。

按照专有部分的数量计算，一个专有部分按一人计算。但建设单位尚未出售和虽已出售但尚未有交付部分，以及同一买受人拥有一个以上专有部分的，按一人计算。

5. 召开业主大会的公告

召开业主大会会议，应当于会议召开 15 日以前将通知及有关材料以书面形式在物业管理区域内公告。住宅小区的业主大会会议，应当同时告知相关居民委员会。

（二）业主大会的职责

《民法典》第二百七十八条规定：“下列事项由业主共同决定：

（一）制定和修改业主大会议事规则；

（二）制定和修改管理规约；

（三）选举业主委员会或者更换业主委员会成员；

（四）选聘和解聘物业服务企业或其他管理人；

（五）使用建筑物及其附属设施的维修资金；

（六）筹集建筑物及其附属设施的维修资金；

（七）改建、重建建筑物及其附属设施；

（八）改变共有部分的用途或者利用共有部分从事经营活动；

（九）有关共有和共同管理权利的其他重大事项。

业主共同决定事项，应当由专有部分面积占比三分之二以上的业主且人数占比三分之二以上的业主参与表决。决定前款第六项至第八项规定的事项，应当经参与表决专有部分面积四分之三以上的业主且参与表决人数四分之三以上的业主同意。决定前款其他事项，应当经参与表决专有部分面积过半数的业主且参与表决人数过半数的业主同意。”

《民法典》第二百七十九条规定：“业主不得违反法律、法规以及管理规约，将住宅改变为经营性用房。业主将住宅改变为经营性用房的，除遵守法律、法规以及管理规约外，应当经有利害关系的业主一致同意。”

业主大会不得做出与物业管理无关的决定，不得从事与物业管理无关的活动。

业主大会会议应当由业主委员会做出书面记录并存档。

（三）管理规约和业主大会议事规则

管理规约和业主大会议事规则，是在首次业主大会会议上需要审议的重要文件。

1. 管理规约

管理规约是指业主大会依据法定程序通过的对业主具有约束力的关于共同事务和共有财产管理问题的具体规划，在性质上属于一种共同行为的合约，是业主自治的产物。

管理规约是物业管理中的一个重要的基础文件，它一般由业主委员会根据政府制定的示范文本，结合物业的实际情况进行修改补充，经业主大会讨论通过生效。在第一次业主大会召开之前，管理规约的审议稿可由业主大会筹备组根据政府制定的示范文本，结合前期物业管理期间临时管理规约的实施情况来拟定，提交第一次业主大会审议讨论。

《物业管理条例》第十七规定：“管理规约应当对有关物业的使用、维护、管理，业主的共同利益，业主应当履行的义务，违反管理规约应当承担的责任等事项依法作出约定。管理规约应当尊重社会公德，不得违反法律、法规或者损害社会公共利益。”

具体可包括如下内容：

（1）业主使用、经营、转让、出租拥有物业时应遵守的事项。

（2）业主对物业进行室内装修时应遵守的事项。

（3）物业费的缴交方式和时间，不按时缴交物业费时，物业服务企业可采取的措施。

（4）《前期物业管理服务协议》中约定应在管理规约中保留的内容。

管理规约应报物业所在地的区、县人民政府的房地产主管部门备案，并在物业管理区域出入口明示。非业主使用人应当遵守管理规约。

2. 业主大会议事规则

《物业管理条例》第十八条规定：“业主大会议事规则应当就业主大会的议事方式、表决程序、业主委员会的组成和成员任期等事项作出约定。”

业主大会议事规则是业主大会组织、运作的规程，是对业主大会宗旨、组织体制、活动方式、成员的权利和义务等内容进行记载的业主自律性文件。业主大会议事规则是全体业主意志的集中体现，是业主大会运作的基本准则和依据。业主大会、业主委员会和所属成员都必须严格遵守。除条文中列举的事项以外，业主大会议事规则还可以对其他有关业主大会活动的事项做出规定。

二、业主委员会的产生和组织

（一）业主委员会的产生

符合各地方法规中所规定的召开业主大会条件的物业，开发建设单位应及时负责召集业主筹备和召开首次业主大会，选举产生业主委员会，代表全体业主行使有关权利，督促业主履行义务。由开发建设单位聘请的物业服务企业，应积极协助和配合，物业所在区、县房地产行政主管部门应及时监督和指导首次业主大会的召开。

业主委员会

根据住房和城乡建设部制定的《业主大会和业主委员会指导规则》第三十三条规定，业主委员会应当自选举产生之日起30日内，将业主大会成立和业主委员会选举的情况、管理规约、业主大会议事规则及业主大会决定的其他重大事项等材料向物业所在地的区、县房地产行政主管部门和街道办事处、乡镇人民政府办理备案手续。

业主委员会备案的有关事项发生变更的，依照有关规定重新备案。

（二）业主委员会的组织

《业主大会和业主委员会指导规则》第三十一条规定："业主委员会由业主大会会议选举产生，由5至11人单数组成。"第三十二条规定："业主委员会委员实行任期制，每届任期不超过5年，可连选连任，业主委员会委员具有同等表决权。业主委员会应当自选举之日起7日内召开首次会议，推选业主委员会主任和副主任。"

业主委员会委员应符合下列条件：本物业管理区域内具有完全民事行为能力的业主；遵守国家有关法律法规；遵守业主大会议事规则、管理规约、模范履行业主义务；热心公益事业、责任心强、公正廉洁，具有社会公信力；具有一定的组织能力；具备必要的工作时间。

三、业主委员会的权利和义务

（一）业主委员会的权利

（1）执行业主大会的决定和决议。

（2）召集业主大会会议，报告物业管理实施情况。

（3）与业主大会选聘的物业服务企业签订物业服务合同。

（4）及时了解业主、物业使用人的意见和建议，监督和协助物业服务企业履行物业服务合同。

（5）监督管理规约的实施。

（6）督促业主交纳物业费及其他相关费用。

(7) 组织和监督专项维修资金的筹集和使用。

(8) 调解业主之间因物业使用、维护和管理产生的纠纷。

(9) 业主大会赋予的其他职责。

(二) 业主委员会的义务

(1) 筹备并向业主大会报告工作。根据《业主大会和业主委员会指导规则》，业主委员会应当向业主公布下列情况和资料：管理规约、业主大会议事规则；业主大会和业主委员会的决定；物业服务合同；专项维修资金的筹集、使用情况；物业共有部分的使用和收益情况；占用业主共有的道路或者其他场地用于停放汽车车位的处分情况；业主大会和业主委员会工作经费的收支情况；其他应当向业主公开的情况和资料。

(2) 执行业主大会会议通过的各项决定，接受广大业主的监督。

(3) 贯彻执行并督促业主、非业主使用人遵守物业管理法律、法规和政策以及管理规约的规定，协助、支持、配合公安机关，与居民委员会相互协作，共同做好维护物业管理区域内的社会治安等相关工作。积极配合相关居民委员会依法履行自治管理职责，支持居民委员会开展工作，并接受其指导和监督。

(4) 严格履行物业服务合同，支持和配合物业服务企业依照合同规定所开展的物业服务工作，监督违反物业服务合同约定逾期不交纳物业费的业主，并令其在限期内交纳物业费。

(5) 不做出违反法律、法规和政策的决定，不违反业主大会的决定，不做出损害广大业主公共利益的决定。

【本章小结】

1. 建筑物区分所有权是一项不动产的重要权利，其内容既包括对于建筑物独立使用部分的所有权，也包括对建筑物的全体所有权人共同拥有的共用部分的共有所有权，同时包括共同关系而形成的管理团体的共同管理员权。

2. 为了维持建筑物各部分应有的机能，解决彼此间的纷争，维护共同的生活秩序，协调彼此间的共同利益，需要一个超越个人的团体组织，以借助该团体组织的力量，妥善订立管理规约，设置管理机构，处理共同事务。区分所有权人团体组织因此而得以形成。

3. 管理规约是指全体区分所有权人就建筑物的管理、使用及所有关系以书面形式所为的自治规则，是区分所有权人管理团体的最高自治规范。在我国物业管理实践中称之为业主公约。

4. 业主大会属于管理团体，由全体业主组成，决定物业管理重大事项的业主组织。业主委员会是业主大会的执行机构，通过业主大会会议选举产生，业主委员会主要主持日常事务性工作，须经业主共同决策的事项必须通过业主大会依法表决才能有效。

5. 建筑物区分所有权制度不仅明确了业主的权利与义务，而且也明晰了物业管理的对象，即为共有部分和共同事务提供管理服务，更加明确了业主与物业服务企业的权责关系。

【案例分析】

业主可以罢免业主委员会吗

在某居民住宅小区的物业管理中，继业主与物业服务公司纠纷不断之后，本属同一个“战壕战友”的业主和业主委员会的矛盾又成为物业管理的新焦点。20××年9月，某住宅小区的数百名业主自发组成了业主维权委员会，公开宣称要罢免不能代表业主利益的业主委员会，并要求选出能代表广大业主利益的新的业主委员会委员。据悉，该住宅小区的业主委员会当初在做出选聘物业服务公司的决定之后，只是直接由几个业主委员会委员决定了选聘结果，并没有经过业主大会的审议，更没有形成业主大会的决议，少了一道选聘程序，因此闹出了大麻烦。从运作时间上看，物业管理进入某市不是很长，在某市的小区都没有真正公开选举过业主委员会，所谓的业主委员会委员也是由开发商控制的物业服务公司临时指定的。起初，业主们并不在意，认为业主委员会不过是“跑腿”的，只有“奉献”的份，没有相应的决定权。而这两年，大规模的小区越来越多，物业费猛涨。按照20××年12月颁布的《××省物业管理条例》的有关规定，物业服务公司对这些费用的支出都要接受业主委员会监督，大家才认识到业主委员会的“权利”。试想一想，大型住宅小区一年收的物业费达几十万元甚至数百万元，还有开发商预留的数十万元维修基金，其流向都要业主委员会监督或表决，还有选聘物业服务公司的权利等，业主委员会的作用就可见一斑了。但是，许多业主委员会委员往往不能正确运用自己的权利，不能摆正业主大会与业主委员会之间的正确关系，甚至个别业主委员会委员把业主委员会看成是谋取个人私利的工具和途径，滥用权利，遇到重大事项不交由业主大会审议批准，而直接由业主委员会决定。业主委员会这种滥用权利的行为，不仅没有很好地维护全体业主的合法权益，反而侵害了全体业主的合法权益。正是在这种情况下，业主们对业主委员会的要求越来越高，尤其希望能代表大多数业主利益的业主组成业主委员会，这才有了频频要求罢免或改选业主委员会的呼声和行动。

[问题讨论]

1. 从案例所提供的资料中，你认为部分业主与业主委员会委员之间的矛盾是如何产生的，原因是什么？

2. 用业主维权委员会来罢免业主委员会是否可行？

3. 请提出一个合理解决问题的途径。

[参考点评]

本案例反映了业主委员会成立与运作中存在的不规范问题。因现有的业主委员会委员是由开发建设单位控制的物业服务公司临时指定的，选聘的物业服务公司是直接由几个业主委员会委员决定的，并没有经过业主大会的审议，更没有形成业主大会的决议，没有按合法选聘程序进行运作，业主委员会也就很难代表业主的利益。从本案例反映的情况看，许多业主委员会委员往往不能正确运用自己的权利，不能摆正业主大会与业主委员会之间的正确关系，甚至个别业主委员会委员把业主委员会看成是谋取个人私利的工具和途径，滥用权利，遇到重大事项不交由业主大会审议批准，而直接由业主委员会决定。业主委员会这种滥用权利的行为，侵害了全体业主的合法权益。业主委员会的成立与组成成员产生的不合法、选聘物业服务公司的程序的不合法及大部分业主委员会委员的损害业主利益的行为是业主与业主委员会委员之间的矛盾产生的根源。

业主维权委员会公开宣称要罢免不能代表业主利益的业主委员会，并要求选出能代表广大业主利益的新的业主委员会委员是合理的要求。但用业主维权委员会来罢免业主委员会也是不可行的，应当通过法定的程序和途径来罢免现有的业主委员会。

该小区业主应寻求政府房地产行政部门和当地街道及居委会的帮助，首先成立并召开业主大会，选举产生业主委员会，然后制定相应的业主公约和议事规则以及相关的制度，并通过新的业主大会和业主委员会选聘物业服务公司，监督物业服务公司及小区物业管理运作。对已出现的损害业主利益的行为，应通过协商调解或法律诉讼的途径来解决问题，以维护业主的合法权益。

【问题思考】

1. 什么是建筑物区分所有权？建筑物区分所有权有哪些特征？

2. 简述建筑物区分所有权的组成。

3. 简述关于专有所有权范围界定的四种学说。

4. 简述专有所有权的内容。

5. 简述共有所有权的形态。

6. 简述共有所有权的内容。
7. 什么是共同管理权？共同管理权有什么特征？
8. 简述区分所有权建筑物管理的内容。
9. 试述管理规约的性质和主要内容。
10. 试述业主大会的职责。
11. 试述业主委员会的权利和义务。

第四章　前期物业管理服务

【学习目标】

了解：前期物业管理的含义、范畴；竣工验收；住宅小区竣工综合验收。

掌握：前期物业管理和前期介入；前期物业管理的委托；物业的承接查验；交楼的程序与管理。

识记：前期物业管理关系；前期物业管理服务合同的性质；前期物业管理服务的关键事项。

【学习概要】

从本章开始连续三章（第四章至第六章），将学习物业管理的主要业务内容：前期物业管理服务、物业综合管理服务和物业经营管理。

本章的重点内容有：前期物业管理范畴；前期物业管理的关系，特别是在委托代理制下的各方关系；理解前期物业服务合同的性质；了解前期物业管理与物业管理前期介入的重点内容；认识竣工验收和住宅小区竣工综合验收；掌握物业承接查验和交楼的程序与管理；把握好前期物业管理关键事项。

通过本章的学习，将认识到前期物业管理服务工作的重要性、阶段性和特殊性；明确前期物业管理活动中开发建设单位、受聘物业服务企业的职责；对前期物业管理的委托代理制有一个初步的认识。从而有利于关注前期物业管理服务重点领域的工作，有利于在前期物业管理工作中处理好与开发建设单位及业主的关系，为日后的物业管理业务工作打下基础。

第一节　前期物业管理的概念

一、前期物业管理范畴

（一）前期物业管理的界定

前期物业管理，是指从物业开始销售（预售）起，至业主大会成立，选聘物业服务企业之前，由开发建设单位选聘物业服务企业实施的物业管理。《物业管理条例》第二十一条规定：“在业主、业主大会选聘物业服务企业之前，建设单位选聘物业服务企业的，应当签订书面的前期物业服务合同。”

前期物业管理范畴 1

在前期的物业管理期间，开发建设单位应当在销售物业之前，制定临时管理规约，对有关物业的使用、维护、管理，业主的共同利益、业主应履行的义务、违反临时管理规约应当承担的责任等事项依法做出规约，并将临时管理规约向物业买受人明示，并予以说明。物业买受人在与开发建设单位签订物业买卖合同时，应当对遵守临时管理规约予以书面承诺，并连同前期物业管理服务有关事宜，与开发建设单位签订前期物业管理服务协议。住房和城乡建设部及地方政府有关部门也制定了前期物业服务合同的示范文本，可参照实施。

之所以要界定前期物业管理，是出于物业管理服务不可间断性的需要，物业一旦建成或交付使用，就需要物业管理服务；把前期物业管理起始点界定在物业正式销售（预售）后，是因为物业一旦出售，将会涉及业主所关心的管理内容、标准、收费等一系列问题，客观上要求物业管理服务应同步进行。实际上，不论业主大会是否正式成立，业主委员会与物业服务企业的委托合同是否正式签订，对物业的管理与服务在房屋正式出售时已经发生。

（二）前期物业管理中权利主体的相互关系

在前期物业管理阶段，由于业主的介入，形成了开发建设单位、受托的物业服务企业以及业主三个权利主体共存的法律关系。开发建设单位与物业服务企业的行为规范有前期物业服务合同予以明确，而在前期物业管理中由于业主大会还没有召开，那么，业主的合法权益该如何得以有效维护和保障？《物业管理条例》第二十五条规定：“建设单位与物业买受人签订的买卖合同应当包含前期物业服务合同约定的内容。”因此，买房人如果拒绝接受拟订的前期物业服务合同，就意味着物业买卖无法成交，这对开发建设单位和物业服务企业是一个有效的制约。反之，如果业主签订了买卖合同，也就是接受了这份合同的规定内容，就必须在前期物业管理阶段服从物业服务企业依法依约的管理。

重视前期物业管理服务不仅仅是开发建设单位责无旁贷的使命，更是其经营理念的具体化，就项目开发与物业管理两大业务而言，前者所获利润的机会与程度远胜于后者，而所承受的来自消费者方面的时间考验短于后者。实际上，物业管理的整体形象（包括它的前期管理服务水准）是开发建设单位经营业绩的活广告，消费者在现场选购物业时已感受并逐渐认识到物业管理服务的重要性和影响力，前期物业管理服务的质量直接影响到他们的消费行为。因此，开发建设单位应将前期物业管理服务作为营销策略的重要组成部分予以重视，推动物业的销售与出租。

就物业服务企业而言，在前期物业管理服务中能否形成良好的管理秩序，满足业主或使用人不断增长的服务需求，通过自身努力在业主或使用人间树立有成效的管理服务者的良好形象，对于能否顺利促成业主大会与物业服务企业达成正式委托管理服务合同关系重大。实践证明，物业服务企业唯有努力做好前期管理服务工作，才能通过业主的考验，取得业主的信任，得到再一次的聘任，这是一个物业服务企业不断拓展业务范围，努力塑造企业形象的必由之路。

二、前期物业管理的委托

前期物业
管理范畴2

《物业管理条例》第二十一条规定：“在业主、业主大会选聘物业服务企业之前，建设单位选聘物业服务企业的，应当签订书面的前期物业服务合同。”第二十四条规定：“国家提倡建设单位按照房地产开发与物业管理相分离的原则，通过招投标的方式选聘物业服务企业。”住宅物业的建设单位，应当通过招投标的方式选聘物业服务企业；投标人少于3个或者住宅规模较小的，经物业所在地的区、县人民政府房地产行政主管部门批准，可以采取协议方式选聘物业服务企业。

由此可见，在前期物业管理阶段中，开发建设单位把区分所有权建筑物分单元出售给买受人，从签订买卖合同到业主入住物业，一般都有一个渐进的过程，业主大会并不能立即成立，但物业已经建成就需要管理服务，因此只能由开发建设单位选聘物业服务企业对物业实施管理服务。对于选聘物业服务企业的方式，非住宅物业是否以投标方式进行选聘，目前不做强制性要求，只是一种倡导性规定。而对住宅物业前期物业管理服务则有强制性规定，需要通过招投标的方式选聘物业服务企业，并由开发建设单位与中标的物业服务企业签订书面的前期物业服务合同。

强制规定住宅前期物业管理服务必须以招标方式选聘物业服务企业有着重要的意义。

（一）有效减少物业服务企业与业主之间不必要的矛盾

从我国物业管理的发展过程可以看出，我国内地的物业管理，是从深圳、广州等地学习香港的经验开始的。香港非政府开发的大型屋村"谁开发、谁管理"的模式，虽然很快被移植到内地，但由于内地的房地产开发商实力相差较大，良莠不齐，有不少缺乏资金的中小开发商，导致开发建设项目有很多遗留问题，严重影响了业主正常的生活和经营活动。而这些开发建设单位往往又采取逃避态度，把下属的物业服务企业推到第一线来应对，业主因经常找不到开发商来理论，往往也很容易迁怒于与开发商有"父子"关系的物业服务企业，而物业服务企业由于隶属关系也只能为开发商代受过，进而激发了物业服务企业与业主之间的不必要矛盾。开发建设单位的遗留问题，作为物业服务企业是根本无能力去解决的，越是消极应对，矛盾就越容易激化。然而，前期物业管理服务采取招投标选聘后，中标的物业服务企业很多不是开发建设单位的子公司。即使是下属子公司中标，有了前期物业服务合同的约束，物业服务企业只管干好合同规定的分内事，就能有效减少此类矛盾的发生。

（二）制约了开发建设单位在物业费方面的不规范行为

开发建设单位下属子公司在物业费方面的不规范行为常见的有以下两种：

其一，从自己开发的物业营销的角度出发，制定出低于服务成本的物业服务收费标准，不足部分由开发建设单位暗补给物业服务企业。深圳市一家知名的房地产开发公司，在很长的一段时间内就是采取这种策略的。名为业主提供超值服务，实际上是破坏了物业服务市场的公平、公正竞争。而且，一旦开发建设单位不再补贴，物业服务企业的运作就会面临困境。

其二，物业开发建设单位在制定物业服务收费标准时巧立名目，多收费、乱收费，更有甚者挪用物业服务企业收取业主的物业费，使很多物业服务工作无法做到位。

住宅物业前期物业管理采取招标与投标选聘的物业服务企业，能够较好地防范这两种不规范行为。以低于服务成本的价格来制定前期物业服务收费标准，本身就有悖于招标与投标的法律规定，是无法操作的；而非开发建设单位隶属的物业服务企业中标，更能摆脱开发建设单位对物业服务企业收费的操纵。

（三）加速了物业服务企业的社会化

住宅前期物业管理服务中这条强制性规定，使与开发建设单位有隶属关系的物业服务企业不得不参加竞标，且只有业绩指标项达标，也就是为其他住宅物业提供物业服务的数量足够多及业主评价高才可能中标。如果只有为所属的开发建设单位开发的物业提供服务的经历，那就肯定此项分数不会高，能够中标的机会甚微。这样就迫使物业服务企业走出去，想办法为其他开发建设单位开发的住宅物业提供物业管理服务，在实践中锻炼自己，增长才干，加强自己的实力，夯实经济基础，才有可能实现与开发建设单位的分离，物业管理才能真正做到社会化。

三、前期物业服务合同的性质

前期物业服务合同是开发建设单位代表业主，与中标的物业服务企业签订的一份明确当事人双方权利与义务的法律文书。前期物业服务合同可以约定期限，但前期物业服务合同是一种附终止条件的合同。虽然期限未满，但如果在物业管理区域内成立了业主大会，并选聘了其他物业服务企业，当业主委员会代表业主大会与新选聘的物业服务企业签订的物业服务合同生效时，前期的物业服务合同终止。这是由前期物业管理本身的过渡性决定的，一旦业主组成了代表和维护自己利益的业主大会，选聘了物业服务企业，进入了正常的物业管理阶段，则前期物业管理就不再有存在的必要，就会自动终止，终止的时间以业主委员会与物业服务企业签订的物业服务合同生效时间为准。

前期物业服务合同属要式合同，政府有关部门制定了前期物业合同示范文本，供开发建设单位与物业服务企业签订《前期物业服务合同》时参考。

四、前期物业管理与物业管理的前期介入

前期管理是物业管理开始切入实质性的涉及物业管理中业主、开发建设单位、物业服务企业三方面权责关系的关键性的阶段工作，而前期介入则是前期管理的前奏，对物业的前期管理及其后的管理服务工作起着重要的作用。

（一）前期介入的概念

前期介入是指物业服务企业在接管物业之前，就参与物业的规划、设计和建设的过程。从业主与非业主使用人及物业管理的角度，就物业开发、建设和今后使用管理提出建议，并对将接管的物业在物质上和组织上做好准备。

（二）前期介入的作用

在传统的意识中，人们常常把物业开发看成是开发建设单位、设计单位和施工单位的事，物业管理是在房屋建成后才开始的，似乎开发时期与物业管理无关。于是，开发建设单位委托设计院规划设计，绘制图纸，然后又委托施工单位建筑施工，再聘请工程监理单位参与工程质量监理。但经常是一幢房屋建成交付使用后，便会出现许多不尽如人意的事。例如，有的大厦电梯数量不够，难以满足大厦用户出行的需要；有的住宅楼设计不尽合理，减少了房屋的使用率；有的商场用电量设计偏低，影响到商场营业的照明效果；有的房屋在建筑施工中偷工减料，留下了质量隐患；等等。为了避免物业开发过程中出现诸如此类的问题，除了开发建设单位、设计单位、施工监理单位应认真执行国家有关标准和严格把关外，物业服务企业提前介入，参与物业开

发的全过程，让有丰富物业管理经验的人员参与管理，不失为一种有效措施。其积极作用体现在以下方面。

1. 完善物业的使用功能

随着社会的进步，人们对各种物业的使用要求日益提高，开发建设单位在开发时就要充分考虑人们对物业服务和居住环境需求的不断变化，不仅要重视房屋本身的工程质量，而且要考虑房屋的使用功能、布局、造型、建材选用、室外环境、居住的安全舒适、生活的方便等。因此，在物业开发的规划阶段，物业服务公司就应积极参与，就物业日后的使用和管理问题充分发表意见。例如，就房型的设计、供电供水、污染处理、电信、道路、绿化、管线走向、服务配套设施及平面布局等事项提出建设性的意见。

2. 改进物业的具体设计

在物业设计时，尤其是在一些较微观的具体设计上，设计人员往往按照一般规律，直接采用国家建筑设计标准。但实际上，我国疆域广阔，地理环境与经济发展水平差距悬殊，这就必然要对设计提出不同的要求。例如，在用电方面，南方的天气较热，随着大户型房屋的出现，每一家庭的用电量增长很快，有些业主需要在其套间内安装六七台空调，若按国家建筑设计标准设计的普通电路就不能承载大功率空调的负荷。而在北方，房屋设计就要考虑取暖问题。又如，一些城市中的带电梯高层，从楼外到大堂再到电梯间之间没有考虑轮椅通道，对老人和婴儿极不方便。类似这些看似细小、实则影响房屋日后使用的问题，一般设计人员很难考虑周全，而有经验的物业管理人员由于熟知物业使用中所暴露出的种种问题，能十分清楚地指出所设计得不合理之处及其将来可能造成的后果。所以，物业管理人员从日后管理的角度及时向设计单位提出自己的意见，就能使物业设计避免许多缺陷。

3. 能更好地监理施工质量

住房和城乡建设部已有明文规定，我国的施工建设要与国际接轨，设立建设监理制。这样，一批专业工程监理公司便应运而生。尽管如此，也难以取代物业服务企业参与施工监理的作用。因为物业服务企业承担着以后验收接管及维护保养的任务，而工程质量的任何隐患和疏忽都会增加物业管理的工作难度。让物业服务企业提早介入，一旦发现问题及早通过发展商限令施工单位解决，就可有效防止施工质量问题的发生和延续。因此，物业服务企业参与监督施工质量，能使工程质量又多了一份保证；同时物业管理人员的素质也相应提高了。

4. 为竣工验收和承接查验打下基础

由于已前期介入物业的开发、建设过程，因此，物业服务企业对验收的物业的各种情况都已相当熟悉，这样，物业服务企业参与验收把关便可以提高验收工作的质量，缩短验收的时间；对于验收中发现仍需整改之处，也容易交涉和协调，使验收工作不至于成为“走过场”的程序。

5. 便于日后对物业的管理

由于前期介入物业开发，物业服务企业对该物业的整体情况相当熟悉，特别是对管线的铺设、设备的安装了如指掌，这为物业的管理、养护、维修带来许多便利。一是方便了物业管理中维修保养计划的制订；二是方便了物业管理服务中的检修，特别是可以缩短检修时间；三是比较容易保证维修质量；四是方便了改造、拆除等改建工程的进行及设备的更新；等等。所有这一切，可提高物业管理的工作效率和工作质量，为物业服务企业日后为业主或非业主使用人提供良好的服务打下基础。

（三）前期介入的方式及工作

前期介入的时间不同，方式和内容也有差异，大致可分为以下三种情况。

1. 前期介入，积极参与物业的规划设计

所谓前期介入，是指在物业形成之前，开发建设单位聘请专业且经验丰富的物业服务企业做顾问，参与规划设计，使设计在符合国家规范的前提下，尽可能地照顾到使用者的要求以及日后管理服务的需要。物业服务企业前期介入的具体工作主要有：审阅设计图纸，提出有关楼宇结构布局和功能方面的改良建议；提出设备配置和容量以及服务方面的改良意见；指出设计中遗漏的工程项目。

2. 中期介入，严格监理施工的每一环节

中期介入通常是指物业的土建结构已封顶，工程进入到设备安装和内部装修阶段，物业服务企业参与介入，一方面熟悉线路管道的铺设走向，另一方面对设备安装的质量进行监督，其作用类似监理。

中期介入对物业服务企业日后的设备维护、检修作用甚大，因为参与人员之后也极可能就是负责工程设备维护的人员，由于对安装布线了如指掌，一旦线路有故障，便能迅速查找原因，排除故障。物业服务企业中期介入的主要工作就是监督施工质量。开发建设单位及监理公司的考虑角度与物业服务企业不尽相同。开发建设单位侧重于建设与设计是否相符，而物业服务企业则着眼于细处，既然介入了工程监管，对设备安装质量的把关不仅要着眼于验收调试，更要着眼于以后长远的使用。因此，物业服务企业监管不能放过一个小问题，以此保证高标准的安装质量。

3. 晚期介入，开始前期管理准备

所谓晚期介入，是指物业建设工程基本结束，工程开始竣工验收，交楼及筹备开业时物业服务企业全面介入，开始履行“管家”职责的阶段性全面介入工作，包括移交承接查验。晚期介入使物业服务企业的工作由原来的顾问工作转入实质性的管理工作。

（四）注意事项

前期介入的咨询服务对象，主要是开发建设单位，其费用应由开发建设单位承担。

物业服务企业早期介入一般不设固定人员进驻开发现场，工作方式可根据开发建设单位的需要确定。如定期参加开发建设单位的设计会议，或不定期与开发建设单位会晤、出谋划策等。

前期介入与前期物业管理的时间划分如图 4 – 1 所示，虽然有些项目在开发策划时就开始前期介入，绝大多数项目在物业销售策划阶段就前期介入，但真正的前期物业管理是在业主收楼前 3 ～6 个月内开始的实质性的管理工作。

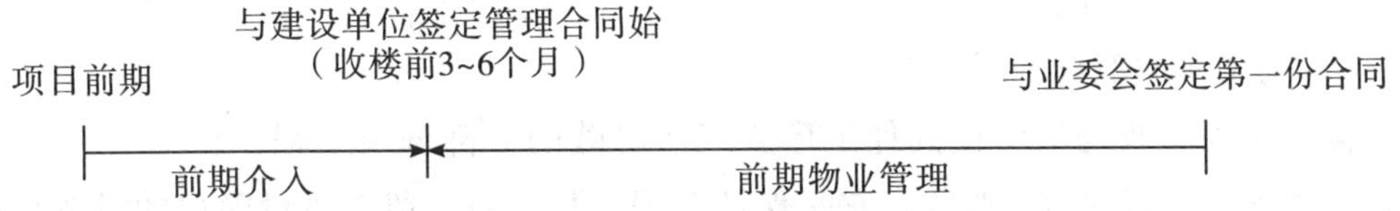

图 4 – 1　前期介入与前期物业管理的划分

从图 4 – 1 中可看到，前期介入与前期物业管理的主要区别在于，是否已经确立了物业管理的委托合同关系，并以以下两点为标志：

第一，是否拥有对于物业的经营管理权。物业管理的前期介入，多数是没有与开发建设单位签订管理委托合同，而是以咨询顾问的角色提出意见和建议。而前期物业管理活动，则是在其与开发建设单位确立了委托关系后才进行的，此时的物业服务企业已拥有了对该物业的经营管理权。

第二，是否承担相应的民事责任。前期介入的物业服务企业，是按照与开发建设单位约定的介入时机和程度等，从有利于将来的物业管理与服务等具体细节上，提出意见和建议，真正的决策权属于开发建设单位。而在前期物业管理活动中，物业服务企业已经受开发建设单位委托，履行物业管理职能，并承担相应的民事责任。

应当看到，物业管理的前期介入对于切实提高物业管理水平有着重要的意义，并已经得到开发建设单位、物业服务企业以及政府有关部门认同、倡导与参与。而随着政策、法规的不断健全，市场更加规范，前期介入所产生的作用会更大。

第二节　竣工验收与承接查验

一、竣工验收

（一）竣工验收及其种类

物业的竣工验收是指一项物业建筑建设过程的最后一个阶段。物业的竣工是指该物业的工程项目经过建筑安装施工以后，达到了该工程项目设计文件所规定的要求，具备了使用或投产的条件。工程项目竣工后，开发建设单位或专门组织的验收委员会对竣工项目进行查验，确认工程合格后办理交付手续，建筑商把物业交给开发建设单位，这一交接过程称为竣工验收。这是对物业建设工作的第一次全面考核。通过竣工验收，质量合格的建筑物才可投入使用。

竣工验收与承接查验

建筑工程项目的验收不仅有竣工验收，而且有在建工程验收，即包括隐蔽工程验收、单项工程验收、分期验收和全部工程竣工验收。

1．隐蔽工程验收

隐蔽工程验收是指将被其他工序施工所隐蔽的分部分项工程，在隐蔽之前所进行的检查验收。它是保证工程质量、防止留有质量隐患的重要措施。隐蔽工程验收的标准为施工图设计和现行技术规范，验收是由开发建设单位（或有关监理机构派驻人员）和建筑商共同进行的，验收后要办理签证手续，双方均要在隐蔽工程检查记录表上签字，并列入工程档案。对于检查中提出的不符合质量要求的问题要认真处理，处理后进行复核并写明处理结果。未经检验合格不能进入下道工序施工，如下水道工程、煤气工程等。

2．单项工程验收

单项工程验收是指某个单项工程已按设计要求施工完毕，具备使用条件，能满足投产要求，此时建筑商便可向开发建设单位发出交工验收通知。开发建设单位在接到建筑商的交工验收通知后，应先自行检查工程质量、隐蔽工程验收资料、工程关键部分施工记录以及工程有否漏项等情况，然后再组织设计单位、建筑商等共同交工验收。

3．分期验收

分期验收是指在一个群体工程中分期分批进行建设的工程项目，或个别单位工程在达到使用条件、需要提前动用时所进行的验收。例如，住宅项目小区，当第一期房建成后，即可验收，以使建筑产品能提前投入使用，提前发挥投资效益。

4．全部工程竣工验收

全部工程竣工验收是指工程项目按设计要求全部落成，并达到竣工验收标准即可进行全部工程竣工验收。全部工程竣工验收应在做好验收标准准备工作的基础上，按预先验收—正式验收的顺序进行。

物业服务企业均应在物业前期管理中参与上述各种建筑工程项目的验收。物业服务企业应代表业主或非业主使用人，从今后管理和使用的角度，根据专业经验提出意见。这样既便于避免物业后遗症的发生，又便于掌握第一手资料，为日后的管理工作打好基础。

（二）竣工验收的依据、标准及主要工作

1．竣工验收的依据

竣工验收的依据是：经过审批的项目建议书及年度开工计划、施工图纸和设计说明文件、施工过程中的设计变更文件、现行法律法规、施工技术规程、施工验收规范、质量检验评定标准，以及合同中有关竣工验收的条款。物业的工程建设规模、工程建筑面积、结构形式、建筑装饰、设备安装等应与各种批准文件、施工图纸、标准保持一致。

有关物业竣工验收的法规依据是：所有房地产开发项目，都要按照1990年9月11日建设部颁发的《建设项目（工程）竣工验收办法》进行竣工验收；城镇住宅小区竣工综合验收，应依据1993年12月1日建设部颁发的《城市住宅小区竣工综合验收管理办法》。

2．验收标准

（1）工程项目按照工程合同规定和设计，图纸要求已全部施工完毕，达到国家规定的质量标准，能够满足使用要求。

（2）竣工工程达到窗明、地净、水通、灯亮、采暖通风设备运转正常。

（3）设备调试、试运转达到设计要求。

（4）建筑物周围2米以内的场地清理完毕。

（5）技术档案资料齐全。

3．竣工验收的主要工作

（1）建筑商准备和提交竣工资料，包括：竣工工程项目一览表、图纸施工记录；竣工图；隐蔽工程验收单、工程质量事故发生记录单；材料、半成品的试验和检测记录；永久性的水准点坐标记录；建筑物或构筑物沉陷观测记录材料、构件和设备的质量保证；土建施工的试验记录；土建施工记录；设备安装施工和检验记录；建筑商和设计单位提供的建筑物使用注意事项；该工程的有关技术决定；工程结算资料、文件和签证；等等。

（2）开发建设单位收到建筑商提供的竣工资料以后，应对这些资料进行逐项检查和鉴定。

（3）进行设备的单体试车、无负荷联动试车、有负荷联动试车。

（4）办理工程交接手续。在检查鉴定和负荷联动试车合格后，合同双方即可签订交接证书，逐项办理固定资产移交，根据承包合同的规定办理工程结算手续。除注明承担的工作内容外，双方的经济关系与法律责任可予以解除。

二、物业的承接查验

（一）承接查验的定义

物业承接查验是指开发建设单位对已竣工验收合格的建筑工程，向接管的物业服务企业进行全面移交的过程。承接查验是指物业服务公司接交开发建设单位或业主委托管理的新建成或原有物业时，以物业主体结构安全和满足使用功能为主要内容的再检验。在完成全部承接查验后，物业就移交给物业服务企业。这是物业历经的第二次验收过程。

（二）承接查验与竣工验收的不同

承接查验不同于竣工验收。承接查验是由物业服务企业依据建设部 1991 年 7 月颁布的《房屋接管验收标准》和住房和城乡建设部 2010 年 10 月颁布的《物业承接查验办法》的规定，对建设单位移交的物业所进行的验收。承接查验与竣工验收的区别在于以下几方面。

1. 验收目的不同

承接查验是在竣工验收合格的基础上，以主体结构安全和满足使用功能为主要内容的再检验；竣工验收是为了检验房屋工程是否达到设计文件和《建筑工程施工质量验收统一标准》等国家现行技术标准所规定的要求。

2. 验收条件不同

承接查验的首要条件是竣工验收合格，并且供电、采暖、给排水、道路等设备和设施能正常使用，房屋幢户编号已经被有关部门确认；竣工验收的标准是工程按设计要求全部施工完毕，达到规定的质量标准，能满足使用要求。

3. 交接对象不同

承接查验是由物业服务公司接管建设单位移交的物业；竣工验收是由开发建设单位验收建筑商移交的物业。

（三）承接查验的内容和要求

承接查验的内容包括资料和物业两大方面。

在办理物业承接查验手续时，应检索提交的资料，根据《物业管理条例》第二十九条的规定，建设单位应当向物业服务企业移交下列资料。

（1）技术资料。竣工总平面图，单体建筑、结构、设备竣工图，配套设施、地下管网工程竣工图等竣工验收资料。

（2）设施设备的安装、使用和维护保养等技术资料。

（3）物业质量保修文件和物业使用说明文件。

（4）物业管理所必需的其他资料。

物业承接查验的依据和要求。在进行具体的承接查验工作时，要以《物业管理条例》的有关规定为指导，具体依据和要求主要包括：一是住房和城乡建设部《物业承接查验办法》，该办法对物业承接查验制度做了规范详细的规定。二是建设部《房屋接管验收标准》，该标准是各项设施的承接查验的技术规范。

三、交楼的程序与管理

（一）交楼与收楼

在物业建成并通过综合验收合格后，建设单位根据预售的合同要求，按时按质将物业交付给业主，实现房屋物业买卖过程的物与权属的移交，这一过程就称为交楼。对于业主来说，接收新房屋称作收楼；交楼的内容实质（即业主对物业的承接查验）是物业被第三次验收。

由此可见，交楼和收楼是站在不同主体角度的表述。对于物业管理来说，物业服务企业既要为开发建设单位交楼，又要帮助业主验收物业，可谓“一仆二主”。

交楼应为物业历经的第三次验收，三个不同阶段的验收，目的、要求、内容、方式都不相同，是由粗到细、由大到小、由内到外的不同验收过程（如表4－1所示）。

表4－1　竣工验收、承接查验、交楼的比较

比较的内容	竣工验收	承接查验	交楼
时间	物业建设完好	竣工验收合格	承接查验完毕
交接对象	承建单位与建设单位	建设单位与物业服务公司	物业服务公司与业主
重点	满足设计要求	满足安全、使用功能的要求	满足具体使用要求
依据	《建设项目（工程）竣工验收办法》	《房屋接管验收标准》《物业承接查验办法》	商品房买卖或预售合同

（二）交楼工作的策划

交楼工作是前期管理的一项重要工作，是与业主第一次接触的关键环节，关系到物业管理工作能否被业主接受。因此，交楼工作必须做好策划。

1. 文件的准备

交楼过程需要准备的文件较多，大致分为以下三类：

（1）知会式文件，包括收楼通知、收楼手续、收楼须知、缴款通知书等。

（2）法律式文件，包括验楼情况明细表、楼宇交接书、住宅质量保证书、物业使用说明书、交费委托书、涉及产权权益的文件等。这些必须与建设单位做好协调。

（3）使用指南，包括住户手册、装修规定等。

2. 形象的设计、环境的营造

业主收楼是投资者及其家庭的一件大事。一般来讲，购房置业对于一个家庭来说可能是一次巨额投资机会，在购买前经过了反复的比较、衡量，收楼时更是细致、挑剔，对商品质量的要求更高，对于感观、环境、服务等精神需求更多。交楼前夕，是物业管理工作最艰苦的时期，环境美化等均需投入人力、物力。

3. 交楼的组织准备

交楼过程还需要做好时间的安排和人员的组织准备。

（三）交楼应注意的问题

第一，交楼时应让业主清楚物业各部分或设施的保质期限和具体范围，以确保业主应得的权益，同时也要维护物业公司的合法权利。因此，有条件的应由房屋检验师进行专业查验，保证查验客观公正、公平合理。

第二，根据售房合同，业主有权对物业进行质量验收，以保证购置房屋的质量。物业服务企业应站在业主的立场上派员陪同业主对房屋进行检查验收，回答业主提出的问题。如果当场不能解答的，必须记录下来，待征询后明确答复；如果确系物业服务公司在竣工验收时的遗漏或疏忽的质量问题，要及时通知施工单位或开发建设单位限期整修、解决。

四、住宅小区竣工综合验收

（一）住宅小区竣工综合验收的含义

住宅小区竣工综合验收是指开发项目按规划、设计要求全部建设完成，在达到施工验收标准后，即应按规定要求组织进行的物业建设质量认证的工作。1993 年建设部颁布实施了《城市住宅小区竣工综合验收管理办法》。

（二）住宅小区竣工综合验收的性质

竣工综合验收是物业建设工程完毕后必须进行的工作。这项工作是由开发建设单位组织，会同组织设计、施工、工程监理等单位进行初验，然后邀请有关城市建设管理部门，消防、环保、规划等部门进行正式竣工综合验收。竣工综合验收合格的物业由主管的地方城市建设管理部门签发综合验收合格证。

竣工综合验收工作实质是物业建设质量合格的认证过程。

若建设项目规模大，分多期建设，分期验收合格，可以不再办理验收手续，但在综合验收时应将分期工程的验收单作为全部工程的附件并加以说明。在组织竣工综合验收时，应对工程质量的好坏进行全面鉴定。工程主要部分或关键部位若不符合质量要求会直接影响使用和工程寿命，应进行返修和加固，然后再进行质量评定。工程未经竣工综合验收或竣工综合验收未通过的，开发商不得使用、不得办理业主入住手续。

（三）住宅项目小区竣工综合验收的要求

（1）所有建设项目按批准的小区规划和有关专业管理及设计要求全部建成，并满足使用要求。

（2）住宅及公共配套设施、市政公用基础设施等单项工程全部验收合格，验收资料齐全。

（3）各类建筑物的平面位置、立面造型、装修色调等符合批准的规划设计要求。

（4）施工机具、暂设工程、建筑残土、剩余构件全部拆除清运完毕，达到场清地平。

（5）拆迁居民已合理安置。

（四）申请住宅小区竣工综合验收应提交的文件

（1）规划部门及其他专业管理部门批准的选址意见书、建设用地规划许可证、建设工程规划许可证、修建性详细规划及各个单项工程设计文件（图纸）等。

（2）工程承发包合同。

（3）工程质量监督机构核定的各单项工程质量等级评定文件。

（4）竣工资料（图纸）和技术档案资料。

（5）建设行政主管部门规定的其他文件资料。

（五）住宅项目小区竣工综合验收程序

（1）在住宅项目小区建设项目全部竣工后，开发建设单位应当向市级人民政府建设行政主管部门提出住宅项目小区竣工综合验收申请报告，并附有关规定的文件资料。

（2）市级人民政府建设行政主管部门在接到住宅小区竣工综合验收申请报告和有关资料的一个月内，应当组成由城建（包括市政工程、公用事业、园林绿化、环境卫生）、规划、房地产、工程质量监督等有关部门及住宅小区经营管理单位参加的综合验收小组。

（3）竣工综合验收小组应当审阅有关验收资料，听取开发建设单位汇报情况，进行现场检查，对住宅小区建设、管理的情况进行全面鉴定和评价，提出验收意见并向城市人民政府建设行政主管部门提交住宅小区竣工综合验收报告。

（4）城市人民政府建设行政主管部门对竣工综合验收报告进行审查。在竣工综合验收报告审查合格后，开发建设单位方可将房屋和有关设施办理交付使用手续。

第三节 前期物业管理服务的关键事项

一、物业的查验和资料移交

根据《物业承接查验办法》的有关规定，在物业承接查验中应注意以下问题：

（1）开发建设单位应当依法移交有关单位的供水、供电、供气、供热、通信和有线电视等共用设施设备，不作为物业服务企业现场检查和验收的内容。

（2）现场查验应当综合运用核对、观察、使用、检测和试验等方法，重点查验物业共用部位、共用设施设备的配置标准、外观质量和使用功能。

（3）现场查验应当形成书面记录。查验记录应当包括查验时间、项目名称、查验范围、查验方法、存在问题、修复情况以及查验结论等内容，查验记录应当由开发建设单位和物业服务企业参加查验的人员签字确认。

（4）在现场查验中，物业服务企业应当将物业共用部位、共用设施设备的数量和质量不符合约定或者规定的情形，书面通知开发建设单位，开发建设单位应当及时解决并组织物业服务企业复验。

（5）开发建设单位应当委派专业人员参与现场查验，与物业服务企业共同确认现场查验的结果，签订物业承接查验协议。

（6）物业承接查验协议应当对物业承接查验的基本情况、存在问题、解决方法及其时限、双方权利义务、违约责任等事项做出明确约定。

另外，在现场查验20日前，开发建设单位应当向物业服务企业移交下列资料：

（1）竣工总平面图，单体建筑、结构、设备竣工图，配套设施、地下管网工程竣工图等竣工验收资料。

（2）共用设施设备清单及其安装、使用和维护保养等技术资料。

（3）供水、供电、供气、供热、通信、有线电视等准许使用文件。

（4）物业质量保修文件和物业使用说明文件。

（5）承接查验所必需的其他资料。

未能全部移交前款所列资料的，开发建设单位应当列出未移交资料的详细清单并书面承诺补交的具体时限。

二、物业管理用房配置

开发建设单位应当按照规定在物业管理区域配置必要的物业管理用房。由于开发建设单位配置必要的物业管理用房，这是物业服务企业开展前期物业管理服务活动的先决条件。物业管理用房一般包括物业办公用房、物业清洁用房、物业储藏用房及业主委员会活动用房。物业管理用房的所有权依法属于业主，未经业主大会同意，物业服务企业不得改变物业管理用房的用途。物业服务企业应当在前期物业服务合同终止时，将物业服务用房、物业档案移交业主委员会。

三、保修责任

开发建设单位应当按照国家规定的保修期限和保修范围，承担物业的保修责任。

物业保修责任是指开发建设单位对物业竣工验收后，在保修期内出现不符合工程建筑强制性标准和合同约定的质量缺陷，予以保证修复的责任。

虽然物业服务企业按照服务合同对物业进行维修、管理，但前期物业管理一般处于开发建设单位的物业保修期内，在保修期限范围内的房屋维修由开发建设单位承担首要责任，而保修期限范围外的物业维修、保养由物业服务企业按照物业服务合同的约定承担。

四、空置房的物业费

物业管理区域尚未出售或已出售但尚未交付物业买受人的物业，其物业费，由开发建设单位按照物业区域同类物业的有关标准全额交纳。

开发建设单位在出售物业时，不得承诺或者约定减免物业费。若开发建设单位已经承诺或约定减免物业费，由开发建设单位承担。

【本章小结】

1. 前期物业管理，是指从物业开始销售（预售）起，至业主大会成立，选聘物业服务企业之前，由开发建设单位选聘物业服务企业实施的物业管理。在前期物业管理阶段，由于业主的介入，形成了开发建设单位、受托的物业服务企业及业主三个权利主体共存的法律关系。前期物业服务合同是开发建设单位代表业主，与中标的物业服务企业签订的一份明确当事双方权利与义务的法律文书。

2. 强制规定住宅前期物业管理服务必须以招标方式选聘物业服务企业具有重要的意义：有效减少物业服务企业与业主之间不必要的矛盾；制约开发建设单位在物业费方面的不规范行为；加速物业服务企业的社会化。

3. 前期管理与前期介入是不同的。两者的不同可表现在物业管理权的拥有和管理责任承担两方面。前期介入分为早期、中期、晚期三个阶段。

4. 物业的竣工综合验收主要有隐蔽工程验收、单项工程验收、分期验收和全部工程竣工验收等。每种验收都有一定的程序、条件和标准，并要提交相应的资料。

5. 物业的承接查验是指物业服务公司接收开发建设单位或业主委托管理的新建成

或原有物业时，以物业主体结构安全和满足使用功能为主要内容的再检验。物业承接查验的内容有资料的验收和物业主体各部分的验收。物业的竣工综合验收与物业的承接查验在目的、条件、对象上有不同。

6. 交楼是指物业建成并通过综合验收合格后，建设单位根据预售的合同要求，按时按质将物业交付给业主，实现房屋物业买卖过程的物与权属的移交过程。收楼与交楼是同一工作的两种表现。交楼的工作策划包括文件的准备、形象的设计、环境的营造和交楼的组织准备。

7. 前期管理服务涉及开发建设单位、业主和使用人、物业服务公司三方，应重点做好关键的工作事项，如确保物业的查验和资料依法正常移交、物业管理用房按规定配置、明确保修责任、理顺空置房的物业费缴纳关系等。

【案例分析】

住宅销售促销法："减免物业费"面面观

促销法一：旧业主介绍新业主购房，可减免半年至两年不等的物业费。

促销法二：春节期间，买房赠物业费的广告频频出现在媒体上，这种促销手段成为开发商售楼最常用的手段之一。而某高档项目目前打出"买楼赠物业费"的宣传口号，则把赠物业费的期限定为十年。

促销法三：福建某房地产开发有限公司在其开发的福州某项目中首次推出物业管理"零收费"的概念，并向业主发出了经过福州公证处公证的"零物业费承诺书"。其承诺该项目的业主将终生免交保安费、卫生费等物业费。该房地产开发有限公司将价值310万元、近360平方米的黄金店面出租，根据预测，物业管理每月的各种成本支出估计3.9万元，而店面租金加上其他收入则超过这一数目，两者相抵，总收入与支出可持平并略有盈余。

[问题讨论]

分别扮演开发商、物业服务公司、业主三方，就减免物业费的话题，从物业服务公司应如何开展前期管理工作的角度进行探讨。

[参考点评]

本案例反映的是物业管理经济关系混乱问题。从开发建设单位角度讲，"旧业主介绍新业主购房，可减免半年至两年不等的物业费""买楼赠物业费""零收费"三项措施，有利于促进房地产的销售。但这些措施都是以优惠为诱饵，减免物业管理经费的来源，以破坏日后物业服务公司的正常服务活动为代价，是直接损害业主利益的行为，容易使开发建设单位失去诚信，从根本上也损害了开发建设单位自身的利益。

从物业服务公司角度讲，物业费是物业服务的正常收入，减免物业费，就断了物业管理服务收入的正常来源，物业管理服务产品的交易无法正常实现。物业服务公司在提供物业服务上，要么“拆东墙补西墙”，要么“偷工减料”，否则就要亏本经营，这都是违背企业经营管理原则的行为，对业主或对自己不利，最终会令自己无法正常开展经营管理活动。案例中的第三种促销方法，虽然分析了某物业区域的经营收入（属公共资源经营收入，归业主所有）在支付物业管理成本时可持平并略有盈余，但经营管理的收入支配使用权在业主，物业服务公司不能越俎代庖。并且物业费是物业服务公司向业主提供物业管理服务的合理报酬，减免物业费对业主物业管理意识的形成不利，助长部分业主优越心理和不缴费也能享受服务的不正之风，对日后的物业管理工作埋下隐患，实不可取。

从业主的角度讲，部分业主获“减免物业费”待遇，是建立在牺牲其他业主利益的基础上，是其他业主缴费才支撑物业服务公司的正常运作。同时，物业费减少，影响了物业服务的质量，损害了物业服务公司和业主双方的利益。

【问题思考】

1. 简述前期物业管理中权利主体的相互关系。
2. 简述前期管理与前期介入的区别。
3. 简述前期介入的作用及方式。
4. 什么是物业承接查验？它与竣工验收有什么不同？
5. 试述交楼的程序与管理工作要点。
6. 简述前期物业管理服务的一些关键事项。

第五章　物业综合管理服务

【学习目标】

了解：物业综合管理服务的含义。

掌握：物业基本资料的管理、房屋二次装修管理；房屋设施设备基本资料管理、设备维护与更新；绿地与绿化管理、车辆道路管理、环境卫生管理的要求和内容。

识记：房屋修缮管理、设备运行管理、治安防范管理、消防管理、突发事件处理和居住行为的管理。

物业综合管理服务概述

【学习概要】

本章的重点内容包括：建筑物的管理；房屋设施设备管理；物业环境管理；安全防范的协助；业主及非业主使用人的管理。

通过本章的学习，将全面了解物业综合管理服务的主要业务范围及内容；知道物业管理工作的业务的综合性、基层性和服务性。从而有利于看清物业管理的性质与特点；有利于对物业工作所需知识技能的判断与选择，提升管理与服务水平。

第一节　建筑物的管理

房屋建筑体是物业的核心部分，传统的房屋管理的主要内容就是对建筑物的管理。现代物业的建筑投入大、价值高、功能先进、使用寿命长，在管理上的要求更高。对建筑物的管理主要是档案资料管理、房屋修缮管理和房屋维修的责任管理三大部分。

一、档案资料管理

物业档案资料的建立是对物业建设开发成果的记录，是为日后实施物业管理时进行工程维修、配套建设的依据，也是更换物业服务企业所必须移交的要件之一。现代建筑工程随着科学技术的发展和使用需求的提高，楼宇设施以及埋入地下和建筑物内部的管线越来越多、越来越复杂、越来越高科技化和专业化，因此一旦发生故障，档案资料便成了维修时唯一的依据。

物业综合管理服务的内容

（一）物业档案资料管理的重要性

（1）物业档案资料的管理是开展物业管理的前提。物业是一个复杂的建筑物有机系统，要发挥其正常的功能，要根据物业的性能、设施设备的设计要求合理使用，并常规保养、定期修缮、科学管理。物业档案资料的健全是管理实施的前提。

（2）健全有序的档案资料是提高管理效率的重要条件。

（3）搞好档案资料的管理，有利于提高管理水平，开展评优、创优工作。

（二）物业档案资料的管理内容

物业服务企业确定接管物业后，要对其建设工程文件材料进行交接和整理，建立健全的物业工程资料的档案管理制度。建设工程文件材料按其形式和内容的有机联系，可以归纳为：基建依据文件；竣工验收文件；勘察、设计文件；施工技术文件；竣工图纸；声像材料。

（三）建立档案资料的方法与要求

物业档案资料的建立主要应抓好收集、整理、归档、利用四个环节。资料收集的关键是尽可能完整，从时间角度上，是指从规划设计到工程竣工的全部工程技术资料；从空间角度上，是指物业构成的方方面面，从地下到楼顶、从主体到配套、从建筑物到环境。整理力求真实可靠，归档就是按照资料本身的内在规律、联系进行科学的分类与保存，并在日后的管理过程中使用并加以充实。

1. 组卷

组卷是指将建设工程文件材料在收集齐全的基础上进行整理。整理工作包括组成案卷和编目两个过程。组卷的一般原则是：必须遵循文件材料的自然形成规律，保持卷内文件内容之间的系统联系，组成的案卷要便于利用和保管。

组卷的步骤和方法：归类、初排、补缺，保证文件齐全完整；鉴别、挑选、补救，保证案卷质量，要求归档文件材料内容真实、准确、有效、耐久、易读；统一规格，组成案卷，图纸折叠成 A4 尺寸，横向按手风琴式折叠，竖向按顺时针方向向内折叠，折叠后圆标露在右下角；卷内文件排列和编制页号。

2. 编目

案卷编目步骤为：填写卷内目录；案卷的排列和编号；案卷装订和装袋（文字材料装订，图纸不装订）。

二、房屋修缮管理

房屋在竣工交付使用后，由于各种原因的影响，房屋逐渐破损，使用价值逐步下降，房屋的使用功能逐渐下降。通常房屋损坏的原因分为自然因素和人为因素两大类：自然因素的损坏主要有气象因素、地理因素、生物因素和灾害因素；人为因素包括对物业的使用不当、设计施工质量低劣、维修保养不善等。因此，必须对房屋实施有效的维护和修缮。

房屋修缮是为了全面或部分地恢复房屋失去的使用功能，防止、减少和控制其破损的发展，延长房屋使用寿命，经常、及时地对房屋进行维修与养护工作，以达到物业保值增值的目的。

房屋修缮管理是指物业服务企业根据国家对物业维修管理的标准、要求以及物业管理委托合同的规定，对所管理的物业进行维护修缮的管理活动。物业维修管理的概念有广义和狭义之分。狭义的维修管理是指对物业的养护与修缮；广义的维修管理是指对物业的养护、修缮与改建。

房屋修缮管理的主要内容包括房屋的质量管理、房屋维修施工管理、房屋维修责任管理。

（一）房屋质量管理

房屋质量管理就是对房屋的使用状况进行安全程度的检查和满足使用功能方面的质量评定，为房屋的使用、管理、维护和修缮提供科学的依据。房屋质量管理中最重要的一项工作是房屋等级的评定。

1. 房屋完损等级

房屋的完损等级就是房屋的质量等级。房屋的完损等级划分为五类，即完好房、基本完好房、一般损坏房、严重损坏房和危险房。

房屋的完损等级划分的依据是：各类房屋的结构、装修和设备。房屋的结构包括基础、承重构件、非承重墙、楼地面、屋面等；房屋装修是指门窗、墙的内外饰面、顶棚、细木装修等；房屋设备是指水、电、照明、空调和一些特殊设备（消防、电梯、水泵、监视器等）等。其他的房屋组成部分如烟囱、楼道、天台等，可自行决定归并到某一部分。

2. 房屋完损等级的评定

房屋完损的等级，反映了房屋质量的好坏，它是根据房屋各个组成部分的完损程度来综合评定的。

（1）房屋完损等级评定的要求：一是对整栋房屋进行综合评定；二是以实际完损程度为依据评定；三是掌握好评定等级的决定因素和标准；四是对重要房屋的评定等

级进行严格复核测试；五是对正在施工的房屋可进行竣工前房屋评定。

（2）房屋完损等级评定的基本方法可分为定期和不定期。定期往往是常规性的评定，有一定的延续性；而不定期的评定则安排在一些突发的事故或灾害出现以后。

3. 计算房屋的完好率

房屋完损等级的评定，可确定完好房、基本完好房的面积之和，占总物业面积的百分比，即房屋的完好率。房屋完好率的高低，既反映了房屋的质量等级，也反映物业服务公司的管理水平。

房屋完好率 =（完好房 + 基本完好房）÷ 房屋总面积

4. 危房的管理

每年都有相当数量的房屋转变为危房，这些危房严重威胁着住用户的安全。因此，加强危房的检查管理，组织好危房的鉴定，并确定解危办法，是房屋质量管理的主要任务。

危房管理的主要工作有：制定划分危房的标准；建立危房的鉴定机构，组织鉴定。

（二）二次装修和告知义务

1. 二次装修的含义

房屋的二次装修指房屋已经建设完成，业主办完入住手续后，在正式入住前，业主根据自己的使用要求，对房屋单元内部进行重新设计、分隔、装饰、布置等。有时业主入住一段时间后，或非业主使用人更换后，或房屋经转卖转购后，业主往往又将原来的装修推倒，按照自己的意愿进行装修。以上装修方式，习惯上称为二次装修。

2. 房屋二次装修的一般规定

二次装修一般是在原来房屋初装修的基础上进行，加上业主或非业主使用人入住时间有先后等因素，因此，对二次装修有如下规定。

（1）住宅室内装饰装修活动禁止的行为。

①未经原设计单位或者具有相应资质等级单位提出设计方案，变动建筑物主体和承重结构。

②将没有防水要求的房间或者阳台改为卫生间、厨房间。

③扩大承重墙上原有的门窗尺寸，拆除连接阳台的砖、混凝土墙体。

④损坏房屋原有的节能设施，降低节能效果。

⑤其他影响建筑结构和使用安全的行为。

（2）装修人从事住宅室内装饰装修活动，未经批准，不得采取的行为。

①搭建建筑物、构筑物。

②改变住宅外立面，在非承重外墙上开门、窗。

③拆除供暖管道和设施。

④拆改燃气管道和设施。

（3）允许施工时间需按管理规约和物业管理区域内的相关规定执行，要顾及其他业主和使用人的正常生活，尽量避免或减少对他们的影响。

（4）装修的安全措施和防火措施按国家有关法规规定执行。

3. 房屋装饰与装修的告知义务

装饰与装修房屋是业主的权利，但这一权利行使应以不损害他人利益和社会公共利益为前提。我国的房屋，尤其是住宅，多属于群体式类型，不当的房屋装饰装修活动，会导致共用部位、共用设施设备的损坏，不仅影响到装修人员自身的生命财产安全，还会影响到房屋的结构安全和其他居民的生命财产安全。故《物业管理条例》规定，业主需要装饰与装修房屋的，应当事先告知物业服务企业。物业服务企业应当将房屋装饰与装修中的禁止行为和注意事项告知业主。《民法典》第九百四十五条规定："业主装饰装修房屋的，应当事先告知物业服务人，遵守物业服务人提示的合理注意事项，并配合其进行必要的现场检查。"

至于业主在房屋装饰与装修前是否需要办手续，《物业管理条例》未明示，各地的地方性物业管理法规规定不一。2021 年 1 月 1 日起施行的《广州市物业管理条例》第八十七条规定："物业服务区域内业主、物业使用人对房屋室内进行装饰装修的，应当在装饰装修工程开工前告知物业服务人，并提供下列资料：（一）业主、物业使用人身份证件，不动产权证明材料或者证明其合法权益的有效凭证。（二）物业使用人申请装饰装修的，需提交业主同意装饰装修的文书。（三）装饰装修方案；变动建筑主体或者承重结构的，以及超过设计标准或者规范增加楼面荷载的，装饰装修方案应当包括原设计单位或者具有相应资质等级的设计单位提出的设计方案；涉及排水管道变动的，装饰装修方案应当包括排水管道变动、接驳的设计图纸。（四）依法需要取得施工许可的建设工程，应当按照规定提交消防设计意见书或者满足施工需要的消防设计图纸及技术资料。业主、物业使用人提交的装饰装修方案、设计方案违反法律、法规等规定以及管理规约的约定，或者未取得相关行政管理部门批准文件的，物业服务人应当告知其修改相应方案、取得相关批准文件后施工。"

（三）房屋维修施工管理

1. 房屋维修施工管理的含义

房屋维修施工管理，是指按照一定施工程序、施工质量标准和技术经济要求，运用科学的方法对房屋维修施工过程中的各项工作进行有效、科学的管理。由于房屋维修施工的方式有自行完成和发包完成两种，维修施工管理的任务、方法和要求也不同。维修施工管理的依据是建设部颁布的《房屋修缮工程施工管理规定》。

2. 房屋维修施工管理的特点

物业的维修工程与普通施工相比，既有一般建筑施工的操作技术，又有独特的设计及相关专业的技术要求。因此，房屋的维修施工管理具有以下特点。

（1）维修条件上的限制性。

由于维修只能在原有物业的基础上进行，工程的设计必然要受到原有建筑风格、相邻建筑环境，以及作业场地、自然条件、有关资料等的限制。

（2）维修范围的复杂性。

物业的多样性、个体性，以及维修养护的广泛性、分散性，使得房屋的维修与施工管理也呈复杂性的特征。因此，只能根据不同的结构、设计与技术要求等，制订并实施不同的维修施工方案。

3. 房屋维修施工工程的种类

根据维修的范围与费用标准，房屋维修工程一般可以划分为小修工程、中修工程、大修工程、翻修工程、综合维修工程。

小修工程是指以及时修复小损小坏，保持房屋原来完损等级为目的的日常养护工程。综合年均费用为所管房屋现时造价的 2% 以下。小修后的房屋必须保持房屋原来完报等级。

中修工程是指需要牵动或拆换少量主体构件，但保持原房屋的规模和结构的工程。一次费用在该建筑物同类结构的新建造价的 20% 以下。中修工程主要适用于一般损坏房屋，中修后的房屋 70% 以上必须符合基本完好或完好标准的要求。

大修工程是指需要牵动或拆换部分主体构件的工程。一次费用在该建筑物同类结构的新建造价的 25% 以上。大修工程主要适用于严重损坏房屋，其大修后的房屋必须符合基本完好或完好标准的要求。

翻修工程是指原来的房屋需要全部拆除，另行设计，重新建造或利用少数主体构件在原地或移动后进行更新改造的工程。这类工程具有投资大、工期长的特点。由于翻修工程可尽量利用原房屋构件和旧料，因此其费用应低于该房屋同类结构的新建造价。一般翻修后的房屋必须达到完好房屋的标准。

综合维修工程是指成片多幢或面积较大的单幢楼房大部分严重损坏而进行有计划的成片维修和为改变成片（幢）房屋面貌而进行的维修工程，也就是大修、中修、小修一次性应修尽修（全面修理）的工程。维修工程应根据各地情况、条件，考虑一些特殊要求，如抗震、防灾、防风、防火等，在维修中一并解决。其竣工面积和数量在统计时可不单独列出，可计入大修工程项目中。经过综合维修后的房屋应达到基本完好或完好房的标准要求。

4. 房屋维修施工管理的主要任务

（1）根据维修工程任务，编制房屋维修施工工程计划及工作量，严格执行维修工程施工程序，合理安排人力、物力和财力。

（2）不断更新房屋维修技术，提高劳动生产率，加强维修材料消耗定额管理，降低维修成本，增加盈利。

（3）运用科学管理的方法和职能，对计划落实、维修技术的革新、劳动力和资源的利用等进行科学的管理与控制。

5. 维修施工管理的内容

维修施工管理主要是计划管理和工程程序管理两类。

计划管理，就是要根据维修任务编制好年度计划，同时根据年度计划和施工任务的情况，编制月、季施工作业计划，把各项工作都纳入计划管理的轨道，这样可以使房屋维修工作有条不紊地进行。

工程程序的管理，就是对于大修、中修及更新改造工程要坚持按施工程序施工，使各工序统筹安排，合理交叉；同时还要进行施工组织设计，统筹规划，科学组织施工，建立正常的生产程序，充分利用空间、时间，推广采用先进的施工技术等。

三、房屋维修的责任管理

房屋维修的责任管理是指依据国家和地方的有关规定和物业管理合同的有关约定，明确房屋维修的责任及其费用承担的管理工作。

根据房地产商品的特点，新建的房屋有一定的保修期，并且，房屋内的不同部分、不同的设备的保修期也不同。因此，房屋维修责任可分为以下两种情况。

（一）在保修期内的责任

新建房屋，自其竣工验收合格到保修期满前，由施工单位负责房屋的质量保修。

根据《建设工程质量管理条例》第四十条的有关规定，在正常使用的条件下，建设工程的最低保修期限为：

（1）基础设施工程、房屋建筑的地基基础工程和主体结构工程，为设计文件规定的该工程的合理使用年限。

（2）屋面防水工程、有防水要求的卫生间、房间和外墙面的防渗漏，为5年。

（3）供热与供冷系统，为2个采暖期、供冷期。

（4）电气管线、给排水管道、设备安装和装修工程，为2年。

其他项目的保修期限由发包方与承包方约定。

建设工程的保修期，自竣工验收合格之日起计算。

（二）保修期满后的责任

保修期满以后，应由业主或非业主使用人承担房屋的维修责任，并承担相应的费用。同时，业主或非业主使用人与物业服务企业，应就不同情况明确各自的责任。

（1）房屋建筑的共用部分、共用设施设备。业主按规定缴纳住宅专项维修资金，专项用于住宅共用部分、共用设施设备保修期满后的维修和更新、改造。住宅专项维修资金按照“专户存储、专款专用、所有权人决策、政府监督”的原则进行管理。根据物业服务合同约定，住宅共用部分、共用设施设备的维修和养护费用应当从物业费中开支。

（2）自用部位、自用设备。房屋内的自用部位、自用设备由业主或物业使用人承担维修责任及相应的费用。如果不愿自行维修，也可以委托物业服务企业或他人实施。但是，物业服务企业对此维修负有检查监督的责任。

（3）属于业主间的异产毗邻物业部分，则应依照《城市异产毗连房屋管理规定》承担责任。

（4）其他情况。依法应当由开发建设单位或者施工单位承担的住宅共用部分、共用设施设备维修、更新和改造费用；依法应当由相关单位承担的供水、供电、供气、供热、通信、有线电视等管线和设施设备的维修、养护费用；应当由当事人承担的因人为损坏住宅共用部分、共用设施设备所需的修复费用。

第二节　房屋设施设备管理

物业的附属配套设施与设备是物业不可缺少的重要组成部分，特别是现代建筑物，无论是综合性大厦，还是住宅或公寓，都配套有完善、先进的各种辅助设施和设备，以满足人们生活水平逐渐提高的各种不同的需要。只有这些设备和设施正常运作，物业的功能和作用才能充分发挥，真正体现其价值。因此，物业的设施设备管理是物业管理的重要工作之一，从事管理的工作人员，必须充分认识它的重要性，熟悉、了解并掌握各种设施设备的管理内容和要求。

物业的设施设备包括：给排水设备；供配电、照明等用电设备；供暖与燃气设备；消防设备；通信设备、智能化管理系统；等等。

一、房屋设施设备基本资料管理

物业设施设备基础资料的管理主要包括设施设备原始档案管理和设施设备维修档案资料管理。

（一）设施设备原始档案资料管理

1．设施设备在接管后均应建立原始档案资料

原始档案资料文件主要有：设施设备验收文件，包括验收记录、测试记录、产品与配套件的合格证、订货合同、安装合同等；设施设备安装图；设施设备使用维修说明等。

2．建立设备卡片

设施设备管理部门对所管理的所有设施设备应建立设备卡片。这些卡片应记录有

关设施设备的各项明细资料，如房屋设施设备类别、编号、名称、规格、技术特性、附属物所在地、建造年份、开始使用日期、中间停用日期、原值及预计使用年限、预算大修更新基金、进行大修理次数和日期、报废清理情况等。

（二）设施设备维修档案资料管理

设施设备管理部门应对所管理设施设备建立维修档案资料，并进行妥善管理。维修档案资料应包括以下内容。

1. 报修单

每次维修需填写的报修单，每月统计一次，每季装订一次，物业维修管理部门负责保管以备存查。

2. 运行记录

值班人员填写的设施设备运行记录每月一册，每月统计一次，每年装订一次，由物业服务企业设施设备运行管理部门保管好，以备存查。

3. 技术革新资料

设施设备运行的改进、设施设备革新、技术改进措施等资料，由设施设备管理部门汇总存查。

二、设施设备运行与保养管理

（一）承接查验

1. 资料的承接查验

设施设备验收工作是设施设备安装或检修停用后转入使用的一个重要过程，把好这一关，对日后的管理和使用有着很重要的意义。因此，在进行房屋设施设备的运行管理和维修管理之前，首先要做好房屋设施设备的承接查验工作，接收好房屋设施设备的基础资料。

2. 两类设备的承接查验

承接查验不仅包括对新建房屋附属设备的验收，而且还包括对维修后房屋设备的验收以及委托加工或购置的更新设备的开箱验收。

3. 初验与复验

房屋设施设备的第一次验收为初验，对发现的问题应商定解决意见并确定复验时间；对房屋已经复验仍不合格的应限定解决期限；对设备的缺陷及不影响使用的问题可作为遗留问题签订协议保修或赔款补偿。这类协议必须是设备能用且不致出现重大问题时方可签订。验收后的验收单与协议等文件应归档保存。

（二）设施设备的日常性维修保养

房屋设施设备的日常性维修养护管理是指物业服务企业对房屋设施设备进行日常

的常规性保养和日常巡视、检查、修理，以排除运行故障。房屋设施设备日常性维修养护分为日常巡视修护和定期检查保养两方面，可分别规定日常巡视范围和定期检查项目。一般来说，日常巡视侧重易出现故障的部位和薄弱环节；定期检查则侧重操作系统易损、易磨、易动等部位和操作步骤。房屋设备的日常性维修保养工作量虽小，但关系到业主用户使用是否便利、正常，这是一项服务性很强的工作。物业服务企业必须精心养护并及时修理，以使设备正常运行，发挥使用功能。

房屋设施设备的日常维修保养管理要求如下：

（1）以设施设备操作人员为主，对设施设备采取清洁、坚固、调整、润滑、防腐为主的检查和预防性保养措施。

（2）操作人员实行定期保养责任制，做好交接班前准备、检查设施设备工作，在保证设施设备系统安全、正常、各部位清洁润滑和运行正常的情况下，方可接受投入使用操作。

（3）设施设备操作人员严格遵守设施设备操作制度和安全操作规程。操作时要求集中精力，正确合理使用设施设备，及时排除故障，及时紧固松动的机器部件，以保证设施设备安全及正常运行。

（4）操作人员要经常对设施设备进行清扫、擦拭、注油、整理、润滑，停机时应切断电源。

（5）专业维修技术人员要进行日常巡视检查，帮助操作人员合理使用设施设备，制止违章操作，加强日常保养，对设施设备的运行情况进行检查。

（三）预防性计划维修保养

预防性计划维修保养制度是指为了延长设施设备的使用寿命，防止意外损坏而按照预订计划进行一系列预防性设备修理、维护和管理的组织措施与技术措施。实行预防性计划维修保养制度，可以保证房屋设施设备经常保持正常的工作性能，防止设施设备在使用过程中发生不应有的磨损、老化腐蚀等状况，充分发挥设施设备潜力和使用效益，正确掌握设施设备状况，提高设施设备运转效率；可以延长设施设备的修理间隔期，降低修理成本，提高维修质量；还可以保证房屋设施设备的安全运行，也是延长设施设备使用寿命、树立物业服务企业良好形象的保证。

一般来说，进行计划维修保养的次序与周期是根据设施设备的使用特征和使用条件来决定的。

第一，确定维修保养的类别、等级、周期和内容。设施设备维修保养的类别、等级、周期和内容，由物业服务企业根据设施设备的实际情况由工程技术人员制定。一般根据维修与管理相结合的方法，采取大修集中、维修分散的组织形式。具体内容包括：日常定时定点的常规保养周期（分周保养、半年保养、年保养三个保养等级），中修、大修、专项修理和更新改造等周期。

第二，制定设施设备维修保养要求。

第三，实施预防性计划维修保养制度，并监督检查。各设施设备管理部门每年应根据设施设备维修保养工作的内容和要求，编制预防性计划维修保养制度，分期、分批、分项下达给维修管理人员和设施设备操作使用人员实施，同时编制工作分配、检查的系统计划，进行监督和检查。

第四，建立与实施设施设备运行中的值班、巡视、使用操作与服务规范、报告记录等各科管理制度。

第五，开展房屋设施设备维修养护管理。

三、设施设备的维修与更新

房屋设施设备管理是指根据设施设备的性能，按照一定的科学管理程序和制度，以一定的技术管理要求，对设施设备进行日常养护、维修与更新。

（一）物业设施设备的维修

1. 设施设备维修的类型

目前，对房屋设施设备维修工程分类尚无统一规定，一般可分为设施设备大修工程、中修工程、更新与技术改造工程和日常零星维修保养工程。

设施设备大修工程是指对房屋设施设备进行定期的包括更换主要部位的全面检修工程。通常应由社会性质的大型专业公司承揽。

设施设备中修工程是指对房屋设施设备更换少量零部件，进行正常的和定期的全面检修。通常由物业服务企业的工程部进行周期性定期检修。

设施设备更新与技术改造工程就是为使其技术性能得到提高改善，并降低年使用维修成本而进行的更新改造。

日常零星维修保养工程是指对设施设备进行日常的保养、检修及排除运行故障的修理。通常是由当班的工程部班长或工程师负责处理。

2. 设施设备维修的责任

设施设备维修的责任要视具体情况分析，明确责任所在。在设施设备运行的早期，设施设备运行有相当时间的保质保养期，这种情况应由原厂家负责维修保养，一般情况下由物业服务公司工程部负责或由当班的工程师负责，其费用应从房屋维修基金或业主的物业费里的设施设备保养费用预算中支付。

（二）物业设施设备的更新与改造

物业设施设备的使用寿命可分为技术寿命和经济寿命。技术寿命是指设施设备的设计使用年限。经济寿命是指设备使用到一定年限后，其效率低、耗能大、年限使用维修费提高或污染（腐蚀、排气、粉尘、噪声）等问题严重，设备要提前报废，设备的实际使用年限比设计年限要低。

对房屋设施设备维修中的大修、中修和更新改造工程，物业服务企业中的设施设备管理部门应在每年末设施设备普查的基础上，提出下一年度的房屋设施设备大修、中修或更新改造计划，报物业服务企业批准，并经业主委员会审议通过后，方可实施。需要使用住宅维修资金的要通过业主大会共同决定。

四、设施设备维修管理的规程与制度

（一）物业设施设备管理岗位职责

1. 工程部经理

工程部经理是进行管理、操作、保养维修，保证设施设备正常运行的总负责人。其主要职责为：在企业经理的领导下，贯彻执行有关设施设备和能源管理方面的方针、政策、规章和制度；负责组织设施设备的使用、维护、更新改造直到报废的整个过程的管理工作，使设施设备始终保持良好的技术状态；在安全可靠、经济合理的前提下，及时供给各设施设备所需的能源（水、电、油、气等），并做好节约能源工作；组织人力、物力，及时完成住户提出的维修要求，为住户提供良好的工作和生活条件；组织编制各种设施设备的保养、检修计划，原材料采购计划，并组织实施；组织收集、编制各种设施设备的技术资料、图纸，做好设施设备的技术管理工作；组织拟定设施设备管理、操作、维护等各种规章制度和技术标准，并监督执行。

2. 技术主管

各技术主管在部门经理的领导下，负责本班次的组织、管理工作，并负责编制主管专业的设施设备保养和维修计划、操作规程；负责检查主管设施设备的使用、维护和保养情况，并解决有关技术问题，以保证设施设备经常处于良好的技术状态；负责制订主管系统的运行方案并审阅运行记录，监督下属员工严格执行操作规程，保证设施设备的正常运行；组织调查分析设施设备事故，提出处理意见及措施，并组织实施，以防止同类事故再次发生；负责制订主管设施设备的更新、改造计划，并负责工程监督，以实现安全可靠、经济合理的目标；负责组织培训，不断提高员工的技术和服务素质。

3. 领班

领班负责本班所管理设施设备的运行、维护保养工作，严格做到“三干净”（设施设备干净、机房干净、工作场地干净），“四不漏”（不漏电、不漏油、不漏水、不漏气），“五良好”（使用性能良好、密封良好、润滑良好、紧固良好、调整良好）；负责本班日常工作安排，做好各项记录并汇总，定期交上级部门审阅；负责制订本班设施设备的检修计划和备件计划，经审核后组织实施。

4. 技术工人

技术工人应自觉遵守各项规章制度和操作规程，保证安全文明生产，不断提高自己的业务素质。

5. 资料统计员

资料统计员负责收集、整理、保管工程部各种技术资料及设施设备档案；负责本部门各下属单位的各项工作报表的汇总、存档；负责能源、材料、人力等各项资源消耗的统计。

（二）物业设施设备管理制度

1. 物业设施设备承接查验制度

设施设备验收工作是设施设备安装或检修停用后转入使用的重要过程，因此在设施设备的运行管理和维修管理之前，首先要做好设施设备的承接查验工作。承接查验不仅包括对新建房屋附属设施设备的验收，而且包括对维修后设施设备的验收以及委托加工或购置的更新设施设备的开箱验收。验收后的设施设备基础资料要保管好。

2. 物业设施设备预防性计划维修保养制度

预防性计划维修保养是为了延长设施设备的使用寿命，防止意外损坏而按照预订计划进行的一系列预防性设施设备维修、维护、管理的组织和技术措施。

预防性计划维修保养制度主要包括制订设施设备的维修保养计划，确定设施设备的维修保养类别、等级、周期、内容，实施预防性计划维修保养制度，并进行监督检查，等等。

3. 物业设施设备的运行管理制度

物业设施设备的运行管理制度包括巡视抄表制度、安全运行制度、经济运行制度、文明运行制度等。此外，特殊设施设备还需另行制定一些制度，如锅炉给水处理制度、电梯安全运行制度等。

4. 值班制度

建立值班制度并严格执行，可以及时发现事故隐患并排除故障，从而保证设施设备安全、正常地运行。其内容主要包括：不得擅自离岗；按时巡查，及时发现事故隐患；接到故障维修通知，及时安排人员抢修、维修；等等。

5. 交接班制度

交接班制度主要包括：做好交接班工作；提前办好交接班手续；除值班人员外，其他人员一律不准进入值班室；等等。

6. 报告记录制度

建立报告记录制度可以让物业设施设备管理部门经理、技术主管和班组长及时了解设施设备运行和设施设备维修管理情况，及时发现设施设备管理中存在的问题，以便及时解决。

除了上述设施设备管理制度外，还有设施设备清理制度，设施设备技术档案资料保存制度，设施设备更新、改造、报废规划及审批制度，承租户责任制度和保管设施设备责任制度，设施设备清点、盘点制度等一系列物业设施设备管理制度体系，从而有效地实行专业化、制度化的管理。

第三节　物业环境管理

一、绿地与绿化管理

（一）绿地与物业区内的绿地系统

在城市的绿地生态系统中，居住区绿地是一个重要的组成部分。居住区绿化能够为居民创造卫生、安静、安全、舒适、美观的居住环境。它不仅有改善小气候、净化空气、减少污染、防止噪声等作用，而且植物的生产又有一定的经济价值，在组织居住区建筑群体空间的多样化和赋予居住区地方特色方面有其独特的作用。一个美好的绿化环境还有利于人们消除疲劳，振奋精神。

绿地是人居环境中不可缺少的硬件设施之一，也是城市生态环境优劣的一个重要的判断指标。按规划的要求，通常是选用绿地率指标。绿地率指的是居住区用地范围内各类绿地的总和占居住区用地的比率，即住宅区各类绿地总和与全区用地面积之比。

绿地是城市生态系统中影响最大、最接近居民的生态环境，也是居住环境中其他成分所不能替代的自然因素。随着生产力的发展和人们生活水平的提高，居住环境的绿化建设将进一步得到重视。

1. 居住区绿地系统的组成

公共绿地是指居住区内居民公共使用的绿化用地。如居住区公园、居住小区公园、林荫道、居住组团的小块绿地等。

公共建筑和公用设施专用绿地是指居住区内的学校、幼托机构、医院、门诊所、锅炉房等用地的绿化。

宅旁和庭院绿地是指住宅四旁的绿地。

街道绿地是指居住区内各种道路的行道树等绿地。

2. 居住区绿地的标准

居住区绿化的标准可按每位居民平均占有多少平方米公共绿地面积和整个居住区用地的绿化覆盖率两种指标来衡量。国家基本建设委员会 1980 年制定的居住区用地指标规定居住区公共绿化面积指标为 2 ～4 平方米/人。从 20 世纪七八十年代新建的居住区的公共绿化面积来看，大部分都是偏低的，在城市旧居住区则更少。20 世纪 90 年代以后，根据城市建设发展的要求，住宅区的绿化率达到 30% 以上，个别“绿色住宅”或“生态住宅”甚至高达 60% ～ 70%，大厦及其他类型的建筑物业的绿化率也有所提高。

（二）物业园林绿化的养护

从职能上分析，对园林绿化的养护是物业绿化工作的核心，又是日常性的管理工作。物业园林绿化功能的正常发挥体现在植保（植物保护）的技术水平上。

园林绿化的养护管理工作内容一般包括浇水、施肥、整形、修剪、除草、松土、防治病虫害等。不同类型的绿化养护又有不同的要求。

园林绿化的建设与养护离不开广大住户的参与、配合。同时，它又是一项专业技术性很强的工作，当物业服务企业不具备独立作业能力，或管理的规模效益无法体现时，可以将其中的部分或全部工作委托专业承包商去完成。

（三）物业园林绿化的管理

1. 明确园林绿化员工职责

为了搞好园林绿化管理工作，物业服务企业需制定并切实有效地贯彻执行有关规章制度，落实园林绿化员工的岗位职责。

2. 严格执行质量管理标准

通常绿化管理的质量标准有《园林树木养护管理的质量标准》《草坪养护管理的质量标准》和《花坛养护管理的质量标准》。

园林树木养护管理的质量标准可分为三级，其中的一级标准如下：

（1）生长势强，生长超过该树种、该规格树木的平均年生长量（平均年生长量各地可调查确定）。

（2）树冠完整美观，主侧枝分布均匀和数量适宜，内膛不乱，通风透光较好。

（3）枝干无机械损伤，叶色、叶片大小、厚度正常，无黄叶、焦叶、卷叶，无非正常落叶，有虫屎、虫网、积尘叶的株数在 15% 以下（包括 15%，以下同）。

（4）无蛀干害虫、甲壳虫等危害，食叶害虫咬食的叶片，每株在 7% 以下。

（5）绿篱上下部枝叶茂密，整形修剪表面平整，棱角线条统一划齐。

（6）缺株在 2% 以下。

二、车辆道路管理

（一）车辆的增多与车场的需求

随着人们生活水平的提高，对用车的需求越来越广泛，物业区域内停放车辆不断增多。随之而来，市场对车场的需求就日显迫切。早期开发的住宅物业，首先，由于缺乏停车场或车位严重不足，给有车的业主带来诸多不便；其次，停泊位置的规划没有从环境质量的全局上考虑，结果出现居住区交通组织不当，噪声干扰严重，以及由于车位配置不合理造成使用不便等问题，给物业管理工作带来很多麻烦。因此，搞好车辆的安全管理，是物业管理工作中不容轻视的问题。

（二）停车场的规划及设置

进入21世纪，房地产项目建设的一个明显趋势就是注重配套，配套指标超前。深圳的大多数新建居住区的车场规划为每户至少一个车位，被称为超前规划。早期建设的大多数居住区规划的车位是远远不足的。设置停车场（库）应考虑的因素如下：

第一，必须把人的活动放在首位。在停车场交通组织规划时，必须将人的活动放在首位。组织好人车分流的疏导，以保证居民在社区内可以安全、舒适地行走，充分享受社区环境。满足人们对现代生活方式的追求。

第二，合理估计车位数量，保证社区环境质量。必须科学地调查今后民用小汽车的发展速度，以便正确确定设置比例。

第三，正确解决地下停车场（库）、停车楼建设与综合造价高的矛盾。地下停车场及停车楼是能比较彻底解决城市居住区车辆停放难的办法，但两者的造价昂贵，而且管理费用也高，因此这两种方法可以先在某些规模较大、档次相对较高的区域试行。在一些目前还未达到上述条件的居住区，在规划中可留出一定的位置，等以后有条件时再建造。人车分流是现代人居环境的一个差别指标之一。

（三）停车场的分类

停车场本身是一种特殊的物业类型，同时又是大型物业建设的功能配套项目。

按车辆的类型不同可将停车场分为汽车、摩托车、自行车和特殊车辆的停车场。

按停车场的分布又可将停车场分为私人车库、路旁停车区、区内露天专用停车场、架空层停车库、裙楼停车场、地下停车场等。

按停车场的权属可将停车场分为独立所有权停车场和区分所有权停车场。

这样划分，对于明确物业服务企业的管理权责，确保管理权益，有很强的现实性。

（四）车辆管理制度

车辆管理制度是物业区域车辆与交通管理的依据。通常包括摩托车、自行车管理规定，机动车辆管理规定，停车场进出管理规定，停车场收费管理规定等制度。

三、环境卫生管理

（一）环境卫生管理的含义

环境卫生管理是指物业服务企业或专业清洁公司运用科学的方法、聘用专业的清洁工在辖区或承包区域内定时、定点、专人地进行规范化的日常保洁、消毒，废弃物的收集与清运，以维持区域的整齐、洁净的清洁卫生工作。这是狭义的理解。在现代物业管理的新理念下，环境卫生管理还包括对空气、水资源、噪声状况等的检查、控制、监督，进而为住用户谋求良好的生活生存空间。

（二）环境卫生管理的工作范围

（1）室外卫生管理，即物业区域内的道路、空地、绿化带等所有公共环境的清扫保洁。

（2）楼内保洁与消毒，即物业区域楼宇内上下空间的屋面、楼梯走道、电梯及其大堂、裙房、天台等公共部位的清扫保洁。

（3）垃圾的分类收集和清运，即物业区域内日常生活垃圾要按照环保的要求收集、归类、袋装和清运，并做到专人负责、日产日清、定时收集、定时清运、分类倾倒，保持环境清洁。

（4）在现实生活中，保洁卫生管理工作通常会与生态环境保护和治理密切相关。因此，环境卫生管理工作，还涉及诸如废电池、餐厅酒楼的废气等危害人们身心健康及生活环境的有毒、有害物质的预防与整治。

（三）环境卫生管理工作的内容

1. 环境卫生管理制度建设

科学完善的管理制度是环境卫生管理工作顺利进行的有力保障。为此必须做到明确要求、规定标准、计划安排、定期检查。

物业服务企业应依法制定相关的环境卫生管理工作的规章制度。例如：保洁卫生操作程序和标准；岗位职责、员工服务规范；清洁设备领用制度、操作规程以及奖惩规定；等等。

2. 加强卫生设施建设

卫生设施是搞好保洁卫生管理，并保持其工作成果的基础。这些设施可以包括清扫车、垃圾运输车、洒水车、吸尘器等环卫设备，垃圾清运站、垃圾桶、果皮箱等便民设施。

3. 严格监督检查

监督检查是保证各项管理制度和工作计划得以落实的关键。在实际工作中，应采用员工自检、领班作业检查、部门主管巡检和经理抽检相结合的方式进行监督检查，使环境卫生管理工作落到实处，达到提高环境效益的目的。

4. 加强关于环境卫生知识的宣传教育

良好的环境卫生，既需要物业服务企业的管理、打扫，也需要业主和物业使用人的保持与配合。因此，应通过宣传教育，提高住户的文明程度，自觉遵守有关规定，配合物业服务企业做好保洁卫生管理工作。

第四节　安全防范的协助

一、物业管理区域内安全防范的责任关系

《物业管理条例》第四十六条规定："物业服务企业应当协助做好物业管理区域内的安全防范工作。发生安全事故时，物业服务企业在采取应急措施的同时，应当及时向有关行政管理部门报告，协助做好救助工作。""物业服务企业雇请保安人员的，应当遵守国家有关规定。保安人员在维护物业管理区域内的公共秩序时，应当履行职责，不得侵害公民的合法权益。"

该规定的第一款是关于物业服务企业的安全防范义务的规定：一是物业服务企业具有协助做好安全防范工作的义务；二是当物业管理区域发生安全事故时物业服务企业负有采取紧急措施、报告和协助救援的义务。

该规定的第二款是关于物业保安人员的规定。从实际情况来看，物业服务企业需要物业保安人员时，往往从专业的保安服务公司聘请。但条例并没有规定必须从保安服务公司聘请保安员，根据 2009 年 10 月 13 日国务院颁布的《保安服务管理条例》的规定，物业服务企业可以招用人员在物业管理区域内开展门卫、巡逻、秩序维持等服务，是自行招用保安员的单位。

因此，物业管理区域中的安全防范工作，也是公共安全工作的其中组成部分，作为维护社会公共安全行政主管部门的各级公安机关，理所当然也是物业管理区域内安全防范的行政主管单位；居民委员会是居民自治组织，也是安全防范群防群治的具体组织者，由于很多业主也是属地居民，具有业主和居民双重身份，《物业管理条例》第二十条规定："业主大会、业主委员会应当配合公安机关，与居民委员会相互协作，共同做好维护物业管理区域内的社会治安等相关工作。"可见，业主大会本身就是安全防范工作的协助者，只不过聘请了物业服务企业后，业主大会通过物业服务合同的约定，把协助者应做的工作，作为公共服务的内容之一，委托给物业服务企业，由物业服务企业来履行安全防范协助者的义务。

二、协助安全防范工作的范畴

协助物业管理区域内的安全防范工作主要是维护物业管理区域内相关的公共秩序。

公共秩序，通常解释为是由法律和社会公德确立的公共生活规则来维持的社会正常秩序，是人们在公共生活中应遵守的共同准则，是一种有条不紊的社会生活状态。

为了对公共秩序有准确的理解，本书把公共秩序划分为治安秩序、消防秩序、交

通秩序、卫生秩序、市场经济秩序、金融秩序、伦理道德秩序等。物业管理区域内公共秩序维护的地域范围是物业的公共区域，是业主或非业主使用人随意进入、停留、使用的场所。物业管理虽然也是公共秩序管理，但它只是公共秩序管理的其中一部分，即业主大会与物业服务企业在物业服务合同中约定范畴的公共治安秩序的维护、消防秩序的维护、公共交通秩序的维护、卫生秩序维护等。在物业管理区域中，商场与消费者之间发生的经济纠纷是市场经济秩序，虽然是公共秩序的范围，但是不属于物业管理的范围。在业主家中发生的纠纷由于不是公共区域，因此也不是物业管理的地域范围。

三、协助安全防范工作的内容

（一）公共治安秩序的维护

1. 建立健全公共治安秩序维护机构

作为物业管理区域内公共治安秩序的维护机构，物业服务企业应设立专职的保安部门，聘用合格的保安人员并加强日常管理。物业服务企业不论是从保安服务公司招聘保安员，还是自行招保安员，都应建立健全保安服务管理制度、岗位责任制和保安员管理制度。按《保安服务管理条例》第十六条的规定，保安员必须申领保安员证，申请人经设区的市级人民政府公安机关考试、审查合格并留存指纹等人体生物信息的，才能获颁保安员证。

根据《保安服务管理条例》第十七条的规定，有下列情形之一的，不得担任保安员：

（1）曾被收容教育、强制隔离戒毒、劳动教养或者3次以上行政拘留的。

（2）曾因故意犯罪被刑事处罚的。

（3）被吊销保安员证未满3年的。

（4）曾两次被吊销保安员证的。

2. 建立完善而有效的公共治安秩序维护制度

物业服务企业应根据物业的实际情况，建立完善的公共治安秩序维护制度。例如：用户非办公时间出入登记管理制度；大件物品出入管理制度；中央监控室管理制度；保安员值班巡逻制度；保安员交接班制度；门卫保安工作程序；应急事件处理程序；等等。

3. 完善辖区安全防范设施

物业的公共治安秩序维护除了靠人防力量外，还应注意利用治安的技术防范措施，如在物业管理区域内安装闭路电视监控系统，在物业内的一些重要部位安装防盗报警系统。

4. 明确保安员的职责，有效维护物业管理区域的公共治安秩序

根据《保安服务管理条例》第二十九条的规定，保安员的保安服务职责如下：

（1）查验出入服务区域的人员的证件，登记出入的车辆和物品。

（2）在服务区域内进行巡逻、守护、安全检查、报警监控。

（3）保安员应当及时制止发生在服务区域内的违法犯罪行为，对制止无效的违法犯罪行为应当立即报警，同时采取措施保护现场。

（二）消防秩序的维护

消防管理的基本目的是预防物业火灾的发生，最大限度地减少火灾损失，为住户的工作、生活提供安全环境，增强城市居民的安全感，保护其生命和财产的安全。

1. 常用的消防管理系统

配备完整的高层楼宇的消防系统由七个部分组成：消防控制中心；火灾报警系统；消火栓系统；喷洒自动灭火系统（由喷水泵、供水管网和喷头等组成）；防排烟系统（主要由防排烟阀门、排风机、正压送风机组成）；安全疏散系统（一般由安全疏散指示灯、防火门、防火卷帘门等组成）；手提式灭火器（多是干粉和泡沫灭火器）。

2. 消防管理的主要内容

（1）建设高素质的消防队伍。

为加强物业的消防管理，物业服务企业有条件的应在保安部内成立一个专职的消防班来负责此项工作，同时要做好义务消防队的建立和培训工作。

（2）制定完善的消防制度。

①消防中心值班制度。消防中心值班室是火警预报、信息通信中心，消防值班员必须要树立高度的责任感，严肃认真地做好消防中心的值班监视工作。

②防火档案制度。消防部门要建立防火档案，对火险隐患、消防设备状况（位置、功能、状态等）、重点消防部位、前期消防工作概况等要记录在案，以备随时查阅。还要根据档案记载的前期消防工作概况，定期进行研究，不断提高防火、灭火的水平和效率。

③消防岗位责任制度。要建立各级领导负责的逐级防火岗位责任制，上至公司领导，下至消防员，都应对消防负有一定责任。

④定期进行消防安全检查制度。

⑤专职消防员的定期训练和演习制度。

⑥其他有关消防的规定。

（3）消防设备的保养与维护。

现代建筑物内部都设有基本的消防设备，以保证其消防工作的需要。目前，随着科技的发展，各种先进的消防设备都先后得到应用，政府部门也对消防工作越来越重

视，制定了严格的消防法规。对新建大厦，必须经检查确认消防设备符合法规和安全规定，才发给合格证，允许使用。

消防设备的管理主要是对消防设备的保养与维护。消防设备的维修需要专门的技术，特别是一些关键设备，一般应聘请经政府认可的、持有合格消防牌照的专业公司来维修。作为物业服务企业，应注意以下方面。

①熟悉消防法规，了解各种消防设备的使用方法，制定本大厦的消防制度及有关图册等。

②禁止私自更改消防设备，特别是住户进行二次装修时，必须严格审查。

③定期检查消防设备的完好、规范，对使用不当等状况应及时改正。

④公共走火通道必须保证畅通，绝对不准放置其他物品。

⑤加强消防值班和巡逻，及时发现火警隐患并予以处理。

3. 加强消防教育培训

“预防为主，培训先行。”消防培训是增强消防工作的透明度，发动用户和管理公司员工自觉地同火灾做斗争的一项重要措施，也是贯彻“预防为主，防消结合”方针的一个重要内容，是提高所管辖区内的全民消防意识，普及消防法规和消防知识的重要途径。

（1）对员工的培训教育。

管理企业的员工是物业消防管理的主要力量，对员工的消防知识培训主要包括：学习消防理论知识，如政府的消防法规、防火和灭火的基本原理和基本知识；熟练使用常用灭火器材，如手提灭火器的操作、防毒面具的穿戴、大楼消防设施的使用等；开展消防综合演练，在消防演练中提高员工灭火能力及对各种应急情况的处理能力。

（2）对用户开展消防宣传教育。

消防工作仅靠管理企业的努力是不够的，还有赖于物业内全体业主的积极配合。管理企业必须加强对业主的消防宣传教育工作，促使业主学习消防知识，增强防火意识，提高自救能力。业主必须了解并掌握大楼防火工作的各项规定、手提式灭火器的使用方法、消防应急通道位置及紧急情况时的疏散方法等。

4. 消防的日常管理工作

（1）定期检查和更换消防器材。

定期检查消防器材，使消火栓、喷淋系统、排烟系统等消防设施设备处于良好的备战状态，以备万一。物业服务公司可根据消防局的相关规定，结合物业的特点及消防设备的配置年限，做出合理的检查时间间隔安排，应对消防设施与器材及时更新。

（2）适当安排消防演习。

一方面，消防演习可以检验住区消防管理工作的情况，如消防设施运行是否正常，物业服务企业的防火、灭火的操作规程和组织能力；另一方面，消防演习又可增强员工及业主的消防意识，提高业主逃生及自救的能力，物业服务企业可根据本区实际和消防局要求，每年组织一次消防演习。

第五节　业主及非业主使用人的管理

一、业主及非业主使用人基本资料的管理

以户建档，即以每户（商铺则每档位）为单位建立一个档案，对业主及非业主使用人基本资料进行全面详尽的管理，也是物业管理工作不可缺少的内容之一。

（一）业主或非业主使用人档案的主要内容

（1）房屋（档位）预售合同。

（2）收楼资料，其中包括入伙通知书、入伙手续书、入伙收费一览表、收楼须知、收楼证明书、收楼委托书、楼宇接收记录及接收楼宇声明书、紧急联络方式一览表、直接付款授权书、未出售/移交之空置单位检查月报表、托管门匙责任声明书等。

（3）需与业主签订的《管理规约》《业主守则》。

（4）房屋装修所需的资料，包括装修申请表、装修承诺书、装修图纸等。

（5）租赁情况及资料，包括租赁合同、租户情况等资料。

（二）归档原则

业主档案分楼盘、楼层，按顺序编号并排列，以便查询。

（三）归档要求

搜集业主资料要及时、齐全、准确，注意更新、完善。

二、居住行为的管理

（一）情感管理

1. 更新观念

从深圳物业管理起步至今，物业管理对我国沿海发达地区和内陆发达的城镇来说，已不是件新鲜事了。但我国各地区的物业管理水平差别甚大，即使在发达地区内，经济水平的地区差异也十分明显，不少人并不了解物业管理的内涵。随着市场经济步伐的加快，人们生活水平的提高，居住环境的优化、美化，人们对物业管理的观念也开始逐渐转变。

过去认为物业管理只是买得起商品房的有钱人才可能有的消费，现在已普遍为大众所接受。一方面，物业管理质量和水平不断提高，服务态度和意识的增强，物业管

理的“大众管家”的亲切形象为社会民众所接受；另一方面，行业管理越来越规范，法制建设不断健全，业主和非业主使用人的权益得到尊重和保护，物业管理服务成为人们投资置业的信心保证。

2. 满足心理和精神需求

随着物业管理行业的专业化、社会化和品牌化发展，物业服务企业既注重管理的质量，更注重服务的多样化和个性化，使业主和非业主使用人的心理、精神需求得到更大的满足。有的物业服务企业为了增加本公司的信誉度，树立自身形象，与住户加强情感沟通，开展社区文化活动。企业推出的专项服务系列、特约服务项目，既满足了业主的个性化需求，又使物业管理的功能得到充分发挥，同时也利于物业服务企业形象的建立和提高。

（二）规范管理

物业管理的成功与否，其前提条件之一是能否得到住户的密切配合。作为物业的业主或使用人在享有自己的权利时，不能损害其他住户的利益，为管理好物业，就必须有全体住户共同遵守的行为规范。物业服务企业要从全体住户共同利益的角度出发，制定规范住户行为的有关规定，以确保物业长期保持环境优美，生活、工作有序，服务方便；确保管理活动的顺利进行，从而维护全体住户的共同利益。为此，需要对居住区（大厦）的业主（使用人）制定一些行为规范。这些规范涉及使用行为的方方面面，大致包括物业装修管理规定、公共场所的文明守则、车辆管理规定、消防管理规定等。

三、共同事务的管理

（一）管理规约与议事规则

在物业管理区域，第一次业主大会的首先事项是制定管理规约和议事规则。

1. 管理规约的制定

管理规约是开发建设单位或者业主共同制定的规范区分所有建筑物或者建筑区划内业主权利、义务、责任的法律文件。管理规约有狭义和广义之分。广义的管理规约包括临时管理规约和管理规约。通常将开发建设单位制定的管理规约称为临时管理规约。首次业主大会制定的业主规约称为管理规约，即狭义的管理规约。

《民法典》第二百七十八条规定：制定和修改业主大会议事规则、制定和修改管理规约由业主共同决定。

《物业管理条例》第十七条规定：“管理规约应当对有关物业的使用、维护、管理，业主的共同利益，业主应当履行的义务，违反管理规约应当承担的责任等事项依法作出约定。管理规约应当尊重社会公德，不得违反法律、法规或者损害社会公共利益。管理规约对全体业主具有约束力。”

《民法典》第二百七十九条规定：“业主不得违反法律、法规以及管理规约，将住宅改变为经营性用房。业主将住宅改变为经营性用房的，除遵守法律、法规以及管理规约外，应当经有利害关系的业主一致同意。”第二百八十六条规定：“业主应当遵守法律、法规以及管理规约，相关行为应当符合节约资源、保护生态环境的要求。对于物业服务企业或者其他管理人执行政府依法实施的应急处置措施和其他管理措施，业主应当依法予以配合。业主大会或者业主委员会，对任意弃置垃圾、排放污染物或者噪声、违反规定饲养动物、违章搭建、侵占通道、拒付物业费等损害他人合法权益的行为，有权依照法律、法规以及管理规约，请求行为人停止侵害、排除妨碍、消除危险、恢复原状、赔偿损失。业主或者其他行为人拒不履行相关义务的，有关当事人可以向有关行政主管部门报告或者投诉，有关行政主管部门应当依法处理。”

《物业管理条例》第十五条规定，业主委员会有“监督管理规约的实施”的职责。第二十二条规定：“建设单位应当在销售物业之前，制定临时管理规约，对有关物业的使用、维护、管理，业主的共同利益，业主应当履行的义务，违反临时管理规约应当承担的责任等事项依法作出约定。建设单位制定的临时管理规约，不得侵害物业买受人的合法权益。”第二十三条规定：“建设单位应当在物业销售前将临时管理规约向物业买受人明示，并予以说明。物业买受人在与建设单位签订物业买卖合同时，应当对遵守临时管理规约予以书面承诺。”第四十七条规定：“物业使用人在物业管理活动中的权利义务由业主和物业使用人约定，但不得违反法律、法规和管理规约的有关规定。物业使用人违反本条例和管理规约的规定，有关业主应当承担连带责任。”

2. 议事规则的制定

议事规则是指集会、议事所必须遵守的法则。物业管理区域业主在共同行使物业共有权和共同管理权时需要通过会议针对共同事务进行沟通、讨论、决策等方式来实现，为提高议事效率，规范议事程序，保证议事的合法、合规性，提高决策效率，就需要制定议事规则。

《物业管理条例》第十八条规定：“业主大会议事规则应当就业主大会的议事方式、表决程序、业主委员会的组成和成员任期等事项作出约定。”第十二条规定：“业主大会会议可以采用集体讨论的形式，也可以采用书面征求意见的形式。”第十四条规定：“召开业主大会会议，应当于会议召开 15 日以前通知全体业主。住宅小区的业主大会会议，应当同时告知相关的居民委员会。业主委员会应当做好业主大会会议记录。”

住房和城乡建设部发布的《业主大会和业主委员会指导规则》第二十一条规定：“业主大会会议分为定期会议和临时会议。业主大会定期会议应当按照业主大会议事规则的规定由业主委员会组织召开。有下列情况之一的，业主委员会应当及时组织召开业主大会临时会议：（一）经专有部分占建筑物总面积 20% 以上且占总人数 20% 以上业主提议的；（二）发生重大事故或者紧急事件需要及时处理的；（三）业主大会议事规则或者管理规约规定的其他情况。”

《民法典》第二百七十八条规定：“制定和修改业主大会议事规则”“制定和修改管理规约”属于业主共同决定的重要事项，“应当由专有部分面积占比三分之二以上的业主且人数占比三分之二以上的业主参与表决”，并“应当经参与表决专有部分面积四分之三以上的业主且参与表决人数四分之三以上的业主同意”。“决定前款其他事项，应当经参与表决专有部分面积过半数的业主且参与表决人数过半数的业主同意。”第二百八十条规定：“业主大会或者业主委员会的决定，对业主具有法律约束力。业主大会或者业主委员会作出的决定侵害业主合法权益的，受侵害的业主可以请求人民法院予以撤销。”

（二）管理规定与用户手册

管理规定是物业管理制度中的一份综合性的管理文件。制定管理规定的目的是规范业主或使用人的行为，监督管理人员的工作质量，保障物业、公共设备和设施的正常使用，创造一个安全、方便、文明、舒适的工作环境或生活环境。管理规定在对业主及业主使用人的管理方面起到重要的作用。

管理规定由一系列具体到某一方面的管理规定所组成。物业管理规定的主要内容包括治安管理规定、消防管理规定、电视监控管理规定、机动车辆管理规定、非机动车辆管理规定、进出物品管理规定、清洁卫生管理规定、绿化管理规定、楼宇维修养护管理规定、设备养护管理规定、室内装修管理规定、电梯使用管理规定、禁止违章用地及违章搭建管理规定、费用分摊与缴纳管理规定、物业服务项目管理规定等。

在物业管理工作中，物业服务企业常常把这些规定印制成一份综合文件，发放到业主手中，让业主和使用者知晓，并共同遵守。其目的在于规范物业服务企业的管理服务工作和约束人们的不正当的使用行为，因此，管理规定也成为物业管理工作中的一份参考性文件。

用户手册或用户指南、楼宇使用说明书，是关于物业的功能、物业服务企业提供的配套服务和业主的日常行为准则的指导性文件。其目的是使用户更好地了解和使用此物业，通过业主和管理企业的共同努力，创造安全、方便、优雅、宁静与舒适的生活和工作环境。用户手册包括常用资料、顾客服务、保安措施、用户服务、用户守则及责任等内容。

（三）业主投诉与纠纷管理

1. 投诉处理

由于商品房产权性质从根本上发生了变化，业主与物业服务企业之间的关系是聘任与被聘的关系，业主是聘任者，而物业服务企业是被聘者。因此，物业服务企业的管理权是业主授予的，业主可以在认为必要时收回管理权。物业服务企业应该清楚地认识到这个问题，摆正自己的位置，以周到热情的服务，赢得业主的支持。

由工作性质所决定，物业服务企业必须接受业主的投诉，对投诉持什么态度，反映了物业服务公司的管理意识。顾客肯上门来投诉对企业而言实在是一个难得的纠正错误的好机会，是恢复信誉和塑造企业形象的好机会。这可以说是有长远眼光、明智的管理者的共识。因此，对待业主的投诉，一定要十分重视，抱着积极、负责的态度来解决，要给业主一个满意的答复。

（1）要热情地接待。

顾客来投诉应像接受表扬一样高高兴兴地去接待他们，对他们始终要报以一个真诚的微笑，在坦诚和谐的气氛中接受他们的意见与投诉。那种认为投诉就是找麻烦，因而态度生硬、草草处置的做法是不可取的。这样虽然也可能会很快地解决一些问题，但给业主留下的却是一个不好的印象，甚至可能顾此失彼。彬彬有礼的态度、热情周到的服务，不仅能给顾客一个好的印象，使他们在感情上接受你，而且还可以弥补一些照顾不周所产生的不足。某些企业之所以能在激烈竞争的商战中立于不败之地，就在于他们始终把服务放在第一位，真正视顾客为上帝，以一流的服务，为企业的发展奠定了良好的基础。

（2）处理业主投诉应遵循的原则。

①真诚以待，相敬有加。这是人们的普遍心态。真诚地对待业主，业主也会以诚相待。及时解决他们所反映的问题，并请业主多提意见，借此扩大企业影响，提高企业的形象和美誉度。

②处理及时，回访有序。对投诉的问题要及时处理。不管是立刻派单解决，还是因故不能立即为其解决，都应给业主一个及时且确切的答复，并一定要说话算数。切不可无故拖延，否则只能使投诉者怨气更大，甚至引起不必要的纠纷，从而影响公司声誉。

③善于理解，做贴心人。业主前来投诉时，往往是他们心情不好、情绪最差的时候，满肚子的牢骚和委屈，因此说话都比较偏激。倘若此时接受投诉的人再不善解人意，说一些不得体的话，无异于火上浇油。所以此时一定要体谅他们的心情，在寻求达成共识的基础上，再谋求解决方法，这样才能使矛盾趋于缓解。当然，由于多种原因，业主的投诉未必都是对的，可能会有一些盲目性和不合理的地方。这就需要物业服务企业在尽量满足其心理要求的同时，也要从维护公司利益的角度尽量给予说明，要做到有礼、有节、有度，使他们真正从心里理解和接受为其所做的一切。

2. 纠纷的调解

由于居住人员的分散性，不同职业、不同素质的人往往对居住环境的要求和态度是不一样的，有的人注重邻里关系，配合管理，遵守公共秩序，而有些人不在意他人的利益，因此往往会引起一些纠纷，各执一词。在处理这些问题时，物业服务企业要以法律、条文、公约等为依据和准绳，从公正的立场上，耐心仔细地做工作，必要的时候要与街道、居委会及派出所取得联系，以取得政府的支持，维护大多数人的利益。

【本章小结】

1．物业综合管理服务是指为满足广大业主与非业主使用人的服务需求，保证物业正常运转，发挥物业基本功能的公共服务或常规服务，包括房屋修缮管理、设施设备管理、环境管理、公共秩序管理和对聚居人群的社区管理等综合服务。

2．建筑物的管理主要有档案资料管理、房屋修缮管理和房屋维修的责任管理三大部分。物业档案资料的建立要抓好收集、整理、归档、利用四个环节。具体有组卷和编目两类。房屋质量管理中最主要的一项是房屋等级的评定，其依据是：各类房屋的结构、装修和设备。房屋的完损等级划分为五类，即完好房、基本完好房、一般损坏房、严重损坏房和危险房。房屋完损等级评定的基本方法可分为定期和不定期。根据维修的范围与费用标准，房屋维修工程一般可以划分为小修工程、中修工程、大修工程、翻修工程和综合维修工程。房屋维修的责任管理也是房屋建筑物业管理的工作之一。

3．房屋设施设备的管理主要包括基本资料管理、设施设备运行与保养管理、设施设备的维修与更新和设备维修管理的规程与制度。

4．物业园林绿化管理要注意园林绿化的建设与营造，做好日常养护与管理的工作。停车场的管理要力争解决停车场供需之间的矛盾，做好停车场的规划与车辆的制度管理。环境卫生管理包括室外卫生管理、楼内保洁与消毒、垃圾的分类收集和清运等工作。物业安全管理主要是搞好治安管理、消防管理和突发事件的处理等。

5．在物业管理工作中常有各种突发事情发生，物业服务企业必须建立相关的应变管理程序。业主及非业主使用人的管理包括基本资料的管理、居住行为的管理和共同事务的管理。

【案例分析】

万科的客户服务中心

万科的客户服务中心是把原来万科企业股份有限公司的业主服务中心和物业服务公司的品质管理部的职能加以整合而形成的一个综合性管理部门。万科企业股份有限公司的原业主服务中心专门负责处理地产工程方面的客户投诉，而品质管理部负责处理物业管理方面的投诉。把客户服务功能整合起来，将客户关系的处理归口到一个部门，就能更有效地协调地产公司、物业服务公司及相关部门的关系，更好地服务于客户。

该中心实际是一个客户信息中心，能反馈客户的想法、需求和建设，包括工程设计、施工质量、居住环境等，该中心成为连接地产公司从项目开发、销售服务到物业管理等多个系列、环节的纽带，也是连通客户与万科地产各个部门的纽带。

客户服务中心有两个小组和一名投诉专员。其中一个小组是客户关系管理组，主要负责客户服务中心的管理、服务项目策划、拓展社区文化，以及新服务项目开发及会所管理等；另一个小组是客户事务处理组，负责协助投诉处专员的工作、工程招标、组织施工等。这些工作人员都具有相当的专业水平，接到相关投诉，能及时到现场分析、判断问题的原因所在。

客户服务中心人员必须具备较高的综合素质，要有负责、认真、细致、严谨的工作作风，有一定的专业基础，有较强的分析和判断问题的能力，以及良好的沟通能力和心理承受能力。

凡是来投诉的业主或使用人，心情都比较迫切，也非常注意物业服务企业的办事效率。万科内部制定有《客户投诉处理程序》，以及相关的《工程事务处理程序》和《违反投诉处理要求的处罚办法》等，使投诉处理有“法”可依。例如，万科地产和物业服务公司每个部门的第一负责人，就是本部门投诉处理的“当然责任人”，以加强投诉处理的责任。在时间方面，规定任何部门和个人接到客户的直接投诉后，不得推诿，工作时间8小时内、非工作时间24小时内对客户做出处理回应，同时知会客户服务中心。各部门第一负责人接到客户服务中心的《投诉处理任务书》或其他部门投诉反映后，不得以任何理由推诿或不予以配合，部门第一负责人必须及时安排处理并在一个工作日内将投诉处理措施反馈给客户服务中心；对网上涉及地产公司和物业服务公司的投诉，责任部门必须在一个工作日内提出处理意见，由客户服务中心统一回复；等等。

20××年，该物业服务公司开通了统一客户服务热线，提高了客户服务质量。现在更是把销售服务、按揭款情况的查询等也纳入客户服务的范围，把业主的基本情况、所购物业的情况和维修、服务、投诉等情况归档，列入数据库统一管理，当接到某个业主的服务要求或投诉时，可以直接通过电脑详尽了解客户个体情况并迅速做出反应，有针对性地做出判断、处理。这样，操作起来会更简单、更到位，效率更高。

［问题讨论］

1. 从上例你如何认识物业管理实质是一项以客户为中心的综合管理服务？

2. 作为一名管理人员应具备怎样的基本素质？

3. 处理客户投诉的管理要求是什么？有哪些具体的方法？

［参考点评］

本案例反映的是物业综合管理服务的具体实现形式的问题，即通过客户服务中心将物业管理服务工作进行有效整合，为业主提供即时、方便快捷的服务方式。该公司的做法是符合物业管理服务规律和趋势的有益尝试。通过客户服务中心的载体，将原来分散的服务活动统一起来，并制定新的制度和办法，增加信息化设备，确保物业综合管理服务活动有效地实施，正是物业管理以客户为中心，为业主服务的本质要求。

以客户服务中心的工作人员为例，作为一名管理人员应具备的基本素质主要为：具备较高的综合素质，要有负责、认真、细致、严谨的工作作风，有一定的专业基础，有较强的分析和判断问题的能力，以及良好的沟通能力和心理承受能力。

处理客户投诉的管理要求为：真诚以待，相敬有加；处理及时，回访有序；善于理解，做贴心人。

【问题思考】

1. 简述物业档案资料管理的重要性。
2. 简述房屋二次装修的一般规定。
3. 房屋维修施工管理的特点和主要任务是什么？
4. 简述物业设备维修的责任。
5. 简述物业设备管理制度的主要内容。
6. 简述环境卫生管理的工作范围和主要内容。
7. 简述安全防范管理工作的内容。
8. 简述业主投诉处理的方法要点。
9. 谈谈你对居住行为管理中有关情感管理问题的理解。

第六章　物业经营管理

【学习目标】

了解： 物业经营活动的含义和内容；租赁合同的法律特征；物业中介代理的类型。

掌握： 物业租赁的含义、特征和种类；租户管理问题。

识记： 房屋租赁合同基本条款的主要内容；租赁双方的权利和义务；房屋租金的构成；房屋租金的确定；房屋租金的计算方式。

【学习概要】

本章的重点内容包括：物业经营管理的含义、内容和原则；物业租赁；物业中介代理；房屋租赁合同与租户管理；房屋租金。

通过本章的学习，将认识物业经营管理在物业管理中的地位，看清物业经营管理特别是物业租赁管理在物业管理中的价值。对物业经营管理的主要业务——物业租赁管理有一个全面的了解，有利于增加物业经营知识，提升物业经营技能。

第一节　物业经营管理概述

一、物业经营管理的含义和内容

（一）物业经营管理的含义

传统上对物业管理内容划分用的是三分法，即分为公共服务、专项服务和特约服务。其中的公共服务划归综合管理，而专项服务和特约服务则属于经营管理的范畴。实质上物业综合管理与物业经营管理是物业管理完整服务系统中两个不可缺少的组成部分，两者互相配合，相得益彰。物业经营管理是以市场为导向，以最大限度满足业主及非业主使用人的各种需求，并谋求企业经营管理效益最大化为目的的经营活动。

物业经营管理概述

随着物业管理行业的不断发展，物业管理的服务与经营管理的理念不断更新，对物业经营管理的作用、地位、管理模式、经营思想、服务定位等问题的探索不断加深。物业经营管理在行业中的地位日益突出，对其概念的理解更具有现实性。

概括起来，对物业经营管理的概念可定义为：以市场化为导向，以谋求共同利益最大化为目的，以满足业主及非业主使用人的需求为目标的社会化、综合化、经营性的服务与管理。这概念可从以下方面来理解。

1. 经营的范畴

物业经营管理属于城市或社区的公共资源管理与服务的范畴，是一种社会化、市场化的经营活动，从其经营范畴和经营性质看，是属于第三产业，显然其并不专属于物业管理的工作范畴。但是，市场是共享的，市场是可以细分的，物业服务企业可以充分利用其管理物业的工作特性和最贴近市场的优势，在一定的细分市场上，开展多种经营服务。

2. 经营的目的

（1）满足日益提高的业主及非业主使用人的各方面需求，方便业主和非业主使用人，进而提高他们的工作、生活质量。

（2）提高物业服务企业的经营效益，发展壮大物业服务企业，提高市场竞争能力。

（3）物业经营管理的内容作为物业综合管理服务的补充，丰富了物业管理市场的交易内容，为业主选聘物业服务企业提供了更广泛的空间和标准。

（4）促进物业管理交易市场的健康发展。物业经营管理，有利于提高物业服务企业自身素质及业主委员会的自治能力，并丰富和发展了物业管理交易市场。

3. 物业经营管理的特点

物业经营管理具有服务性、与物业综合管理的互补性、对物业区域条件与市场的依赖性、需求与服务的差异性、经营管理定位的现实性和超前性等特点。

（二）物业经营管理工作的内容

在物业服务区域内开展的综合经营管理服务，是以物业服务区域内或住户的需求为导向，以物业服务区域内公用配套服务设施为基础的。在硬件设施齐备的前提下，一般的配套服务有以下类型。

1. 贴近日常生活的服务

（1）集约化的家务劳动。如房屋装修、房屋清扫、搬家、美化居室等。

（2）社区化的日用消费服务。如小百货店、超市的开设，小家电和生活用品的维修，中西餐厅、风味小食、吧廊等。

（3）时尚化的社会服务。如代订购车、船、机票等；自行车、摩托车、轿车的寄放、清洗、保养、维修；接送小孩上学、入托，接送病人看病等。

2. 商务服务类

目前，人们出于经济活动的目的和人际交往的目的，需要代办、咨询、商务影印、银行、投资等服务。

3. 文化、教育、卫生、体育类

文化方面，如图书室、小电影、录像室、音乐茶座，开办展览、文化知识讲座；教育方面，如开办托儿所、幼儿园等；卫生保健配套方面，如卫生站、出诊、卫生消毒、小孩疫苗接种等。近几年来，随着人们生活水平的提高，人们对医疗保健方面的需求越来越大，一些大型居住区与名医院联合或聘请名医，提供优质的便捷服务。在体育娱乐活动方面有游泳池、乒乓室、健身房、桌球室等；保健型的服务有保健中心、美容美发中心、康体中心等。

4. 经营中介服务

中介服务包括房地产中介、物业评估业务、金融中介和信息咨询服务中介等。由于物业服务企业对住户、物业情况熟悉，对市场情况了解，相较于市场上的房地产中介来说在经营这项业务上有其自身的优势，尤其是一些知名度高的楼盘更为突出。在信息咨询服务方面也具有优势，如保姆介绍、教育投资咨询等。

在以上的各种服务中，有人认为，物业租赁是物业经营管理的主要项目。而个性化服务则是近年来现代物业经营管理的一个发展方向，表现为一些物业的特约服务的需求不断地增加。在多种经营服务方面，物业服务企业应针对物业的特性、地段优势，业主、住用户的需求，为业主提供高素质、全方位的服务。

（三）物业经营管理的原则

1. 有偿原则

物业经营管理的目的是增加物业服务企业的收入，增加积累。只有按市场经济价值规律办事，在经营过程中实行等价交换、有偿服务，才能达到上述目的。

2. 服务原则

尽管经营是为了增加企业收入，但始终不能忘记要寓经营于服务之中。物业经营管理是为了方便业主和非业主使用人工作、生活享乐需要而开展的一系列服务性经营内容或项目，因此物业经营管理必须服从于物业的综合管理服务，为物业管理的主营业务服务。例如，开展装修设计与施工、尊贵家政服务、理财服务等。物业经营管理不能影响或冲淡正常的物业综合管理服务，否则，不利于物业管理工作水平的提高，并将妨碍物业服务企业的长远发展。

3. 竞争原则

竞争原则要求引进竞争机制，进行经营服务项目招标，即对所开设的经营服务项目，实行企业内部或公开招标，择优汰劣，以保证经营水平和服务质量的提高，从而提高经济效益。

4. 质量原则

经营服务的质量关系到物业服务企业的经济效益，也影响着用户对此项服务以及企业的认同感。

5. 效益原则

根据规模效应原理，物业服务企业所提供的服务范围越广、项目越多，单位项目所分摊的固定成本就越低。在价格不变的情况下，企业的获利越大，竞争能力就越强。尤其是在物业的综合管理经费吃紧的情况下，提高综合服务效益，更显现实性与迫切性。

二、物业租赁

物业租赁是物业经营管理的主要内容之一。物业服务企业通过代业主经营和管理物业，从而获得经济收益。物业服务企业通过经营出租物业，可以获取长期、稳定的经济收入。因而，物业租赁便成为物业服务企业重要的经营活动。其前提是物业服务企业拥有一定的经营物业，或受托管理和经营一定面积的物产。

物业经营的内容

（一）物业租赁的含义

1. 物业租赁的概念

通常意义的物业租赁是指房屋租赁，即房屋所有权人作为出租人将其房屋出租给承租人使用，由承租人向出租人支付租金的行为。房屋租赁是房地产市场中的一种主要交易形式之一。在租赁市场上，业主或物业服务企业（作为业主的代理人）为了某种利益，授权租用者在规定的期限内使用物业的权利时，物业租赁便产生了。

物业租赁是商品交换的一种形式，其核心问题是租金问题，即物业所有权人作为出租人把自己的物业在一定时期内的使用权一次或多次出租给承租人，物业承租人按照双方约定的期限和数额，向出租人支付房租作为购买一定时期的物业使用权的行为。其中，出租人是房屋的供应者，承租人是房屋的需求者，房租是双方商品交换的价格。物业所有权人是为获得经济收入而出让物业的使用权，而使用权人则是为使用物业而以协商租金为代价向所有权人或经营者承租物业。租赁合同规定了业主和租户双方的责任，租户只拥有暂时的物业使用权，而没有所有权。

2. 物业出租与出售的区别

尽管物业出租和物业出售都是物业买卖的形式，但是两者在经营中有明显区别，具体表现在以下方面。

（1）物业租赁实际上是物业所有权人（业主）或授权经营者将物业零星出租的一种形式。物业出售是所有权的转移与让渡，而物业出租让渡的只是使用权。物业使用权从出租人手中让渡到承租人手中，双方就建立了一种租赁关系。而房屋出售却不同，它是将房屋的使用权和所有权一次性一并出售。

（2）在收回房屋的投资和利息方面，物业的租赁是在房屋达到使用年限前，经过多次交换实现，而物业的出售是通过一次交换，房屋即从实物形态转为货币形态。

（3）在流通过程与消费过程的相互关系上，物业租赁的流通过程与消费过程是互相交叉、同步转变的，即一边交换一边使用。物业出售中两者是分离的，它是在流通过程结束后才开始其消费过程。

（二）物业租赁的特征

房屋租赁作为一种特定的商品交易的经济活动形式，具有以下特征。

1. 房屋租赁的标的是作为特定物的房屋

物业的特殊性是空间上的长远性和固定性，且具有资源上的稀缺性和经济上的保值、升值性，因此它是一宗不动产。出租人在供应房屋时，只能按合同规定的出租，而不能用其他区域、地段的房屋替代。租赁合同终止后，承租人也必须将原物奉还，而不能李代桃僵。

2. 物业租赁让渡的是物业使用权而不是所有权

物业租赁不论时期长短和租金高低，始终不发生所有权的转移。在整个租赁期内，出租物业所有权始终属于业主，承租人拥有的只是使用权，“两权分离”关系通过租赁契约加以明确和肯定，出租人让渡物业使用权获得租金收入，承租人以缴纳租金为代价获得物业使用权。

3. 租赁双方都必须是符合法律规定的责任人

租赁作为一种民事法律行为，其主体是出租人和承租人。出租人必须是房屋所有权人，才能够有权将房屋的使用权转移给他人，同时享有收益权。代理他人出租，必须在产权人的明确授权下方可进行。承租人（包括自然人、法人）既应是具有民事行为能力的人，即能够签订合同，也应是不受承租限制的人。

4. 租金的合理确定是物业租赁的核心问题

物业租赁实际是物业所有权人或授权管理物业的物业服务企业以获取租金为代价将物业使用权零星、分期和有偿出让的一种形式。租金是一种特殊的价格表现形式，是物业所有权人或经营者分期让渡物业使用价值的补偿，因此，合理确定租金具有特别重要的意义。

5. 房屋的租赁关系是一种经济的契约关系

租赁关系的建立包含四方面内容。一是一种契约行为，即必须以租赁双方的协议或合同为依据，约定租赁期限用途、价格和修缮责任等。二是物业租赁必须充分体现租赁双方权利和义务对等的原则。物业租赁合同必须明确物业双方的权利和义务，并真正体现权利与义务的对等与一致。出租人有按期收取租金、监督承租人合理使用物业，以及收回出租物业等权利，同时要承担保障承租人合法使用物业，并对物业进行正常维护保养的义务；承租人有合法使用承租物业，要求居住安全以及承租物业优先购买和续租等权利，同时承担按期归还房屋，对物业妥善使用等义务。三是标的物的所有权和使用权的暂时性分离，占有权和使用权的临时性转移。因此，在房屋租赁期间，即使出租房屋的所有权发生转移（即出售），原租赁的合同关系依然有效，房屋的所有权人必须尊重承租人的合法权益。四是违约必须承担法律责任。除了承担民事责任外，有的出租房屋管理规定还明确了具体的“罚则”。

（三）物业租赁的种类

1. 按照物业用途，可将租赁分为住宅租赁和非住宅租赁

住宅租赁就是以住宅房屋为对象的租赁。它是物业租赁经营活动的主体，在物业租赁活动中最为常见。

非住宅租赁是指工商企业、事业单位和行政机关及其他各类社会团体所用的办公用房、商业用房、生产用房的租赁等。随着市场经济的发展，办公用房与商业用房租赁也日益增多，并已形成专业性管理。

2. 按照租赁房屋的性质不同，可将租赁房屋分为公房租赁和私房租赁

公房租赁是指出租人将产权属于国家所有的公有物业的使用权出让给承租人并定期收取租金的租赁活动。公房的所有权人是国家，但在租赁关系中，国家并不作为民事法律主体出现，而是采取授权的方式由被授权的单位具体管理。公有房屋可分为直管公房和自管公房。直管公房，即由国家授权的部门（主要是指各级人民政府的房地产行政主管部门）直接管理的公有房屋；自管公房，即由国有企业和国家、政府机关事业单位自行管理的公房。房产经营与管理体制改革的不断深化，调动了企事业单位自我建房、管房的积极性，自管公房的租赁也越来越多，企业作为出租人、职工作为承租人签订租赁合同，已成为解决单位职工住房困难的重要方式。

私房租赁是指出租人将产权属于公民个人所有的物业的使用权出让给承租人，并按约收取租金的租赁活动。

3. 按照物业租赁期限，可分为短期租赁、长期租赁和无限期租赁

短期租赁就是出租人将自己所有的或经营的物业短时间地出租给承租人使用，并向承租人如约收取租金的租赁。出租时间短则数月，长则一两年，最长不超过3年。

长期租赁就是出租人将自己的所有或经营的物业长期出租给承租人使用，并向承租人定期收取租金的租赁。出租时间一般为3～5年，最长不超过10年，公有住房出

租一般采用长期出租方式。商场物业的核心租户的租期通常是 5 年、10 年甚至是 20 年。

无限期租赁就是出租人将自己管理的物业无限期地出租给承租人使用，并向承租人定期收取租金的租赁，承租人获得的就是无时间限制的房屋使用权。

4．按照承租人的国籍不同，可将租赁分为国内房屋租赁与涉外房屋租赁

随着我国改革开放的不断深入与市场经济的不断发展，外国政府机关、民间交往以及商业文化往来日益增多，外国人、外国机构和港澳台同胞在大陆设立办事机构而租赁写字楼、住房时，必须遵守并按照国家有关规定办理相关的手续。

（四）房屋租赁的原则

1．为承租者服务的原则

房屋租赁是充分利用房屋资源满足社会生产和人民生活的需要以及物业需求者的各种需求的交易活动。这是由我们的国家性质和房产的商品性及福利性所决定的。公房仍然是市场的主体，主要是经济适用房，私房的租赁是公房租赁的补充，但比例越来越大。从这个意义上说，房屋的租赁管理，必须把维护承租者的合法使用权，为居民或承租单位服务的宗旨放在首位。

2．维护租赁房屋的原则

无论是哪种性质的租赁房，根据《中华人民共和国宪法》，都应得到保护，不受侵犯。对于承租者来说，必须按照租赁合同合理、安全地使用房屋。作为出租者或管理者，有权利监督、教育承租者爱护房屋，注意正确使用，并负责正常的物业维修与养护。

3．提高经济效益的原则

房屋租赁是一种商品交换的经济活动。出租者交出房屋使用权，就是为了换回房屋的交换价值。这不仅是为了实现房屋再利用，而且还是为了得到房屋商品的利润。因此，物业管理中的租金收入，就是为了提高房管企业与个人的经济效益。

4．保证租赁关系正常的原则

正常的租赁关系，涉及千家万户的利益，关系到社会的安定团结，因此，双方都必须严格遵守国家的有关法律、法规，坚决抵制违反法律、法规与租赁合同的行为。

5．充分发挥房屋效用的原则

房屋具有固定性、多样性。各种房屋是为了适应各种用途和功能而设计建造的。因此，在承租中，一定要注意房屋设计要求和建筑形式，按照设计要求和房屋性能来使用房屋，不要轻易改变房屋的用途和结构，影响房屋结构安全和使用安全。

三、物业中介代理

物业服务企业可以利用其贴近市场的优势，从事物业中介的代理服务，从而获得

佣金或酬金等中介服务效益。

（一）物业中介的含义

物业中介在真正意义上应称为房地产市场中介，它是房地产市场运作的介质体系，或者说是由专业中介人在国家法律、政府规章以及行业自律组织规则框架下所从事的一系列中间介引等活动的集合系统。这一集合系统的概念可以从以下三个层次来理解。

1. 狭义的房地产市场中介

狭义的房地产市场中介指房地产经纪（brokerage），它是房地产经济活动的一种中介服务行为，具体是指在市场经济条件下，为促成他人完成房地产交易而从事的居间、经纪、代理等的有偿服务活动。

房地产经纪主要对应于微观层次上的房地产市场，如房屋的买卖、租赁等，它是房地产市场中介活动的核心部分。

2. 广义的房地产市场中介

广义的房地产市场中介主要对应于宏观层次上的房地产市场，是房地产市场一级和二级市场活动以及绝大部分三级市场活动的咨询、评估、经纪等服务活动的集合。

3. 泛义的房地产市场中介

泛义的房地产市场中介主要对应于宏观层次上的房地产市场体系。泛义的房地产市场中介服务不仅包括房地产咨询、房地产评估、房地产经纪，而且还包括房地产物质要素市场、房地产金融市场（包括消费信用市场）、房地产人力资源市场等以及调节和规范房地产经济关系的中介服务活动，如房地产公证、房地产融资服务、房地产担保、房地产保险、房地产信托、房地产纠纷和仲裁等。

物业中介代理应强调中介工作的性质是委托—代理性质和契约性质。

房地产市场中介的委托—代理关系，则是典型的财产委托人将拟出售、出租、抵押等的房地产向受托人提出委托申请。委托向其可能（或指定）的需求者提供房地产；受托人则负责按照委托人的目的和期望，根据供需双方订立的书证（或受托人代理拟定的合同），并据之向需求者提供房地产。财产的委托代理业务性质，可以分为信托类业务和代理类业务两种。

信托类业务是指财产所有人作为信托当事人一方，为其指定人或自己本身的利益，将财产委托给可信任的另一方，要求按契约中的目的，做有效的管理、运作或妥善处理。

代理类业务是指信托行为的一方依共同规定的信托目的，授权另一方代为办理一定的经济事务。

委托—代理关系是委托人将自己拥有的某种权力暂时地、有条件地让渡给代理人行使，其“时效”和“条件”须由契约来标明，也就是说，委托—代理关系是由契约来固化的经济与法律关系。

（二）物业中介代理的主要内容

1．房地产咨询

房地产咨询是指房地产咨询机构为房地产开发经营企业、消费者以及参与房地产业的其他组织或个人提供房地产有关知识、房地产经济活动信息和技术服务的活动或行为。房地产咨询业务是房地产服务中介的三大业务——房地产咨询、房地产评估、房地产经纪中最基本的业务。

2．房地产估价

所谓房地产估价是以房地产为标的或对象，由专业估价人员根据特定的估价目的和依据，遵循相关的估价原则，按照规范的估价程序、运用合适的估价方法，并在综合分析形成和影响房地产价格因素的基础上，估测、计算以及最后确定特定时点上房地产客观合理价格或价值的中介行为过程。

3．房地产经纪

房地产经纪侧重于代理业务，或代表委托人的利益进行有偿信息服务。房地产经纪人参与房地产交易活动的主动性和深度往往较房地产咨询人员更强、更深。

房地产经纪包括房地产营销代理、房地产信托、房地产拍卖、房地产保险、房地产书证代理等业务。

第二节 房屋租赁合同与租户管理

一、租赁合同的法律特征

房屋租赁合同是出租人与承租人签订的、用于明确租赁双方权利义务关系和责任，以房屋为租赁标的的协议，是一种债权合同。租赁是一种民事法律关系，在租赁关系中出租人与承租人之间所发生的民事关系主要是通过租赁合同确定的。因此，在租赁中出租人与承租人应当对双方的权利和义务做出明确的规定，并以文字形式形成书面记录，成为出租人与承租人关于租赁问题共同遵守的准则。租赁合同的法律特征表现为以下方面。

物业经营管理

合同与租户管理

（一）房屋租赁合同是双务合同

双务合同是指合同当事人都享有权利和负有义务的合同。这类合同的每一方当事人既是债权人又是债务人，而且互为等价关系，即双方各自享有的权利和负有的义务，正是对方应尽的义务和享有的权利。双务合同的主要意义在于合同的履行，即任何一方在自己未履行合同义务的情况下，无权请求对方履行义务而自己只享有权利，否则就成了单务合同。

（二）房屋租赁合同是有偿合同

有偿合同是指当事人在享有合同规定的权利时必须付出代价的合同。有偿合同大多数是双务合同。区分有偿合同与无偿合同的法律意义在于确定当事人履行合同义务时应达到和完成的程度及违约责任大小。一般而言，有偿合同义务的履行，其完成程度要高于无偿合同，有偿合同义务的违约责任比无偿合同义务的违约责任要重。

（三）房屋租赁合同是诺成合同

诺成合同是当事人意思表示一致即告成立的合同。虽然当事人意思表示一致，但还须交付标的物，才能成立的合同，称为实践合同。这种法律上的分类，主要用于确定合同成立的时间。承租方占有房子才算租赁合同成立。

（四）房屋租赁合同是要式合同

要式合同是相对不要式合同而言的。凡要求有特定形式和履行一定手续的合同称为要式合同，否则为不要式合同。要式合同由法律直接规定的，称为法定要式合同；法律无明文规定的，只是当事人约定必须履行特定方式和手续的合同，称为约定要式合同。房屋租约是法定要式合同。房屋租赁，当事人应当签订书面租赁合同，没有书面合同的租赁行为不受法律的保护。

（五）房屋租赁合同是继续性合同

房屋租赁当事人双方的权利和义务，均与合同的存续期相关，时间是合同的基本元素，因而房屋租赁合同属于继续性合同。

二、房屋租赁合同基本条款的主要内容

（1）甲乙双方的姓名或名称及住所。

（2）房屋的坐落、面积、装修及设施状况。

（3）租赁用途。

（4）租赁期限。

（5）租金及支付方式。

（6）房屋的修缮责任。

（7）转租的规定。

（8）变更和解除合同的条件。

（9）违约责任。

（10）当事人约定的其他条款。

三、租赁双方的权利和义务

（一）出租人的权利和义务

1．出租人的权利

（1）有按期收取租金的权利。

租金收入是实现房屋价值和房屋修缮资金的来源。按照合同规定的租金标准收取租金是出租人的一项基本权利，对租金拖欠者，要收取滞纳金。随着房屋条件与市场行情的变动，出租人在遵守合同条款的前提下有权对租金进行调整。

（2）有监督承租人按合同规定合理使用房屋的权利。

合理使用房屋的权利包括对改建装修、转租的否决权。承租人在使用房屋过程中，不得擅自拆改，私搭乱建，损坏房屋结构和附属设备，不得擅自改变房屋使用性质。承租人也不得利用承租房进行非法和损害公共利益的活动。出租人有权制止承租人的违法行为，并要求恢复原状或赔偿经济损失。

（3）有依法收回出租房屋的权利。

房屋定期租赁的，在租赁期满后，出租人有权收回；不定期的租赁，若出租人要求收回房屋自住的，在安排了承租人的搬迁后，出租人可依法收回其房屋。承租人如有违约、违法、无故长期空置、拖欠租金等情况，出租人有权提前收回房屋。如承租人拒不执行的，可以诉请人民法院处理。

（4）有向用户宣传、贯彻执行国家房管政策和物业管理公约、管理规定等的权利。

出租人有权制止承租人违反国家和地方政府的有关管理规定的行为，也有权制止违反物业管理规定的行为，如违反绿化、消防、安全等规定的行为。

2．出租人的义务

（1）有按照合同规定提供房屋给承租人使用的义务。出租人应当依照租赁合同约定的期限将房屋交付给承租人使用，不能按期交付的，应当支付违约金，给承租人造成损失的，应当承担赔偿责任。

（2）有保障承租人合法使用房屋的义务。房屋一旦出租，就是向承租人承诺移交占有权和使用权，在正常使用范围和期限内，出租人不得干预、擅自毁约。

（3）保障承租人居住安全和对房屋装修、对设施设备进行正常维修的义务，以保持其适于使用、收益的状态。如无力修缮，可与承租人合修，费用可以租金折抵偿还。

（4）有组织租户，依靠群众管好房屋，接受租户监督，不断改进工作的义务。

（二）承租人的权利和义务

1．承租人的权利

（1）有按照租约所列的房屋用途规定使用房屋的权利。

（2）有要求保障房屋安全的权利，对非人为的房屋与设备损坏，有权要求出租人维修、护养。

（3）出租房屋出售时，有优先购买权。

（4）有对物业管理状况进行监督、建议的权利。

（5）经出租人同意有转租获利的权利。

2. 承租人的义务

（1）有按期交纳租金的义务。

（2）有按约定用途使用房屋，不得私自转租、转让他人的义务。

（3）有维护原有房屋，爱护使用，妥善保管的义务。

（4）有遵守国家政府有关法规和物业管理规定的义务。

四、租户管理

（一）租赁关系

租赁关系即租赁契约关系，是指出租者与承租者之间的经济合同关系。租赁关系管理就是对这种关系的各项活动所进行的组织、指导、监督和调节活动，借以保证租赁关系的建立和正常进行。租赁关系的管理主要是由房地产行政主管部门实施的，其主要工作内容有签订租赁契约、审核租赁关系的变更与终止、办理停税与退税手续等。

1. 物业租赁条件

城市公民、法人或其他组织对享有所有权的房屋或国家授权管理和经营的房屋可以依法出租。承租人经出租人同意，可以依法将承租的房屋转租。住宅用房的租赁，应当执行国家和房屋所在地城市人民政府规定的租赁政策。租用房屋从事生产、经营活动的，由租赁双方协商议定租金和其他租赁条款。物业租赁的具体条件包括以下方面。

（1）物业出租人必须具备的条件。

①出租人是物业所有权人或受托管理人，并持有房地产产权证或委托管理证件。

②出租人若为物业开发经营企业或物业服务公司，还必须持有工商行政管理机关核发的营业执照。

③出租人对所出租的物业应具有管理、修缮的能力。

（2）物业承租人必须具备的条件。

①城镇居民承租者，必须具有物业属地常住户口，暂住人口则必须持有有关机关核发的暂住证。

②单位承租公房，必须具有区、县、市级政府批准的证明；单位承租私房，必须事先报房地产行政机关或当地政府批准。

③承租人承担物业应以自住自用为主。

④承租人必须具有民事行为能力。

⑤承租人必须具备合理使用房屋和支付租金的能力。

物业的出租人和承租人就是租赁主体双方，物业租赁客体就是租赁标的物即房屋。对出租房屋规定的条件是为了避免一些不必要的纠纷。

（3）出租房屋必须具备的条件。

①经规划部门批准建设，并已向房地产行政管理机关办理产权登记的房屋。产权和使用权不清，或产权和使用权纠纷尚未处理完结的房屋不能出租。

②自管房单位和私房业主出租的必须是自住自用有余的房屋，私房业主不得一方面出租私有房屋，另一方面又租用享受福利性租金的公房。

③结构安全、设备齐全，能够正常使用的房屋。危险房屋和违章建筑房屋不得出租。

④能够确保在租赁期内使用的房屋，已被证明即将被拆迁的房屋不得出租。

（4）不得出租的房屋。

①未依法取得房屋所有权证书的。

②司法机关和行政机关依法裁定、决定查封或者以其他形式限制房地产权利的。

③共用房屋未取得共有人同意的。

④权属有争议的。

⑤属于违法建筑的。

⑥不符合安全标准的。

⑦已抵押，未经抵押权人同意的。

⑧不符合公安、环保、卫生等主管部门有关规定的。

⑨有关法律、法规规定禁止出租的其他情形。

2. *房屋租赁登记备案制度*

凡进行房屋租赁的，须先向房屋所在地市、县房地产管理部门提出申请，办理登记备案手续。变更、终止租赁合同的，当事人也应当向房屋所在地市、县人民政府房地产管理部门登记备案。

房屋租赁当事人在租赁合同签订后 30 日内，持本办法下列条款规定的文件到市、县人民政府房地产管理部门办理登记备案手续。

申请房屋租赁登记备案应当提交下列文件：

（1）书面租赁合同。

（2）房屋所有权证件。

（3）当事人的合法证件。

（4）城市人民政府规定的其他文件。

（5）出租共有房屋，还须提交其他共有人同意出租的证明。

（6）出租委托代管房屋，还须提交委托人授权出租的证明。

3. 城市“房屋租赁证”

房屋租赁申请经市、县人民政府房地产管理部门审查合格后，由该房地产管理部门核发“房屋租赁证”。县人民政府所在地以外的建制镇的房屋租赁申请，可由市、县人民政府房地产管理部门委托的机构审查，并颁发“房屋租赁证”。

“房屋租赁证”是租赁行为合法有效的凭证。租用房屋从事生产、经营活动的，“房屋租赁证”作为经营场所合法的凭证，出租人应当将“房屋租赁证”悬挂在房屋的明显位置，便于监督检查。租用房屋用于居住的，“房屋租赁证”要作为公安部门办理户口登记的凭证之一。

（二）租户管理

1. 租约解释

租户能够按租约规定履行责任、义务是建立良好租赁关系的开端。随着人们法律意识的增强，经营者以公平、公正、合理的原则确立租户的责任和义务是先决条件。这样，经营管理者可以通过打通与租户的交流渠道与之建立一个令租赁双方都满意的互利互惠的关系。

在签订租约时，物业管理者应以服务为宗旨，为租户指出一些重要条款，诸如时间、地点、租金交付方式及迟交时滞纳金的收取办法等，以及明确一些附加条款，如停车管理收费、来客居住的手续和期限规定等。还要注意其他租户的权力不受侵害（如发出噪声）、重申禁养宠物的惩罚措施。此外，还应向租户明确业主不能为其财产提供保险，以便租户建立安全保险意识。管理者也常常在租约中明确业主房屋内哪些东西不能更换、损坏，如地毯、壁纸等。

2. 定期沟通

在没有特殊情况时，公寓管理者要绝对尊重租户的权益，经常打扰会令租户觉得厌烦。为了建立良好的沟通关系，可采用定期印发信息、定期开展联谊活动等方法。当物业需要进行大范围修缮时，需与租户解释，以减少双方的损失，并争取租户的最大支持。

3. 租户代表

目前还未有一部专门的法律法规明确使用者的权利和义务，当然，消费者权益保护法内有相关的条文。而在现实中，消费者往往通过各种途径保护自己的权益。租户与管理者之间如何建立良好的关系，一个比较可行的办法是，与租户代表建立一个正式定期开会的日程计划，让租户觉得他们是受人关注的，管理者并非只为赚钱而已。租户若有疑问和困难，管理者是会理会和尽快回应的，避免矛盾激化到不可收拾的地步才谈判、交涉。物业管理是以服务为宗旨的，只要服务意识明确，就能以实事求是的态度对待每一件事，就能达成互利互惠的共识。

第三节　房屋租金

一、房屋租金的构成

（一）房屋租金的概念

房屋租金即房屋租赁价格，简称房租，是房屋承租人为取得一定期限内房屋的使用权而付给房屋所有人的经济补偿。其表现形式是承租人租用每平方米可出租面积需按月或年支付的金额。房屋租金作为房屋使用价值分期出售的价格，是房屋在分期出售中逐步实现的价值的货币表现。

房屋租金

（二）房屋租金的类型和构成

房屋租金基本上可分为成本租金、商品租金、市场租金。

1．成本租金

成本租金是由折旧费、维修费、管理费、投资利息和房产税五项因素组成的。

（1）折旧费。

房屋在投入使用后，由于自然损耗和使用过程中的正常磨损，价值必然逐渐减少。这部分因损耗而减少的价值，以货币形式表现出来，就是折旧费。它是租金中最主要的一项内容，是维持物业简单再生产的必需费用。折旧费是按照房屋的使用年限计算，逐年收回的建造房屋投资。一般以房屋建造价扣除残值后，按平均折旧法计算，即：

折旧费 =（房屋建造价 − 残值）÷房屋使用年限

其中，房屋建造价是指建造房屋所需的投资，主要包括征地、拆迁安置补偿费和房屋本身的造价。不同的房屋有不同的使用年限。残值是指房屋达到使用年限不能继续使用时，拆除下来的陈旧建筑材料扣除拆运费的残余价值。这是理论的折旧费计算，在实际计算中，房屋的使用年限是用经济寿命来核算的。

（2）维修费。

维修费是指物业在使用年限内，为保证正常使用功能和预期使用年限而对其各个部位进行经常性维修、养护所必须投入的费用，也叫修缮费。这部分费用是房管部门与物业服务公司追加的投资，属于生产性的流通费用。通常是以使用年限内全部维修费按年分摊，平均计算得出的，具体方法有：

①造价比例法，即按照物业造价和各城市测算确定的修缮费比例，以使用年限进

行计算。

②部件更新周期法，即按照房屋建筑的各部位（结构、墙体、屋面、装修、设备等）分别计算造价，然后再确定房屋使用年限内各部位的更新次数，最后计算出年维修费。

③定期轮修法，即按照定期大修或中修所需投入的维修费用，再加上每年所需零星养护费，按周期年限平均计算，得出年维修费。

④面积定额法，即先测算确定单位面积年维修费用金额，然后根据租赁的建筑面积计算出年维修费。

（3）管理费。

管理费是从事物业经营管理的企业出租房屋时对房屋进行必要的管理和服务所需的费用，包括房屋管理人员的工资、行政办公费、业务费和其他费用的开支等。

（4）投资利息。

投资利息是指物业所有权人在物业租赁期内因投资而产生的贷款利息或资金使用成本。其计算方法是以物业造价或售价金额为基础，按照银行长期贷款利率和通胀率加以计算。

（5）房产税。

根据《中华人民共和国房产税暂行条例》规定，我国自1986年10月1日起开征房产税。它是指以房屋为纳税对象，向房屋产权所有者征收的一种房产税。房产税依照房产原值一次减除10%～30%后的余值计算缴纳。减除比率及具体减除幅度，由省、自治区、直辖市人民政府规定。

房产税的税率，依照房产余值计算缴纳的，税率为1.2%；依照房产租金收入计算缴纳的，税率为12%。

目前，房产税按以下两种方式计算：

依照房产余值计算：

$$房产税=房产余值（1-减除比率）\times 1.2\%$$

依照房产租金收入计算：

$$房产税=房产租金\times 12\%$$

2. 商品租金

商品租金也称为理论租金，是由成本租金的五项因素加保险费、地租和利润等因素构成的。

（1）保险费。

保险费是指房屋所有人为了保证自己的房产免受意外损失而向保险公司支付的保险金。

（2）地租。

地租是指房屋因占有土地而向国家缴纳的土地使用税。土地使用税是土地使用者向土地所有者提供的土地使用报酬。房屋是建造在土地上的，在使用房屋时，必然同时使用土地。我国的土地所有权是属于国家的，因此，房屋使用人应向国家交纳土地使用税。地租按照房屋所处地段的等级和用地面积以及适用的税率计征。

（3）利润。

利润是指物业经营管理企业从事房屋租赁管理而获取的平均收益，其中一部分上缴给国家，另一部分留在企业，用于再生产。必要的经营利润是物业经营管理企业实现扩大再生产的基本条件。

以上成本租金、商品租金共八项因素组成了物业租赁价格的基本内容，这只是为实际租金的确定提供了依据。在具体实践中，还需要考虑租户承受能力及其他修正性因素。

3. 市场租金

市场租金即实际租金，是在商品租金的基础上，根据市场供求关系而形成的。在市场机制比较完备的情况下，物业租金主要受市场供求关系所左右。当市场供给超出市场需求时，租金下降，业主为了争取租房不惜以低于成本租金的房租出租；当市场需求超出供给时，租金上升，业主往往可以从众多的求租者中获得更多的收益。

二、城市房租的计算原则

《中华人民共和国城市房地产管理法》（以下简称《房地产管理法》）第五十五条规定："住宅用房的租赁，应当执行国家和房屋所在城市人民政府规定的租赁政策。租用房屋从事生产、经营活动的，由租赁双方协商议定租金和其他租赁条款。"我国住宅用房的租赁政策是不断改革旧的住房制度，逐步调整住房租金，实现房屋价值回归。但因为考虑到不同地区的经济水平、企业的经营管理水平以及不同承租户的承受能力不一样，因而，国家在现阶段允许各地区根据本地区的实际情况确定租赁政策，确定本地区住宅用房的房租。无论哪个地区哪种用途的房屋，虽然租金的量不同，但其确定的原则是相同的，城市房租的计算应遵循以下原则。

（一）以租养房的原则

房屋的租赁必须是租金的收入能使投资者的投资得以收回，并能使投资者和经营者取得相应的合法利润，以保证房屋投资者和经营者的利益，保证房屋资金的良性循环，保证租金能满足房屋维修、保养的需要。并且在房屋的使用年限终了时，能收回折旧费，维持再生产。以租养房的原则，实际上就是房屋租金价格与房屋价值大体一致的原则。这也是我国用经济手段管理房产，指导房屋租赁价格的最基本原则。

（二）按质论价的原则

所谓“质”，就是房屋的使用价值的大小。所谓“质高”就是指房屋建筑规格高、配套设施完善、设备齐全、装修考究、环境好，相应地其租金就应该高；反之，租金就应该低些。由于房屋质量的差异性大，因而在确定房屋租金时，应该对影响房屋质量的因素进行科学分析，从而制定出合理的租金标准。

（三）利益兼顾的原则

利益兼顾的原则是指房屋租金的制定既要考虑房屋的投资得到回收，又要顾及承租人的经济支付能力，片面强调某一方都是不科学的，应该在前后两者界定一个合适的标准，因此，需要根据房屋的产权和使用性质来制定各类房屋的租赁价格。

（四）调节供求的原则

房屋租赁价格除了必须保障房产的价值补偿外，还应贯彻调节供求的原则。因此，要根据房屋租赁市场的供求情况确定租金，使房屋的供应和有支付能力的需求大体平衡，以抑制过量的需求，刺激有效供给。

三、房屋租金的确定

房屋租金的确定是租赁中要解决的首要问题，也是出租人或出租代理人最关心的问题。租金的确定应当在制定统一基价的基础上，按房屋在质量、结构、设备条件等方面的差异进行分类，作为定价的调剂因素，以便合理地确定每幢、每间房屋的租价。具体的租金计算，要经过确定租金基数和租金标准两个步骤才能完成。

（一）租金基数的核定

房屋租金基数是以价值为基础确定的，主要有等级计算法、项目基分计算法、结合计算法三种方法。

1. 等级计算法

按房屋建筑结构、设备与装修划分标准的办法，叫等级计算法。等级标准可按国家统一制定的有关标准，如国家在进行城镇房屋普查时建立的有关统计分级指标，并参考各地房屋的区域特点来划分房屋的实际等级。等级计算法通常以一幢房屋为分级基准，对同一建筑的不同楼层、不同房间差异，在计算租金标准时，用调剂因素反映。

2. 项目基分计算法

基础分值可参照国家统一制定的《房屋完损等级评定标准》和地方上有关规章制度，即只按房屋结构的有关项目，如结构、墙体、楼地面、门窗等分别计算出基础分值，再按房屋的具体情况分项评分，最后加以汇总。

3. 结合计算法

结合计算法将等级计算法和项目基分计算法结合起来使用。如以结构、墙体、屋顶等作为主要的分级依据，按等级计分，其余的可按项目基分计算法计分，然后汇总得出该房屋的租金基数。

（二）租金标准的核定

租金标准是向承租人计收房租的具体实施准则，其关系式如下：

租金标准＝租金基数±调剂因素

租金标准是向承租人计收租金的具体实施细则。租金标准的核定应在租金基数基础上增减调剂因素。租金的调剂因素包括两个方面：一是房屋建筑自身在定价方面客观存在的差异，如朝向、采光、高度、设备配套水平；二是房屋建筑本身之外，在定价方面客观存在的差异因素，如坐落地段的环境、区划前景、建材价格上涨速度、房屋销售价格变化幅度、通货膨胀率、银行存款利率等。调剂因素应与租金基数的计算单位一致，即将各种因素折合不同分值的“分”，或将不同的因素换算成差价百分比，再计算调剂因素金额。

（三）商业物业租金的计租方式

在物业租赁尤其是商业物业租赁的实践中，对租金的确定与收取有毛租金、净租金、百分比租金三种计租方式。

1．毛租金

在毛租金的情况下，承租户支付固定的租金，而业主支付物业经营（租赁）过程中的费用，包括房地产税和其他有关物业的税收、保险费、维修费等，也就是说在所收取的租金中主要包括房租和上述的这些费用。水电费、管理费由租赁双方协商，可由承租户支付，也可以由业主支付。毛租金经常用于公寓的租赁，也有用于写字楼的租赁。

2．净租金

净租金是相对于毛租金而言的，此时的承租人除了支付房租外，还要另行支付一些物业的经营费用。业主提供的净租金的形式，决定了业主要支付哪些费用，哪些是属于代收代缴的费用，哪些是按承租人所承租的面积占整个物业总出租面积的比例来收取，哪些费用主要取决于承租人对设施设备和能源的使用程度。

净租金的形式一般有以下三种：

（1）除房租、水电费外，承租人要按比例分摊与物业有关的税项。

（2）除房租、水电费外，承租人要按比例分摊与物业有关的税项和保险费。

（3）除房租、水电费外，所有的经营费用包括与物业有关的税项、保险费、公共设施设备使用费、物业维护维修费用、公用面积维护费、物业费等。这些都由承租人直接支付，而业主一般只负责建筑结构部分的维修费用。

不论哪种情况，承租人在租金外还须支付的费用项目都要在租赁合同中详细列明。

在商业物业和工业物业的租赁中一般广泛采用净租金。

3. 百分比租金

百分比租金用于公共商业物业的出租。此种计法，业主实质分享了作为承租人的零售商的部分经营成果。

百分比租金以年总营业额为基础计算，可以按月或按季支付。通常先协商一个基本租金、年最低营业额和具体的百分比，对超过该营业额以外的部分方按百分比收取超额租金。例如，某承租人的基本租金为每月 10 万元，最低年营业额为 2 400 万元，如果以营业额的 5% 作为百分比租金，则只有当年营业额超过 2 400 万元时，才对超过部分的营业额收取百分比租金。当然，如果零售商的年营业额低于 2 400 万元时，则仍按每月 10 万元的基本租金收取。

百分比的确定主要取决于物业的性质、地点、承租人生意的类型及市场状况，双方协商确定。百分比租金的计算还可以采取固定百分比和变动百分比两种方式。变动百分比是租赁双方商定的百分比随销售额的数量增加而减少，以达到承租户提高营业水平、扩大销售的目的，以便租赁双方都获得相应的好处。

【本章小结】

1. 物业经营管理是以市场化为导向，以谋求共同利益最大化为目的，以满足业主及非业主使用人的需求为目标的社会化、综合化、经营性的服务与管理。属于第三产业的范畴。

2. 物业经营管理服务应以物业服务区域内或住户的需求为导向，以物业服务区域内公用配套服务设施为基础。

3. 物业租赁是物业的“零星出售”方式。物业租赁的交换过程，只转移物业的使用权，而物业的所有权不发生转移。租赁的核心问题是租金的合理确定。租赁关系是一种经济的契约关系。房屋租赁合同是出租人与承租人签订的，用于明确租赁双方权利义务关系和责任，以房屋为租赁标的的协议，是一种债权合同。

4. 房屋租金基本上可分为成本租金、商品租金、市场租金。其主要包括折旧费、维修费、管理费、投资利息、房产税、保险费、地租和利润八大要素。成本租金是由折旧费、维修费、管理费、投资利息和房产税五项因素组成。商品租金也称为理论租金，是由成本租金的五项因素加保险费、地租和利润三项因素构成。市场租金即实际租金，是在商品租金的基础上，根据市场供求关系而形成的。

5. 在物业租赁尤其是商业物业租赁的实践中，对租金的确定与收取有毛租金、净租金、百分比租金三种计租方式。而住宅物业租金有成本租金、商品租金和市场租金。

【案例分析】

广州高档物业租赁势头良好

自从中国加入世界贸易组织之后，不少外资企业和我国港澳台地区的企业增加在广州的投资，纷纷在广州设立机构或办事处。因为投资回报率高，投资者信心大增，不断增加投资项目，从而拉动了高档物业租赁市场的发展，高档物业租赁势头也随之发展。

尽管豪宅市场针对的是一小部分金领人士和外企租客，然而，随着整体经济不断发展，市场走势一路向好。如广州某高档楼盘凭借品牌和环境的优势，不断完善各种服务，做旺租赁市场，吸引了部分外国驻广州的领事馆人员、外资公司，如宝洁、雀巢、西门子等的高层管理人员租住。

据中原地产成交记录显示，天河北高档楼盘天誉花园已成为该地段成交的热门楼盘。租价方面因为存在楼层高低及景观朝向等差异，所以低、中、高档的房子均有多种选择。天誉花园成交量加大，主要原因是靠近广州火车东站，又邻近中信广场、市长大厦等高级写字楼，不少大型公司选择该楼盘作为高级员工的宿舍。

从二手租赁市场显示，目前这类租客主要是外资企业和我国港澳台地区企业的管理人员。由于这些人员的工作性质是几年一换的，加上他们的住房津贴丰厚，所以，他们只租住高档的住房而不会买房，这使高档住宅租赁市场需求大增。

近期，“另类”中介涉足高档住宅市场。香港一大公司与南湖某高档住宅楼盘签订大笔租赁合同，供高层管理人员居住，显示出该公司看好广州高档住宅市场。以往只从事一些小型楼盘一手代理业务的新恒业公司近期也涉足高档住宅市场，代理了市场公认的南湖顶级高档住宅楼盘白云堡。据该公司负责人介绍，一是过去一直做中低档楼盘代理，现在也要尝试做高档楼盘的代理，以提高公司的知名度；二是看好广州高档住宅楼盘的市场发展趋势。

[问题讨论]

1. 从案例中分析目前物业租赁市场的发展趋势和特点。

2. 上例中几个个案的租赁属于何种租赁类型？其服务对象是哪类消费群？

3. 对比以上个案，物业服务公司开展租赁业务的优势在哪里？如何抓住机遇，创造商机？

[参考点评]

从案例中可以看出目前物业租赁市场的发展趋势和特点：高档楼盘的租赁供给和

需求两旺。一是物业租赁市场的供给增加，拉动了租赁市场的发展。二是物业租赁市场的需求结构在变化，需求量在增加。尽管高档住宅市场针对的是一小部分金领人士和外企租客，然而，随着整体经济的不断发展，市场走势一路向好。由于顶级高档住宅的品牌和环境的优势，不断完善各种服务，做旺了租赁市场，吸引了部分外国驻广州的领事馆人员、外资公司高层管理人员租住。三是租价仍然是租赁的核心因素，同时楼层高低及景观朝向等差异，个性需求的满足程度以及交通因素等也是重要参考因素。四是部分高收入者由于短期工作原因，他们只租住高档住房而不会买房，这使高档住宅租赁市场需求大增。五是有实力的单位集体租赁高档住宅给员工做住房。

本案例中的租赁，从性质上看属于私房租赁，从物业用途上看属于住宅租赁，从租赁期限上看有短期租赁也有长期租赁。按承租人的国籍不同有国内房屋租赁和涉外房屋租赁。其服务对象主要是高收入消费群体。

从以上个案可对比分析，物业服务公司开展租赁业务的优势在于：掌握大量房源信息及需求信息；了解物业及业主的情况，有从事租赁经营的专业经验与条件；对物业租赁市场动态比较了解；对租赁者的信息掌握多。物业服务公司要开展这项业务，应该从以下方面入手：一是加大物业租赁经营管理方面的投入，如引进和培养专业人才，增加相应的设施设备，增强租赁管理业务的实力；二是充分掌握物业区域的房屋租赁的资源与信息，搞好与租赁者的关系，增加租赁业务量；三是搞好租赁市场信息的收集与审核工作，确保租赁信息的准确性，提高租赁的成交率；四是从双赢的角度处理好租赁双方及物业服务公司与双方的经济利益关系，并通过法律形式维护租赁双方的权益，维护好稳定的租赁管理关系；五是从物业管理的角度提出合理化建议，做好物业租赁过程中的服务工作以及租赁期间的物业管理工作，为物业租赁关系的维持创造良好的环境条件。

【问题思考】

1. 简述物业经营管理的原则。
2. 简述物业出租与出售的区别。
3. 简述物业租赁的特征。
4. 简述房屋租赁的原则。
5. 简述物业中介代理的主要内容。
6. 简述租赁合同的法律特征。
7. 简述租赁双方的权利和义务。
8. 简述租户管理的主要内容。
9. 简述房屋租金的构成。

第七章　物业管理的招标与投标

【学习目标】

了解： 物业管理招标与投标的意义。

掌握： 物业管理招标的基本概念；物业管理招标投标的原则；招标文件的主要内容；招标书的编写内容；物业管理招标的条件；中标与履约。

识记： 编制招标文件的原则；招标文件编制程序；物业管理招标的程序；招标书的编写要求；投标书的编写。

【学习概要】

从本章开始连续三章（第七章至第九章）将学习物业管理活动中的三项主要工作内容：物业管理招标与投标、物业管理经费与财务管理、物业服务企业人力资源管理。

本章的重点内容包括：物业管理招标与投标的基本概念；物业管理招标程序；编制物业管理招标文件；物业管理投标书的编写。

通过本章学习，将理解物业管理招标与投标在我国的重大意义；熟悉物业管理招标的程序及每个阶段应做好的工作，特别是注意招标程序和内容合法性问题；学会编制招标文件，学会根据不同物业项目搞好投标书的编写等，这些对于做好物业管理招标与投标的实际工作有一定的借鉴意义。

第一节　物业管理招标与投标概述

一、物业管理招标与投标的基本概念

（一）招标与投标的含义

招标、投标是现代经济活动中常用的竞争性交易方式。

物业管理招标投标基本概念

招标是招标单位在兴建工程、合作经营某项业务或进行大宗商品交易时，将自己的要求和条件公开告示，让符合要求和条件者参与竞争，从中选择最佳对象为中标者，然后双方签订合约。

投标是对招标的回应，是竞做承包者的行为，它是指投标者按照招标公告的要求提出的投标申请的行为。

（二）物业管理的招标与投标

物业管理招标与投标实质上是围绕物业服务权的一种交易方式。

1．物业管理的招标

物业管理的招标是指物业所有权人（业主委员会或开发建设单位）在为物业选择服务管理者时，通过制定招标文件，向社会公布招标信息，由物业服务企业竞投，从中选择最佳者的过程。

2．物业管理的投标

物业管理的投标是指符合招标要求的物业服务企业，根据招标要求，提出投标申请，参与投标活动的过程。

物业管理实行招标与投标，是业主通过市场方式选择服务者的行为。业主和物业服务企业通过市场双向选择，挑选服务者并签订服务合同，明确双方的权利、责任和义务，从技术、经济和法律上规范委受双方的行为，协调和保障双方的利益。

（三）物业管理招标与投标的类型及形式

1．物业管理招标的类型

物业管理招标按管理内容可分为单纯物业管理招标、物业管理与经营综合招标、专项服务工作招标。

单纯物业管理招标是对住宅区或商厦、写字楼物业管理服务进行招标。也就是指围绕着物业管理服务进行的招标，而不涉及其他内容。

物业管理与经营综合招标是对一些商住楼、商业场所进行物业管理招标。中标企业不仅仅要提供物业管理服务，还要承担相关经营场所的租赁或经营等责任。

专项服务工作招标是指业主或物业服务企业，从管理的角度，或因成本控制，或受自身能力的限制，把物业管理中的某一项服务项目（如设备维修保养、自动化管理、园林绿化、保洁、保安等）拿出来进行单独招标或分包的行为。

2．物业管理的招标方式

（1）公开招标——无限竞争性招标。

所谓公开招标，就是由招标单位通过报刊、广播、电视、新闻发布会发布招标公告，载明拟招标物业项目的内容、性质、现状、管理要求和质量要求、招标条件及开标日期、获取招标文件的办法、招标人的名称和地址等，由物业服务企业进行竞争的方式。在国外这被称为无限竞争性招标。这种招标可以为一切有能力的物业服务企业提供公平竞争的机会。业主也有较大的选择余地，有利于降低成本，提高物业管理水平。但是招标单位审查投标者资格及其标书的工作量比较大，因此，招标费用支出也比较大。

（2）邀请招标——有限竞争性招标。

所谓邀请招标，就是由招标单位根据了解和掌握的情况、信息，有选择地向若干物业服务企业发出招标信息，并邀请其参加投标的方式。邀请招标属于有限竞争性招标，其特点是竞标单位少，资格预审和评标工作量小，如果对竞标对象选择得当，则可达到花费少、效率高的目的，同时提高了投标单位的中标率，对招标与投标双方都十分有利。但这种招标方式限制了竞争范围，把许多可能的竞争者排除在外，不符合自由竞争、机会均等的原则。

根据我国法律的规定，招标人采取邀请招标方式的，应当向3个以上具备承担招标项目能力、资信良好的特定法人发出投标邀请书，所需载明的事项与公开招标的招标公告要求相同。

二、物业管理招标与投标应遵循的原则及其意义

（一）物业管理招标与投标应遵循的原则

物业管理招标必须贯彻“公平、公开、公正和诚实信用”的原则。因为物业管理招标的目的是在一场竞争性投标中，找到自己理想的物业服务企业。开发建设单位或业主拟通过物业服务企业投标，从比较、竞争中获益，就必须公平、公正、合理化组织投标和对待每个投标者。

1．公平的原则

公平是指招标方和投标方的权利、义务关系是平等的。双方是平等的民事法律关系的主体，要承担相应的义务，享受应有的权利。

2．公开的原则

公开是指招标活动要公开，要在媒体上登出招标广告或公告，公开标书，使合格的投标人能够知道招标活动，有机会参加投标。

3．公正的原则

公正是指在公开的基础上，对符合资格的投标人一视同仁，不得以地区、行业、系统等为借口限制或禁止符合条件的物业服务企业参加投标。

4．诚实信用的原则

诚实信用是民事活动的基本准则。无论是投标方还是招标方，都必须遵循诚实信用原则，特别是投标方，必须具有相应的资质、业绩等，有符合招标文件要求的能力，

不得以欺骗或虚假的手段投标。

（二）物业管理招标与投标的意义

物业管理招标与投标的开展与普及，对推动物业管理行业良性竞争，培育和发展物业管理市场有着极其重要的意义。

1. 推动物业服务市场化

物业服务在商品社会中，本质上也是一种服务商品，物业管理活动也是一种商品经济活动。物业服务权的取得也应遵循市场规律，符合商品经济的基本原则，要改变服务权行政命令终身制为市场选择的聘用制。通过物业管理的招标与投标，可以反映出物业服务企业的服务水平、服务质量，以及这些管理服务的价值和价格在市场上被接受的程度，保证公平竞争和等价交换的市场原则在物业管理行业中的实现。

2. 推动物业管理行业整体水平的提高

目前，我国物业管理整体水平不高，许多城市物业服务企业的数量多，受委托管理的规模小，管理成本高，这对于物业管理整体水平的提高极为不利。因此，只有通过对物业管理的招标与投标，鼓励竞争，优胜劣汰，把市场机会留给管理服务水平高、有实力的物业服务企业，才能促进物业管理向专业化、集约化、规模化方向发展，降低管理服务成本，从而使业主和使用人受益。

3. 明确了双方责任，减少了经济纠纷

由于物业管理招标单位在招标文件中，对所要管理的房屋、设施、设备、场地、环境等内容做了具体的规定，并对服务质量、服务水平、服务收费也提出了相应要求，物业服务企业根据招标文件中的条件、要求以及自身企业的实力来制定标书。所以，最终的投标书是物业服务企业经过反复研究、深思熟虑的产物。招标与投标后签订的合同，明确了双方的权利和义务，以及履约保证和违约赔偿的办法，因而有利于物业服务工作的开展，避免了一些矛盾的产生。即使在服务过程中出现问题，也可以依据合同规定和标书中的承诺办理，从而减少经济纠纷。

4. 促进物业服务企业提高竞争能力

招标与投标就是竞争，物业服务企业要想在竞争中立于不败之地，就必须扬长避短，提高自身素质，强化服务意识。随着物业管理市场化的发展，物业服务企业只有不断地“创新”，重视内部管理、重视成本控制、重视企业自身素质提高，积极提升企业的综合竞争能力，才有可能立于不败之地。一些企业已意识到了竞争对企业的压力，已开始注重本企业形象设计，树立自己的品牌意识。同时，业主的品牌意识也加强了，他们在选择物业服务企业时，会把一些服务质量高、信誉好的物业服务企业放在首选范围。因此，物业服务企业要树好品牌，才能在市场中占有一席之地，否则将被淘汰。

根据财政部的规定，凡经费由各级政府财政部门拨款的政府办事机构和事业单位的物业管理项目，必须采取公开招标与投标的方式选聘物业服务企业。

第二节　物业管理招标与投标的条件和程序

为保证物业管理招标的公平、公正，必须规范招标程序，明确招标规程。

一、物业管理招标与投标的条件

（一）招标项目应具备的条件

（1）符合城市规划要求，完成或基本完成项目的主体和配套设施建设。

（2）具备招标主体资格和招标条件。

（3）投资单位或业主能够提供管理的条件和设施。

（4）招标所需的其他条件已经具备。

物业管理招标投标的流程与方法

（二）投标单位应具备的条件

凡是参加投标的企业必须符合一定的条件，才可以参与招标与投标。

（1）具有独立的法人资格。

（2）具有一定的技术、管理人员，并取得相应的经营资质。

（3）具备招标规模所要求的条件。

（4）企业近期经营情况良好，所管理的物业规范、健全有序。

二、物业管理的招标程序

（一）准备阶段

物业管理招标与投标的前期准备非常重要。准备得越仔细、越充分，考虑得越周到，随后的招标、开标工作就会越顺利。

（1）成立招标组织。

招标人有能力组织和实施招标活动的，可以自行组织机构办理招标事宜，也可以委托招标代理机构办理招标事宜。

（2）招标项目备案。

必须依法进行物业管理招标的物业项目，招标人应当在发布招标公告或发出投标邀请书5日前，提交有关材料报物业项目所在地的县级以上地方人民政府房地产行政主管部门备案。

（3）确定拟招标与投标的物业管理项目的目标、内容、标的及相关事项。

（4）确定招标的指导思想、原则及方式、方法。

（5）编制招标文件，包括招标书、招标公告或投标邀请书、投标企业申报及审查表、投标须知、招标章程或招标规则及程序、招标项目说明书、委托管理合同文本等。

招标文件可由业主委员会或开发建设单位成立的领导小组编写，也可委托咨询机构或专家编写。招标文件必须明确项目的总体情况（包括占地面积、建筑面积、房屋类型功能与数量、公用设备、设施、场地的组成等）、委托物业管理服务的内容和要求（包括基本管理服务、特殊要求的管理服务、专项管理服务）、其他说明（包括物业管理委托期限，物业移交日期，物业管理服务收费标准，招标要求，投标、开标时间，物业管理考核标准及奖惩措施等）。

招标准备工作主要是成立招标领导小组和拟制招标文书。招标领导小组的成员需注意广泛性、代表性、权威性；招标文书应注意系统全面、可操作、无歧义、客观真实、形式规范。

（二）招标阶段

1. 发出招标公告或招标邀请书

通过国家或者地方指定的报刊、信息网络或者其他媒介向社会发布招标公告。公告或投标邀请书的内容包括：拟招标的物业名称，投标单位的条件，报名投标的截止日期，报送投标书的截止日期，联系地址、电话等。

2. 资格预审，确定投标申请人

招标人可以根据招标物业项目的需要和招标文件的要求，对投标申请人进行资格预审。资格预审文件一般应当包括资格预审申请书格式、申请人须知，以及需要投标申请人提供的企业资格文件、技术装备、财务状况和拟派出的项目经理和主要管理人员的简历、业绩等证明材料。从中选择不少于5个资格预审合格的投标申请人投标，并发出预审合格通知书，告知获取招标文件的时间、地点和方法，并同时向资格预审不合格的投标申请人告知资格预审结果。

3. 招标人向投标人提供招标文件，接受咨询

为了使投标人更加清楚招标意图，通常由招标人在投标人购买招标文件后统一安排一次投标人会议（或称标前会议），召开会议的目的是解答投标人提出的各类问题。一般标前会议安排在现场，或者先到现场勘察，再集中到某地解答投标人疑问。

召开标前会议的日期，通常在投标须知中注明，若日期有改变，招标人必须通知所有已购买招标文件的投标人。

（三）投标阶段

1．凡获得投标资格的物业服务企业可填写投标单，或撰写投标书参加投标

物业服务企业取得招标文件后，对其中的有关图纸、设计说明及管理服务内容和要求要深入理解，弄清楚开标时间、定标时间、投标保证书、履约保证书等规定。并要对现场进行深入的实地考察，对于一些疑问，应以书面形式或在标前会议时提出并要求解答，完成上述工作之后，投标人进入编制投标文件阶段。

在通常情况下，投标人首先要依据招标物业的情况和招标文件中管理服务的内容、要求、范围、标准，分析完成物业管理工作任务时的工作量（包括日常公共服务、特约服务等工作），设计其组织机构和操作模式、人员及物资配备，启动运转资金安排等。再通过对竞争对手在物业管理服务、成本优劣等方面与本企业进行综合比较，扬长避短，最后确定竞标方针和单价，按照招标文件的要求编制标书，备齐投标须知中要提供的各类文件、副本（复印件）等。

2．投标书的报送

参加投标的物业服务企业应在规定报送投标书截止日期前，将投标书密封后送至招标人所设的招标机构。

凡采取招标与投标公证的，应由公证员在最后规定时间内，做统计公证，确认参加投标人的有效性。

（四）开标阶段

1．开标

（1）按照招标书中规定的截标时间（即开标时间），在公证机关、投标管理部门工作人员以及投标人代表共同参与、监督下，公开拆封，宣读投标人名称、投标价格和投标文件的其他主要内容，并把标书分发给评委评阅。

提交投标文件的投标人少于 3 个的，招标人应当依法重新招标。

（2）经过评委认真仔细、独立完成标书审查和评阅之后，采用无记名方法，给标书评分。评标委员会通常应由招标人代表及物业管理方面的专家组成，成员为 5 人以上的单数，其中招标人代表以外的物业管理方面的专家不得少于成员总数的 2/3。

2．现场答辩

如果招标文件规定投标方需做现场答辩的，应组织现场答辩，评标委员会成员也可以深入了解投标书中的一些重点问题。如招标文件中虽没有规定现场答辩的环节，但评标委员会成员对投标文件中某些问题或提供的材料有疑问时，经评标委员会合议，也可通知投标者到现场答辩解释。

如果招标文件没有明确规定需要现场答辩的，则不安排答辩。

3．标书评议

（1）经评标委员会成员认真仔细、独立完成标书审查后，进入评标程序（以政府

采购项目招标为例）。

①审查投标人资格和投标书是否合格。对没有进行投标人资格预审的评标，评标委员要审查投标人是否符合招标文件中规定的资格要求。如物业服务企业资质、分公司投标的是否具有法人资格的总公司授权等。对投标书报价超过招标文件中规定的最高限价或低于该限价60%者；未满足招标文件中带星号的条款和指标，或不符合招标文件的其他要求，有重大偏离者；经评标委员会审查，投标文件中有虚假材料者；弄虚作假，对招标评标相关人员施加影响，有碍招标公平、公正者；投标书中列出的员工最低工资低于当地最低工资投标者；按有关法律、法规、规章规定属于无效投标者。以上凡有一项指标审查不通过，则投标人就失去该项目投标资格。

②评标委员会成员采用无记名的方法，独自对投标书的商务部分和服务部分的各项指标进行评分。

③投标者中报价最低者的价格分为满分，其他投标人的价格分按其报价与最低报价的比例关系推算出来。设标底价的则按各投标人报价与标底价的比例关系推算。

（2）评标方法及过程。

评委根据评标文件要求，对标书商务部分、服务部分每项指标进行评议。主要是根据评分标准细则，对于每一项指标进行评分，有些指标如注册资金、营业收入、资产负债率等，往往都采用“比较择优”的标准；而对于反映业绩的履行同类型物业管理项目合同数、其他物业管理合同数、获得国家有关部门或行业协会颁发的奖项等，则往往按数量、等级来评分。总之，对各项指标的评分标准，要尽量做到量化标准，这样，评标委员也容易操作，尽量做到客观、公正，而投标人根据自己的情况，对评标得分也可以算出一个底数。

（五）中标

根据每个评标委员的评分结果，对每份投标书根据每一项指标评分，去掉一个最高分、一个最低分，然后将其他评分合计，并计算出平均分，作为该项指标的评分。各项指标得分按商务部分、服务部分分别汇总，连同价格部分得分，三个部分按权重比例进行叠加计算，便得出某一投标人的总得分。

评标委员会根据各投标人的总得分进行排序，确定得分最高者为第一中标人，次高者为第二中标人（候补），再次者为第三中标人，评标委员会在中标文件上签字予以确认。

招标机构应把中标文件在原招标媒体上进行公示。有些省、市还规定，对于资格审查未通过的投标人，招标机构必须告知其未通过的原因。

（六）履约订立合同

招标人对中标人发出通知，中标人与招标人应当自中标通知书发出之日起30日内，按照招标文件和中标人的投标文件订立书面合同。招标人和中标人不得再行订立背离合同实质性内容的其他协议。

中标人不与招标人订立合同的，投标保证金不予退还并取消中标资格，给招标人造成的损失超过投标保证金数额的，应当对超过部分予以赔偿；没有提交投标保证金的，应当对招标人的损失承担赔偿责任。

招标人无正当理由不与中标人签订合同，给中标人造成损失的，招标人应当给予赔偿。

第三节　编制物业管理的招标文件

一、编制招标文件的原则

（一）招标、投标文件

招标文件是投标者编制物业管理投标书的重要依据，它必须为投标者提供一切必要的情况，因此物业管理的招标文件的规定应该准确无误。

招标文件是评标的依据，用于评标的标准必须是招标文件中已经规定的标准，否则评标工作就会难以进行。

招标文件是招标人和中标人签订委托合同的基础，招标文件的绝大多数条款一般都会列入合同文件中。在一定意义上说，招标文件对招标人、投标人双方均有约束力。

（二）物业管理招标投标文件编制的原则

1. 公平性原则

物业管理招标的实质就是在公平的基础上进行的激烈竞争。在竞争中，招标人和投标人双方都将按市场需求和可行性进行择优选用或积极竞夺，从而获得最大的利益。

物业管理招标文件中的规定，对所有的投标人都应平等对待，投标条件设计相同。委托合同设定的宗旨应使招标人与投标人按市场需求和可能公平、合理分担该项目投标的风险。

2. 明确性原则

编制物业管理招标文件，设定的管理指标和要求应符合行业规范和市场条件，应结合目标物业的实际情况进行编写，对目标物业所需的基本管理服务及要求须明确规定。

招标文件中的拟委托合同文本必须明确规定对物业服务企业所委托的内容、项目、要求和标准，招标者与投标者各自的权利和义务、违约责任。

目标物业的物业管理条件、标准和要求必须在物业管理招标文件中合理明确地约定，否则将会打击投标者参与的积极性，影响投标质量，甚至影响招标结果。

3. 指导性原则

编制物业管理招标文件，还应注意为投标者提供一切必要的情况介绍，公开招标尤应如此。一些外地单位到本地来竞争物业管理项目，由于不熟悉当地环境，不了解有关政策、规定，不了解市场价格，在编写投标书时，就需要参考招标文件的内容。物业管理招标文件通常介绍两方面的情况，一是为投标所需了解和遵循的规定，二是投标所需提供的文件。

4. 合法性原则

一份理想的招标文件，应该是一份严谨的具有法律效力的文件。招标文件中的各项条款的内容，对招标者与投标者双方的权利、义务的规定以及订立的程序应符合国家的法律、法令和社会公共利益。招标文件中应明确规定履约保证金，这样可以避免欺诈性和试探性投标，或防止中标者由于某种原因不能履行合同或不按合同规定履约，致使物业管理水平下降，业主遭受经济损失。但这种保证金的比例应定得适当。

总之，编制物业管理招标文件应本着公正、互利的精神，力求严密、周全、细致，使招标与投标工作顺利开展。

二、招标文件的编制程序

（一）熟悉项目

物业管理要开展招标活动，首先要对物业项目了解、熟悉。必须对物业项目的各类图纸、说明进行查看、阅读，同时还要了解熟悉项目周边的环境。

（二）确定物业管理的内容质量标准、要求

对开展招标项目的物业管理要有一个正确的定位，即物业管理的内容、质量要求、标准，并在招标文件中明确。

（三）确定投标、开标、定标的日期及其他事项

根据项目的要求，确定招标、投标、开标、定标日期。通常招标公告发出以后，要留不少于20天时间让投标人编制投标书及送标书。当确定截标时间后，其开标时间应当与招标文件确定的提交投标书截止时间相同，这样才能保证公平、公正，保证投标书不会泄密。

（四）招标项目备案

招标人应提交以下材料报物业项目所在地县级以上地方人民政府房地产行政主管部门备案。

（1）与物业管理招标有关的物业项目开发建设的政府批件。

（2）招标活动方案，包括招标组织机构、时间安排、评标委员会组成、评标方式等。

（3）招标文件。

（4）法律、法规规定的其他材料。

（5）主管部门要求提供的其他材料。

（五）编写招标须知

为了使招标工作正常进行，确保投标企业明确要求、了解条件、统一行动，招标单位必须根据拟招标项目的条件、环境、物业管理质量标准与要求和招标进度，安排编写和发出招标须知。

三、招标文件的主要内容

（一）招标书

招标书是招标人（服务采购商）希望通过招标与投标的方式，选聘合适的投标人（服务供应商）的一份最重要的文件，因此对招标书编写要严谨、细密，其内容包括以下方面。

1. 招标人及招标项目简介

（1）拟订招标物业项目说明。主要包括物业项目的名称、性质、地址、邮编、法人代表姓名，要求提供服务的年限、最高报价限制等。

（2）介绍物业概况。主要包括住宅区（大厦）的占地面积、物业结构类型、外墙装修、隐蔽与地下建筑，新工艺和新材料使用情况。

附属配套设施及设备，主要包括绿地及绿化、文化景点、装饰、道路与排污系统、供水系统、公共照明、消防设备、动力设备、通信设备、监控设备、智能化系统。

2. 物业管理服务内容及要求

招标人可根据物业的具体情况提出具体的物业服务项目和要求，包括服务质量的要求、各项服务所需配备的最低服务人员数量、提供物业服务所需使用的设备工具、临时性活动和偶发事件应提供的服务支持等要求。

3. 对投标人及投标书的要求

投标人的资格要求，包括国籍要求、资质要求，是否允许联合投标，对不在物业所在地注册的物业服务企业在本地设办事机构的要求等。

对投标书格式，目前并没有统一的规定，由招标人确定，一般应包括以下主要部分。

（1）物业服务企业的规模、业绩、经验、资质、信誉等商务方面的基本实力情况。

要求企业提供营业执照，法人代表证书，物业管理资质证书，近年所签订的同类型物业的物业服务合同，其他类型物业的物业服务合同，近两年的利润表、资产负债表、现金流量表等财务报表、会计师事务所的审计报告、缴纳所得税的税单、国家有关部门及行业协会颁发的奖项证书和信用证书，在管物业的业主评价，质量管理体系认证情况，等等。该部分内容能反映物业服务企业的实力，在政府采购服务招标中，称为商务部分。

（2）管理服务方案，机构设立方案、运作流程、项目主管服务人员配备质量的保证措施等技术方面的保障情况。

要求在投标书中附上针对本物业情况提出的物业服务方案、机构设置方案、服务作业流程，项目主管人员的详细资料、服务人员名单，各类人员的职业资格证书，主管人的毕业证书、职称证书及技术装备等情况。这部分内容反映了物业服务企业对该物业提供管理服务的思路和具体做法，在政府采购服务项目招标中称为服务部分。

（3）报价。

报价包括对整个服务期物业费的总报价、按月份报价和按主要会计科目分项报价，反映物业费的合理性。

对以上三项内容各项指标的先后排序，所需要的各种支撑材料、复印件等都有明确而详尽的要求，对要求以表格形式表达的内容则提供表格样式，对必须完全符合的重要指标加注星号。

对投标书中的装订也有明确要求，如政府采购服务项目招标规定要分装成商务部分分册和服务部分分册。

4. 评标标准和评标方法

首先要确定各类型指标所占比重，如招标文件明确要求需现场答辩的，也要确定答辩分的比重。

各项指标也需要明确给分的标准，有哪些指标是按量化程度给分的，哪些是按相对而优来给分的，都要做到既有可操作性，又能尽量客观、公正。评标一般由招标人依法组建评标委员会，各评标委员独立对各项指标进行评分，但汇总方式（如是否需去掉一个最高分、一个最低分），要在评标方式中明确，答辩、商务部分、服务部分、价格等各项分的比重也要明确。

公开招标的招标人可以根据招标文件的规定，对投标申请人进行资格预审。实行投标资格预审的物业管理项目，招标人应当在招标公告或者投标邀请书中载明资格预审的条件和获取资格预审文件的办法，资格预审文件一般应当包括资格预审申请书表格、申请人须知，以及需要投标申请人提供的企业资格文件、业绩、技术装备、财务状况以及拟派出的项目负责人与主要管理人员的简历、业绩等证明材料。

经资格预审后，公开招标的招标人应当向资格预审合格的投标申请人发出资格预审合格通知书，告知获取招标文件的时间、地点和方法，并同时向资格预审不合格的投标申请人告知资格预审报告。

5. 招标活动方案

招标活动方案包括招标组织机构、开标的时间及地点。

另外，还要有物业服务合同签订说明，以及其他事项的说明及法律法规规定的其他内容。

（二）招标公告

招标公告是开展招标与投标工作的一种说明，是面向社会一切愿意参加竞标的物业服务企业的一种公开性告示，招标公告的主要内容有标的，招标的对象，组织机构的名称、地址和通信方式，相关说明。

标的主要说明拟招标的物业项目。

招标的对象是指招标的地域范围及对投标人的资格和条件等方面的要求。

组织机构的名称、地址和通信方式是指已成立的招标机构或委托招标代理机构的名称、地址和通信方式。

相关说明包括投标人应提交的文件，资格预审，标书出售及要求，现场勘察及答疑的时间、地点，送标、开标的时间和评标的方法，其他有关问题。

第四节 物业管理投标书的编写

物业管理投标书是物业服务企业为取得目标物业的服务权，递交给招标人，就如何提供目标物业服务而起草的文件。这是物业管理招标活动中进行评标的重要依据，物业服务企业应充分重视投标书的编写。目前，在全国物业管理招标与投标活动中，竞争最激烈的还是反映在投标书的质量问题上。

一、物业管理投标书的编写要求

物业服务企业为了使自己的投标书能成功竞标，就要特别注意投标书的质量，在编写的过程中应达到以下要求。

（一）针对性

投标的目的就是为了在招标活动中成功中标。因此，在编写标书、确定方案时，一定要有针对性。为保证自己的竞标方案具有针对性，需做好如下工作。

1. 现场调查

首先要到目标物业进行实地调查，了解物业情况，熟悉周边环境，调查业主（或开发建设单位）对物业管理的要求与希望，掌握当地物业管理的相关法律规定和物业法律手续等。

2. 分析研究

根据调查情况，周密客观地进行分析，结合本企业的实际，找出目标物业开展物业管理的优势和劣势。

3. 拟订服务方案

根据分析研究结果，结合本企业物业服务经验和能力，周密地拟订管理服务方案。

投标书的编写，应该有的放矢，针对性强，能够增加评标专家对该企业物业服务水平的了解。

（二）可操作性

第一，标书中要根据目标物业的具体情况提出切实可行的物业服务方案和措施，要充分考虑到管理服务对象的接受程度。目标物业的不同（如普通住宅区、高档写字楼、公寓、别墅等），其业主或非业主使用人的经济收入、文化程度不同，对物业服务的要求也不同，标书需要针对不同的消费群体，提出适合的服务方案。

第二，标书中所提出的管理服务方法和措施要与现行的法律、法规相一致。也就是说，所制定的方法和措施必须在法律、法规的框架中运行。物业管理在我国还是新生的事物，许多人还不了解；一些物业服务企业往往参照国外一些做法来提出服务方法，有时会脱离国情，这样的标书即使做得再完美，也难以进行操作。

第三，所提的服务方案，必须在经济（服务费的收支）上基本平衡。物业服务是有偿服务，物业服务运作又是企业行为，因此，它有一定的经济要求。在制订服务方案时，不主张带资或亏本经营，这不符合企业经营的规范，企业追求利润、追求产值是合理合法的。虽然当前许多企业处在保本经营阶段，但亏本经营方案一般是不可取的。如果一个企业没有利润，就不可能做好其管理服务，那么其所做的标书有可能是一个诱饵。一旦中标以后，就会产生两种可能性：一是在具体核算成本以后，就会提出重新制定收费标准；二是若收费标准不变，则需修改服务项目和内容，服务水平降低。所以评标委员会专家对服务方案中的经费通常要求持平，略有盈余，这样的方案才算好方案。也就是招标者与投标者“双赢”，才是具有可操作性的方案。

（三）体现企业的优势和专业水平

1. 针对目标物业的某个特色来展现自己的优势

每个物业服务企业在长期管理服务工作中都形成了自身的特色、优势，形成了自己的作风与工作方法。因此，在标书里必须针对目标物业的某个特色来发挥自己的优势，应把自身优势、特点告诉业主和评标专家。

2. 物业服务企业要重视发挥自己的专长

在各个物业服务企业中，许多特长大家都有，或者雷同。因此，在介绍自身优势时，要重视宣传“人无我有，人有我优”的特色。

（四）深刻理解业主的意愿

投标的目的是取得目标物业服务权，因此，在编写投标书时，一定要按招标书提出的要求来组织方案设计，尽量使所做的标书得到评委的认可。

二、物业管理投标书的编写内容

投标书在内容上必须严格根据招标单位发出的标书编制的内容和要求来编制。由于目标物业的具体情况不同，招标人的具体要求不同，投标书的要求和内容设定也各不相同。

1. 服务方式

投标人主要是依据拟招标的物业现状以及自身的专业经验和优势，选择最适合的招标物业的服务方式。

2. 服务组织架构

所谓服务组织架构，就是对目标物业实施管理运作的组织机构。

机构的设置应根据目标物业的性质、规模、功能、档次和服务的需求来确定服务组织机构。项目物业服务组织机构设置应考虑设备与物业维修养护、治安、消防、清洁绿化、计收费、楼宇（住宅）管理、投诉与处理、社区文化建设等方面的工作和服务人员配置来全面设计。部门设置能够体现充分控制和指挥协调方便。

在明确组织机构后，一般对参加管理服务人员的素质构成、人员搭配要予以充分考虑，在标书中对主要管理服务人员情况要做出交代。

3. 管理费用的预算方案

经费是物业管理运作的基础与保证，因此，对目标物业必须进行经营测算。测算应按“实事求是”“取之于民，用之于民”“住户至上，服务第一”“区别功能，分层次收费”等原则进行。

（1）收入测算。

物业管理费用主要来源于物业管理服务收取的各类费用。因此，该收的费用都要收齐，不应漏项或少计。

（2）支出预算。

①人员工资、福利、津贴和服装费用，其他各类保险支出。管理服务的成本开支。水、电、气、汽油等能源的消耗；建筑物及设备设施的日常维护、更换和工具的添置；卫生保洁、园林绿化、保安消防等服务所需要的消耗品支出等。

②物业管理正常办公、管理服务所需要的各项开支。

③管理者酬金和其他有关开支等。

④法定税费。

测算应该充分掌握基础资料和可能变化的情况，进行合理的人员架构设定，准确计算材料损耗基数，充分注意物业建设、设施配置功能安排、材料档次、施工质量、装饰标准和投入使用情况，保证尽量准确、合理。

4．服务操作及制度

物业服务操作要细化，它体现物业服务企业的服务水平、服务质量，以及规范化服务的标准。从物业服务操作和相应的规章制度中可以看出物业服务企业的实力、能力，所以标书对此应十分重视。通常物业服务管理规章制度有公众管理制度类、岗位责任制度类、内部管理制度类三大类。

5．服务目标，经营管理宗旨、方针

投标书中应表明投标人对目标物业的服务目标、服务方针和宗旨，便于招标领导小组及评委了解物业服务企业的投标思想和理念。

6．便民服务措施

物业管理是有偿的服务行为，然而物业服务企业不能一味追求经济效益，而是要正确处理好社会效益、环境效益与经济效益的关系和有机的统一。一些物业服务企业，在开展物业管理有偿服务时，还向业主公开承诺无偿便民服务项目若干项，以期得到业主的欢迎与好评。

7．社区文化

物业服务企业在编制投标书时，应充分考虑社区文化的开展，制订社区文化建设计划，安排好各类社区文化活动，使业主或非业主使用人充分享受到社区生活的温馨、充实、丰富，培育社区文明风范。

8．服务指标

近年来，各级政府为了规范与指导物业管理，在总结经验的基础上对管理服务设定了一些要求和标准。作为投标的物业服务企业，应结合目标物业的实际和政府有关的规定，向业主委员会（或开发建设单位）做出相应的承诺。主要有：房屋及配套设施的完好率；房屋零修、急修及时率；维修质量合格率；清洁保洁率；车辆管理及道路完好率；社区治安案件发生率；业主综合服务满意率；绿化完好率。

9．档案资料的建立与管理

为了使物业服务规范化、程序化，为了对物业状况进行连续性记录，需要建立档案资料收集和管理制度。物业服务企业应对建立档案管理制度提出相应设想，如档案室的建立、资料收集及档案管理的程序、档案管理制度、档案管理现代化程度等。

10．提高物业管理服务水平的设想及措施

物业服务企业需要表达对提高目标物业管理服务水平的各项设想、达标或创优的目标及相关措施。这些措施必须是具体的、实在的。

11. 物业服务企业愿承受的有关奖罚

作为投标的物业服务企业，在系统地阐述了本企业对目标物业管理的各项设想、措施之后，需要进行概括与承诺。即向业主委员会（或开发建设单位）承诺自己有能力、有决心管理好目标物业，并表示管理服务不达标愿意承担处罚。

三、物业管理投标书编写的组织

投标书要在招标公告发布后不足一个月的时间内完成，是一项非常艰巨的任务，但也必须认真地组织编写。

（一）人员组成及机构的设立

一个物业服务企业决定参与某项物业的招标，就需要充分重视，组成领导机构，选择编写投标书人员，全力以赴。

1. 领导小组的组成

根据目标物业的大小、招标规格、档次，以及本企业的投标意图，成立编写标书的领导小组。

如果投标的目标物业规模大、条件好，对物业服务企业是一次难得的机会，且经过商议决定要拿下这次招标，那么主要负责人就应亲自参加。一方面，这能体现主要领导重视，鼓励编写人员努力工作；另一方面，在编写标书过程中，一些重要措施、承诺、投入，由于主要领导直接参加，熟悉情况，可迅速做出决策，节约时间，效率较高。如果达不到上述要求，仅仅把这次招标作为练兵活动，中标更好，不中标也无妨，可以由一般领导负责，主要领导在定稿时把关即可。

2. 编写人员的挑选

标书的编写人员要根据目标物业的不同来挑选人员参加。对于高层楼宇管理，往往是设备管理最为复杂、最为重要，因此，对高层楼宇的投标，要组织熟悉设备维修的管理人员参加；而对住宅区的投标，尤其是高档别墅的投标，其共用设备没有高层楼宇那样复杂。相反，对环境、绿化的要求，对治安管理的考虑，则又高于高层楼宇，因此需要选择熟悉这方面的人才参加编写。

（二）标书的整体性把握与控制

招标与投标从某种意义上来讲就是对物业服务者进行考试。投标书则是企业经理的答卷。一本标书应体现企业经理管理服务的理念、经营的思想和服务的水平。因此，作为编写标书的负责人，首先要确定一个中心思想、一个服务蓝图、一种服务模式，也就是从整体的高度把握好。如果整体性把握不好，或者说定位高度不够，所做的标书就有可能产生漏洞，或者显得单薄，或者不够规范。为了使标书的整体性把握得好，在编制目标物业的投标书前，有关领导、编写人员应深入讨论，把握好整体性，然后把任务分配到个人进行操作。作为编写组负责人，应根据整体性要求对投标书进行控制，把好方向，防止偏离轨道。

（三）分工与合作

1. 分工

一本投标书内容广泛、涉及面宽、要求高、时间短（往往公告发出不足一个月内就要送标书），如果仅仅靠一两个人动笔是不可能完成任务的，必须进行分工。根据标书的总体思路、工作内容或项目，分成若干部分，再由参加编写标书的人员各自负责完成。

2. 合作

为了保证标书的质量，同时体现集体的智慧，一般由个人分工负责的某一部分标书完成以后，应交换进行修改、补充、完善，然后汇总为初稿。

3. 审查

初稿完成以后，由编写组负责人按照标书的内容，以及初始制定的思路要求、标准来对标书进行阅读、审查。防止自己编写的标书自己审阅，难以发现问题，通常是选择没有参加编写标书的人来审阅标书，这样容易发现问题，帮助把关。

如果企业领导没有参加标书编写工作，那么最后定稿应由企业领导来审阅，这样做有两点好处：一是领导具体了解标书的整个内容，为今后管理带来方便；二是对标书中涉及的重大方针、政策以及企业利益之事，领导通过阅读标书后把关，符合企业利益的要坚持，不符合的则考虑做出修改。

如果企业领导参加了编写标书的领导小组，可以请熟悉物业管理工作的专家帮助审阅，再由企业领导审议。

通过分工、合作、审查三个步骤所编写出的标书应该反映出本企业的水平和资质。

【本章小结】

1. 物业管理的招标是指物业所有权人在为物业选择管理者时，通过制定招标文件，向社会公布招标信息，由物业服务企业竞投，从中选择最佳者，并与之订立物业管理合同的过程。物业管理投标是指符合招标要求的物业服务企业，根据招标要求，提出投标申请，参与投标活动的过程。

2. 物业管理招标方式可分为公开招标和邀请招标两种；物业管理招标与投标应遵循“公开、公平、公正、诚实信用”的原则。

3. 物业管理招标与投标的意义：推动物业管理市场化；推动物业管理行业整体水平的提高；促进物业服务企业提高竞争能力；明确双方责任，减少经济纠纷。

4. 物业管理招标阶段可分为准备阶段、招标阶段、投标阶段、开标阶段、中标阶段、设立合同阶段。每个阶段都有既定的工作程序。

5. 招标文件包括招标书、招标公告等。而物业管理投标书的编写内容则包括管理方式、管理组织架构、管理费用的预算方案、管理操作及制度、管理目标与经营管理的宗旨和方针、便民服务措施、社区文化、管理指标、档案资料的建立与管理、提高物业管理服务水平的设想及措施、物业服务企业愿承受的有关奖罚等。

6. 物业管理标书编写的组织包括人员组成及机构的设立、分工与合作等。招标书与投标书编写要有针对性、可操作性，体现企业的优势和专业水平，深刻理解业主的意愿。

【案例分析】

青岛通过招标形成物业管理市场竞争机制

青岛市某小区是一个旧城改造小区，基本建成后，经过区政府和市、区物业管理部门共同研究，决定借此时机进行一次招标选聘物业管理单位的试点，并立即开展了各项准备工作：一是成立招标工作领导小组及办公室，组建了住宅小区管理委员会，确定了评分人员；二是编制标书，制定了招标书的项目和要求，明确了招标对象和招标内容；三是制定评分项目、内容及标准，规定了公开答辩的程序和计分方法。确定方案后，市、区物业办召集了多家公司开会，通报了招标工作计划，有近 10 家企业报名投标。经过认真对比筛选，最后确定由某旧城物业管理中心和某房地产物业管理中心两家实力较雄厚，又有管理经验和良好业绩的单位参加投标竞争。后来，某旧城物业管理中心最终以微弱优势取得了该小区的管理权。

由于是山东省和该市第一次举行这样的招标，因而引起了社会各界的广泛关注，一时间在全市物业管理领域产生了较大的反响。

[问题讨论]

1. 根据案例所提供的情况，按照招标方式分类，本案例的项目招标属于哪一类招标?

2. 本案例的招标过程是否与物业管理招标阶段相符? 你认为还有哪些可完善的地方?

[参考点评]

本案例反映的是物业管理招标与投标的程序及方法的问题。根据案例反映的情况看，其招标形式属于邀请招标，但根据我国有关法律规定，招标人采用邀请招标方式进行的，应当向3个以上具备承担项目能力、资信良好的法人发出投标邀请书，少于3个的则重新招标。据此，案例中向10家企业发出邀请书，并选择其中之一是符合法律规定的。

完整的招标过程包括：准备阶段、招标阶段、投标阶段、开标阶段、中标和履约订立合同六个阶段。本案例中的招标基本上符合程序，但也有些不完善的地方，如请专业的招标中介机构进行组织、评标专家是如何组织的等没有反映，公平性和公正性如何体现都是需要完善的地方。

【问题思考】

1. 什么是物业招标和投标?
2. 物业管理招标有哪些方式?
3. 简述物业管理招标与投标的原则和意义。
4. 简述物业管理招标的条件。
5. 简述开标阶段的任务和程序。
6. 简述招标文件编制的原则。
7. 试述物业管理投标书的编写要求。
8. 简述物业管理投标书的编写内容。
9. 简述物业管理投标书编写的组织要点。

第八章　物业管理经费与财务管理

【学习目标】

了解： 物业管理资金的来源；物业费的概念与特征，物业费的构成和监督方式；住宅专项维修资金的管理监督方式。

掌握： 物业管理资金的使用原则；物业费的收费原则。

识记： 物业管理资金的筹措；物业费的测算方法；住宅专项维修资金的筹集和使用。

【学习概要】

本章的重点内容包括：物业管理资金的筹措和使用；物业费；住宅专项维修资金管理。

通过本章的学习，将了解一些物业管理经费与财务管理方面的基本知识；认识到物业管理经费与财务管理对物业管理工作的影响与作用。特别是学习物业费测算的主要定额、住宅专项维修资金管理方法等知识内容，有利于合理确定物业服务等级及收费标准，从价值的角度开展物业管理工作。对住宅专项维修资金的正确使用是处理好物业管理服务关系，维护业主及物业服务公司权益的重要保证。

第一节　物业管理资金的筹措和使用

一、物业管理资金的来源

（一）物业费

物业管理是一种有偿服务。物业管理服务费，又称物业费，是业主与物业服务企业在物业服务合同中已约定的，业主在接受物业服务企业提供的服务时，应尽量按时

物业管理
资金的来源

交纳物业费。物业费是保证物业服务正常运作的主要资金。

物业费的收取标准牵涉面广，对社会影响较大。为规范物业费的定价标准，建立物业费动态调整机制，维护业主、物业服务企业的合法权益，物业费定价标准的确定应当遵循合理、公开及质价相符的原则。物业费的定价标准应当区分不同物业的性质和特点分别实行政府指导价和市场调节价，并定期进行调整，具体定价形式由省、自治区、直辖市的人民政府价格主管部门会同房地产行政主管部门确定。

（二）住宅专项维修资金

住宅专项维修资金是指专项用于住宅共用部位、共用设施设备保修期满后的维修和更新、改造的资金。住宅专项维修资金用于住宅共用部位、共用设施设备保修期满后中修以上的维修项目和更新、改造项目，是为了使区分所有建筑物能够长期正常使用的一笔保障资金。区分建筑物在建成15年以后，共用部位、共用设施设备均陆续进入中修、大修期，按照中修和大修的要求，很多共用设施需要加固、更换、翻新，很多共用设备已达到使用年限，急需更新改造。这需要一大笔资金，然而业主的经济状况参差不齐，如果有部分业主无法拿出分摊份额的钱，那么维修、更新工作就无法进行，不仅会影响物业功能的正常发挥，严重的还会威胁物业的安全。因此，住宅专项维修资金就是为应对这种情况而准备的一笔保障资金，也是保证物业管理活动能够达到预定目标的必要的资金。

（三）共用部位、共用设施设备经营利用的业主收益

在物业管理区域内，利用物业共用部位、共用设施设备进行经营的，应当在征得相关业主、业主大会、物业服务企业的同意后，按照规定办理有关报告手续，业主所得收益应当主要用于补充专项维修基金，也可以按照业主大会的决定使用。在实践中，有些物业管理区域的业主大会，通过决议后会把部分业主收益用来补充物业服务经费。

（四）物业服务企业对特约服务投入的资金

《物业管理条例》规定：物业服务企业可以根据业主的委托提供物业服务合同约定以外的服务项目，而物业服务企业开展特约服务时，某些服务项目，如代售机票、火车票，代洗衣物，复印、打印等服务，需要一定的服务场所和设备器材，运作过程还需一些流动资金，因此物业服务企业为开展特约服务也会有一些资金投入。

（五）国家财政补助资金

政府要求物业管理区域的业主配合参与政府组织的一些活动时，往往也会提供一些财政补助。如创建文明小区，是社会主义精神文明建设的重要组成部分，会得到业

主大会、物业服务企业和当地政府部门的重视，有的还会得到政府的补贴。例如，深圳市规定，市区财政对全市规划创建的文明小区，分别一次性投入启动资金，每个小区市财政出资3万元，区财政出资2万元。又如，为迎接2010年的亚运会，广州市政府耗资数十亿元，对全市临街的建筑物实施“穿衣戴帽”工程，进行外墙粉刷，更换窗户和房顶整饰，其中不少是属于住宅小区的建筑物，这些本来也是物业维修应做的工作，属于物业管理服务的范畴，现由政府出资完成，实际也可视为一种政府财政投入。

二、物业管理资金的使用原则

（一）专款专用原则

物业管理资金种类多，每一项资金都对应着相应的用途，即都是专款，按照财务管理制度的有关规定，专项资金必须专款专用，严禁挤占、挪用、套用，以保证物业管理资金运用的严谨、有序，从根本上维护业主和非物主使用人的利益。

（二）厉行节约原则

物业管理资金的筹集是经过核算的，筹集的过程也是很艰难的，因此，物业管理资金必须节约使用，绝不能铺张浪费。为此，必须按计划使用资金，不超支、不超计划增加使用项目，必须建立科学而有效的行政、财政和审计监督机制，以及资金使用的责权利结合机制。

（三）效益原则

业主把物业资金委托给物业服务企业管理和使用，物业服务企业只有科学高效管理和使用这些资金，使其获得预期的效益，才能不辜负业主的期望和委托。同时，也只有高效管理好物业管理资金，物业管理活动才能正常开展，才能实现物业管理的良性循环。为此，应该研究物业管理资金的运行规律，严密制订各项物业管理服务计划，加强资金的核算管理，争取以最少的资金投入，达到相应的物业服务水平。

（四）民主管理原则

物业管理资金的使用和管理状况既关系到多方的利益，又关系后续资金的收缴，特别需要业主与政府各相关行政主管部门的支持和理解。因此，实行民主管理，公开物业管理资金的筹集和使用情况，主动接受各方的监督，积极认真执行业主大会和各级政府相关主管部门对重大资金使用的决议，对于规定物业管理资金的管理和使用、争取各方的支持和合作、实现物业管理资金的良性循环都具有重要意义。

三、物业管理资金的筹措

物业管理资金的筹措，应实行“谁所有，谁负责”的原则。

（一）物业费的筹措

物业费的所有权按合同约定的形式不同，可分为业主所有和物业服务企业所有。业主与物业服务企业可以采取包干制或者酬金制等形式约定物业费。

包干制是指由业主向物业服务企业支付固定物业费，盈余或者亏损均由物业服务企业享有或者承担的物业服务计费方式。

酬金制是指在预收的物业服务资金中按约定比例或者约定数额提取酬金支付给物业服务企业，其余全部用于服务合同约定的支出，结余或者不足均由业主享有或者承担的物业服务计费方式。可见实行物业费酬金制的，预收的物业服务支出属于代管性质，为交费的业主所有。

无论是实行包干制或酬金制，物业费都是由物业服务企业向业主或非业主使用人收取。在包干制中，所谓业主向物业服务企业支付固定物业管理费用，只不过是指每个业主应该支付的固定物业费，如果收费率不理想，物业服务企业会面临很大的经营风险。而在酬金制中，如果收费率不高，物业服务支出年结算后不足部分由全体业主承担。

《物业服务收费管理办法》明确规定：业主应当按照物业服务合同的约定按时足额交纳物业费或者物业服务资金，业主违反物业服务合同约定逾期不交纳服务费用或者物业服务资金的，业主委员会应当督促限期交纳，逾期仍不交纳的，物业服务企业可以依法追缴。

（二）住宅专项维修资金的筹措

按照建设部、财政部令第165号《住宅专项维修资金管理办法》，住宅专项维修资金，属商品房的则以业主为筹资对象，而出售公有住房的，售房单位和业主都是筹资对象，责任明确，数量清楚，制约措施也非常有力，凡不按规定交存首期住宅专项维修资金的，开发建设单位或者公有住房售房单位不得将房屋交付购买人，故从2008年2月开始，《住宅专项维修资金管理办法》实施后所出售的物业，住宅专项维修资金筹资都能到位。该规定实施前，各地方性法规对住宅专项维修资金筹措办法很不统一，有些省、自治区、直辖市规定由业主全部负担，而有些又规定由开发建设单位全部负担，有些规定开发建设单位和业主各负担一部分，在这种情况下，很多筹资对象利用这些法规之间的漏洞“钻空子”，规避交存责任，导致住宅专项维修资金的筹集在很多地方都得不到落实，故《住宅专项维修资金管理办法》的附则规定：本办法实施前，商品住宅、公有住房已经出售但未建立住宅专项维修资金的，应当补建。

（三）共用部位、共用设施设备经营的业主收益的补充

凡符合规定，利用共用部位、共用设施设备进行经营活动，按约定业主有获得应得收益的部分，归业主共有，如占用物业管理区域内业主共有的道路或者其他场所用

于停放机动车的收益。原则上，这些收益应当转入住宅专项维修资金滚存使用，这是因为房屋对大多数城市居民来说，都是一笔最大的财产，很多人为此耗费了大半生的积蓄，现在按规定筹集的首期住宅专项维修资金，还不足够以后共用部位、共用设施设备中修和大修、更新改造之用。如果到时资金不足，影响到这些工作无法按实际需要而进行，会进而影响物业的正常使用和房屋使用年限，这不仅会造成业主个人的损失，也给政府的城市管理带来很大压力，所以《住宅专项维修资金管理办法》制定的初衷，也是希望能动用各种筹资手段增大住宅专项维修资金的基数。

（四）物业服务企业的投入资金

物业服务企业的投入资金是用于特约服务的。特约服务项目的规模、数量不同，对资金需求也有差别。物业服务企业投入的资金，可以是企业的自有资金，也可以是信贷资金。

第二节　物业费

一、物业费的概念和特征

（一）物业费的概念

物业费是对物业管理区域居住或工作环境实施综合管理服务，向业主及使用人提供物业服务，由此而产生的管理成本及利润总和，按公摊面积比例分摊到业主的物业费。

物业费

（二）物业费的特征

1. 物业费的收费主体是物业服务企业，而非房地产开发商

房地产开发商和物业服务企业是两个独立法人，不是同一法人单位。房地产开发商无权行使属于物业服务企业的权利，开发商没有义务替物业服务企业收取、免除物业费。因此，开发商“买房送物业费”的促销手段是错误的。

2. 物业费交费主体是业主和房屋使用人

物业费由物业服务企业按照物业管理合同的约定向业主收取。业主与使用人约定由使用人交纳物业费的，从其约定，但业主负最终交纳责任。物业费可以预收，预收期限根据各地法规规定有所不同。物业服务企业已向业主或者使用人收取物业费的，其他任何单位和个人不得重复收取性质相同的费用。

3. 物业费与购房款无关，具有独立性

除非开发商与购房者另有约定，房地产开发商一般不能以购房人不预交物业费及其他使用费为理由拒绝交付物业。交付物业与交付物业费的义务来源依据不同，即性

质不一样。前者是开发商履行物业买卖合同的交付标的物义务，购房人只要按合同规定支付了楼款，开发商就必须交房。后者是购房人取得物业并开始行使物业权能时才产生的义务，它来源于法律法规与物业使用、管理、维修公约。两者在时间上有先后，交付物业在先。若开发商拒交，则应承担逾期交付的违约责任，逾期超过合同约定的时间，购房人有权解除合同。

此外，购房人一般不得以物业存在质量缺陷为由拒绝支付物业费。购房人只要实际接收了物业，在占用、使用该物业的过程中已经享受了服务，就必须向物业服务企业支付费用。在此情况下，购房人应另行与开发商就物业质量问题协商维修及赔偿问题。

二、物业费的收费原则

（一）符合业主的普遍经济能力

物业管理公共服务，顾名思义，是对物业管理区域业主居住环境公共事务的管理服务。业主都希望物业管理服务质量越高越好，但高质量的服务必然需要高的物业管理服务成本。由于物业管理区域业主经济收入各不相同，业主对物业费的支出能力也不相同。经济基础好的业主希望有高质量的物业管理服务，而经济基础差的业主只能接受普通的服务。物业管理行业本身就是一种社会性极强的行业，它的公共服务性决定了向所有业主提供同一质量等级的服务，不可能针对不同需求的业主提供不同的服务，否则就不能称其为公共服务。因此，物业管理公共服务质量等级应与大多数普通收入业主的支付能力相适应。

（二）取之于民，用之于民

物业费除前期物业管理阶段外，在业主自主管理过程中，物业服务企业应在规定的期限内向业主公布收支账目，接受业主的监督，实行高度透明化操作。物业的收费标准是经业主委员会（前期物业管理除外）核算，业主大会通过，按照物业服务合同的约定支出。物业管理服务的支付方法是业主按公摊面积比例缴纳。物业管理服务的支出主要应用于物业管理服务成本、法定税费和物业服务企业的利润。

（三）收支平衡，质价相称

物业管理服务的收取标准以政府指导价的基准价为基础，并考虑允许上浮幅度。物业管理服务不能过高，过高会影响低收入层次业主的支付能力；也不能过低，过低会造成物业管理服务标准的降低。因此，在预算的物业管理服务范围内，物业管理服务收支不能相差太大，要保持收支平衡。经过核算的物业管理服务收取标准对应一定的服务质量，物业管理者不能只收费不服务或少服务。相反，应提高物业管理的效率，在同等的物业管理服务投入下应创出最高的服务水平。这不仅是业主的期望，同时也是物业管理者保持市场占有率和自身发展所必须具备的能力。

三、物业管理服务的构成

物业管理实行物业管理服务包干制，物业管理服务包括物业服务成本、法定税费和物业服务企业利润。实行物业服务酬金制的，预收的物业服务资金包括物业服务支出和物业服务企业酬金。

（一）物业费的构成

根据国家发展和改革委员会、建设部于2004年1月1日发布施行的《物业服务收费管理办法》的规定，物业服务成本或物业服务支出构成一般包括以下部分：

（1）管理服务人员的工资、社会保险和按规定提取的福利费等。

（2）物业共用部位、共用设施设备的日常运行及维护费用。

（3）物业管理区域清洁卫生费用。

（4）物业管理区域绿化养护费用。

（5）物业管理区域秩序维护费用。

（6）办公费用。

（7）物业服务企业固定资产折旧费。

（8）物业共用部位、共用设施设备及公众责任保险费用。

（9）经业主同意的其他费用。

物业共用部位、共用设施设备有大修、中修和更新、改造费用，应当通过专项维修资金予以列支，不得计入物业服务支出或物业服务成本。

（二）物业服务成本各项支出的范畴

国家发展和改革委员会、建设部2007年9月颁布的《物业服务定价成本监审办法（试行）》规定：

（1）人员费用是指管理服务人员工资、按规定提取的工会经费、职工教育经费，以及根据政府有关规定应当由物业服务企业交纳的住房公积金和养老、医疗、失业、工伤、生育保险等社会保险费用。

（2）物业共用部位、共用设施日常运行和维护费用是指为保障物业管理区域内共用部位、共用设施设备的正常使用和运行、维护保养所需的费用。

（3）绿化养护费是指管理、养护绿化所需的绿化工具购置费、绿化用水费、补苗费、农药化肥费等。不包括应由建设单位支付的种苗种植费和前期维护费。

（4）清洁卫生费是指保持物业管理区域内环境卫生所需的购置工具费、消杀防疫费、化粪池清理费、管道疏通费、清洁用料费、环卫所需费用等。

（5）秩序维持费是指维护物业管理区域秩序所需的器材装备费、安全防范人员的人身保险费及由物业服务企业支付的服装费等。其中器材装备不包括共用设备中已包括的监控设备。

（6）物业共用部位、共用设施设备及公众责任保险费用是指物业服务企业购买物业共用部位、共用设施设备及公众责任保险所支付的保险费用。以物业服务企业与保险公司签订的保险单和所交纳的保险费为准。

（7）办公费是指物业服务企业为维护管理区域正常的物业管理服务活动所需的办公用品费、交通费、房租、水电费、取暖费、通信费、书报费及其他费用。

（8）固定资产折旧是指按规定折旧方法计提的物业服务固定资产的折旧金额。物业服务固定资产指在物业管理区域内由物业服务企业拥有的，与物业服务直接相关的，使用年限有一年以上的资产。固定资产折旧采用年限平均法，折旧年限根据固定资产的性质和使用情况合理确定，固定资产残值率按3%～5%计算，个别固定资产残值较低或较高的，按照实际情况合理确定残值率。

（9）管理费分摊是指物业服务企业在管理多个物业项目的情况下，为保证相关的物业服务正常运转而由各物业管理区域承担的管理费用。

（10）经业主同意的其他费用是指业主或业主大会同意由物业费开支的费用，如行业评比检查费用、社区文化建设费用等。

（三）法定税费

法定税费是指按现行税法，物业服务企业经营活动中应缴纳的税，包括增值税、城市建设维护税、教育费附加税。

（四）物业服务企业的利润或酬金

实行物业费包干制的物业服务企业，由于盈余或亏损由物业服务企业自己承担，故物业服务企业的利润只能是一个预测数。

实行物业费酬金制的物业服务企业，可以在预收的物业服务资金中按合同约定的比例或者约定的数额提取酬金。

四、物业费的测算

（一）居住性物业费的测算

居住性物业费标准的测算，可以用下面一个简单的公式表示：

$$V=\sum V_i \quad (i=1，2，3，\cdots，12)$$

V代表求得的物业费标准［元/（月·米^2）或元/（年·米^2）］；V_i代表各分项收费标准［元/（月·米^2）或元/（年·米^2）］；$\sum$表示对所有费用项目算术相加之和。

由于各住宅区的物业类型（普通型、经济型、公寓、别墅等）不尽相同，具体测算一个特定物业项目的服务标准时，所列出的费用项目，应考虑物业的具体类型，在合理测算每项费用外，关键是不要漏项，也不要重复测算，把所有发生的合理费用项目尽可能计算在内，从而确定物业服务成本或者物业服务支出。

为了便于实际工作中的测算，一般把管理服务人员的工资、社会保险和按规定提取的福利费，物业共用部位、共用设施设备的日常运行及维护费用，物业管理公共区域清洁卫生费用，物业管理公共区域绿化养护费用，物业管理公共区域安保、消防和公共秩序维护费用，办公费用，物业服务企业固定资产折旧费，物业共用部位、共用设施设备及公众责任保险费用，经业主同意的其他费用按类别分别测算，最后进行求和，得出物业费的标准。

1．管理服务人员的工资、社会保险和按规定提取的福利费（V_1）

$$V_1 = \frac{\sum F_i}{S\ (i=1,\ 2,\ 3,\ 4)}\ [元/(月\cdot 米^2)]$$

该项费用是用于物业服务企业工作人员的费用，包括基本工资、按规定提取的福利费、加班费和服装费，不包括管理、服务人员的奖金。奖金应根据企业经营管理的经济效益，从盈利中提取。

其中，

F_1——基本工资（元/月），各类管理、服务人员的基本工资标准根据企业性质，参考当地平均工资水平确定。

F_2——按规定提取的福利费（元/月），包括福利基金、工会经费、教育经费、社会保险、住房公积金等。

F_3——加班费（元/月）。

F_4——服装费（元/月）。

S——表示可分摊费用的建筑面积之和，单位为米^2。

2．物业共用部位、共用设施设备的日常运行及维护费用（V_2）

$$V_2 = \frac{\sum F_i}{S\ (i=1,\ 2,\ 3,\ 4,\ 5)}\ [元/(月\cdot 米^2)]$$

其中，

F_1——公共照明系统的电费和维修费。

电费的计算公式为：

$$电费 = (W_1 \times T_1 + W_2 \times T_2 + \cdots + W_n \times T_n) \times 30 \times PE$$

表示每日开启时间为 T_n（小时）的照明电器总功率（千瓦时）；T_n 表示每日开启时间（小时）；30 代表每月测算的天数；PE 表示电费单价（元/千瓦时）。

维修费是一个估算的经验值，一般按照当地的工资水平费用和使用的零配件、进货的价格来测算。

F_2——给排水设施的费用，此项费用测算时又可分项为：

（1）给水泵的电机费（可包括生活水泵、消防蓄水池泵）。

$$电费 = W \times 24 \times I \times 30 \times PE（元/月）$$

I 代表使用系数，等于平均每天开启小时数除以24。

（2）消防泵的电机费（包括喷淋泵、消防栓泵）。

$$电费 = W \times 24 \times I \times 30 \times PE（元/月）$$

（3）排污泵的电机费（包括集水井排水泵、污水处理排水泵）。

$$电费 = W \times 24 \times I \times 30 \times PE（元/月）$$

（4）维修费（元/月）。

F_3——配供电系统设备维修费、检测费（元/月）。

F_4——建筑、道路维修费（元/月）。

F_5——电梯费用的核算。

电费 $= n \times W \times 24 \times I \times 30 \times PE$（元/月），其中 n 为电梯台数；W 为电梯功率；I 为电梯使用系数，由于不同类型物业的电梯使用时间和频率不同，会产生差异，一般可通过统计的方法进行估算，居住类物业大致在0.4。

维修费（元/月），可分包给电梯专业的维修公司，也可自行维修（包括人工费、材料费）。

年检费（元/月）。

费用项 F_1 ～ F_5 并非固定项目，不同物业项目不一，不能机械套用。以下各项也是如此。

3. 物业管理区域清洁卫生费用（V_3）

$$V_3 = \frac{\sum F_i}{S\ (i=1,\ 2,\ 3,\ 4,\ 5,\ 6)}\ [元/（月 \cdot 米^2）]$$

其中，

F_1——人工费（元/月）。

F_2——清洁机械、工具、材料、服装费，按价值和使用年限折算出每月的值（元/月）。

F_3——消杀费（元/月）。

F_4——化粪池清理费（元/月）。

F_5——垃圾清运费（元/月）。

F_6——水池（箱）清洁费（元/月）。

4. 物业管理区域绿化养护费用（V_4）

$$V_4 = \frac{\sum F_i}{S\ (i=1,\ 2,\ 3,\ 4,\ 5)}\ [元/（月 \cdot 米^2）]$$

其中，

F_1——人工费（元/月）。

F_2——绿化工具费（元/月）。

F_3——化肥除草剂等材料费（元/月）。

F_4——绿化用水费（元/月）。

F_5——园林景观再造费（元/月）。

5. 物业管理区域秩序维护费用（V_5）

$$V_5 = \frac{\sum F_i}{S\ (i=1,2,3,4,5)}\ [元/（月·米^2）]$$

其中，

F_1——人工费（元/月）。

F_2——服装费（元/月）。

F_3——维修费（元/月）。

F_4——日常保卫器材费（元/月），包括对讲机、多功能警棍、110 报警联网等。

F_5——保安用房及保安人员住房租金（元/月）。

6. 办公费用（V_6）

$$V_6 = \frac{\sum F_i}{S\ (i=1,2,3,4,5,6,7)}\ [元/（月·米^2）]$$

常用全年的费用预算来折算出每月费用，即全年费用除以 12 个月。

其中，

F_1——交通、通信费用（元/月）。

F_2——文具、办公用品等低值易耗品费（元/月）。

F_3——车辆使用费（元/月）。

F_4——节日装饰费（元/月）。

F_5——公共关系费及宣传广告费（元/月）。

F_6——办公水电费（元/月）。

F_7——书报费（元/月）。

7. 物业服务企业固定资产折旧费（V_7）

该项费用指物业服务企业拥有各类固定资产按其总额每月分摊提取的折旧费用，包括交通工具、通信设备、办公设备、工程维修设备等。按实际拥有的上述各项固定资产总额除以平均折旧年限，再分摊到每月每平方米建筑面积。值得注意的是，这里的固定资产应主要是直接用于该项目服务的固定资产。

8. 物业共用部位、共用设施设备及公众责任保险费用（V_8）

$$V_8 = （投保总金额 \times 保险费率）\div 保险受惠物业的总面积$$

物业服务企业必须对住宅物业区内水、电、电梯等设施设备投财产保险、相关责任保险（如电梯责任保险）、公众责任险。保费按保险受惠物业总建筑面积分摊。

9. 经业主大会同意的其他费用（V_9）

该项费用是指经业主大会同意的全体业主均能受惠的必要的服务费用。

10. 不可预见的费用（V_{10}）

不可预见费用，一般按上述费用总和的3%～10%计算。不可预见费用应单独设账，严格控制其支出。

11. 利润或管理酬金（V_{11}）

物业管理协议不同，管理酬金的确定方式不同。

（1）按照租金收入确定。

管理酬金＝业主租金收入×酬金比率

（2）按物业价值的约定使用年限计算，在物业是业主自己使用的情况下可以采用该方法。

管理酬金＝（物业价值/物业约定使用年限）×酬金比率

（3）按定额利润（酬金）或行业利润率（酬金率）确定。定额酬金或利润是指双方协商在管理企业完成合同规定的服务任务情况下，给服务者固定数额的酬金或利润。不过，现行最常用的利润酬金确定方式是以上述10项的支出之和为基数乘以行业利润率或酬金率付给管理企业利润或酬金，即，

管理利润或酬金＝服务费×行业利润率或酬金率

物业管理行业利润率（酬金率）一般在8%～15%，具体的比率可由双方根据物业服务的标准等因素协商确定。

12. 法定税费（V_{12}）

按现行税法，物业服务企业属服务业，上缴的税金包括：

（1）物业服务属于不动产租赁服务，一般纳税人适用一般计税方法按11%的税率计算缴纳增值税；小规模纳税人适用简易计税方法按5%征收率计算缴纳增值税。一般纳税人出租在2016年4月30日前取得的不动产，可以选择适用简易计税方法，按5%的征收率计算应纳税额。

（2）自来水增值税按收支余额的3%征收。物业公司代业主收取电费的收入，如果物业公司是小规格纳税人，按照向业主收取金额的3%缴纳增值税；如果物业公司是一般纳税人，按照取得的电费发票计算进项、开具给业主的电费发票计算销项。物业公司收取的停车费按照不动产经营租赁服务缴纳产值税，广告位置的出租则按照该广告位置是属于不动产还是动产分别按照不动产经营租赁和有形动产经营租赁缴纳增值税。

（3）城市建设维护税，市区内按增值税税额的7%，其他按5%计征。

（4）教育费附加税，按增值税税额的3%计征。

（二）收益性物业费的测算

物业服务企业在确定收益性物业费的标准时，常常按照物业租金收入的一定比例进行测算和收取。物业服务企业也可以采用前述居住性物业费的测算方法来测算收益性物业费。

业主一般采用定额法和比例法测算收益性物业费。定额法是业主按照某一固定的数额承担物业费。具体测算方法与居住性物业费的测算方法一致。比例法是业主为物业服务企业定出最低的年租金收入任务和物业维修养护指标，完成后按租金收入的一定比例支付物业费。这种测算方法比较适合于代理收益性物业租赁的物业服务企业。其将物业费与物业服务质量联系在一起，只有优质的物业管理服务，才能吸引客户入住，提高出租率。

收益性物业费中与租户切身利益直接相关的保安、保洁、设备维修、空调、通信、特别装饰、停车等项服务费用，往往由租户承担，可以直接向租户收取，也可以测算在租金里，然后再从租金中扣除。

五、物业费的监督方式

（一）定价监督

物业服务收费应当区分不同物业的性质和特点，实行政府指导价和市场调节价，具体定价形式由省、自治区、直辖市人民政府价格主管部门会同房地产行政主管部门确定。在各地贯彻执行中，大多数都把住宅（不含别墅）物业服务收费列入政府指导价管理范畴，其他物业服务收费实行市场调节价。

政府价格主管部门制定物业服务指导价时，应选取一定数量的有代表性的物业服务企业进行成本监审，核定物业服务企业定价成本，应以经会计师事务所审计的年度财务会计报告、原始凭证与账册，或者物业服务企业提供的真实、完整、有效的成本资料为基础。

物业服务收费实行政府指导价的，有定价权的人民政府价格主管部门应当会同房地产行政主管部门根据物业管理服务等级标准等因素，制定相应的基准价及其浮动幅度，并定期公布，具体收费标准由业主与物业服务企业根据规定的基准价和浮动幅度在物业服务合同中约定。

实行市场调节价的物业服务收费，由业主与物业服务企业在物业服务合同中约定。

（二）明码标价

为进一步规范物业服务收费行为，提高物业服务收费透明度，维护业主和物业服务企业的合法权益，国家发展和改革委员会2004年7月颁布的《物业服务收费明码标价规定》要求：

（1）物业服务企业向业主提供服务（包括按照物业服务合同约定提供物业服务以及根据业主委托提供物业服务合同约定以外的服务），均应实行明码标价。

（2）物业服务收费明码标价的内容包括物业管理企业名称、收费对象、服务内容、服务标准、计费方式、计费起始时间、收费项目、收费标准、价格管理形式、收费依据、价格举报电话 12358 等。

实行政府指导价的物业服务收费应当同时标明基准收费标准、浮动幅度，以及实际收费标准。

（3）物业服务企业在其服务区域内的显著位置或收费地点，可采取公示栏、公告栏、收费表、收费清单、收费手册、多媒体终端等方式实行明码标价。

（三）收支监督

实行物业费酬金制的，预收物业服务资金属于代管性质，为所交纳的业主所有，物业服务企业应当向业主大会或者全体业主公布物业服务资金年度预决算，并且每年不少于一次公布物业服务资金的收支情况。物业服务企业或者业主大会可以按照物业合同约定聘请专业机构对物业服务资金年度预算和物业服务资金的收支情况进行审计。

业主或者业主大会对公布的物业服务资金年度预决算和物业服务资金收支情况提出质询时，物业服务企业应当及时答复。

第三节　住宅专项维修资金管理

为保障物业共用部位、共用设施设备的维修和正常使用，《物业管理条例》规定：住宅物业、住宅小区内的非住宅物业或者与单幢住宅楼结构相连的非住宅物业的业主，应当按照国家有关规定交纳专项维修资金。

住宅专项维修资金的筹集与使用

一、住宅专项维修资金的筹集

（一）首期资金的交存

建设部、财政部 2007 年 12 月颁布的《住宅专项维修资金管理办法》规定：商品住宅的业主、非住宅的业主按照所拥有物业的建筑面积交存住宅专项维修资金，每平方米建筑面积交存首期住宅专项维修资金的数额为当地住宅建筑安装工程每平方米造价的 5%～8%，具体标准由省、自治区人民政府建设主管部门或直辖市人民政府建设（房地产）主管部门根据本地区情况合理确定，公布每平方米建筑面积交存首期住宅专项维修资金的数额并适时调整。

出售公有住房的，按照下列规定交存住宅专项维修资金：

（1）业主按照所拥有物业的建筑面积交存住宅专项维修资金，每平方米建筑面积交存首期住宅专项维修资金的数额为当地房改房成本价的2%。

（2）售房单位按照多层住宅不低于售房款的20%，高层住宅不低于售房款的30%，从售房款中一次性提取住宅专项维修资金。

（二）专项维修资金续筹

业主分户账面住宅专项维修资金余额不足首期交付存额30%的，应当及时续交。成立业主大会的，续交方案由业主大会决定。未成立业主大会的，续交的具体管理办法由直辖市、市、县人民政府建设（房地产）主管部门会同同级财政部门制定。

专项维修资金不敷使用时，经业主委员会研究，提出方案，由业主大会决定，可向业主筹集。在《住宅专项维修资金管理办法》实施前，商品住宅、公有住房已经出售但未建立住宅专项维修资金的，应当补建，具体办法由省、自治区、直辖市人民政府建设（房地产）主管部门会同财政部门制定。

（三）其他资金的存入

（1）住宅区专项维修资金的存储利息。

（2）利用住宅专项维修资金购买国债的增值收益。

（3）利用住宅共用部位、共用设施进行经营的，业主收益所得，但业主大会另有决定的除外。

（4）住宅共用设施设备报废后回收的残值。

二、住宅专项维修资金的使用

（一）住宅专项维修资金的用途及使用原则

住宅专项维修资金应当专项用于住宅共用部位、共用设施设备保修期满后的维修、更新和改造，不得挪作他用。

住宅专项维修资金的使用，应当遵循方便快捷、公开透明、受益人和负担人相一致的原则。

（二）住宅专项维修资金的使用支出

1. 未成立业主大会的住宅、楼宇住宅专项维修资金使用程序

①物业服务企业根据维修和更新、改造项目提出使用建议；没有物业服务企业的，由相关业主提出使用建议。

②住宅专项维修资金列支范围为专有部分占建筑总面积以上的业主且占总人数以上的业主讨论通过使用建议。

③物业服务企业或者相关业主组织实施使用方案。

④物业服务企业或者相关业主持有关材料，向所在地直辖市、市、县人民政府建设（房地产）主管部门申请列支；其中，动用公有住房住宅专项维修资金的，向负责管理公有住房专项维修资金的部门申请列支。

⑤直辖市、市、县人民政府建设（房地产）主管部门或者负责管理公有住房专项维修资金的部门审核同意后，向专户管理银行发出划转住宅专项维修资金的通知。

⑥专户管理银行将所需住宅专项维修资金划转至维修单位。

2. 成立业主大会后的办理程序

①物业服务企业提出使用方案，使用方案应当包括拟维修、更新和改造的项目，费用预算、列支范围、发生危及房屋安全等紧急情况以及其他需临时使用住宅专项维修资金的情况的处置办法等。

②业主大会依法通过使用方案。

③物业服务企业组织实施使用方案。

④物业服务企业持有关材料向业主委员会提出列支住宅专项维修资金；其中，动用公用住房住宅专项维修资金的，向负责管理公有住房专项维修资金的部门申请列支。

⑤业主委员会依据使用方案审核同意，并报直辖市、市、县人民政府建设（房地产）主管部门备案；动用公有住房住宅专项维修资金的，经负责管理公有住房住宅专项维修资金的部门审核同意，直辖市、市、县人民政府建设（房地产）主管部门或者负责管理公有住房住宅专项维修资金的部门发现不符合有关法律、法规、规章和使用方案的，应当责令改正。

⑥业主委员会、负责管理公有住房住宅专项维修资金的部门向专户管理银行发出划转住宅专项维修资金的通知。

⑦专户管理银行将所需住宅专项维修资金划转至维修单位。

3. 紧急情况下住宅专项维修资金的开支

发生危及房屋安全等紧急情况，需要立即对住宅共用部位、共用设施设备进行维修、更新和改造的，可按照前述两种情况中的住宅专项维修资金使用程序，省略前三个步骤，直接从第四个步骤开始进行。

在紧急情况下，未能按规定实施维修、更新和改造的，直辖市、市、县人民政府建设（房地产）主管部门可以组织代修，维修费用从相关业主住宅专项维修资金分户账中列支，涉及已售公有住房的，还应当从公有住房住宅专项维修资金中列支。

4. 以下情况不得从住宅专项维修资金中列支

①依法应当由建设单位或者施工单位承担的住宅共用部位、共用设施设备维修、更新和改造费用。

②依法应当由相关单位承担的供水、供电、供热、通信、有线电视等管线和设施设备的维修、养护费用。

③应当由当事人承担的因人为损坏住宅共用部位、共用设施设备所需的修复费用。

④根据物业服务合同约定，应由物业服务企业承担的住宅共用部位、共用设施设备的维修和养护费用。

（三）住宅专项维修资金的增值收益

在保证住宅专项维修资金正常使用的前提下，可以按照国家有关规定，利用住宅专项维修资金，在银行间债券市场或者商业银行柜台市场购买一级市场新发行的国债。

利用业主交存的住宅专项维修资金购买国债的，应当经业主大会同意；未成立业主大会的，应当经专有部分占建筑物总面积以上的业主且占总人数以上业主同意。

利用从公有住房售房款中提取的住宅专项维修资金购买国债的，应当根据售房单位的财政隶属关系，报经同级财政部门同意。

禁止利用住宅专项维修资金从事国债回购，委托理财业务或者将购买的国债用于质押、抵押等担保行为。

三、住宅专项维修资金的管理监督

住宅专项维修资金管理实行专户存储、专款专用，所有权人决策、政府监督的原则。

（一）业主大会成立前，住宅专项维修资金的代管

业主大会成立前，商品住宅业主、非住宅业主交存的住宅专项维修资金，由物业所在地直辖市、市、县人民政府（房地产）主管部门代管。直辖市、市、县人民政府建设（房地产）主管部门应当委托所在地一家商业银行，作为本行政区域内住宅专项维修资金的专户管理银行，并在专户管理银行开立住宅专项维修资金专户。

开立住宅专项维修资金专户，应当以物业管理区域为单位设账，按房屋户门号设分户账；未划定物业管理区域的，以幢为单位设账，按房屋户门号设分户账。

业主大会成立前，已售公有住户住宅专项维修资金，由物业所在地直辖市、市、县人民政府财政部门或者建设（房地产）主管部门负责管理。

负责管理公有住房住宅专项维修资金的部门应当委托所在地一家商业银行，作为本行政区域内公有住房住宅专项维修资金的专户管理银行，并在专户管理银行开立公有住房住宅专项维修资金专户。该专户应当按售房单位设账，按幢设分账。其中业主交存的住宅专项维修资金，按房屋户门号设分户账。

商品住宅的业主应当在办理房屋入住手续前，将首期住宅专项维修资金存入住宅专项维修资金账户。已售公有住房的业主应当在办理房屋入住手续前，将首期住宅专项维修金存入公有住房住宅专项维修资金专户或者交由售房单位存入公有住房住宅专项维修资金专户。公有住房售房单位应当在收到售房款之日起30日内，将提取的住宅

专项维修资金存入公有住房住宅维修资金专户。

未按规定交存首期住宅专项维修资金的，开发建设单位或者公有住房售房单位不得将房屋交付购买人。

专户管理银行、代收住宅专项维修资金的售房单位应当出具由财政部或者省、自治区、直辖市人民政府财政部门统一监制的住宅专项维修资金专用票据。

（二）业主大会成立后，自管住宅专项维修资金

业主大会成立后，应当按以下规定划转业主交存的住宅专项维修资金。

（1）业主大会应当委托所在地一家商业银行作为本物业管理区域内住宅专项维修资金的专户管理银行，并在专户管理银行开立住宅专项维修资金专户，开立住宅专项维修资金专户，应当以物业管理区域为单位设账，按房屋户门号设分户账。

（2）业主委员会应当通知所在地直辖市、市、县人民政府建设（房地产）主管部门；涉及已售公有住房的，应当通知负责管理公有住房住宅专项维修资金的部门。

（3）直辖市、市、县人民政府建设（房地产）主管部门或者负责管理公有住房住宅专项维修资金的部门应当在收到通知之日起30日内，通知专户管理银行将该物业管理区域内业主交存的住宅专项维修资金账面余额划转至业主大会开立的住宅专项维修资金账户，并将有关账目等移交业主委员会。

（4）住宅专项维修资金划转后的账目管理单位，由业主大会决定，业主大会应当建立住宅专项维修资金管理制度。

业主大会开立的住宅专项维修资金账户，应当接受所在地直辖市、市、县人民政府建设（房地产）主管部门的监督。

（三）住宅专项维修资金的转过户与返还

房屋所有权转让时，业主应当向受让人说明住宅专项维修资金交存和结余情况并出具证明，该房屋分户账中的结余住宅专项维修资金随房屋所有权同时过户。受让人应当持住宅专项维修资金过户的协议、房屋权属证书、身份证等到专户管理银行办理分户账更名手续。

（四）住房专项维修资金的监督

住房专项维修资金的代收代管单位应当定期向业主公布收支结存情况，接受业主咨询，并依法接受审计部门的审计监督。

住宅专项维修资金的财务管理和会计核算应当执行国务院财政部的有关规定，住宅专项维修资金专用票据的购领、使用、保存、核算管理，应当按财政部以及省、自治区、直辖市人民政府财政部门的有关规定执行，并接受财政部门的监督检查。

财政部门应加强对住宅专项维修资金收支财务管理和会计核算制度执行情况的监督。

【本章小结】

1. 物业管理资金的来源主要有物业费，住宅专项维修资金，共用部位、共用设施设备经营利用的业主收益，物业服务企业对特约服务投入的资金，国家财政补助资金。

2. 物业管理资金的使用原则包括专款专用原则、厉行节约原则、效益原则、民主管理原则。

3. 物业管理资金的筹措，应实行“谁所有，谁负责”的原则。物业费的所有权可按合同约定的形式不同，分为业主所有和物业服务企业所有。业主与物业服务企业可以采取包干制或者酬金制等形式约定物业费。

4. 物业费是对物业管理区域居住或工作环境实施综合管理服务，向业主及使用人提供物业服务，由此而产生的管理成本及利润总和，按公摊面积比例分摊到业主的物业费。

5. 物业费的收费原则包括符合业主的普遍经济能力；取之于民，用之于民；收支平衡，质价相符。物业费的监督方式有定价监督、明码标价和收支监督。

6. 实行物业费包干制的，物业费构成包括物业服务成本、法定税费和物业服务企业利润；实行物业服务酬金制的，预收的物业服务资金包括物业服务支出和物业服务企业酬金。

7. 物业费的测算包括居住性物业费的测算和收益性物业费的测算。

8. 物业专项维修资金的筹集包括首期资金的交存、专项维修资金续筹、其他资金的存入和住宅共用设施设备报废后回收的残值。

9. 住宅专项维修资金应当专项用于住宅共用部位、共用设施设备保修期满后的维修、更新和改造，不得挪作他用。住宅专项维修资金的使用，应当遵循方便快捷、公开透明、受益人和负担人相一致的原则；专户存储、专款专用，所有权人决策、政府监督的原则。

【案例分析】

如何应对物业管理服务收费难的问题

广西某市某物业服务公司，属下有10多个住宅小区管理处，是广西资质较好、业务范围较广的物业服务公司之一。因部分业主（使用人）欠交物业费，给公司经营造成困难，公司虽然对欠费业主（使用人）做了大量的解释工作，并依约提供了质价相符的服务，但欠费业主（使用人）还是不愿缴交物业费。最后，公司不得不通过法律途径进行追讨。20××年7月以来，公司先后和其管理的5011户欠费户“法庭上见”。

结果欠费户全部输掉官司，并补交所欠费用。

[问题讨论]

1. 物业费属谁所有？为谁服务？

2. 业主欠交物业管理费最终会导致谁的利益受损？

3. “法庭上见”是不是解决物业费收取难的最有效途径？

[参考点评]

本案例反映的是业主（使用人）欠交物业费的问题，主要是由于业主的物业管理意识不强，对物业管理收费服务方式不适应造成的。物业费的所有权归业主所有，由物业服务企业来管理和依合同及政策法规使用，并作为为业主提供物业管理服务的经济来源。物业服务企业只有向业主收取物业管理费用，才能向业主提供物业管理服务。业主必须缴纳物业费，物业服务企业的正常物业管理活动才能开展。本案例反映，某物业服务公司，资质较好，也对欠费业主（使用人）做了大量的解释工作，并依约提供了质价相符的服务，但欠费业主（使用人）还是不愿缴交物业费。说明部分业主（使用人）欠交物业费不是物业管理服务水平问题，很可能是业主（使用人）的物业管理意识不强，对物业管理收费服务方式不适应造成的，它给物业服务企业经营造成困难是不应该的。物业服务企业通过法律途径进行追讨，结果欠费户全部输掉官司，并补交欠费，维护了物业服务企业的合法权益。

部分业主（使用人）不交物业费，使物业服务企业经费出现困难，这不但直接给物业服务企业带来经济上的损失，也会影响物业服务企业的正常管理服务活动的开展，从而在根本上影响其他业主（使用人）的生活质量，损害其他业主（使用人）的权益。不过，物业服务企业不到万不得已不宜采用法律手段来解决问题，也就是说“法庭上见”并不是解决物业费收取难的最有效途径，应该立足沟通协调来解决问题比较好。

【问题思考】

1. 物业管理资金的来源主要有哪些？
2. 如何理解物业管理资金使用的原则？
3. 什么是包干制和酬金制？
4. 什么是物业费？其构成如何？
5. 物业费的收费原则有哪些？
6. 物业专项维修资金的筹集包括哪些内容？
7. 什么是住宅专项维修资金？住宅专项维修资金管理监督的原则是什么？

第九章　物业服务企业的人力资源管理

【学习目标】

了解：人力资源计划的类型；员工考核的作用；员工解聘；员工激励的一般形式。

掌握：人力资源计划的编制过程；员工培训的内容和形式；员工考核的内容和方法，员工的年度考核，激励机制。

识记：人力资源计划中的人员配备原则；员工培训的意义、原则；员工招聘的标准、来源与方法；激励、奖励与惩罚方法及艺术。

【学习概要】

本章的重点内容包括：人力资源计划概述、人力资源计划的编制过程、员工的招聘、员工解聘、员工培训、员工考核、员工激励。

通过本章的学习，将了解人力资源在物业服务企业管理中的重要作用；认识人力资源计划管理在物业服务企业人力资源管理中的统领性地位；学习员工招聘、员工培训、员工考核、员工激励等方面的方法技巧；注意员工解聘的政策适用原则；提高员工管理水平和激励的艺术。

第一节　人力资源计划

一、人力资源计划概述

（一）人力资源及人力资源管理

人力资源（human resources）是社会经济资源的重要组成部分。社会经济资源包括自然资源、人力资源、物力资源及资金、知识、信息、技术等。人力资源一般是指蕴含在人体内的一种生产能力以及具有这种能力的人，而生产能力是指在劳动活动中

人力资源计划

可资运用的体力和脑力的总和，是存在于劳动者身上的、以劳动者的数量和质量表示的资源。人力资源管理则指对人力资源的取得、开发、激励、利用等活动的计划、组织、指挥和控制过程。

物业管理应坚持“以人为本”的理念，应将人性化的管理方式方法贯穿于物业管理的全过程、全方位、全领域。它除了维护物业的可使用性外，更注重业主或租赁者的使用环境，满足其居住、经营、办公、生产、生活等方面的需要。“以人为本”的理念不仅是物业服务企业在处理与业主的关系时所坚持的理念，而且是物业服务企业内部的人力资源管理上的理念。

（二）人力资源计划的含义

人力资源计划（human resources planning）是指为了达到企业的战略目标与战术目标，根据企业目前的人力资源状况，为了满足未来一段时间内企业的人力资源质量和数量方面的需要，决定引进、保持、提高、流出人力资源所做的预测；对职务编制、人员配置、教育培训、人力资源管理政策、招聘和选择等人力资源管理的具体内容所进行的人力资源部门的职能性规划。它是人力资源管理部门的工作内容和工作步骤，在企业管理职能中最具战略性和主动性，最具紧迫性和挑战性。

（三）人力资源计划的内容

从计划结构看，人力资源计划有以下八个方面的内容：

（1）人力资源总计划，即阐述人力资源计划的总原则、总方针和总目标。

（2）职务编制计划，即阐述企业的组织结构、职务设置、职务描述和职务资格要求等内容。

（3）员工配置计划，即阐述企业每个职务的员工数量、员工的职务变动、职务空缺数量等。

（4）员工需求计划，即通过总计划、职务编制计划、员工配置计划可以得出员工需求计划。员工需求计划中应阐明需求的职务名称、员工数量、希望到岗时间等。

（5）员工供给计划，它是员工需求计划的对策性计划。主要阐述员工供给的方式（外部招聘、内部招聘等）、员工内部流动政策、员工外部流动政策、员工获取途径和获取实施计划等。

（6）教育培训计划，包括教育培训需求、培训内容、培训形式、培训考核等内容。

（7）人力资源管理政策调整计划，在此计划中明确计划期内的人力资源政策的调整原因、调整步骤和调整范围等。

（8）投资预算计划，它是上述各项计划的费用预算。

从人力资源计划工作看，一个完整的人力资源计划工作应该涉及以下内容：员工招聘、测试与选拔、培训与开发、职业计划、报酬系统、员工问题及其处理等人力资源开发与管理的各个领域（见图9－1）。

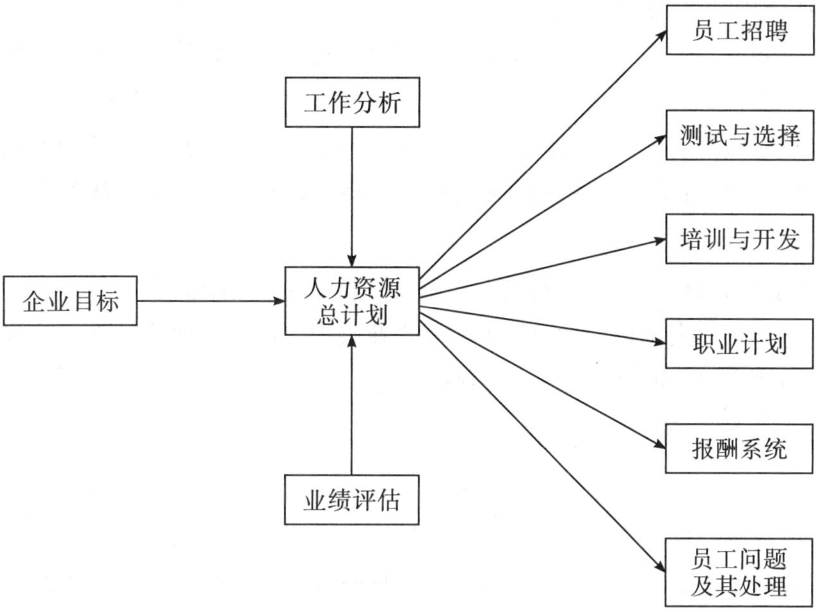

图9－1　人力资源计划的内容模型

二、人力资源计划的编制过程

从物业服务企业的角度编制人力资源计划，应包括人力资源的机会分析、确定人力资源计划的目标、人力资源资料信息的搜集、人力资源预测、人力资源计划的制订与实施。

（一）人力资源的机会分析

物业服务企业在编制人力资源计划之前，必须对人力资源的市场信息有充分的了解。如物业管理专业的人力资源市场供求状况如何；竞争状况如何，这种竞争是有利于供求的哪一方；人才对物业服务企业的要求是什么，能否满足这些要求，在多大程度上满足这些要求；有什么优势，或创造什么条件来吸引人才；有哪些缺陷阻碍人才的进入；等等。只有充分了解和分析人力资源管理的市场机会，才能确立切实可行的人力资源计划的目标。对市场机会进行科学的价值判断是人力资源计划编制成功的决定性因素。

（二）确定人力资源计划的目标

物业服务企业的人力资源计划目标是人力资源计划所期望的功效，是企业全体员工，特别是人力资源管理部门在未来规划时段内人力资源工作努力的方向。

一般来说，物业服务企业的人力资源计划目标主要有以下内容：

（1）根据企业在一定时期的总体目标和目标分解后的目标体系，人力资源管理部门需要制订相应的人力资源配套计划。

（2）通过人力资源计划来规划与保障现有人力资源的整体开发和合理利用有序化运行。

（3）通过人力资源计划功能的发挥来推动和促进人力资源管理功能的发挥，员工的积极性保持较高的状态，员工的素质得到提高，以此凝聚人气，从而保证企业的生机活力。

（4）通过人力资源计划的实施来实现人力资源成本的降低。

（5）通过人力资源计划性政策来实现企业人力资源管理的合法性，确保国家人力资源管理的法律、法规和政策的正确贯彻执行。

（三）人力资源资料信息的搜集

根据已确定的人力资源计划的目标，人力资源管理部门应该利用各种途径搜集企业内外人力资源信息。可以通过直接派员调查、“猎头”公司调查、人才市场和劳动力市场了解、人才交流会、因特网等途径，搜集人力资源供求信息。除此之外，还需要搜集与人力资源计划制订相关的经济、政治、文化、教育、科技等社会经济发展方面，以及社会心理倾向、就业倾向、行为模式、社会时尚等方面的各种信息。

（四）人力资源预测

人力资源预测是指在企业的评估和预测的基础上，对未来一定时期内人力资源状况的假设。人力资源预测是在相关资料信息搜集的基础上进行的。

1. 人力资源的需求预测

人力资源的需求预测受到各种因素的影响，主要有：未来一段时间内物业服务企业所在城镇房地产开发的规模及预售率、销售率；未来一段时间内各类物业业主委托物业服务企业社会化管理的规模及普遍化程度；政府有关物业服务企业的经营业务范围的政策；物业服务企业的科技手段和管理水平的高低；等等。这些因素从总体上制约了人力资源的需求的总量。

人力资源的需求预测有以下方法：

（1）总体需求结构分析预测法。

未来一段时间需要的人力资源是在现有的人力资源的基础上，考虑未来业务的增减对人力资源需求的增减，以及由于技术提高或设备的改进后节省的人力资源等因素来确定。

（2）人力资源成本分析预测法。

人力资源成本分析预测法是从成本角度来预测人力资源需求量，就是在人力资源成本预测总额的基础上根据员工平均工资、平均资金、平均福利及其他支出水平，考虑未来一段时间内企业每年人力资源成本增加的平均百分数来确定。

（3）人力资源发展趋势分析法。

人力资源发展趋势分析法是在目前已有的人力资源的基础上考虑未来一段时间（确定的年限内）企业计划平均每年发展的百分比、企业计划人力资源发展与企业发展的百分比差异。

（4）人力资源学习曲线分析预测法。

人力资源学习曲线分析预测法包括生产率预测法和进步指数预测法。生产率预测法是根据个人现实能力（即个体平均生产量）和工作总量（即生产总量）来确定员工需要量的方法；进步指数预测法是根据每个人的效率以及由于经验的不同而变化的情况加上进步指数而得出一条学习曲线，以更加精确地预测人力资源的需求量的方法。

2. 人力资源内部供应预测

人力资源内部供应预测主要受物业服务企业发展的目标、发展的阶段、组织设计与工作评价、薪酬水平、员工素质状况及工作意向等因素影响。这些因素会使员工在内部不同岗位上发生流动。

人力资源内部供应预测主要有以下的方法：

（1）内部员工流动可能性矩阵表（见表9－1）。

将企业内部员工流动的情况列在矩阵表上，就可以知道员工的流动起止时间、内部不同岗位流动以及流出企业的情况，就可以把握流动趋势。AA 为1.00，表示在这段时间内，最高工作级别的员工未流动；BB 为0.80，表示在这段时间内，这个级别员工留住80%，其中15%晋升到A岗位，5%流出企业。GG为0.50，表示在这段时间内，这个级别员工留住50%，有40%晋升到F岗位，3%流入H岗位，7%流出企业。

表9－1　内部员工流动可能性矩阵表

工作级别		终止时间									流出	总量
		A	B	C	D	E	F	G	H	I		
起始时间	A	1.00									—	1.00
	B	0.15	0.80								0.50	1.00
	C		0.16	0.76	0.04						0.04	1.00
	D		0.01	0.23	0.73						0.03	1.00
	E					0.85	0.05				0.10	1.00
	F					0.25	0.65	0.05			0.05	1.00

(续上表)

工作级别		终止时间 A	B	C	D	E	F	G	H	I	流出	总量
起始时间	G						0.40	0.50	0.03		0.07	1.00
	H						0.02	0.15	0.75		0.08	1.00
	I								0.20	0.50	0.30	1.00

(2)马科夫分析矩阵表(见表9-2)。

马科夫分析矩阵表与内部员工流动可能性矩阵表上半部分完全相同，只是多了下半部分的现任者应用矩阵。马科夫分析矩阵表能更清楚地显示出在终止时间，各工作岗位的人数及流出的人数。从现任者应用矩阵来看，A 岗位原有职工 62 人，到 AA 岗位便只有 44 人(62 人×70% ≈44 人)，到 AB 岗位只有 6 人(62 人×10% ≈6 人)，到了 AC 岗位便只有 3 人(66 人×5% ≈3 人)；流出人数为 9 人(62 人×15% ≈9 人)。

表9-2 马科夫分析矩阵表

终止时间		流动可能性矩阵 A	B	C	D	流出
起止时间	A	0.70	0.10	0.05	0	0.15
	B	0.15	0.60	0.05	0.10	0.10
	C	0	0	0.80	0.05	0.15
	D	0	0	0.50	0.85	0.10
	原有员工人数	现任者应用矩阵 A	B	C	D	E
A	62	44	6	3	0	9
B	75	11	45	4	8	7
C	50	0	0	40	2	8
D	45	0	0	2	38	5
终止期员工人数		51	51	49	48	29

(3)技术调查法。

技术调查法是为了追踪员工的工作经验、教育程度、特殊技能等与工作有关的信息而设计的一套系统。主要用来评价当前不同种类员工的供应状态；确定员工是否需要特定的培训或发展项目；帮助员工确定职业计划与职业途径。

3. 人力资源外部供应预测

人力资源外部供应预测，对物业服务企业编制人力资源计划非常重要，外部人力资源供应的数量与质量本身会受到很多因素的影响，这种影响又对物业服务企业的人力资源计划的编制产生重大影响。对人力资源外部供应预测产生影响的因素主要有：一是国家就业政策的影响，如由于我国面临经济结构和产业结构的调整，大量的工人下岗，为解决就业问题，国家鼓励下岗职工从事第三产业，也为物业服务企业吸收更多的下岗职工再就业提供了政策支持。二是未来一段时间内，高等院校物业管理专业毕业生的供应量以及短期专业技能培训获得物业管理员证书员工的供应数量，以及他们的职业计划。三是劳动人口的就业倾向，即未来一段时间内社会上有多少人愿意从事物业管理工作。四是物业服务企业对各类劳动者的吸引力，包括工作的前景、工作岗位的数量与层次、工作地点、工资、福利待遇水平等。

（五）人力资源计划的制订与实施

1. 人力资源计划制订的政策路线

人力资源计划的制订直接涉及人力资源成本问题，人力资源成本可分为直接成本和间接成本两部分。直接成本是指实际发生的费用，如招聘费用、培训费用等；间接成本是指以工作的时间、数量和质量等形式反映出来的成本，如因政策失误造成的损失、工作业绩的低下造成的损失等。间接成本虽然难以用货币来准确衡量，但它的意义和价值可能会远远高于直接成本，所以重视间接成本是非常重要的。

对这两种成本的考虑，就会形成两种政策路线：一是以开发利用内部现有人力资源为主的路线；二是积极引进外部人力资源的路线。前一种路线不需花费大量的招募广告费用、新员工培训费等，人力资源直接成本较低，但因企业的员工素质得不到更新，有可能影响企业的经营管理目标的实现，将造成间接成本的增大。后一种路线的人力资源直接成本较高，间接成本较低。当然，这两种路线不可能单独使用，在实际工作中，往往以一种路线为主，另一种路线为辅。

2. 人力资源计划的制订

在进行人力资源的机会分析，确定人力资源计划的目标，搜集人力资源资料信息、人力资源预测的基础上，就可以具体编制企业人力资源计划。从计划编制的角度看，人力资源计划书一般包括以下要素：

（1）计划的时间段，根据计划时间规定，写明计划的起止时间。

（2）计划达到的目标，是“开发利用”还是“引进”，是“提高”还是“整合”，应当非常明确。且要与企业经营管理目标相联系，并且为企业目标服务。

（3）目前情景分析，主要根据本企业的人力资源供求现状，提出人力资源计划的要求，作为计划安排的基础。

（4）未来情景分析，主要根据收集的信息，预测未来一段时间内人力资源供求现状，提出人力资源计划的长远要求并做出计划上的安排。

（5）具体内容，这是人力资源计划的核心内容，一般包括工作分析的启动、新员工绩效评估系统、改进后的报酬系统、计划中的培训工作、该执行的员工计划、招聘方案、促进员工流动方案等等。每一方面的计划都要写明以下内容：一是具体内容，表明计划种类及主要内容，如“招聘员工”项，写明“××物业服务公司招聘5名管理处正副经理”；二是执行时间，写明本计划从启动到终止的时间；三是负责人，即该项计划的执行者，往往是人力资源部门的某经理；四是检查人，即负责检查该项目的执行情况的人，往往是分管人力资源工作的上一级领导，如副总经理；五是检查日期，写明具体的检查时间；六是预算，即将计划的各项开支预算用数字具体化。

3. 人力资源计划的实施

人力资源计划的实施是人力资源计划具体落实的过程。它包括以下四个环节：

（1）实施，即在认真细致而充分的准备的基础上，将计划分解到具体的单位和员工，并签订责任书，然后严格按人力资源管理的目标、规程和要求执行计划，并要求做好记录。

（2）检查，即由计划已明确的检查者按计划的要求定期检查执行情况，及时发现和处理问题。

（3）反馈，即将通过执行者的正常信息反馈渠道，或检查者获得的信息进行加工处理，掌握计划执行的真实情况，并形成对人力资源计划的修正意见。

（4）修正，即根据信息反馈情况，对人力资源计划进行分析评价，找出计划出现偏差的原因，是计划的执行过程有问题，还是计划的环境发生变化，或是计划根本不能执行，从而做出修补式修正或方向性修正决定，使人力资源计划正确实施。

三、人力资源计划中的员工配备原则

员工配备是人力资源计划的主要内容，而员工配备的原则又是指导人力资源计划中的员工配备的指导思想和工作方针。物业服务企业编制人力资源计划时的员工配备应遵循以下原则。

（一）动态调整原则

人力资源计划中员工配备的动态调整原则是指物业服务企业内外环境的变化和本行业作为新兴行业的优越条件，在员工配备上采取更为灵活的方式，如采用合同制用工、协议用工、聘用干部等形式，使员工内外部调整或流动变得更加灵活，从而使物业服务企业更好地适应市场的变化，采取合理恰当的人力资源措施，真正地做到员工配备为企业发展的目标服务。

（二）满足需要原则

员工配备必须建立在物业服务企业的事业发展基础上，也就是说要根据企业发展产生的岗位数量与岗位对员工素质的要求来确定员工的数量和质量，即是员工配备要满足企业发展对人力资源数量和规格的需要。员工配备满足企业的需要的原则实质上是要解决企业的人力资源保障问题，这是人力资源计划中应解决的核心问题。

（三）利益双赢原则

人力资源计划在利益安排上应注意物业服务企业和员工双方的利益，特别是在设计合同时，不应让员工利益受损。企业的发展和员工的发展是互相依托、互相促进的关系。如果只考虑企业的发展需要，而忽视员工的发展，则会有损企业发展目标的达成。优秀的人力资源计划，一定是能够使企业和员工共同发展的计划。

第二节 员工的招聘

一、员工招聘的标准

员工招聘就是物业服务企业人力资源部门根据公司人力资源计划、人力资源市场的供求状况和公司发展需要，按照员工招聘的标准，通过一定的渠道采取一定的方法选聘合适的员工充任到空缺岗位上的活动及过程。它是人力资源管理的一项基础性工作。

员工招聘

（一）物业服务企业的岗位与员工招聘

物业服务企业岗位设置各不相同，名称也各异，但一般来说主要包括以下岗位：

（1）管理岗位，如总经理、副总经理（总会计师、总工程师），正、副总监，部门经理、副经理，管理处（服务中心、项目）经理（主任）、副经理（副主任）等。

（2）执行岗位，如正、副主管，领班，员工等。

（3）见习岗位，如见习员工。

（二）不同岗位员工招聘的标准

物业服务企业的不同岗位的员工招聘标准，会有一些特殊的要求。因此，在这里只对物业服务企业员工招聘的共性标准进行分析，一般包括以下类型。

1．外显条件标准

如学历、工作经历及过去的业绩、管理愿望等方面的要求。这些标准是物业服务企业管理者的基本要求。这些标准通过档案材料、函件、询问等方式就可获得相应的信息，并能判断是否符合标准，但不能在性别、年龄、外形等方面产生歧视。

2. 内涵素质标准

如专业领域的知识水平、工作经验与管理能力（专业技术能力、抽象与概括能力、谋划能力、协调能力、决策能力、应急处理能力等）、个性品质、思想品德等。这些标准是管理者能否胜任工作岗位，较好地履行工作职责、完成工作任务的保证性要求。

3. 潜在素质标准

如学习能力、创新思维能力、工作的方法、思想境界与价值准则等。这些标准是物业服务企业作为新兴行业对员工素质的要求。物业服务企业的经营领域和范围，将越来越宽，这就要求新员工具有较好的潜在素质，只有对企业的使命、任务、目标有很强的敏感性、知觉和适应能力，才能应对这种挑战。

二、员工招聘的来源与方法

（一）员工招聘的来源

员工招聘主要有内部来源及其内部招募法、外部来源及其外部招募法两种。

1. 内部来源及其内部招募法

（1）内部晋升。

内部晋升，即根据物业服务企业的空缺职位的性质、责任轻重、难易程度和所需资格条件的要求，从内部现有的员工中选用合适的员工充任。这种方法主要适用于选拔主管以上职位的管理人员。这种方法使企业员工认同企业的价值，并把自己的命运与企业的发展和利益相联系，期望在企业的发展中可以体现个人的价值，因而积极性易于发挥。

（2）内部补缺。

内部补缺，即根据物业服务企业发展产生的新岗位的需要和员工个人意愿及个人专长，将企业内部合适的员工调整到空缺岗位上的过程。这种方法能使一些员工发挥自己的特长，满足自己的兴趣爱好的要求，从而调动他们的积极性。

（3）易岗轮换。

易岗轮换是一种常用的人力资源开发途径。主要基于两个目的：一是通过不同岗位的易岗轮换使轮换者有不同岗位的经历，并在不同的岗位得到锻炼，为企业培养后备人才；二是避免工作的枯燥无味感，增加工作的新鲜感，从而激发员工工作的热情。此种方法主要适用于一些中上层管理岗位的管理。

内部招募方法具有使内部员工工作积极性增强，员工效忠企业的意愿增强，人力资源管理的直接成本会大大降低等许多优点。同时也存在一些缺陷：在招聘中没有实现愿望的员工会感到不公平，从而影响其积极性的发挥；内部招募员工很难避免任人唯亲，“内定”倾向客观存在；“近亲繁殖”现象难以杜绝，不利于公司员工整体素质的提高等。这些都是在进行内部招募时应当注意的问题。

2. 外部来源及其外部招募法

物业服务企业除了从内部招募途径解决岗位空缺问题外，通常还需要通过外部招聘的方法来解决大量的员工需求缺口和优秀人才不足的问题。其方法主要有以下七种。

（1）传统媒体广告法。

传统媒体广告法是通过报纸、电台、电视、杂志、广告牌、宣传品等各种传统媒体发布物业服务企业的员工招聘广告，这种方法受众面广，收效快，过程简单，一般会收到较多的应聘资料。

（2）网络信息法。

网络信息法是通过互联网上的各种网站发布招聘信息或直接从网上获得求职者的信息，在目前这是成本最低的招聘方法。网络招聘员工具有经济、快捷、针对性强、信息量大等优点，当然也有资料真实性差、难签约、存在欺骗性等问题。

（3）供需见面会法。

供需见面会法主要瞄准每年的大专院校应届毕业生的供需见面会所聚集的大量人才，物业服务企业可以从中物色本企业所需的人才。物业服务企业应该把握好全国各地针对应届高校毕业生的人才交流会的招聘机会，宣传本企业，吸引优秀人才来为本企业工作。

（4）联络互动法。

联络互动法主要是通过联谊会、同学会、校友会等各种途径与各类人才建立关系，保持联系，并采用联谊会、交流会、学习研讨、实习见习、项目服务等各种方式，以及捐赠、资助等各种方法培植企业与各类人才之间的感情，进而达到吸引、合作、选用等目的。

（5）中介法。

中介法主要是通过人才交流中心、职业介绍机构、专业的人才中介机构——“猎头公司”等机构招募人才。人才交流中心是物业服务企业选用人才的重要途径，职业介绍机构是劳动力市场交易机构，物业服务企业也可从中选用合适的员工。“猎头公司”是为企业物色高级经营、管理和技术人才的经营组织。物业服务企业可利用其为本企业招募合适的高级物业经营管理人才和优秀的物业管理应用技术人才。

（6）企业员工推荐法。

企业员工推荐法主要通过本企业的员工的社会网络关系，为企业引进人才。企业一旦出现空缺职位，在发布招聘广告后，可发动员工推荐合适的外部人才进入企业工作。招聘专业人才和初级人才时，员工推荐比较有效。员工推荐的优点是招聘成本小、应聘人员素质高、易成功，录用后能较快开展工作。

（7）校园直接招聘法。

物业服务企业可直接瞄准物业管理专业的应届大中专毕业生，可以在重点招聘对象的大专院校直接进行。其方式主要是张贴招聘广告、设摊招聘、举办招聘讲座和学校推荐。校园直接招聘法花费较少，效果比较好，其缺点是面窄。

（二）员工招聘的程序与方法

程序与方法是确保员工招聘工作公开、公平、公正、竞争、科学有序进行的条件。

1．发布招聘广告

物业服务企业应成立以人力资源管理部门为载体的专门的员工招聘工作委员会或工作小组，并在企业的领导下具体组织员工招聘工作。在做好员工招聘计划和前期准备工作的条件下，根据招聘的对象和范围，选择恰当的媒体来发布员工招聘广告。广告内容主要包括：企业发展前景及招聘职位的前景，招聘的岗位职数、招聘范围及所需资格条件，工作地点，工资待遇，招聘工作地点，接待的时间，报名联系的地点、方式及联系人，考试测验的科目与内容范围，考试测验的方法、时间、地点，等等。

2．初步资格审查

在应聘者填写申请表格或提供申请书、个人简历及业绩资料后，就着手对这些资料进行初步的审查。审查的内容与申请表或个人简历资料所要求的内容一致。求职申请表一般有如下内容：

（1）个人基本情况，如姓名、性别、出生年月、民族、婚姻状况、联系地址等。

（2）家庭状况，如家庭成员及主要社会关系情况。

（3）个人教育背景，如受教育的程度、毕业学校及专业、最后学历及学位。

（4）个人特长，主要是现代社会交际的应用性能力，如普通话、外语、某些地方语言、计算机应用、公关能力等。

（5）工作经历，即从学校毕业后的工作情况，如工作单位、职务、工资、业绩成果与奖惩记录等。

（6）身体状况，如身体有无疾病、身体能否胜任该项工作等。

（7）个性爱好，如性格的自我认识和评价、业余嗜好等。

（8）求职的认识方面，即对新职位的评价、离开前职位的原因、对招聘企业的认识与评价及期望等。

初步资格审查主要了解求职者的基本素质和工作阅历情况，特别是了解求职者的学历及学识水平、专业能力、工作思路及工作经验、职业计划、兴趣爱好、求职意图等。初步资格审查将对不符合招聘条件要求的应聘者做初步的筛选，并确定面试人员。

3．面试

通过初步审查合格后，即进入面试阶段，面试是公司聘用员工或提拔管理者的必不可少的一环。它是通过主考人员与应试者直接面谈或置应试者于某种特定情景中进行观察，来完成对应试者的素质与能力等方面评价的一种考试方法。它同资格审查一样仍属于一种初步的筛选过程。面试的方法主要有面谈法和情景模拟法两种。

（1）面谈法。

面谈法包括结构式面谈和非结构式面谈、个别面谈与集体面谈等具体方法。

结构式面谈在面试前就已设计有固定的问题清单，主考官按此清单向应试者提出问题并要求其正面回答。这种方法主要考查应试者所求职位必须具备的知识、能力等素质情况，应试者必须提前做好准备。

非结构式面谈则无固定模式，所提问题主要涉及有关应试者的工作经历及认识、求职的意愿、业余爱好，对本企业的了解与认识的情况，对社会的一些热点问题的看法，对人生价值的表述等较宽泛的内容。

个别面谈是对应试者逐个面试的方式。

集体面谈是将应聘某一职位的求职者一起面试的方法，以在不同应试者中做出优劣的比较，择优录用。

（2）情景模拟法（人才评价中心）。

情景模拟法是将应试者置于模拟真实工作情景的环境中，运用各种手段综合考查应试者的工作能力、组织管理能力、决断能力、协调能力以及适应性、创造性等方面的素质，由主考官记录打分，并做出各自的评价，作为选用员工的依据。

4. 测评

对通过面试的求职者，要通过专业考试、心理测验、人才评价中心等方式，进一步测评应聘者的素质和能力。目的是使求职者与公司的空缺岗位在专业知识和技能上有更合理的匹配。通过测评者，即可录用。测评的主要方法有专业考试和心理测验。

专业考试的考试内容可分为知识测验、智力测验和技能测验三项。具体内容应根据物业服务企业的岗位的特点来设计，一般侧重专业基础知识、基本操作技能和运用理论知识解决实际问题的能力等方面。

心理测验是运用纸笔测验、纸笔测验加仪器测验以及问答式测验等方式测量应聘者的智力、能力倾向、个性特征及兴趣爱好等心理素质。

5. 录用

录用的第一步是对测验合格的人员进行录取的人事决策，录取决策模式主要有单一预测的决策模式和复合预测的决策模式两种。

单一预测的决策模式是指从众多的求职者中为某一种工作或性质相同的工作选择一个或若干个任职者。主要操作方法是把对人员的各种条件、各个指标的评分情况分别列出来后采取加权计总分，选取优胜者。而各种条件和指标的权重要视物业服务企业的性质及岗位而定。

复合预测的决策模式是指在一次招聘中分别测定众多的求职者，并把他们安排到多种不同性质的岗位中去。主要操作方法是把求职者的综合测评的数据一一列出之后，根据人选对工作的要求和工作对人选的要求相互选择，科学合理地匹配，实现提高人力资源利用的整体效应的目的。

在做出人事决策，确定录取人选之后，物业服务企业的人力资源管理部门还要安排录取者进行体检和政审，对应聘者的身体健康状况和政治思想表现做最后的严格审查。这是最后的筛选和淘汰过程。

人力资源部门在完成了上述工作之后，就要对录取者发出录用通知书。告诉被录取者何时到何地报到，与谁联系，该携带些什么，以及正式上班的日期等。对未能录取者应发出辞谢通知书，以感谢他们的参与和支持，称赞他们参与此次招聘竞争活动的行为，鼓励他们继续关注本企业的发展，欢迎他们创造条件继续参与本企业以后的招聘活动，并以一定的方式保持与其中的优秀分子的联系，建立人才储备库。

6. 签约

招聘员工的最后一个环节是物业服务企业与录用人员签订劳动合同。这就必须搞清物业服务企业的用工方式。物业服务企业的用工方式主要有以下类型。

（1）有固定期限的合同工。这是物业服务企业成立后向社会公开招聘的员工，他们与物业服务企业签订的劳动合同，都约定了合同的终止时间、条件。

（2）无固定期限的合同工。这部分员工主要是由正式职工转制形成的没有约定终止时间的合同工。也有从固定期限的合同工转换而来的，如劳动者在该用人单位连续工作满 10 年的；用人单位初次实行劳动合同制度或者国有企业改制重新订立劳动合同时，劳动者在该用人单位连续工作满 10 年且距法定退休年龄不足 10 年的；连续订立两次固定期限劳动合同，且劳动者没有违法、违纪、因健康原因不能工作、不能胜任工作或因客观情况导致合同不能履行的情形，续订劳动合同的；用人单位自用工之日起满 1 年不与劳动者订立书面劳动合同的，视为用人单位与劳动者已订立无固定期限劳动合同。

（3）劳务派遣工。这是把物业服务企业的一些技术较低、劳动强度较大的岗位，以主动承包的方式向社会上一些劳动服务机构发包的用工方式，如清洁工岗位。

（4）退休返聘员工。

所有这些用工方式都必须签订劳动合同，以合同方式依法进行管理。通过劳动合同明确物业服务企业和员工之间的权利与义务，便于人力资源部门依法管理员工，也有利于员工依法维护自身的合法权益。劳动合同必须以 2013 年 7 月 1 日起施行的《中华人民共和国劳动合同法》（以下简称《劳动合同法》）为依据。

劳动合同书一般包括以下内容：用人单位的名称、地址和法定代表人或者主要负责人；劳动者的姓名、住址和居民身份证或者其他有效身份证件号码；劳动合同期限；

工作内容和工作地点；工作时间和休息休假；劳动报酬；社会保险；劳动保护、劳动条件和职业危害防护；法律、法规规定应当纳入劳动合同的其他事项。劳动合同除前款规定的必备条款外，用人单位与劳动者可以约定试用期、培训、保守秘密、补充保险和福利待遇等其他事项。

劳动合同的签订必须遵循两个原则：一是平等自愿，协商一致；二是符合法律、行政法规的规定。

劳动合同签订的过程主要有下列步骤：

（1）劳动者提交用人单位发给的录用通知书和其他证明材料。

（2）用人单位向劳动者介绍拟定的劳动合同的具体内容和要求。

（3）劳动者在全面了解劳动合同的内容所涉及的真实情况后，做出同意或不同意录用的表示，并就合同的内容提出自己的要求。

（4）用人单位和劳动者在充分协商的基础上，对最后约定的合同条款达成一致的意见，双方签字盖章，劳动合同成立。

（5）劳动合同成立后，根据需要办理鉴证手续。

对于劳务协议工的劳务协议，一般可由劳务用工的派出单位与物业服务企业商定，以劳动承包形式订立协议，约定双方的权利与义务。物业服务企业作为劳务输入单位不直接与劳务工本人签订劳动合同，应由劳务输出方与劳务工签订具体的协议式合同。物业服务企业应根据《劳动合同法》及相关的法律、法规、政策来管理劳动合同关系，物业服务企业和员工双方必须按照签订的劳动合同所约定的条款来行使权利、履行义务。

三、员工解聘

员工解聘是物业服务企业根据《劳动合同法》和国家有关法律及劳动合同条款的规定，结合企业的经营情况、工作任务变动和其他原因，双方协商一致解除或终止、单方面解除或终止企业与员工之间的劳动合同关系的行为。

建立例行的员工解聘制度，是适应市场经济的要求建立灵活的用工制度的需要，建立员工解聘制度就是建立用工市场竞争机制与淘汰机制。

（一）员工解聘的情形

根据《劳动合同法》及相关的法律、法规、政策，企业的经营情况和工作任务变动以及其他原因，以及物业服务企业和员工双方必须按照签订的劳动合同，物业服务企业有权解除或终止企业与员工之间的劳动合同关系。员工被解聘后不再有员工的身份，员工的解聘必须严格依法办理。员工解聘的原因主要有以下几种。

1．劳动者单方解除合同

用人单位有下列情形之一的，劳动者可以解除劳动合同。

（1）未按照劳动合同约定提供劳动保护或者劳动条件的。

（2）未及时足额支付劳动报酬的。

（3）未依法为劳动者缴纳社会保险费的。

（4）用人单位的规章制度违反法律、法规的规定，损害劳动者权益的。

（5）以欺诈手段使对方在违背真实意思的情况下订立或者变更劳动合同，致使劳动合同无效的。

（6）法律、行政法规规定劳动者可以解除劳动合同的其他情形。

用人单位以暴力、威胁或者非法限制人身自由的手段强迫劳动者劳动的，或者用人单位违章指挥、强令冒险作业危及劳动者人身安全的，劳动者可以立即解除劳动合同，不需事先告知用人单位。劳动者提前30日以书面形式通知用人单位，可以解除劳动合同。劳动者在试用期内提前3日通知用人单位，可以解除劳动合同。

2. 用人单位单方解除劳动合同

劳动者有下列情形之一的，用人单位可以解除劳动合同。

（1）在试用期间被证明不符合录用条件的。

（2）严重违反用人单位的规章制度的。

（3）严重失职，营私舞弊，给用人单位造成重大损害的。

（4）劳动者同时与其他用人单位建立劳动关系，对完成本单位的工作任务造成严重影响，或者经用人单位提出，拒不改正的。

（5）以欺诈手段使对方在违背真实意思的情况下订立或者变更劳动合同，致使劳动合同无效的。

（6）被依法追究刑事责任的。

3. 劳动者因特定原因不能继续履行合同的，用人单位可以解除劳动合同

有下列情形之一的，用人单位提前30日以书面形式通知劳动者本人或者额外支付劳动者一个月工资后，可以解除劳动合同。

（1）劳动者患病或者非因工负伤，在规定的医疗期满后不能从事原工作，也不能从事由用人单位另行安排工作的。

（2）劳动者不能胜任工作，经过培训或者调整工作岗位，仍不能胜任工作的。

（3）劳动合同订立时所依据的客观情况发生重大变化，致使劳动合同无法履行，经用人单位与劳动者协商，未能就变更劳动合同内容达成协议的。

4. 因物业服务企业裁员而解除劳动合同

有下列情形之一，需要裁减员工20人以上或者裁减不足20人，但占企业职工总数10%以上的，用人单位提前30日向工会或者全体职工说明情况，听取工会或者职工的意见后，裁减员工方案经向劳动行政部门报告，可以裁减员工。

（1）依照企业破产法规定进行重整的。

（2）生产经营发生严重困难的。

（3）企业转产、重大技术革新或者经营方式调整，经变更劳动合同后，仍需裁减人员的。

（4）其他因劳动合同订立时所依据的客观经济情况发生重大变化，致使劳动合同无法履行的。

裁减员工时，应当优先留用下列员工：与本单位订立较长期限的固定期限劳动合同的；与本单位订立无固定期限劳动合同的；家庭无其他就业人员，有需要扶养的老人或者未成年人的。

用人单位依照企业破产法规定进行重整而裁减员工，在6个月内重新招用员工的，应当通知被裁减的员工，并在同等条件下优先招用被裁减的员工。

（二）用人单位不得解除劳动合同的情形

劳动者有下列情形之一的，用人单位不得依照《劳动合同法》的有关规定解除劳动合同。

（1）从事接触职业病危害作业的劳动者未进行离岗前职业健康检查，或者疑似职业病患者在诊断或者医学观察期间的。

（2）在本单位患职业病或者因工负伤并被确认丧失或者部分丧失劳动能力的。

（3）患病或者非因工负伤，在规定的医疗期内的。

（4）女职工在孕期、产期、哺乳期的。

（5）在本单位连续工作满15年，且距法定退休年龄不足5年的。

（6）法律、行政法规规定的其他情形。

用人单位单方解除劳动合同，应当事先将理由通知工会。用人单位违反法律、行政法规规定或者劳动合同约定的，工会有权要求用人单位纠正。用人单位应当研究工会的意见，并将处理结果书面通知工会。

（三）劳动合同终止

有下列情形之一的，劳动合同可以终止。

（1）劳动合同期满的。

（2）劳动者开始依法享受基本养老保险待遇的。

（3）劳动者死亡，或者被人民法院宣告死亡或者宣告失踪的。

（4）用人单位被依法宣告破产的。

（5）用人单位被吊销营业执照、责令关闭、撤销或者用人单位决定提前解散的。

（6）法律、行政法规规定的其他情形。

虽然劳动合同期满，但从事接触职业病危害作业的劳动者未进行离岗前职业健康检查，或者疑似职业病患者在诊断或者医学观察期间的，劳动合同应当续延至相应的情形消失时终止。丧失或者部分丧失劳动能力劳动者的劳动合同的终止，按照国家有关工伤保险的规定执行。

（四）用人单位违反《劳动合同法》或违约的经济责任

《劳动合同法》对用人单位应当向劳动者支付经济补偿做出了详细规定。经济补偿按劳动者在本单位工作的年限，每满 1 年支付 1 个月工资的标准向劳动者支付。6 个月以上不满 1 年的，按 1 年计算；不满 6 个月的，向劳动者支付半个月工资的经济补偿。劳动者月工资高于用人单位所在直辖市、设区的市级人民政府公布的本地区上年度职工月平均工资 3 倍的，向其支付经济补偿的标准按职工月平均工资（劳动者在劳动合同解除或者终止前 12 个月的平均工资）3 倍的数额支付，向其支付经济补偿的年限最高不超过 12 年。

用人单位违反《劳动合同法》规定解除或者终止劳动合同，劳动者要求继续履行劳动合同的，用人单位应当继续履行；劳动者不要求继续履行劳动合同或者劳动合同已经不能继续履行的，用人单位应当依照《劳动合同法》规定的经济补偿标准的 2 倍向劳动者支付赔偿。

国家已采取措施，建立健全劳动者社会保险关系跨地区转移接续制度。用人单位应当在解除或者终止劳动合同时出具解除或者终止劳动合同的证明，并在 15 日内为劳动者办理档案和社会保险关系转移手续。劳动者应当按照双方约定，办理工作交接。用人单位依照《劳动合同法》有关规定应当向劳动者支付经济补偿的，在办结工作交接时支付。用人单位对已经解除或者终止的劳动合同的文本，至少保存 2 年备查。

员工解聘的上述规定既反映了企业作为法人的用工自主权，又是对员工合法权益的有效保护，充分体现了物业服务企业与其员工在法律上的平等性。关于员工解聘的具体操作方法，物业服务企业可依法结合本单位的实际，设计相应的更加具体的条款反映在合同中，但根本原则是不能与国家有关法律法规相抵触。并要结合当地情况，在当地政府有关部门的指导下，实际贯彻《劳动合同法》的精神。

（五）员工解聘的程序及方法

《劳动合同法》第四十三条规定，用人单位单方解除劳动合同，应当事先将理由通知工会。用人单位违反法律、行政法规规定或者劳动合同约定的，工会有权要求用人单位纠正。用人单位应当研究工会的意见，并将处理结果书面通知工会。

当事人双方协商一致解除劳动合同，需签订《解除劳动合同协议书》，双方签字盖章。

员工的解聘在物业服务企业较常发生，它是政策性很强且非常严肃的事情，是物业服务企业界和员工的双向选择行为和过程。它既关系员工的切身利益，又关系到企业的事业发展。因此，员工的解聘是双方力量平衡的结果。为确保双方的权益，员工的解聘必须按一定的程序及方法来进行。关于员工解聘的程序，不同的物业服务企业有不同的规定，一般来说要经过以下程序。

物业服务企业提出解聘的，先由部门经理提出解聘的报告，经最高管理部门或总经理审查批准，才能解聘员工。

员工辞职的一般程序为：由员工本人向部门经理提出书面辞职请求，由员工所在部门经理向人力资源部门及有关领导提出报告—经审批后转人力资源部门、财务部门备案，人力资源部门开具离职还物表—员工在结束工作后，归还发给的全部物品，并经各有关部门汇总—由财务部门结清员工工资及其他账目—在人力资源部门办理离职解聘手续。

辞退员工的一般程序为：部门经理提出辞退员工的报告—经由最高管理部门或总经理批准后转入人力资源、财务等部门备案—员工归还发给的全部物品—财务部门结清有关账目—人力资源部门办理辞退解聘手续。

第三节 员工培训

一、员工培训的意义

其一，员工培训可以改变物业服务企业整体素质，特别是可以改善员工素质不高的问题。目前，我国城市物业服务企业大多是由房管单位或房地产开发企业分立出来的。企业的经营理念、管理体制、管理的方式与方法、运作模式以及员工素质，特别是物业管理专业技术水平、服务意识与态度等均较低下，因此需要通过长期的、制度化的员工培训来改变这一现状。

员工培训

其二，员工培训可以缓解物业管理人才缺乏的矛盾。管理人才奇缺在我国各行各业是普遍现象。截至2008年底，全国已有3万多家物业服务企业，从业人员超过350万人，物业管理总面积达到4600多万平方米，物业管理覆盖率达到70%以上。但目前人员素质普遍偏低，据2007年物业管理行业调查资料反映，物业管理人员中67%没有中级以上职称，操作人员中90%没有中级技工证书，而中专以下学历所占比例和一线操作工人所占比例几乎相等（84%左右），因而提高从业人员的受教育水平是当务之急。物业管理人才特别是有经验的人才在数量上有很大的缺口。而目前大专院校培养的物业管理专业人才虽然已有相当的数量，但在使用性、适应性以及普及性上还不能大量满足物业服务企业的需要，因此，仍需要通过物业服务企业结合岗位的培训来改变这一状况。

其三，员工培训可以满足物业服务企业在使用新技术、新材料和开拓新业务、新领域的需要。物业服务企业市场竞争正在加剧，新技术、新材料将不断应用到物业管理中来，重视生命安全与环境管理、个性化服务、智能系统的使用、低碳绿色生活等将成为物业管理服务活动的新时尚。这需要掌握大量的新知识、具备新理念、能引领新生活模式的新型人才，必须采取多种形式、多种渠道加快培养物业管理人才。

其四，员工培训可以开发人力资源、培育企业文化，形成企业精神，实现企业的长远战略目标。物业管理行业是一个新兴行业，物业服务企业不能作为独立的行业主体而存在，物业服务企业没有形成自己特有的企业品牌和企业文化，是许多物业服务企业刚刚起步就衰落的主要原因。培训可使员工明确物业服务企业的发展战略及分步目标，学习和遵守企业的各项标准、制度，统一管理和服务的言行，协调整体行动的方式，形成共同的价值准则，进而形成并认同企业文化，为企业的发展尽心尽力服务。培训还可以把物业服务企业建成学习型组织，从而实现物业服务企业的发展与壮大。

二、员工培训的原则

员工培训的原则是物业服务企业员工培训的指导思想和培训过程中所必须遵循的一般准则。它是增强培训效果的理论依据和工作方针，并使培训达到传递信息、改变态度、更新知识、提高素质的目的。

（一）理论学习与技能训练相结合原则

物业管理行业业务范围越来越广，涉及的专业领域越来越多，物业服务企业员工只有不断拓宽知识面才能适应这种需要。学习相关的理论知识是进入这些专业领域的通行证，只有掌握一定的专业理论知识才能更好地发展相关的业务。同时，物业管理行业作为一个实务性很强的行业，应该让员工掌握一些应知、应会、应用自如的技能。只有把理论学习与技能训练结合起来才能满足物业服务企业的发展需要。例如，在绿化管理上，员工既要懂得植物学科、植物病虫害防治等方面的理论知识，又要会种植、养护植物的具体操作；又如，在清洁管理上，员工既要懂得清洁药剂化学性能、对物业的影响等方面的理论知识，又要懂得这种清洁药剂配制的使用方法与技巧。这些都需要通过员工培训来实现。

（二）基本专业知识学习与新技术、新方法学习相结合原则

目前，我国物业管理行业员工素质普遍偏低，对员工进行基本专业知识的培训仍然是员工培训的主要任务。同时，物业管理行业作为一个成长中的行业，一些新技术、新方法不断向其渗透，物业服务企业的员工必须随时准备更新知识储备。在培训过程中应当把基本专业知识学习与新技术、新方法学习结合起来，对员工进行普遍的基本专业知识学习轮训；注重对新岗位、关键岗位结合新技术、新材料、新方法的应用，搞好技术骨干员工的重点培训。

（三）全员培训与拔优培训相结合原则

全员培训是针对普遍性、长远性、战略性的问题开展的基础性、常规性的培训工作，如提高员工素质，转型更新知识技能的问题，统一思想、明确目标、统一计划、统一行动，确立企业经营理念与建设企业文化以及完成阶段性任务等都需要全员培训。针对优秀员工进行的拔优培训，有利于优秀员工的成长和发展，形成物业服务企业的人才梯队，优化人力资源结构。因此，把全员培训与拔优培训结合起来，可以更好地发挥培训的功能作用。

（四）培训效果与奖惩、任用相结合原则

物业服务企业的员工培训是与企业的经营管理目标紧密结合的企业投资性质的培训，它必须给企业带来实际效果。这涉及一个投入产出的问题。也就是说，培训必须严格按计划进行，整个过程必须有考核、有评价、有奖惩。学习是一种员工应履行的义务，不仅仅是权利，参加培训者必须对学习效果负责。培训效果最终要与培训者的切身利益挂钩，要把培训与工资晋级、职务晋升、岗位任用等紧密结合，使企业的培训投资变成企业的实际收益。

（五）脱产专门培训与在岗学习提高相结合原则

物业服务企业的员工培训还要处理好脱产专门培训与在岗学习提高的关系。脱产专门培训是物业服务企业定期轮训员工的常规培训工作，是培训工作的主要方式，它可以系统地教授物业管理工作必备的专业知识、管理思想与方法。物业服务企业的先进思想、理论与技术的接收普及主要靠这种方式。在岗学习提高则是终身学习、岗位成才的要求。物业服务企业涉及的专业知识领域广、学科多、实际操作性与技能性强，这就需要结合岗位实际进行见习、模仿、研究、革新、发明、应用等学习方式解决实际问题。脱产专门培训与在岗学习提高相结合，可以从不同的程度和层次解决物业服务企业的技术问题和管理问题。

三、员工培训的内容

物业服务企业员工培训内容确定的依据有两个方面：一是以构筑物业服务企业的员工素质基本面貌的培训内容，这是各物业服务企业共通的培训内容；二是根据物业服务企业发展成长阶段经营管理目标的需要设计的培训内容，在这方面各物业服务企业不能一概而论。

（一）物业服务企业员工培训的基本内容

1. 思想观念与经营管理理念教育相结合

物业服务企业实际开展系统的思想观念与经营管理理念的教育，使员工树立全心

全意为业主和租户服务的思想，端正工作态度，把为业主服务的思想作为物业管理服务的根本宗旨深埋心底。同时，要把思想观念的教育同企业经营管理理念结合起来，通过学习现代经营管理理论与思想，认识本企业的经营管理目标和经营管理战略，让每个员工按照本企业的经营管理模式和经营管理理念，来优化为业主和租户服务的质量。

2. 职业道德与企业文化建设

物业管理人员的职业道德，主要体现在其履行职责的过程中，它规定了员工在履行职责中应该怎样做，不应该怎样做。这个“应该”或“不应该”是出自员工内心的道德要求，体现了员工的品质、人格和精神境界。

物业服务企业文化，是物业服务企业在长期的经营管理活动中创造的具有本企业特色的精神文化和物质文化。物业服务企业文化从精神到物质、从软件到硬件，渗透在物业管理的宗旨、观念、思想、理念、制度、规范、服务品牌与标志、服务语言、员工服饰、办公环境、物业景观等各个领域之中。物业服务企业的员工必须了解、认同本企业的文化，才能统一思想和理念，进而有协调一致的行动。职业道德建设与企业文化建设是相互促进的关系，职业道德建设是基本的素养要求，企业文化建设就是要使员工的素养变成工作的动力与合力。

3. 物业管理业务知识教育

做好物业管理工作，不仅要有全心全意为业主和租户服务的思想，而且还要有过硬的业务能力。物业管理工作范围广泛，涉及多方面的专业知识。对物业管理人员来说，其岗位必备知识主要有如下方面。

（1）管理学理论知识。

（2）房地产经济理论知识。

（3）物业管理理论及实务知识。

（4）法律知识。

（5）房屋及设施、设备基础知识。

（6）计算机、网络及楼宇智能化知识。

（7）物业建设规划及管理知识。

（8）物业管理应用文写作知识。

（9）公共关系知识。

（10）财务、税收、金融、保险知识。

（11）其他诸如治安、交通、绿化、环境科学、行为科学、社区服务理论、社会学、公共行政管理等知识。

（二）物业服务企业员工培训内容的针对性

员工培训内容可按物业管理从业人员的不同工作范围确定培训的知识层次，然后开展有针对性的培训。

（1）对于基层人员（如保洁员、保安员、技术员、操作工人及勤杂人员等）的培训内容要着重操作性，应学习有关物业管理法律法规，房屋结构和保养维修基本知识以及员工工作范围内的专业知识，如治安保卫、清洁卫生、绿化园艺、服务技能、水电维修和机电设备维修养护、计算机操作等技能。

（2）对于中层管理人员（部门正、副经理以下的管理人员）的培训内容，除了物业的保养和维护、设备维修、园林绿化等知识外，更要对企业经营管理、物业管理法规知识、智能化物业管理系统、ISO 9000 质量体系、ISO 14000 环境管理体系和 OHSAS 18000 职业健康安全管理体系在物业管理中的应用等有较全面的了解，还需要掌握相关专业知识，如经纪中介专业知识、房产估价知识、财务专业知识等。

（3）对于高级管理人员（正、副总经理，部门正、副总经理）的培训内容，应重点培训掌握中国特色社会主义理论、社会主义市场经济理论、现代管理理论、行政管理学、企业管理学、物业管理原理及实务、城市规划学、社会学、社区管理学、房地产经济学、房地产法律、房产经纪、金融保险学，以及国家有关法律法规等知识。

四、员工培训的形式

（一）直接传授培训

1．课堂教学法

课堂教学法就是按传统的教学方式，采取讲课、讲座和专题报告等多种形式授课。授课应有组织、有准备、有重点，采取以学员为主体的研究讨论方法解决理论与实践问题。

2．多媒体教学

多媒体教学是培训开发中常用的一种方法，即利用国际互联网络通信协定（IP）课件开展网上教学，利用视频高密光盘（VCD）、电视机、录像机、幻灯机、投影仪、收录机、放映机等设备开展电化教学，向学员呈现有关资料、信息。另外，随着计算机的不断发展，计算机辅助教学（CAI）、在线学习正日渐普及。计算机辅助教学通常可作为传统课堂教学法的补充，而远程教育则成为一种教学新常态。

3．学徒制跟班学习法

学徒制跟班学习法是培训新人最常用的方法。这种培训方法具有悠久的历史，过去的各种手工艺人主要就是通过学徒制跟班培养出来的。直到现在，它仍是企业中用来培训生产一线员工的主要方法之一。它的特点就是由一位经验丰富的师傅，负责帮带一名或几名新来的员工。它的传授技能过程一般分为四步：传授—示范—练习—检查反馈。

（二）互动参与式培训

1．讨论法

互动研讨采用讨论法时，培训对象就某一主题进行广泛的探讨，交流各自的意见、看法。这种方法要求学员积极参与，能够各抒己见，最后达成共识。讨论的人数不宜过多，以 20 ～30 人为宜，以 5 ～6 人为一个小组进行，先在各自小组中进行讨论，再由每个小组派代表发表意见。

2．案例教学

案例教学是一种以以往的物业管理成功经验与失败的教训为典型材料，研究其中的规律，以帮助学员提高物业管理水平和工作效率的方法。学员通过某一典型物业管理活动，分析思考，共同寻找答案，从而达到学习的目的。通过对某一案例的讨论，培养学员们分析问题、解决问题的能力，并将这种能力运用到日常工作中去。这种方法往往用于对中高级管理人员的培训。

3．情景模拟

情景模拟的方法除用于招聘甄选人员外，还可用在对人员的培训上。这种方法可使培训对象身临其境地分析、解决问题，对他们的实际工作能力提高会有很大帮助。情景模拟通常用在对管理人员的培训上，通常用的方法有以下类型。

（1）公文处理法。即让培训对象在一定时间内完成若干文件的批阅，这些文件与他们日常工作中遇到的有一些相似性。

（2）角色扮演法。即让培训对象假想他们是公司中的某一角色，以此角色身份来处理问题。

（3）管理游戏法。这种方法寓教于游戏中，通过完成事先设计好的精妙游戏，让培训对象领悟到其中的管理思想。

（4）无领导小组讨论法。即培训对象自由展开讨论，主持者事先可预定某一主题，然后让参加者自己组织讨论，从中观察每个人不同的人际交往能力、领导能力、说服能力、表达能力等。因其具有较强的针对性、实战性，较受企业欢迎。

（三）其他培训方式

员工培训除了上述的方式之外，还有业余进修、开展读书活动、参观访问等方式，主要通过参加者的自身努力、自我约束来完成，物业服务公司应鼓励、支持和引导。

第四节　员工考核

一、员工考核的作用

考核也是人力资源管理工作的重要部分，是人事决策和人事管理的依据，是“知人”的主要手段，也是对员工进行培训，决定人员调配和职务升降，确定员工薪金报酬，对员工进行激励等人力资源管理活动的依据。

（一）为员工岗位调整提供依据

员工考核的结果将客观地对员工是否适合该岗位做出明确的评判。基于这种评判而进行的职务调整，往往能让员工本人和其他员工接受和认同。物业服务企业岗位种类多、工作具体、工作性质差别大，初期的员工配备，有时并不一定与工作要求完全相符，需要及时调整。员工考核结果是人事调整计划的依据。

（二）为确定员工的工作报酬提供依据

确定员工的工作报酬是许多企业进行员工考核的主要目的。员工考核结论不论是描述性的还是量化的，都可以作为员工的薪酬调整、奖金发放的重要依据。员工考核结论对员工本人是公开的，并且要获得员工的认同。所以，以它作为依据是非常有说服力的。工作报酬必须与工作者的能力和贡献结合起来，这是企业分配的一条基本原则。在确定员工的工作报酬时，不仅要根据担任这项职务所必需的素质来确定能力工资或职务工资，而且还要根据员工在工作中的态度、努力程度、实际表现等因素来确定绩效工资。这些都需要以员工考核结果作为依据。

（三）为员工培训提供依据

员工考核可以帮助企业了解每个员工素质上的优势、劣势、内在潜力，因而能够指导物业服务企业针对员工队伍的状况和特点来制订相应的培训和发展规划。

（四）激励员工不断自我提高和自我完善

客观公正的考核，不仅能把员工的工作业绩描述下来，而且能起到督促作用。成绩的描述实际上是对员工业绩的肯定，对员工能起到正面激励作用；指出其缺点和不足之处，可对员工产生压力，鞭策他们今后更加努力工作，消除差距。一方面，可以防止员工不正确地估计自己在企业中的地位和作用，从而减少一些不必要的抱怨。另一方面，可以让员工清楚自己需要改进的地方，明晰前进的方向，进而为员工的自我发展铺平道路。

（五）有利于促进组织内部的沟通

制度化的员工考核，可以使下级更加明确上级或组织对自己的工作和能力要求，从而了解努力的方向；可以使上级更加了解下属的工作状态和存在的问题，从而更关注他们的成长；可以使上下级经常对某些问题加以讨论，从而促进理解的一致性。这些由于员工考核而增加的沟通，必然会促进人们对组织目标与任务的理解，使企业员工特别是管理层人员之间的关系更融洽，从而有利于物业服务企业管理活动的顺利开展。

（六）有利于工作目标的实现

通过员工考核，管理者和员工知道所负责的工作完成的进度、完成的程度、完成的质量和完成的效率。物业服务企业的管理者和人力资源部门也可以及时准确地获取员工的工作信息。评价一系列管理政策效果，及时发现不足和问题，改进企业政策，保证企业管理目标的实现。

二、员工考核的内容

物业服务企业员工众多，不同员工处在不同的工作岗位，有不同的工作职责，考核的内容应有所不同。但是，“德”“能”“勤”“绩”四个方面必须是对所有员工考核的内容。

（一）关于“德”的考核

“德”主要指人的政治思想素质、道德素质。德是一个人的灵魂，它决定了一个人的行为方向和行为方式。“德”的标准不是抽象的，而是随着不同时代、不同行业的要求而变化的。在物业管理行业中，员工“德”的表现主要包括政治思想素质（如坚持四项基本原则、关心国家大事等）、社会公德（如尊老爱幼、助人为乐、爱护公物等）、职业道德（如爱岗敬业、具有良好的服务意识、认真钻研业务知识等）。

（二）关于“能”的考核

“能”是指人的能力素质。一般来说，“能”主要包括员工的动手操作能力、认识能力、思维能力、学习研究能力、创新能力、表达能力、组织指挥能力、协调能力、决策能力、抗压能力、沟通协调能力等。不同的职位对“能”的要求有不同的侧重点。

（三）关于“勤”的考核

“勤”是指员工勤奋敬业，主要包括员工工作的积极性、主动性和出勤率。不能把“勤”简单地理解为出勤率。出勤率高是“勤”的一种表现，但并非“勤”的实质所在，因为有些员工可能出工不出力。真正的“勤”，不仅是出勤率高，而且是在工作中投入了全部精力。因此，人事考核工作应将表面形式的“勤”，如按时上下班、不迟到早退等，与内在的实质的“勤”，如勤奋工作、勤于学习、任劳任怨结合起来，重点考核员工的敬业精神、实干精神。

（四）关于“绩”的考核

“绩”是指员工的工作绩效，包括完成工作的数量、质量、经济效益和社会效益。对员工“绩”的考核，不仅要考核其工作数量、工作质量，更要考核其所做的工作使用户满意的程度以及是否给企业创造了经济效益和社会效益。

三、员工考核的方法

（一）常用的员工考核方法

1. 主管决定法

主管决定法就是主管人员根据个人印象和看法，直接评价下属工作人员的考核方法。这种考核方法的优点是：简便易行，节省考核时间，能直接反映主管人员对下属人员的看法。其缺点是：难以做到客观公正，不能反映群众对某一员工的看法，考核的效果基本决定于主管人员的识别能力和公正性。

2. 工作标准法

工作标准法就是规定每个职位必须完成的工作数量和质量，以此标准去衡量每个员工的工作情况，评价员工的业绩，达到工作标准即合格，超过工作标准的为优秀，达不到标准的即为不合格。这种方法的优点是：主管人员决定下属考核结果时有明确的标准作为依据，因而考核较为客观公正；下属在日常工作时，也有标准可循。其缺点是：适用范围有一定的局限性。对工作成绩的考核较为适应，对思想政治表现和能力就难以制定定量标准。而对工作任务订立具体标准也并非易事，特别是对一些复杂岗位的脑力劳动就更难制定。

3. 鉴别性方法

鉴别性方法主要就是依据各人的工作表现、成绩进行排队、分等。排队就是以一般的表现为基础，对员工的工作情况进行比较，分成最好的、较好的、中等的和最差的。

4. 配对比较法

配对比较法就是按照考核项目将被考核者一对一对地加以比较。例如，考核工作成绩，将每一个人都同其他人分别配对一次，在每一对里，工作成绩较大的打上“+”号，工作成绩较小的打上“-”号。如果有 n 个被考核者，那么对比次数就是“$n(n-1)/2$”。最后，“+”号最多的就是最好的，“-”号最多的就是最差的。这种方法的优点是：准确性高。由于在考核过程中，两相比较容易判断谁高谁低，而且考核者很难判断每个被考核者的最终成绩，因而可以避免考核者的主观影响。缺点是：手续烦琐，工作量大，如单位的人数过多就不宜应用（如有 30 人，每一项就要对比 935 次）。

5. 功能测评法

功能测评法就是将各个考核项目分解成若干要素，例如，能力可分为操作能力、协作能力、表达能力、领导能力等。每一要素分为几等，每一等确定记分标准。在测评时，让被考核者的领导、同级、下级各层次的人都参加，对每一要素打分。然后将测评数据用计算机进行处理，最后得出每个人的等次。

6. 360度考核法

360度考核又称全方位（全视角）绩效考核，即国外所说的360度反馈评价。它最早被英特尔公司提出并加以实施运用。它的基本原理是：员工的工作是多方面的，工作业绩也是多维度的，不同个体对同一工作得出的印象是不相同的。因此，通过上级主管、同事、下属和顾客360度来考核，更能全方位、准确地考核员工的工作业绩。同时，员工通过评论知晓各方面的意见，更能清楚自己的长处和短处。

7. 平衡记分卡法

平衡记分卡法是哈佛大学的罗伯特·卡普兰与波士顿的顾问大卫·诺顿在20世纪90年代最早提出的，它包括财务维度、顾客维度、内部业务维度及学习与成长维度。在此基础上的个人平衡记分卡能够比较全面地进行评估，通过个人目标与企业愿景的平衡，将平衡计分卡引入人力资源管理，而这一平衡正是实现员工的积极性、可持续的企业绩效的前提条件。

（二）考核中可能会出现的常见问题

1. 考核标准问题

员工考核的标准制定，既要切实可行，又要符合岗位工作实际，否则操作起来很困难，考核结果不能反映实际情况，造成工作失误。标准问题主要有标准不明确、不具体，标准主观性太强，标准不现实，标准的可衡量性太差等。

2. 形式主义

有些员工或管理公司领导不了解考核的作用或以工作忙为借口，往往将考核工作作为应付式的例行公事，草率地对待考核工作。解决办法就是加强对考核工作的认识和理解，明确考核工作的重要性和具体要求。

3. 好人主义

好人主义表现为考核者给每个员工都打高分。这是一种在考核中常见的现象，经常发生在对管理人员和部门负责人的考核上。解决办法是对员工考核制定出每个部门考评成绩为“优”的员工比例，明确要拉开考核档次。对部门负责人的考核，要选择一些原则性强、作风正派、敢于负责的普通员工与公司领导一起进行背靠背的考核。

4. 集中趋势

集中趋势就是指在考核时，倾向于把被考核者的工作绩效集中于中间水平或平均水平，导致考核的不公。这主要是由于有的领导深入基层不够，对员工了解不多，认为员工大都差不多，不好不差，于是对每个员工都打个接近良好的中间分。解决办法就是考核小组的成员要有各方面的代表，尤其是要吸收工会、人力资源等部门负责人参加，还要多听取群众意见。必须进行专门的培训，使他们掌握考核所需的各种技能和道德标准。

其他心理因素如晕轮效应、首见效应、常知效应、近因效应、暗示偏差、情感因素等也会影响考核的客观性，这些问题在员工考核中应注意避免出现。

四、员工的年度考核

员工的年度考核是员工考核的基本形式和基本制度，员工的年度考核必须与平时考核结合起来，建立以企业高层考核委员会或小组为核心，部门和单位质检办公室（质检小组）为载体的员工考核制度体系。主管人员对员工的德、才表现和工作情况要有切实的记录。年度考核必须以平时考核为基础，不能脱离平时考核以印象论人。平时考核与年度考核相结合，这样可使年度考核做到考之有据，同时使考核工作变成一项经常性的工作。

（一）做好考核的准备工作

1. 成立考核组织

物业服务企业各部门、各层级单位除应有专门的员工考核组织和人员外，还应在员工年度考核工作进行之前建立非常设的考核工作委员会或考核工作小组。在部门或单位负责人领导下，负责本部门、本单位员工的考核工作。考核委员会或者考核小组的设立，可以根据各层级部门、单位的实际情况确定。考核委员会或考核小组由本部门或本单位的负责人、人力资源管理部门人员和员工代表组成。对考核委员会或考核小组的组成人员要认真选择，他们必须具有较高的政策水平，办事公道正派，而且具备相应的专业知识，并掌握一定的考核技能。

2. 考核体系的设计

考核委员会或者考核小组根据物业服务企业的总部署和本单位的具体情况，具体确定考核时间，编制考核日程表，设计考核项目，确定考核标准，拟定考核的具体办法和步骤，准备各种考核表格，等等。

3. 公布考核方案

向考核对象公布考核方案，组织必要的考核前学习，使每个员工都明确考核的目的和要求，明确考核的意义，以保证考核的正常进行。

（二）考核的评语、等次的确定

先由员工个人总结，再由主管在听取群众意见的基础上，根据平时的考核记录和个人总结写出评语，并提出等次意见，经考核委员会或考核小组审核后，由部门或单位负责人确定考核等次意见，最后由企业最高领导层决定等次。考核员工必须持之有据。这就要求做好平时考核，将每个人的平时情况、突出表现、重大功过随时记录在册。在写评语之前还要采用各种方式听取群众意见，具体方式可以根据各岗位的情况确定，但绝不能走过场。听取群众意见，有利于调动员工的积极性。例如，组织群众根据测评量表的要求对被考核者进行评鉴。对担任一定领导职务的管理人员，在年度考核时还要组织民主评议和民意测验。主管领导在依据平时考核情况和群众意见给员工写评语时，一定要审慎、公正、客观、全面地反映员工的基本情况。最后还要给每个员工提出等次意见，一般分为优秀、良好、合格、不合格四个等次。由企业负责人最后确定考核等次并签字。

（三）考核的结尾工作

考核的结果要以书面形式通知被考核者本人，如本人对考核结果有异议，可向主管领导或考核委员会（考核小组）申请复核。主管领导、考核委员会（考核小组）应该认真复核。如考核结果引起员工被开除、解聘等劳动关系的变化，应按劳动法的有关规定和劳动合同的约定处理。员工考核的结果要存入员工的个人档案，作为员工奖惩、培训、辞退及岗位调整、升级升职和调整工资的依据。

第五节 员工激励

一、激励的概念与行为

（一）需要和动机

需要是指当缺乏或期待某种结果而产生的心理状态，包括对事物、水、空气等物质需要及对归属、爱等的社会需要。动机是指人们从事某种活动，为某一目标付出努力的意愿，这种意愿取决于能否以及在多大程度上满足人的需要。

员工激励

（二）激励和激励机制

激励是指人类活动的一种心理状态，它具有加强和激发动机，推动并引导行为朝向预定目标、方向作用。通常而言，一切内心要争取的条件，如欲望、需求、希望、动力等都构成人的激励。激励机制，是指组织系统中，激励主体通过激励因素或激励手段与激励客体之间相互作用的关系的总和，也就是指企业激励内在关系结构、运行方式和发展演变规律的总和。

（三）激励与人的行为

心理学家一般认为，人的一切行动都是由某种动机引起的。动机是人类的一种精神状态，它对人的行动起激发、推动、加强的作用，因此称之为激励。

从组织行为学意义上讲，它指的是激发人的动机，诱导人的行为，通过精神或物质的某些刺激，使其发挥内在潜力，为实现所追求的目标而努力的过程。这也就是人们通常所说的调动和发挥人的积极性的过程。

激励的本质就是激发人的动机的过程。而所谓的动机，就是引起、维持并且指引某种行为去实现一定目标的主观原因。因此，要理解激励的本质，即激发动机的过程，就必须研究三个问题：一是什么因素引起人的行为，二是什么因素指引着人朝向目标前进，三是这种行为如何得以坚持下去或最后终止。实践证明，如何回答上述三个问题对于深刻而全面地理解人的实际工作行为至关重要。在现实中，影响人的工作行为表现的因素是多种多样的。人的能力就是一个非常重要的因素，因为它反映了一个人以前所受过的训练和教育、过去所积累的知识经验以及先天的素质。工作表现的好坏还要受技术设备等客观因素的制约。但是不管其他条件如何，激励总是决定人的工作行为表现的首要因素。

人类的有目的的行为都是出于对某种需要的追求。未得到的需要是产生激励的起点，进而导致某种行为。行为的结果，可能使需要得到满足，之后再发生对新需要的追求；行为的结果也可能是遭受挫折，追求的需要未得到满足，由此而产生消极的或积极的行为。

激励涉及一个抉择过程。首先，抉择是在若干不同备选目标之间做出选择，这其实就是定方向。其次，决定了方向之后的下一层抉择，就是努力去实现所选定的目标，这就是强度。最后一层抉择，则是在选定方向上选定的强度应坚持多久，这就是持续的时间。

按此观点，激励代表了行为的方向、幅度与持续期这三种因素的关系，这种关系可以用下列的函数来表示：

$$M = (As, Ex, Pe)$$

在上式中，各个变量的含义是：M（Motivation）代表工作积极性（激励水平），As（Aspect）代表行为的方向，Ex（Extent）代表幅度，Pe（Persistence）代表持续期。

（四）激励与绩效

管理的目的在于充分利用所拥有的资源，使组织高效能地运转，提高组织的绩效，实现组织的既定目标。而组织的绩效是必须以其成员的个人行为的绩效为基础的。

个人的绩效取决于多种因素，在组织行为学中用“绩效函数”来表示：

$$P = f(M \times Ab \times En)$$

在上式中，各个变量的含义是：P（Performance）代表个人工作绩效，M（Motivation）代表工作积极性（激励水平），Ab（Ability）代表工作能力，En（Environment）代表工作条件（环境）。

这个公式抓住了决定个人绩效的三个关键因素：一是有没有工作积极性；二是仅

有热情而无能力，也做不出绩效；三是必要的工作条件是取得绩效的基础。“绩效函数”中积极性、能力与条件三类自变量都很重要，提高和保证这三类自变量是管理者的责任；但其中积极性的提高与保持更重要，也更复杂。因为工作能力可以通过锻炼和培训来提高；工作条件可以通过安排和支持来保证；而工作积极性却受制于个人的动机、需要以及组织的政策、制度等诸多因素。所以，调动人的工作积极性需要管理者付出更多的努力，学习更多的激励知识，掌握更多的激励方法。在现代企业管理中，激励是一项重要的管理职能，激励能力成为对管理者进行考核的极重要的维度。有关激励理论和实践的研究也成为企业界和学术界关注的一个焦点。

激励具有下列重要作用：

（1）激励可以把有能力又是组织需要的人才吸引进来，长期为组织工作，使组织人才济济，事业兴旺。

（2）激励可以使员工最充分地发挥其技术和才能，充分挖掘员工的内在潜力，提高企业的竞争力。

（3）激励可以使积极的员工更加积极，使中间员工或消极员工转变为积极员工，使每个员工都愿为组织多做贡献，从而提高组织凝聚力，保持工作的有效性和高效率。

二、激励的一般形式

（一）激励的模式

心理学研究表明，人类的有目的的行为是由其所体验到的某种未满足的需要或未达到的目标所引起的。如果其是出于对某种需要的追求，未得到的需要是产生激励的起点，进而导致其某种行为。行为的结果，可能使需要得到满足，之后再发生对新需要的追求；行为的结果也可能是遭受挫折，追求的需要未得到满足，由此而产生消极的或积极的行为。这就是激励过程（如图9－2所示）。

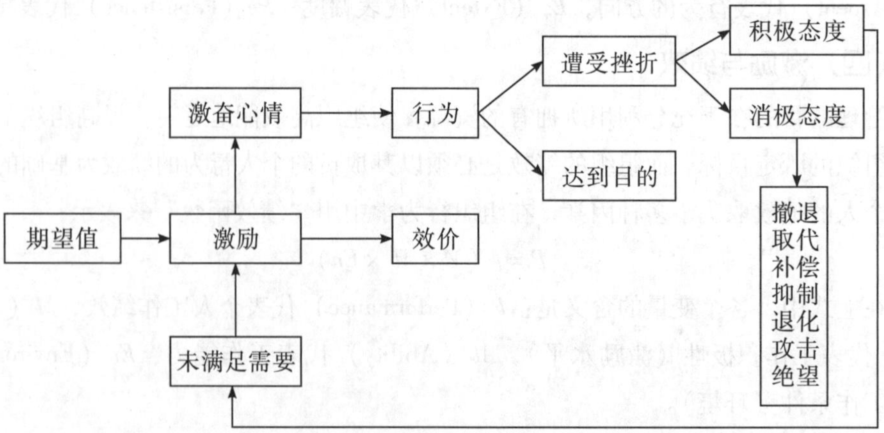

图9－2　激励模式

（二）激励的一般形式

长期以来，心理学家和管理学家曾从不同的角度提出各种各样的理论来解释人的激励问题，为管理在工作中采取的激励措施提供了方法和思路。根据激励模式，激励可分为内容型激励、过程型激励、状态型激励三种形式。

1. 内容型激励

内容型激励即从激励内容——人的需要出发，试图解释是什么因素引起、维持并且指引其行为去实现目标这类问题。需要型理论基本上都认为人的行为动机是由需要引起的，了解人的需要尤其是优势需要是激励的出发点。因此，这一类理论的中心任务就是了解职工的各种需要，确定这些需要的主次顺序或结构，以及满足何种需要将导致最大的激励，等等。相对而言，这是从静态的角度探讨激励问题的一种理论。属于需要型激励理论的主要有马斯洛的需求层次理论、奥德弗的 ERG 理论、赫兹伯格的“双因素”激励理论和麦克利兰的成就动机理论。

2. 过程型激励

过程型激励理论是在需要型理论的基础上发展起来的。它从激励的起点——未满足的需要到需要的满足这样的过程来探讨、分析人的行为是如何产生、导向一定目标和维持下去或最后终止等问题。与需要型激励理论不同，过程型理论基本上都采用动态、系统的分析方法来研究激励问题。其主要任务在于找出对行为起决定作用的某些关键因素，弄清它们之间的相互关系，并在此基础上预测或控制人的行为。属于过程型激励理论的主要有弗鲁姆的期望理论、洛克的目标理论和斯金纳的强化理论。

3. 状态型激励

如果说需要型激励理论是激励的起点，过程型理论从激励的中间过程来研究激励问题的话，那么状态型激励理论则是从激励的终点（相对而非绝对的）——需要的满足与否或状态来探讨激励问题的。需要的满足方式有公平和不公平之分，需要的不满足将给人带来挫折。不公平和挫折都会降低人的激励水平，因此状态型激励理论的研究重点就是弄清公平或不公平及挫折对人的行为的影响，目的是找到有效的手段或措施来消除不公平和挫折对人的行为的消极影响，最大限度地保证人的积极性得到充分的发挥。属于状态型激励理论的主要有亚当斯的公平理论和挫折理论。

（三）物业服务企业员工的激励机制

物业服务企业需要通过激励功能的发挥，即研究如何根据人的行为规律，激发员工的工作积极性，来实现经营管理目标。

哈佛大学的一位教授在一次员工激励调查研究中发现，按时计酬的员工只要发挥 20%～30% 的能力，即可保住饭碗，如给予充分的激励，员工的能力可发挥 80%～90%。显然，激励可以挖掘员工的内在潜力，从而显著地提高生产效率。因此，对人力资源的开发与管理，除了发挥员工智力（技术、能力、专长）因素的作用外，更应注意员工的情绪，激发员工的工作积极性。物业服务企业应建立以下激励机制。

1. 目标激励

员工从事任何一项工作，都希望所在公司能有一个明确的工作目标，并引导他们围绕着这个目标去工作，最终实现这个目标。只有目标明确了，员工才能有奋斗方向和工作动力。

2. 精神激励

精神激励主要是通过先进的思想理念、公平的竞争机制、榜样示范作用和精神鼓励作用来激励员工，引导其态度与行为朝好的方向发展。领导者在其中起主导作用。

3. 物质激励

调动员工的工作积极性，要充分体现多劳多得、不劳不得的公平分配原则，对工作表现突出、模范遵守企业管理规定、用户称赞的员工要给予一定的物质奖励。对工作不认真、不思进取、违反纪律、工作质量差等违背物业服务企业的经营管理目标和制度的行为要采取惩罚措施，以此来激发员工的工作主动性和创造性。

4. 福利激励

与员工签订劳动用工合同，并为员工购买养老保险。同时，根据公司的经营状况，施行年终双薪、带薪休假、安排旅游、生日贺金、伙食补助、集中免费洗衣等福利措施来增加员工的福利，为员工解除后顾之忧，使员工全身心投入工作。

5. 荣誉激励

人的需要和追求是分层次的，当基本的工作需求和物质利益得到满足后，他们往往渴望得到各种荣誉。在此情况下，物业服务企业应尽量满足员工的这部分需求。如对工作成绩优异、素质高、业务能力强的员工，要尽快晋升到高一级的工作岗位，使工作岗位与他们的工作能力相一致；对工作突出、模范遵守企业管理规定、用户称赞的员工授予优秀服务标兵、先进个人等荣誉称号，并将其主要事迹在有关报刊和宣传栏中大力宣传；对素质高、品质好、有发展潜力的员工可派出外考察、学习和培训，提高他们的业务能力。

6. 参与激励

一个企业的发展与员工的切身利益息息相关。员工对企业的发展非常关心，如果能多听取员工对企业管理及发展方面的意见和建议，或经常性地开展合理化建议活动，组织员工参与企业的各项管理工作，员工就会以企业为家，以主人翁精神投入工作，焕发出旺盛的工作热情。

7. 考核激励

影响员工工作积极性的一个重要因素是激励标准是否公平，因此，加强考核激励，完善考核制度，是避免影响员工积极性发挥的重要措施。在实施中应做到：一是机会要均等，让所有员工处于同一起跑线，具备同样的工作条件，使用同一考核标准；二是奖惩的程度要与员工的功过相一致；三是激励措施实施过程要公开。只有这样，才能真正调动员工的工作积极性。

8. 竞争激励

只要制定客观、科学、合理的工作绩效评价标准和考核制度，并严格按照标准和制度控制整个管理活动的全过程，从而使每个员工的工作实绩得到真实而客观的评价，这样就会在企业内部形成一个公平竞争的环境。竞争促使员工不断改进工作，从自身找差距，重视自我价值实现以及关心集体等。

三、奖励和惩罚

奖励和惩罚是对员工进行激励的两种最基本的方式。

（一）员工奖励

1. 奖励的含义及种类

奖励是对人的某种行为给予肯定或表扬，以使人保持这种行为。物业服务企业的员工奖励是企业根据员工管理制度，对在工作中表现突出，有显著成绩和贡献，以及有其他突出事迹的员工给予的一定荣誉或物质利益以示鼓励。

物业服务企业常用的奖励方法主要有：物质奖励，如发放奖金、奖品，晋级，奖励旅游、培训、出国考察等；精神奖励，如颁发奖状、获奖证书、奖杯、奖章、锦旗，通报表扬，授予荣誉称号，照片上光荣榜等；晋升奖励，如提升工资级别、晋升职务、调整职务（虚职转实职、次要岗位调到重要岗位等）、授予顾问职务或技术职称等。

2. 奖励的艺术

（1）对不同的员工采用不同的奖励方法。

对于低收入的一般员工，主要用经济手段进行奖励；对收入高的管理人员，则主要用精神手段，如通过晋升职务、授予职称以及尊重其人格、鼓励其创新、放手让其工作等，这样会收到更好的效果。

（2）注意物质奖励与精神奖励的综合运用。

进行物质奖励（或发放奖金）时，应尽量增加精神奖励成分，如通过举行隆重的颁奖仪式、出光荣榜、发荣誉证等，使获奖人在物质上获得实惠的同时，在精神上受到鼓励，激起员工的荣誉感、成就感和自豪感，从而产生更好的激励效果。

（3）适当拉开物质奖励的档次。

奖励档次太少或不同奖励的奖金差额太小，搞成平均主义，会失去激励的作用；若奖金差额太大，超过了员工贡献的差距，大多数未获奖的员工会感到不公平。因此，应尽量将奖金数量的差别与员工的实际贡献相匹配，只有体现公平、公正的奖励原则，才能充分地调动员工工作的积极性。

（4）适当地树立奖励目标。

在树立奖励目标时，要用“跳起来摘果子”这种可望又可即的标准，衡量目标恰当与否。奖励目标定得太高，员工会失去信心，奖励难以兑现；目标定得太低，则失去奖励的意义。

（5）注意掌握奖励时机和奖励频率。

奖励时机直接影响激励效果，奖励时机和奖励频率的选择要从企业实际出发，实事求是地确定。如对员工例行奖励可结合员工考核，每半年或一年进行一次；对拾金不昧、服务工作得到用户表扬或提出有效合理化建议的员工则应及时奖励。

（二）员工惩罚

1. 惩罚的含义及种类

惩罚是对人的某种行为予以否定或批评，使人改变这种行为，是一种负激励。物业服务企业的员工惩罚是对员工违背企业规章制度和经营管理目的的非企业期望行为进行处罚或批评，以使这种行为不再发生。犯错误的员工可通过惩罚改正自己的错误之处，并向企业期望目标转移。

关于员工惩罚，物业服务企业可以根据自身制定的具体惩罚标准对员工做出口头警告、书面警告、降级、扣发工资奖金、罚款、辞退、除名等不同种类的惩罚。

2. 惩罚的艺术

（1）让惩罚者心服口服。

物业服务企业对员工进行的惩罚，必须建立在严密的管理制度、操作规程的基础上，并通过必要的培训学习使员工知晓这些制度与规程，最终使其变成员工的自觉行动。在此前提下实施对员工的惩罚，才能使员工心服口服。

（2）把握惩罚的尺度分寸，惩罚得当。

对违规员工的处罚要采取实事求是的态度和方式，不能在惩罚中掺杂个人恩怨和个人好恶，更不能打击迫害、报复受罚员工。同时还要尊重受罚员工的隐私权，不要使用污辱性语言。应注意惩罚宣布或执行的方式，尽量使受罚员工自尊心的损伤降到最低限度，打击面不宜过大。对员工的惩罚应有明确的标准，不能任由领导的主观意志决定，要建立有法可依、依法惩罚的原则。

（3）原则性与灵活性相结合。

惩罚只是人事管理的一个环节，而且带有一定的副作用。因此，在物业管理工作中应慎用惩罚，在不违背原则、不影响工作的某些特殊情况下，采取灵活的方式进行处理，既解决问题，又不伤害员工的心理，且更能激发员工的积极性。

奖励和惩罚是规范员工行为的有效杠杆，是激励员工的基本手段，综合运用好奖励和惩罚是物业管理中人力资源管理的重要内容。因此，奖惩必须遵循公平合理、奖励得当、奖励与惩罚相结合、奖励及时、注重实效等原则。

【本章小结】

1. 人力资源管理是物业管理的一项基本职能；人力资源的管理部门首先应制订科学合理的人力资源计划；人力资源计划制订的过程包括五个步骤；人力资源计划中的人员配备原则。

2. 员工招聘的标准是根据不同岗位来确定的，一般包括外显条件标准、内涵素质标准、潜在素质标准。员工招聘的来源及方法主要有内部来源及其招募法、外部来源及其招募法两种。员工招聘的程序主要有发布招聘公告、初步资格审查、面试、测评、录用、签约等环节。

3. 员工培训具有重大意义。员工培训的原则有：理论学习与技能训练相结合，基本专业知识学习与新技术、新方法学习相结合，全员培训与拔优培训相结合，培训效果与奖惩、使用相结合，脱产专门培训与在岗学习提高相结合。物业服务企业员工培训的基本内容有思想观念与经营管理理念的教育，职业道德与企业文化建设，物业管理业务知识教育。物业服务企业员工培训应有针对性。物业服务企业员工培训的形式多种多样，主要有直接传授培训、互动参与式培训和其他培训方式。

4. 员工考核的内容包括德、能、勤、绩四个方面。员工考核的方法很多，常用的有主管决定法、工作标准法、鉴别法、配对比较法、功能测评法、360 度考核法、平衡记分卡法。员工年度考核程序有：做好考核的准备工作，写好考核评语、确定等次，做好考核的结尾工作三个环节。

5. 激励与人的行为、激励与绩效的关系密切。激励的一般形式有内容型激励、过程型激励和状态型激励。物业服务企业员工的激励机制有目标激励、精神激励、物质激励、福利激励、荣誉激励、参与激励、考核激励、竞争激励。奖励和惩罚是对员工进行激励的两种最基本的方式。奖励和惩罚应注意艺术性。

【案例分析】

物业管理急需新型人才

作为新兴的物业管理行业，近几年其发展速度是有目共睹的。行业发展的同时也带动了物业管理成为热门职业。从近些年劳动力市场的招聘情况看，物业管理人员一直位居前列。不过，从招聘物业管理人员的市场现状分析，无论是招聘单位对物业管理人员的需求，还是求职者自身从事物业管理所具备的能力，都与21世纪对物业管理人员的要求存在着一定差距。不少人一谈到物业管理人员就与物业维修、简单物业看护、一般物业管理联系起来。这主要是由于不少国内的物业服务企业还没有完全走向市场经济的运行轨道，普遍采用计划经济下的传统管理模式，往往以纯粹的物业管理业务去拓展市场，因而对物业管理人员的要求也相对较低。之于求职者，他们也只看到传统的物业管理行业管理模式及人员需求的特点，未能发现其未来发展趋势，没有及时增补适应这一职业发展趋势的相关技能。

事实上，物业管理职业没有想象中那么简单，考察国外的物业服务企业，在其总经理的办公室除挂有物业管理的岗位证书外，还挂有房产估价和经纪方面的证书。此外，物业管理这一行业正面临着前所未有的发展机遇。

首先，住房制度改革的不断深入，使得相关房地产经营业务更加活跃，也使得物业管理更加市场化，在激烈的市场竞争下，形成自己的品牌是一个必然的趋势，而实现这一目标须在大量的新型物业管理人才的努力下才能完成。

其次，加入世界贸易组织后，国外企业虽然可能不会直接参与房地产开发，但是会大量介入金融、物业评估、代理、咨询等与房地产相关的业务，由此必然带来对大量的物业管理专业人才的需求，并且这已成为现实。

例如，全球著名的香港物业服务企业——第一太平戴维斯物业咨询公司就在职业介绍所招聘专业物业管理人员。又如，《财富》五百强之一的某下属企业到职业介绍所招聘物业方面的专业人员，主要从事物业租售助理工作。招聘要求除英语口语流利、计算机操作能力强等基本素质外，还要求应聘人员具备物业估价、租售代理业务方面的专长。在提供的待遇方面，除试用期月薪较高外，提供的福利也非常优厚，不仅有优美的工作环境，而且能够提供良好的职业培训机会。该单位还提出，如果求职者认为自己的能力不止这个价还可以面谈。这反映了目前此类单位求贤若渴的心情，也说明了物业管理专业人员匮乏的实际情况。

可以预见，物业管理作为一个新兴的行业，其对物业管理人员知识化、信息化、专业化的要求将越来越高，特别是现代物业营销已经进入个性化、网络化的整合型时期，更是急需具备专业知识与经验的新型物业管理人才。也正因如此，不少著名的高等院校已开始设立物业管理专业，来满足市场对物业管理新型人才的需要。求职者也应未雨绸缪，只有努力提高自身素质，积极应对这一职业的发展趋势，才能抓住机遇，实现自己的目标。

[问题讨论]

1. 物业管理新型人才应具备什么素质？

2. 物业服务企业招聘员工的依据是什么？

3. 谈谈物业管理人才招聘的思路。

［参考点评］

本案例反映的是物业管理行业人才需求的动向问题，说明物业管理行业作为服务行业和劳动密集型产业，对人力资源素质要求越来越高是一种必然趋势。作为新兴行业，虽然劳动力需求量上名列前茅，但无论是招聘单位对物业管理人员的需求还是求职者自身从事物业管理所具备的能力，都与21世纪对物业管理人员的要求存在着一定差距。

本案例对国外物业管理人才素质要求做了比较全面的分析，认为物业管理新型人才应当具备一些适应物业管理行业发展需要的特别要求：一是资格证书要求。如物业管理岗位证书，房地产估价和经纪方面的证书。我国目前也有类似的要求，如新入职的初级员工要求有物业管理员上岗证书，物业管理经理岗位要有物业经理岗位证书。现在建设部和人事部颁布实施的《物业管理师制度暂行规定》规定，国家对从事物业管理工作的专业管理人员实行职业准入制度，取得资格证书并申请注册的人员，应当受聘于一个具有物业管理资质的企业，并通过聘用企业向本企业工商注册所在省的注册审查机构提出注册申请，方能以物业管理师名义执业。二是对物业管理专业人才的能力方面提出新的要求。如从事物业租售工作要求除英语口语流利、计算机操作能力强等基本素质外，还要求应聘人员具备物业估价、资产管理、租售代理业务方面的专长。物业管理作为一个新兴的行业，其对物业管理人员知识化、信息化、专业化的要求将越来越高，特别是现代物业营销已经进入个性化、网络化的整合型时期，更是急需具备专业经验的新型物业管理人才。

物业服务企业之所以对新型人才有这样的要求是因为物业服务企业面临着许多挑战，如物业管理市场化体制改革，公司之间的竞争日益激烈，特别是人才的竞争；物业的档次和业主的需求层次提高，对服务的质量要求提高，对物业管理服务人才的素质产生直接的影响；新兴科技的应用使物业智能化水平提高，物业管理的技术含量和专业化水平要求也相应提高；物业经营管理方面的新业务的出现，如金融、物业评估、代理、咨询、物业资产管理等与房地产相关的业务，要求物业管理人才具备相应素质。这些都是物业服务公司在招聘物业管理人才时必须考虑的。关于物业管理人才的招聘的思路问题，教材提出了两条路线，主要是考虑直接成本与间接成本，以及物业服务企业发展的周期性要求，决定走哪条路线，这需要具体情况具体分析。

【问题思考】

1. 简述人力资源计划的编制过程。

2. 试述人力资源计划中的人员配备原则。
3. 简述员工招聘的标准。
4. 简述员工培训的意义和原则。
5. 简述员工培训的基本内容。
6. 物业服务企业考核中可能会出现哪些常见的问题?
7. 物业服务企业应建立哪几种激励机制?
8. 试述奖励和惩罚的艺术性。

第十章　物业管理区域社区文化建设

【学习目标】

了解：物业管理区域社区文化建设的任务。

掌握：社区的概念与内涵；社区文化的特点；物业服务企业在社区文化建设中的作用；物业管理区域社区文化建设的内容。

识记：物业服务企业与社区文化的关系；社区文化建设的方式；社区文化建设的方法。

【学习概要】

从本章开始连续三章（第十章至第十二章）将学习物业管理活动环境的相关范畴的内容：物业管理区域的社区文化建设问题、物业管理服务质量与考评、物业管理现代化。

本章的重点内容包括：社区和文化；社区文化；物业管理区域社区文化建设；物业服务企业与社区文化建设。

通过本章的学习，将清楚认识并正确处理物业服务企业与物业管理区域社区文化建设的关系；明确物业服务企业在物业管理区域社区文化建设中的地位和作用；掌握从物业服务企业的角度开展物业管理区域社区文化建设工作的方式、方法；懂得物业管理区域社区文化建设的项目内容；掌握如何调动各方面力量搞好社区文化建设的技巧、艺术。

第一节　社区和文化

一、社区的概念

（一）社区的概念和分类

物业管理区域作为城市社区的出现，给城市管理增添了新的内容。以物业管理为纽带的城市社区文化建设既是社区建设的新模式，又是21世纪物业管理的重要内容。

社区文化与物业管理区域文化建设

关于社区一词的含义，国内外学者众说不一。社区实质是一个小社会，社会学家常把它作为研究大社会的起点，社会学意义的调查研究也是以社区为单位来进行的。社区的含义可从以下方面来界定。

1. 社区是社会学的一个基本概念

“社区”一词最初是德国社会学家滕尼斯在其1887年出版的《社区和社会》（另译名《共同体与社会》）一书中首先使用的，现已成为社会学中一个通用的名词。社区是具有某种互动关系和共同文化维系力的人群进行活动的区域。人们的社会生活总是在一定地域内进行的，人们在各种活动中，自然而然形成各种关系。因而，社区是社会学中的一个基本概念。

2. 社区的基本构成要素

构成社区必须具备以下要素：一是按自然与社会经济规律来组成或划分的人文区域；二是社区的存在总离不开一定的人群；三是社区的核心内容是社区中人们的各种社会活动及其扰动关系，有维系社区存在和发展的管理组织；四是社区要有相对稳定、相对独立的地域或聚居场所，而且社区还是人类有意识、有系统、有固定性的生产与生活区域；五是生活在该地域的人们具有一种地缘上的归属感和心理上的认同感。

综上所述，社区是指聚居在一定地域中的人们所组成的社会生活共同体。目前城市社区的范围，一般是指经过社区体制改革后做了规模调整的居民委员会辖区。

（二）社区的分类

（1）按社区发展的历史，可以分为流动型社区、半固型社区、永久型社区等。

（2）根据社区的内部组织形式，可以分为整体社区、局部社区。

（3）根据社区特有的功能，可以分为文化社区、商业社区、工业社区、林业社区、旅游社区等。

（4）根据社区的地貌，可以分为平原社区、山区社区、高原社区、滨海社区等。

（5）根据社区的结构及其综合表现，可以分为农村社区、城市社区等。

（6）根据社区的形成方式，可分为传统社区、现代社区（如工业园区、住宅花园区、移民区）等。

（7）从纵向划分，可以分为传统社区、发展中社区等；从横向划分，可以分为法定社区、专能社区、自然社区等。

二、文化的内涵

文化（culture）这个词源于拉丁语，原意为“耕耘，耕作”。可见，从其最初的含义上看，文化就有人们对于自然界的开拓之意。

到了文艺复兴时代，人们将农业、手工业、商业、教育等活动都归入了文化范畴，认为凡是与自然状态、天然状态相对立的都属于文化现象。德国学者普芬多夫曾这样定义文化概念："文化是社会人的活动所创造的东西和有赖于人和社会生活而存在的东西的总和。"① 按照这个定义，文化既包括物质因素，也包括非物质因素。

不过，也有些学者认为，文化不包括物质因素，只包括精神因素。持这种文化观的，最著名的是英国人类学家爱德华·B. 泰勒，他在 1871 年曾给文化下了个定义，后来为人们所广泛引用。他认为，文化是一个复杂的整体，其中包括知识、信仰、艺术、道德、法律、风俗，以及人作为社会成员之一所获得的任何技巧与习惯。他还认为，文化的特点是，它是人类后天习得的，它为人类所共同享有。

总之，文化是与自然现象不同的人类社会活动的全部成果，它包括人类所创造的一切物质的与非物质的东西；也可以说，自然界本无文化，自从有了人类，凡经人"耕耘"的一切均为文化。因此，文化内容包括精神文化和物质文化两个方面。

第二节　社区文化

一、社区文化的含义与特点

（一）社区文化的含义

社区文化是指在以人口、地域面积为参数划定的社会自然地域范围内，以居民为参与主体，通过文艺表演、科技普及、法律法规宣传、文体娱乐等形式，提高城市管理水平和人口素质的文化形态。社区文化有多重含义，可以分为广义的概念和狭义的概念：最广义的社区文化涵盖了社区经济和政治以外的所有社会现象；狭义的社区文化仅仅是指社区居民的文娱活动，包括社区成员的群众性文化、体育、娱乐活动和社区教育等。

（二）社区文化的特点

1. 开放性

社区是一个开放的系统，由此形成的社区文化具有开放性。首先，社区与社会存在着广泛的联系，如人员的流动、信息的流动、观念的交流、文化活动的交流等。其次，社区的发展需要开放的社区文化，如社区结构的变动、社区管理的创新、社区建设的互动性、社区经济繁荣的文化动力等都需要开放的社区文化。最后，社区文化的

① 顾久. 我的"文化"观［J］. 贵州文史丛刊，2016（3）：1.

开放性是由社区文化自身发展的规律所决定的，任何一种文化无一不是在开放的条件下发展的，社区文化作为社会最底层的文化是整个社会文化开放的基础。

2. 多元性

社区文化的多元性是指社区文化主体是由多种文化背景及特征的人群，在某一特定时期，在某一特定社区构成的集合，从而形成的多种文化的共存局面。由于社区人群的不稳定性和流动性，在开放的社区条件下必然会有不同文化背景的人共同生活在某一社区，如在一个城市花园里就有可能居住着大学教授、企业经营管理者、政府工作人员、医生、工人、公司职员、个体户等具有不同文化背景的人，由此形成不同文化的集合。他们必然要在业主委员会或物业管理区域中发生各种交往和产生关系，在社区文化活动中共同发挥作用。

3. 地域性

社区文化的地域性是指一定的社区文化总是在特定社区的自然环境与社会环境所制约和影响下形成的，在总体上呈现特定社区的地域文化特色。例如，城市社区工商业活动频繁、物质生活水平高、生活方式节奏快、科技教育与文化比较发达等，而农村物质文化和精神文化则相对落后。又如，沿海、沿江开放地区的文化发达于内陆地区的文化。

4. 归属性

社区文化的归属性是社区文化主体对特有的社区文化性质的认同，并产生对某种社区文化的依附、追求、遵从、维护等社区共同行为模式。例如，现代城市花园社区由于开发建设单位及物业服务企业的不同，它们所倡导的社区文化也就具有不同的特色。有的以环保为文化主题打造“绿色小区”，有的以普及现代科技为主题建立“智能化小区”，有的以某种特有的文化为主题建立特色文化项目区域，如“江南水乡”“欧洲风格”“北国风光”“南亚风情”等。这样做既可让社区文化的主体产生归属感，又使认同某种文化的人归依于这种社区文化。这些都是文化归属性的体现和灵活运用。

二、物业管理区域社区文化建设的任务和存在的问题

（一）物业管理区域社区文化建设的任务

物业管理区域社区文化建设既是物业服务企业管理现代化的要求和体现，也是城市住宅区迈向小康社会的必由之路。以先进的物业服务企业文化促进社区文化进步和追求更高的、个性化的现代生活的社区主体对社区文化进步的要求，体现物业服务企业经营管理理念的先进性，它是一个社区进步的过程。

社区文化的开展和营造对于物业管理工作有着十分重要的意义，现代物业管理不只是一些日常维修、园林绿化、保安、清洁等与人们日常生活相关的事务，作为城市

社区的主要管理领域之一的物业管理，在社区文化建设中具有突出的、不可替代的重要作用。社区文化建设已成为物业管理的重要内容之一，社区文化开展得好与坏，不仅可以直接反映出物业服务企业的管理水平，还能够综合地反映该社区的形象和精神风貌，以及反映该社区居民的素质、精神境界和道德规范等。积极、健康、向上的社区文化反映了社区的生命力，关系到安居乐业，关系到房产的升值和保值。

总体上讲，物业管理区域社区文化建设的主要任务是：以物业服务企业为组织载体，以业主和租户为活动主体，以物业管理区域特色的文化活动为内容，通过开展多形式、多层面、多样化的大众性文化活动，营造一个有利于提高社区居民的文化素养和精神境界的氛围，从而实现社区文化整合、创新和提高，达成社区文化建设的目标。物业管理区域的社区文化建设的主要任务具体来讲有以下方面。

（1）通过大众性社区文化活动，让社区居民“美在其中”“乐在其中”，使社区居民产生对社区的归属感。

（2）通过社区文化活动，形成社区特色的社会规范和制度，实现规范整合、行为协调、社区有序。

（3）通过社区文化活动，实现社区居民价值观的整合，形成现代、进步、文明的，各具特色的社区文化。

（4）通过社区文化活动，实现社区文化的功能整合和功能发挥，带动城市社区文化的整体发展。

（二）物业管理区域社区文化建设中存在的问题

由于受房地产开发主体的影响，许多物业服务企业只是基于房地产开发的后期营销，而不是立足社区、立足业主开展文化活动，真正的社区文化无从谈起。目前，在物业管理中，社区文化建设存在如下主要问题。

（1）缺少训练有素的社区文化专业人员。

（2）从事社区文化工作的人员数量太少。一些物业服务企业在岗位设置时主要考虑“管”的因素，而很少考虑“育”“导”“服务”等因素，因而设置“管”的岗位多，而从事无形的文化工作的岗位较少。

（3）由于物业管理经费的不足，社区文化活动走形式的多，忽视了文化的有机性和整体性，更没有认识到深层文化整合在人们生活中的重要作用。近年来，频繁出现的物业服务企业与业主发生冲突事件，这与物业管理区域文化整合不好不无关系。

（4）政府和社会对物业管理工作认识上存在模糊性，因而对物业服务企业扶持力度不够。物业管理是以公司管理的形式出现的，很容易造成一种纯粹经营性的错觉，忽视其公共事务管理的根本属性。

（5）社区文化就是简单地出黑板报或开展一些文娱活动，形式单调，缺少新意，起不到文化整合的作用。

尽管物业管理区域社区文化发展过程中仍然存在诸多问题，但随着全社会对物业管理认识的提高，物业管理行业将会成为成熟而独立的产业部门，物业管理区域的社区文化工作将会越来越受到重视，社区文化工作将会以更加崭新的面目出现在人们的面前。首先，随着物业管理行业的规范和地位的提高，许多优秀的人才将会进入物业管理队伍，加上培训力度的增强，社区文化工作人员的素质将会越来越高。其次，政府对物业管理的社区文化工作将会越来越重视，并把它作为社会主义精神文明建设的重要基础而相应地投入一批人力和财力。物业管理区域的社区文化经费来源会有所增加，开发建设单位、政府、业主将会投入更多的资金来开展社区文化活动。最后，由于物业管理法规的健全，物业管理区域社区文化工作的开展也将会越来越规范。物业管理区域的社区文化活动的开展将对城市社区文化的进步与发展起促进作用。

三、物业管理区域社区文化建设的原则及内容

（一）物业管理区域社区文化建设的原则

1. 主体对象确定性原则

就一般物业管理区域而言，社区文化活动的参与主体应考虑以家庭为主，尤其以老人和少儿为主。组织老人与少儿感兴趣的社区文化活动，一方面，安抚了老人与少儿，解决了业主的后顾之忧；另一方面，社区文化活动有更多的参与者，才会更有生命力。

2. 大众参与性原则

在社区文化活动的策划和组织上，应考虑尽可能提高业主的参与积极性，只有业主的参与，才可以体现出组织社区文化活动的目的。如果组织的活动不符合业主的兴趣，参与的人很少，就失去了组织社区文化活动的意义。

3. 活动娱乐性原则

对于小区业主来说，活动的举行并不需要有什么重大的政治意义，轻松愉悦的精神享受才是其参与的目的。因此，活动在策划和组织时主要考虑健康、雅俗共赏、娱乐性强、参与性强的要求。

4. 文化观念整合性原则

物业管理区域文化活动应按照文化建设的总体目标，精心策划和设计，通过文化活动来达到整合社区居民的文化价值观念的目的。同时，还应考虑社区文化活动的其他价值，如宣传价值、新闻价值、广告价值等，以展示物业服务企业的经营成果，体现物业服务企业的经营性特征。

5. 文化活动亲善原则

文化活动亲善原则就是要在文化活动中体现“新”“行”“全”“心”“亲”五个

特色。社区文化活动的“新”指内容的新颖性，能吸引社区居民参加，这是亲善的前提；“行”指居民的参与性，这是文化活动普遍效果的保证；“全”指开展社区文化活动必须照顾到各年龄层的人，它体现了文化的渗透性，确保文化活动的持续发展；“心”指通过文化活动实现物业服务企业和社区居民之间的心与心的真诚交流，体现了社区文化活动在物业服务企业和社区居民的联系、沟通中的纽带作用；“亲”指文化活动的内容贴近居民生活，反映他们的心声，以培养和唤起居民对社区文化的认同感，进而对社区产生归属感，这是文化活动的归宿点，也是社区文化成功的标志。

（二）物业管理区域文化建设的基本内容

1. 设施建设

设施是社区文化的载体，没有设施，社区文化活动就没有依托，文化教育活动就无法开展。物业管理区域规划建设好社区文化活动的设施和网点，如网球场、游泳池、儿童活动中心、乒乓球室、棋牌活动室、书画室、健身房、宣传栏以及其他文化活动设施。不同类型的物业管理区域应建有不同档次的设施，如高级物业管理区域应有游泳池、网球场、会所等，以区别于普通住宅区。同时，利用物业服务企业管辖的其他物业管理区域的文化活动设施，构成文化活动的设施体系，并综合利用这些资源开展文化活动。同时还要充分利用街道文化站、社区服务活动室、社区广场等现有文化活动设施，组织开展丰富多彩、健康有益的文化、体育、科普、教育、娱乐等活动。

2. 组织建设

组织建设就是组建文化活动的组织体系，包括物业服务企业的文化组织部门建设、城市街道的基层政权部门的文化组织建设、业主或非业主使用人自主的文化活动组织建设以及其他相关部门指导性文化组织机构的建设等。物业管理区域的文化组织建设会牵涉到诸多社会主体的利益，是一个复杂的系统工程，它需要多方面的协调与配合，才能够建立起行动协调一致、运转灵活高效的社区文化组织体系。

3. 政策建设

物业管理区域文化活动必须根据文化政策来进行。首先，必须弄清国家对物业管理区域的社区文化建设的各种政策，倡导健康、积极、文明、和谐的文化活动方式。其次，必须加强与城市街道的联系，了解地方的文化政策，争取基层政权组织对物业服务企业在开展文化活动方面的支持，并利用一切有利的政策来繁荣物业管理区域的社区文化。最后，物业服务企业应制定具有本物业管理区域特色的文化政策和各项规章制度来规范约束自己的文化活动行为，使文化活动具有稳定性、规范性、操作性、习惯性。

4. 队伍建设

物业管理区域的社区文化活动是由物业服务企业文化组织和其中的文化工作者来

推动的。在文化组织建立起来之后，文化建设的主导——文化工作者的因素成为关键性因素，关系到社区文化建设的成败。文化队伍建设具体包括：一是组织管理队伍建设，其中又有常规文化组织，如物业管理处（服务中心）、物业服务企业公关部以及工会、青年团、企业文化社团等管理人员队伍的建设；临时文化活动组织，主要是物业服务企业为开展大型文化主题活动而临时组建的文化活动组织策划人员队伍的建设。在组织队伍建设中应倡导和体现现代管理的最新理念。二是文化艺术队伍建设，大型物业服务企业一般应有自己的文化艺术队伍和专业的艺术骨干，并通过各种途径培养他们。同时，应发现、培养群体艺术骨干，从而形成文化艺术队伍的梯队，确保文化活动有较高水准和档次。

5. 网络建设

社区文化具有开放性、多元性，从而文化活动就具有了渗透性、互动性、学习性。文化建设就必须考虑网络的建立，即社区文化建设应从系统的观点出发，构成文化建设的多层次、多元化、全方位的网络，在开放的条件下，实现多元文化的互动创新发展。文化的网络建设包括：层次文化网，如城市社区文化网、物业服务企业文化网、物业管理区域文化网等；观念文化网，如社交文化网、论坛文化网、兴趣文化网等；社会阶层文化网，如青年文化网、妇女文化网等；硬件设施文化网，如物业服务企业文化设施网络、公共文化设施网络、商业设施文化网络等。

6. 文化品位建设

物业管理要创造一个建筑美与环境美相结合的氛围，物业管理区域需要一个良好的形象。而良好的形象首先来源于楼体、设施等建筑物的造型中所体现出来的文化品位，但是物业管理还是可以前期参与，从社区文化建设的角度提出意见，以便于设计师改进。因此，物业服务企业在前期介入时就应重视文化品位的系统建设。建筑的外观色调对整个建筑或建筑群的品位、风格都有重要的影响，是创造赏心悦目的生活所不可忽略的部分。现在购房者和使用者的眼光越来越挑剔，他们不仅把目光集中在户型、地段、朝向与价格上，而且还十分注重建筑物的文化氛围。如小区内景展现的都市田园风光，折射出物业管理区域的深厚的文化内涵和高雅的文化风貌，将对未来业主和租户构成强烈的吸引力。

第三节 物业服务企业与社区文化建设

一、物业服务企业与社区文化建设的关系

（一）社区文化影响物业服务企业的发展

社区文化在内容与形式上同物业管理存在密切的联系，管理应该有文化内涵，而

文化内涵又可以反过来推动管理水平的跃升。社区文化对物业服务企业发展有如下五个方面的作用。

物业服务企业与物业管理区域社区文化建设

1. 有助于物业服务企业锻造品牌与核心竞争力

物业服务企业致力于物业管理区域的社区文化建设工作，除了为全体业主营造一个高雅和谐的社区人文环境之外，更重要的目的是塑造物业管理服务产品的品牌形象。物业管理不只是房地产开发的后续管理，物业服务企业需要树立自己的品牌。拥有一定无形价值的品牌，就意味着拥有一定份额的物业管理服务市场。

品牌的树立，当然是诸多因素综合的结果，但“品牌的背后是文化”，这在物业管理界已取得了共识。“做大靠资本”“做稳靠技术”“做强靠文化”，是许多企业发展的经验。企业发展到一定的规模之后，以文化建设作为企业扩张的利器是众多成功企业的普遍做法。物业服务企业的业务是分散由各个管理处（服务中心）和各种专业公司来完成的，员工素质差异大、涉及专业领域多而宽、经营管理的性质和职能各不相同，特别需要渗透性很强的共通文化来连接企业的不同部分使之成为一个整体。文化建设应是物业服务企业长远发展战略管理的重要内容。

2. 有利于培养业主忠诚度

社区文化的建设，可以增强住户对居住社区的归属感。市场竞争环境日趋激烈，物业服务企业在注重高水平服务的同时，也应不断加强社区文化的“感情投资”，通过各种形式与渠道增强住户对社区的归属感和凝聚力。

3. 有利于提高市场美誉度

社区文化活动是物业服务企业为业主提供的一项重要的增值服务。物业管理区域拥有良好的生活方式、文化氛围和文化底蕴，将凝聚成为物业的“灵魂”，成为该物业的特有标志，带来物业的增值。成功的社区文化活动是良好的企业业绩、较高素质的业主、有自身特色的企业文化的集中体现，是构建物业服务企业的市场美誉度的有机组成部分。

4. 有利于在物业管理区域中架起社区文明的桥梁

物业服务企业应以优质服务、文明家庭、文明居住区等系列社区活动，将居民的实际利益、思想感情与住户文明联系起来，架设物业管理区域精神文明的桥梁，形成一条以居住区为依托、共同为居民服务、发挥各自功能的纽带。从而形成良好的社区秩序，形成奉献爱心、尊老爱幼的良好社会风气。

5. 有利于社区意识和共同的社区价值观的形成，促进物业管理区域人际关系的融洽和物业管理区域社会的和谐

如果能在各社区内建立起一种良好的氛围，住户与住户之间，以及住户与物业管理者之间彼此能够和谐相处，把社区看作是自己的大家庭，那么，既有整体的统一性，

同时每个物业管理区域又有着自己独立特色的、和谐的社区氛围，将会成为物业服务企业品牌的重要附加值。

（二）物业服务企业是物业管理区域社区文化建设的主要推动者

建设有特色的物业管理区域社区文化，已经成为物业服务企业核心竞争力的标志之一，并为物业服务企业所重视。因此，物业服务企业普遍重视物业管理区域的社区文化建设，并把具有自身特色的物业管理区域社区文化建设作为企业核心竞争力的一个重要内容来进行构建。物业管理区域的社区文化的形成，需要物业服务企业大量的资源投入。只有通过物业服务企业的人、财、物、知识、信息等各种资源的大量投入，物业管理区域社区文化建设才会有不同于以往城市社区文化建设的风貌，才会有社区文化特色各异的物业管理区域。

物业服务企业是物业管理区域社区文化建设的直接组织管理者，主导着物业管理区域文化建设的过程、内容和方式。物业服务企业在物业管理区域的社区文化建设过程中，始终参与其中，成为社区文化活动的直接组织管理者。物业服务企业通过各种文化活动主导了文化建设的方向、内容和进程。

二、物业服务企业在社区文化建设中的作用

（一）在社区文化建设内容上的选择作用

物业管理区域的社区文化建设内容十分广泛，它既包括社区文化的硬件建设，也包括社区文化的软件建设。它围绕创建文明物业管理区域的目标，开展全部社区文化建设工作，是一种有组织的区位性社会行为。

界定社区文化建设的内容，应考虑以下三个因素：社区居民在文化方面的切身利益需要；政府在社区内开展社区文化工作的需要；物业服务企业在社区文化建设上的总体目标需要。物业服务企业只有将这三个方面的因素综合考虑，才能确定物业管理区域文化建设的内容。虽然基层政府部门和业主会参与其中，但物业服务企业在内容的选择上具有的主导作用，是非常明显的。这也是各具特色的物业管理区域文化生成的前提条件。

（二）在社区文化建设过程中的支持服务作用

物业服务企业在其经营管理中为社区文化建设提供了公共事务服务。现代物业管理区域规划有序、环境良好、配套齐全，既有独立的私人空间，又有交往的公共场所，但住户来自各单位、各行业，异质性程度高，继而引发集体观念松散、关怀社区淡薄等不良现象。物业服务企业的服务不但要发挥物业的最大使用功能，使其保值、增值，而且要为物业所有人与使用人创造整洁、文明、安全、舒适的生活和工作环境。这里面渗透着文化的因素，这种非“管制”的服务不但能使管理企业与业主建立良好的客

户关系，而且会增强住户之间的感情，加强邻里之间的沟通与团结，还会促使服务主客体之间形成共识，营造出管理者与对象之间相互尊重的氛围，形成和谐的物业管理区域人际关系。与此同时，物业服务企业组织开展各种直接的社区文化活动，还能给人们提供一种文化消遣，给居民以轻松、舒适、愉悦的精神服务作用体验。在这种理念下，物业服务企业的经营管理活动不但实现了企业的经营目标，而且服务了物业管理区域的社区文化建设，实现经济效益和社会效益双丰收。

（三）在社区文化建设中对有文化差异物业管理区域居民进行的文化整合作用

对有文化差异的物业管理区域居民进行文化整合是指在社区文化建设中通过社区文化习得、文化熏陶、文化诱导等影响、规范居民的行为，形成共同的价值观和共通的行为模式的过程。文化功能整合主要作用有两个方面：一是价值整合。这是整合功能中最重要的一种功能。由于居民来自不同的文化区域，价值观的差异，便会产生不同的价值取向，由此造成多种矛盾冲突和利益纠葛。因此，物业服务企业有必要通过社区文化活动，充分发挥文化的价值整合功能，实现居民对物业管理区域文化观念的认同，从而使整个物业管理区域的人际关系融洽、群体行为协调。二是规范整合。社区规范是根据有关法律规范和道德规范制定的维持社区秩序，调整人与人之间社会关系的行为准则，如社区公约、居民守则、居住区管理规定等，它是社区文化的制度层次内容。社区文化建设的重要任务之一，就是通过规范整合，把社区各项活动和居民行为纳入一定的轨道，内化为物业管理区域居民共通的行为模式，只有这样才能形成自身的社区文化特色。

（四）在社区文化建设中的统筹、协调作用

社区文化建设的社会性，决定了物业管理区域的社区文化建设的主体具有多元性，它需要多方参与，不仅有物业服务企业、业主，还有众多的相对独立且又彼此联系的基层政权部门以及其他社会组织。为了使这些部门和组织在参与文化建设过程中步调一致，物业服务企业要根据物业管理区域特色文化建设的总体规划，将众多的社区文化建设主体的目标进行统筹、协调，从而推进社区文化建设的有序发展。具体来说，就是在社区成员的共同目标、利益和信念的基础上，构建社区文化共建机制，使社区各种力量相互作用、相互吸引，形成一种特有的集聚、凝结的社区合力的整体效应，从而不断释放出整体效益。

（五）在社区文化建设过程中的稳定器作用

物业服务企业通过社区文化建设，活跃气氛、凝聚人气、协调人际关系、缓解邻里矛盾，从而起到解决社会问题，维持物业管理区域社会稳定的作用。由于物业管理区域的社区文化建设是一项基础性、经常性、长期性的工作，这就使社区文化建设与社区全体成员的长远目标、根本利益紧密相连，并为全体成员所认同和接受。社区文

化能使社区成员从内心产生一种积极向上和进取的精神。居民在社区文化活动中逐步产生对共同的生活理念的认同感，对物业管理区域文化及物业管理区域其他事业发展的使命感，由此形成目标的共同性、价值的共识性和情感的融合性，激发出对本社区的归属感和向心力。众多现代物业管理区域的稳定又是城市的社区稳定的基础，物业服务企业在社区文化建设过程中发挥着内在稳定器作用。

三、社区文化建设的方式

（一）明确物业服务企业在社区文化建设过程中的目标

1. 构建物业管理区域的社区文化价值体系，促进物业管理区域文明程度的不断提升是物业管理区域文化建设的根本目标

物业管理区域作为相对稳定的人文区位意义上的地域，为社区成员的发展提供了基本的空间场所。个人长期居住与生活的物业管理区域所特有的物质和自然条件、社会组织的性质以及联系水平、人口素质、文化心理、生活方式、人际关系、价值观念、文化传统等，作为一种基本的社会生活环境，不但能满足居民的基本生活需求，而且会逐步实现居民价值的整合与提高，并形成具有物业管理区域特色的社区文化价值体系，从而展现物业管理区域的文明进步。因此，物业服务企业应当把构建物业管理区域的社区文化价值体系，作为推动物业管理区域的社区文明程度的根本目标。社区文明程度是一个整体系统的概念，它涉及社区形象、社区文化、社区生活、社区公共心理、社区风尚等方面。而社区文化、社区生活、社区风尚则是社区文明程度的内涵，它对社区文明程度的作用虽然是间接的，但对社区文明程度的影响却是内在的、持久的。因此，提升物业管理区域的社区文明程度，不仅要改变社区的形象，在完善社区形象上下功夫，更要着力于社区文化、社区生活、社区风尚的建设，在提高社区文明程度的根本问题上下功夫。

2. 实现物业管理区域居民素质的全面发展是物业管理区域文化建设的长远目标

实现物业管理区域居民素质的全面发展是物业管理区域文明进步的标志，因而应是物业管理区域社区文化建设的重要内容。实现这一目标是一个漫长的过程，但又是物业服务企业必须一步一步去做的一项系统工程。

首先，要建立良好的物业管理区域人际关系，促进居民道德个性的完善。良好的物业管理区域人际关系和完善的道德个性，是人的全面发展的重要内容。个人与社会、集体的关系，对于人的全面发展具有决定意义。城市社区文明建设的实践表明，个人正是在与社会共同体的联系与交往中，打破个人社会关系的局限，通过社区组织机制，与社会、集体建立多样化的精神文化关系。在现代城市生活中，广大市民以社区生活为中介，积极地参与创造和改变社区生活形成的活动，有利于改善邻里人际关系，倡

导互助、互爱的道德新风，帮困济贫，尊老爱幼，发扬社会主义人道主义精神，培育社区志愿者队伍，以营造出高尚的精神氛围。

其次，物业管理区域文化建设必须关注小区居民的精神活动，提高物业管理区域居民的艺术审美能力、创新能力。人的全面发展涉及人的精神活动能力的多方面发展，其中包括精神享受、知识的获得与艺术审美才能的发挥。物业服务企业应当为物业管理区域居民创造丰富多彩的精神文化生活，培养其艺术审美能力、创新能力。

最后，要唤醒人与自然和谐发展的意识，提高居民保护生态环境与生命安全的意识。人的全面发展有一个自然条件的规定性，即人与自然的关系和谐，人有健康的身体素质，人是自然界的一部分。改善自然环境，维护生态平衡，增强人的生理、心理健康，是社会文明进步的必然要求。

3．物业服务企业文化与物业管理区域文化的良性互动和发展是物业管理区域文化建设的现实目标

物业服务企业文化是物业服务企业员工共同遵循的人生指导原则，以及在这些原则指引下的企业运作方式和员工群体生活方式。物业服务企业的发展需要企业文化来推进。物业服务企业渗透于社区之中的广阔的经营管理活动空间，不同于工厂化生产的封闭空间，它的目标达成是在人性化、地域化、单独化的条件下完成的，文化因素影响很大，如某个业主不交物业费，其他业主可能会模仿其行为；一些人不讲卫生，会使更多人不讲卫生。如果业主和管理员都以个别的文化习惯来对待或处理这些行为，结果是可想而知的。由此可见，物业服务企业文化建设与社区文化建设是不可分割、相互影响、相得益彰的。如果将两者结合起来，就会产生倍增效应。物业服务企业应追求物业服务企业文化与物业管理区域文化的良性互动和发展，这是物业管理区域文化建设的现实目标。

（二）完善社区文化建设的机制

建立以业主需要为本位、物业服务企业为载体、物业管理区域居民为基础、基层政权组织为督导的物业管理区域的社区文化共建机制，促进社区文化协调、有序发展。

首先，业主委员会是对物业实施自治管理的组织，是权力主体，是小区基层文明的实现者，在物业管理中处于核心地位，社区文化建设关系他们的切身利益，并视情况决定是否参与其中，或持反对态度。业主的态度对社区文化建设是十分重要的，是社区文化的基础。

其次，社区文化建设是一项集综合性、全方位、社会性于一体的系统工程，需要基层政府主管部门、街道办事处以及社区其他有关企事业单位、业主委员会等文化建设主体的相互配合、共同努力，才能有条不紊地运转，并产生实效。

最后，物业服务企业根据委托管理合同进行专业管理，对社区文化建设起主导作

用，它是物业管理区域的社区文化建设具体工作的承担者、推动者和主导者。上述社区文化建设的主体在物业管理区域社区文化建设过程中必须明确职责与分工，互相协作支持，才能达到共建共荣的目的。

物业管理行业，应建立物业服务企业之间的物业管理区域的社区文化建设的竞争机制，充分发挥文化的辐射作用带动更大区域（如市域、省域，乃至全国各地）的社区文化建设。一是把物业管理参与社区文化建设同行业文化的创新、孕育、培植结合起来，把社区文化工作纳入物业管理行业的目标管理中，做到行业文化建设、企业文化建设与社区文化建设系统规划、统一标准、定期考评、整体推进。对社区文化建设搞得好的物业服务企业应通过宣传、奖励、政策支持等方式进行激励，同时推广优秀物业管理区域的社区文化的经验和做法，发挥社区文化辐射作用，对其他物业服务企业社区文化建设产生积极的影响作用。二是在每年开展的对物业服务企业资质评审工作中，把其参与行业达标竞赛实事、参与社区文化建设的实效作为主要考核依据之一。三是把对社区文化建设的考核同对物业服务企业领导以及其他有关单位领导的考核结合起来，形成全方位的竞争机制与激励机制，"三个文化"（行业文化、企业文化与社区文化）一起抓，整体提升物业管理行业的文化水准，推进物业管理行业的持续发展。

（三）物业管理区域社区文化建设的方式

社区文化建设的方式主要是指社区文化建设过程中的指导思想、关系定位、具体形式、途径等。

1. 社区文化建设的指导思想

社区文化建设的指导思想是指物业管理区域的社区文化建设的原则要求，它规定了社区文化建设的方向和目标。在物业管理区域，它可具体化为四个要求：一是物质文化方面的要求，即在物业的档次、文化风格、使用属性、自然环境等方面的具体要求，如居住物业的遮风避雨、安全实用、追求享受等；二是规范文化方面的要求，如物业管理区域的各种规章制度健全并符合国家的法律法规的规定，小区的风俗、习惯、时尚、道德较先进，居民有安全感等；三是认知文化方面的要求，如有共同的价值准则、大家普遍认同的社会交往方式态度、信仰差异不至于影响和睦相处等；四是道德文化方面，如普遍遵守小区社会公德、讲文明礼貌等。

2. 社区文化建设主体的关系定位

社区文化建设主体的关系定位是指在小区文化建设过程中，各种社区文化建设主体的地位，以及它们之间的权、责、利关系架构。社区文化建设中的主体关系不同，其建设的方式或模式差异很大，主要是目的不同、投入不同、规模与影响不同、功效不同。主要模式有：街道文化部门主导的文化建设模式，社区居民委员会主导的文化建设模式，企业、事业单位主导的文化建设模式，物业服务企业主导的文化建设模式，业主主导的社区文化建设模式等。

不同的文化建设模式中各主体的地位与作用不同。传统的社区文化建设主要是以街道文化部门主导的文化建设模式为主；大型厂矿企业、大专院校等则以企业、事业单位主导的文化建设模式为主；传统的城市住宅区域文化建设则以社区居民委员会主导的文化建设模式为主；物业管理区域的文化建设则多是以物业服务企业主导的文化建设模式为主。物业服务企业的角色从长远来说，应当逐步从社区活动的组织者过渡到社区文化的协调者与引导者。社区文化建设应逐渐发展为以业主为主导的模式。

开发建设单位在未来的社区文化建设中所应承担的角色，主要是在社区前期规划及配套设施方面。应充分考虑未来的社区文化开展需求，把社区文化渗透到居住环境的设计中去。如社区整体建筑风格的设计、客户（业主）的社会层次定位，同时还包括社区内各项配套设施，如休闲场所等。使社区不仅成为建筑文化和景观文化的展示地，同时也为社区文化的发展提供舞台。

业主不仅是社区文化的参与者和受益者，更是社区文化的创造者。社区文化建设的一个重要目标就是要在社区成员中确立共同的价值目标，使全体社区成员增强对社区的认同感和归属感，共同建设新社区。而这种感召力和生命力正是来自于社区成员对社区文化的高度认同和踊跃参与。社区中部分热衷于文化活动的积极分子自然组合所形成的文化团队是社区文化建设队伍的雏形，正是这些互利性、公益性、非营利性民间团队组织在社区中的活动，带动了其他业主对文化活动的参与热情，并逐步形成社区的文化氛围。从一定意义上讲，这些团队活动的内容和形式、活动的规模和质量是社区文化建设的重要标志。

以业主为主导的社区文化建设模式有两种：一是自主式社区文化，即逐步将业主委员会吸引到社区文化的建设中来，从业主自身的角度出发，尝试采取业主自主、物业管理处（服务中心）配合的方式开展一些社区文化活动，增强业主的参与感和成就感，有利于业主满意度的提高，同时也能引领社区文化的时代潮流。二是自助式社区文化，即将在某方面具有一定特长的业主组织起来，组成社区的某种社团（如合唱团、足球队、英语沙龙等），定期进行交流，可以提高业主参与社区文化活动的积极性，既能保证活动的频率及适合性，又可减轻专门文化工作部门组织工作的压力。

3. 社区文化建设的具体形式和途径

一个社区文化氛围和格调的形成，并不是简单地开展一些活动就可以完成的，而是与整个物业项目小区设计、开发、销售、物业管理的各个环节紧密相关的。一种高雅的社区文化的形成，是房地产发展商、物业服务企业、城市基层政权组织及业主、住户共同努力的结果。所以，社区文化活动其实是一个内容很广泛的概念。在建筑设计、物业管理、营销及广告方面都要有一个整体的以人为本的思路，才可能形成物业管理区域的文化氛围和格调，文化活动的组织才得以在一个丰厚的土壤中成长。在社区文化这一园地中，开发建设单位及物业服务企业是园丁的角色，社区文化的基本载体是全体业主、住户。他们的生活模式、价值取向、道德观念、行为方式等最终决定了一个社区文化的面貌。

物业管理区域社区文化的建设主要是从物业管理的角度介入物业管理区域文化建设的全过程。从前期介入、承接查验到物业综合管理与服务，都应渗入文化建设的因素，这是一个长期的过程。物业服务企业可以在各个环节采用恰当的方式开展社区文化建设活动。

（1）体育活动。

物业服务企业可组织业主参加乒乓球、羽毛球、篮球、足球、保龄球、象棋、桥牌、拔河、游泳、健美操等比赛，还可组织家庭或公司参加各种趣味体育活动。以方便业主开展各种健身活动，满足业主对生命健康方面的需要。

（2）文娱活动。

物业服务企业可组织业主跳交谊舞、唱歌，举办联欢会、联谊会、游艺活动等业主比较喜欢的文娱活动，以满足业主社会交往和精神满足的需要。

（3）专题讲座。

专题讲座是一种比较高尚的社区文化活动。物业服务企业可根据辖区业主的需要，开展如美容化妆、股票、房地产投资、法律、经济、管理、时事政治、旅游等方面的专题讲座，满足业主个人发展的不同需要。

（4）举办培训班。

可以举办英语、计算机、公文写作、烹调等培训班，对业主进行文化知识和专业技能的培训，使业主掌握更多的实用技能，适应社会竞争的需要。

（5）报刊宣传。

可以自办或联办物业管理区域报纸、宣传栏、有线广播电视台以及印发宣传品，宣传物业管理区域文化建设的成果，引导社区意识的发展方向，形成良好的物业管理区域风尚，提高物业管理区域居民文化品位和思想道德素质。

四、社区文化建设的方法

社区文化建设的方法包括程序方法和技术方法。

（一）程序方法

程序方法是指社区文化建设活动必须经过的步骤、环节，以保证活动的严密性、连续性和完整性。

（二）技术方法

技术方法是物业服务企业在社区文化建设中解决实际问题的策略、措施、技巧、手段等。其包括经济方法、行政方法、规约方法、行为科学方法。

1. 经济方法

社区文化建设的经济方法是利用经济利益手段来调配社区文化建设资源，从而确保社区文化活动的正常开展，实现社区文化建设的目标。经济方法的着力点主要有以下方面。

（1）充分利用社区文化的经济功能调动开发商的积极性，确保物业服务企业在前期介入过程中与开发商在社区文化建设上的合作。

物业管理区域在社区文化设施方面的规划和投入对开发建设单位的房地产销售的作用越来越重要，但开发建设单位往往只是考虑售房的短期需要，并没有考虑物业服务企业对社区文化建设的长期需要，因此，物业服务企业不能被动接受开发商在社区文化设施方面的设计安排。物业服务企业在前期介入阶段要积极争取，合理建议将社区文化活动的场地、设施纳入规划。物业交付使用后，物业服务企业在资金许可的情况下，还要有计划、有步骤地对社区文化设施加以完善。条件不够的，要尽可能地提高文化设施的利用率，充分发挥露天广场、庭院、架空层的作用，要做到大活动有场所，小活动有地点。

（2）系统设计、包装社区文化的服务产品形象与品牌，以优质的服务产品获得多方的资金投入，达到文化与经济双回报，多元主体求共赢的局面。

物业管理区域的社区文化建设资金的来源主要有：一是物业管理单位每年从管理经费中划拨一定的比例用于社区文化建设；二是寻求企事业单位和个人的赞助；三是由社区文化活动的直接受益者出资；四是以文养文，进行文化经营，将其所得再用于社区文化建设。

物业服务企业可开展有偿、部分有偿、无偿等不同类型的文化活动。对大型文化活动可采取市场化的运作方式，吸引有投资意愿的商户参加。对商业性的文化活动可采取保本或微利经营的方式运作；对公益性的文化活动可采取无偿的方式为业主服务；对满足业主个性需求的文化活动可采取象征性收费的方式鼓励业主自愿参加、自愿交费，如举办知识讲座、专题培训班进行较长时间的学习，可向业主收取用于支付培训用的场租、教师酬金等基本费用。

2. 行政方法

社区文化建设的行政方法是指物业服务企业利用纵向隶属关系和横向的协作关系获得行政上的支持，通过行政手段整合文化资源，为物业管理区域文化建设创造良好的外部环境和行政资源保障。具体来说，一是利用行业的行政隶属关系，调动本行业文化资源为社区文化建设服务。如争取行业性的大型社区文化主题活动的举办权，从而获得行业的资源支持，使本物业管理区域成为社区文化示范项目。二是利用物业服务企业的行政隶属关系，通过物业服务企业的社区文化专门部门，搞好社区文化活动的组织与执行，实现企业内部文化建设大协作，充分利用企业内部的文化资源为本社区居民服务。三是利用基层政权的法规政策手段、行政力量动员和协调常驻社区的企事业单位，特别是机关、学校等文化资源丰富的单位，将其文化设施、文化建设资源对本社区成员开放。

3. 规约方法

社区文化建设的规约方法是指物业服务企业通过建立社区规范、制度来约束社区成员的行为，以形成良好的社区风俗、习惯，普遍认同社会意识和符合物业管理区域文化特色的行为模式。具体可通过物业管理区域管理规约、文化教育、法制普及、报刊舆论、人际沟通、娱乐互动等方式形成物业管理区域的社区规范和秩序。在持之以恒的规约活动中，实现社区文化的精神从行为上到观念和价值准则上的内化过程。

4. 行为科学方法

社区文化建设的行为科学方法是将行为科学的方法应用于物业管理区域的社区文化建设之中，视物业管理区域为一个有机的社会系统，从系统的角度构建社区文化体系。在社区文化建设过程的每一个环节都要考虑物业管理区域系统内外环境对物业管理区域文化建设过程的影响。行为科学方法主要包括：分析物业管理区域文化建设行为系统的内外环境要素；确定物业管理区域的社区文化建设行为的目标；物业管理区域文化建设行为的动力机制的建立；物业管理区域文化建设行为的决策系统、信息反馈系统和控制系统的建立与优化等。

【本章小结】

1. 搞好物业管理区域的社区文化建设必须认识社区、文化、社区文化等相关的基本范畴。

2. 物业管理区域的社区文化建设的任务，物业管理区域的社区文化目前所存在的问题；物业管理区域的社区文化工作将会越来越受重视是必然趋势；物业管理区域社区文化建设的原则和物业管理区域文化建设的基本内容。

3. 物业服务企业与社区文化存在着相互影响、相互制约的关系：一方面，社区文化影响物业服务企业的发展；另一方面，物业服务企业是物业管理区域的社区文化建设的主要推动者。物业服务企业应在社区文化建设中发挥应有的作用，包括对社区文化建设内容的选择，为社区文化建设服务，对有文化差异的社区居民进行文化整合，在社区文化建设中做好统筹、协调工作等。

4. 物业服务企业在社区文化建设过程中的目标，完善社区文化建设的机制，物业管理区域的社区文化建设的方式、方法。社区文化建设过程中的指导思想、关系定位、具体形式、途径。社区文化建设的方法包括程序方法和技术方法。

【案例分析】

广州某物业管理有限公司×××管理处
新春音乐晚会活动方案

一、活动主题

喜迎新岁，20××年×××春节音乐会

二、活动时间

20××年1月26日晚19：30—22：00

三、地点

物业管理区域中心水池前。

四、活动组织安排

（1）管理处经理负责晚会方案的审核及总体实施监控。

（2）物业、行政助理负责活动整体方案的策划及实施。

（3）水电、保安、清洁等岗位负责配合活动的实施。

五、活动内容

（1）聘请高素质专业音乐团体现场演奏（爵士乐），工作由行政助理负责，提前1个月联系单位，确定好具体节目内容和费用。

（2）发动我区住户组织表演节目（充分发动内部演艺资源），工作由物业助理负责，提前1个月做好宣传和确定参演业主，并安排和跟进好具体节目的准备。

（3）邀请幼儿园或区内单位组织节目表演，工作由行政助理负责，提前1个月联系单位，确定好具体节目内容。

（4）由赞助商提供一定数量的各种价值不等的奖品，开展抽奖及有奖问答，工作由物业助理负责，洽谈好相关的合作细节。

六、活动经费预算

（1）宣传费用：500元。

（2）音乐团体演出费用：10000元。

（3）音响、现场灯光布置费用：5000元。

（4）奖品：赞助。

（5）其他：2000元。

合计：17500元。

七、具体活动组织

1．场地布置

（1）观众席铺设红色地毯，摆放凳子500张。

（2）舞台铺设地毯。

（3）全场栏网上挂设霓虹管灯和满天星彩灯，呈波浪状。

（4）舞台从左右前侧几个角度装设射灯以衬托舞台效果。

（5）舞台背景板由赞助商提供。

2. 物品采购

灯饰、道具采购。

3. 其他准备

（1）会场所有灯饰布置于24日前完成。

（2）晚会主题横额制作及悬挂于23日前完成。

（3）现场内观众席及舞台的地毯铺设于26日下午前完成。

（4）观众席座椅及晚会所需音响设备的借用。

（5）晚会前台接待及抽奖资料登记由赞助商负责完成。

（6）音响调控试音于26日下午完成。

（7）活动当晚我处派出女主持1名，赞助商派出男主持1名；双方主持人于23日前对稿，26日下午简单排练。

4. 活动当晚具体分工

（1）总监控：管理处经理。

（2）总协调和接待：物业助理。

（3）主持：行政助理。

（4）抽奖及颁奖礼仪：收费员。

（5）礼品保管及分配：工程助理。

（6）灯饰及设备监控：水电工主管。

（7）灯饰巡场：电工。

（8）音响调试：电工。

（9）摄影：电工。

（10）后勤：管理员。

（11）保安：保安班长、队员。

（12）清洁：清洁班长、清洁工。

5. 晚会节目编排时间表

19：30 晚会正式开始，主持人致开幕词并邀请管理处经理上台致辞。

19：40 乐队开始表演《美妙的时刻将来临》《你们可知道》歌曲两首。

19：50 主持人致报幕词，并介绍幼儿园的表演。

19：53 由幼儿园学生表演英文歌剧。

20：00 乐队演奏爵士乐 Something Stupid。

20：08 乐队自行致串场词并简单介绍音乐内容。

20：10 乐队演奏爵士乐 Dream a Little Dream of Love。

20：18 乐队演奏中文快板《无时间》。

20：25 主持人致串场词并宣布有奖问答环节开始，由主持人提 10 个问题。

20：40 主持人宣布表演继续，由幼儿园学生表演舞蹈。

20：50 由乐队继续表演歌剧《维也纳》。

20：58 乐队简单介绍《维也纳》剧情并串场。

21：00 乐队继续演奏蓝调爵士乐 Fly Me to the Moon。

21：08 乐队继续演奏爵士乐《钢琴即兴曲》及《色士风》，乐队串场并继续演奏《单簧管即兴曲》。

21：30 主持人致串场词。

21：33 乐队继续表演中华民谣《大地飞歌》及《好日子》。

21：45 抽奖环节开始，请管理处经理及奥科纳尔公司领导上台抽出 10 名不等奖项，并颁发奖品。

22：00 晚会在乐队即兴发挥的乐曲中结束。继续演奏《单簧管即兴曲》。

6. 活动结束后勤工作

（1）由清洁工负责清扫场地。

（2）由保安和水电工负责将桌椅、道具搬回仓库。

（3）由保安维持散场秩序。

（4）管理员接待好演出嘉宾。

[问题讨论]

1. 请评价该文化活动的方式、方法。

2. 请你设计一个文化活动的方案。

[参考点评]

本案例反映的是物业服务企业如何根据物业区域的特点开展物业管理区域文化建设活动的问题。该活动方案不算完善，但总体来说反映了物业管理区域的特点和特殊的文化需求。该活动方案从活动主题到节目内容，从过程安排到每一个环节的组织，从参与的单位到参与者的需求，从会场的布置格调到气氛的调节都做了周密的安排，可以说是比较有特色的一项物业管理区域文化活动方案。特别是物业服务公司吸引了物业管理区域内部演艺资源和区内单位的参加，还有商业机构的赞助，物业服务公司也投入了人力、物力和财力，使方案具有可行性。当然也还有不足的地方，如在如何吸引地方文化行政管理部门的参与，如何提高文化活动的品位及层次等方面还是有努力的空间。

【问题思考】

1. 简述社区文化的特点。
2. 物业管理区域的社区文化建设的主要任务是什么？
3. 物业服务企业在社区文化建设中的作用有哪些？
4. 试述物业服务企业与社区文化的关系。
5. 社区文化建设的模式和途径有哪几种？
6. 试述社区文化建设的方法。

第十一章　物业管理服务质量与考评

【学习目标】

了解：物业管理考评的意义和分类；2000 年版 ISO 9000 质量管理体系和 ISO 14000 系列环境管理标准体系。

掌握：服务与服务质量的概念；服务质量的特征；服务质量管理的内容。

识记：物业管理的质量特征、物业管理服务质量评估与 ISO 质量认证和 ISO 14000 环境管理认证；物业管理考评的标准和准备。

【学习概要】

本章的重点内容包括：服务质量管理；物业管理服务质量；推行 2000 年版 ISO 9000 族标准质量认证和 ISO 14000 环境管理认证；物业管理考评。

通过本章学习，将认识到物业服务质量对于物业服务企业的重要性；知道如何提高物业服务质量以及如何获得业主的好评；了解物业管理质量认证的基本知识；懂得如何去进行物业管理质量考评的准备工作；将有利于增强服务意识，提高物业管理服务质量。

第一节　服务质量管理

物业管理属于第三产业的服务行业，服务质量的好坏直接影响到物业服务企业的经营效益。优胜劣汰是市场经济的基本法则，企业能否生存发展，最根本还是取决于服务质量的高低。高素质的服务，有利于企业形象的提升，有助于企业提高服务产品价格，增加利润，提高市场占有率。而服务质量的提高，需要一套完整的物业管理服务标准以及科学的管理。

服务质量管理

一、服务与服务质量的概念

（一）服务的概念

菲利普·科特勒给服务所下的定义为：服务是一方能够向另一方提供的本质上无形的任何行动或利益，并且不会导致任何所有权的产生。它的生产可能与某种物质产品相联系，也可能毫无联系。从上述定义可以分析到，服务并非是一种物质性、有形的、可眼见手摸的一般产品。该定义反映了服务的内涵与本质。

从物业管理服务工作的各个部门以及各个环节来考察服务的含义，可以认为：

（1）服务是一种由服务人与被服务人的活动构成的行动。因此，可以认为，服务是由人的行为构成的一种活动。

（2）服务是带有心理因素的一种行为。这种心理因素有两个内涵：一是服务人员的心理因素。即使服务人员能按规定的服务程序去工作，也不能说这种工作就是完整的。服务态度、工作精神等是服务行为的关键因素。二是被服务者的心理因素，服务工作的好坏在很大程度上是以业主或使用人的满意程度来衡量的，而业主或使用人的心理又是复杂多变的。因此，从这个意义上说，服务是一种无形的、难以用物质尺度去衡量的行为。

（3）服务是在一定的物质条件和人员素质条件下完成的行为过程。从业主的心理效应来说，在不同的物质条件下可以接受不同的服务，有一种承受不同价值量的服务效果的心理调节能力。因此，从这个意义上来说，服务是具有价值量的行为效用。

从以上的分析中，可以归纳出服务的含义：服务是由人的活动构成的，无形的、难以用物质尺度衡量的、具有价值量的行为效用。

（二）服务的特征

1. 无形性

服务的无形性是服务的主要特征，它可以从两个不同的层次来理解。首先，服务与有形的消费品比较，服务的特质及组成服务的元素，很多时候都表现为无形、无质，让人不能触摸或不能凭肉眼看见其存在，甚至使用服务后的利益，也可能要等一段时间后，才能感觉到它的存在。正如一个新业主只有搬进物业管理区域居住后，亲自体验到物业管理的各种服务，才能感受到物业管理带来的好处。而他们在购买物业时，是不能感知物业服务企业将会提供什么质量的服务的。

2. 不可分离性

有形的产品和消费品在从生产、流通到最终消费的过程中，往往要经过一定的时间间隔。而服务则与之不同，其生产和消费具有不可分离性，即生产过程与消费过程同时进行。也就是说，服务人员提供服务给顾客时，由于服务不是一个具体的物品，而是一系列的活动或者说是过程，所以在服务中消费者与生产者必须直接发生联系，从而使生产过程就是消费过程。服务的这种特性说明，消费者必须加入到服务的生产过程中才能最终享受服务。

3. 差异性

差异性是指服务的构成成分及其质量水平经常变化，很难统一界定。服务业是以“人”为中心的产业，由于人类个性的存在，使得对于服务检验难以采用统一的标准。一方面，由于服务人员自身因素和心理状态的影响，即使由同一服务人员所提供的服务也可能会有不同的水准；另一方面，由于消费者直接参与服务的生产和消费过程，消费者本身的因素（如知识、经验、动机等）也会直接影响服务质量和效果。

4. 不可贮存性

基于服务的不可感知形态以及服务的生产与消费同时进行，使得服务不可能像有形的消费品和产业用品一样可以被贮存起来，以备未来出售或使用。

5. 缺乏所有权

缺乏所有权是指在服务的生产和消费过程中不涉及任何东西所有权的转移。既然服务是无形的且又不可贮存，服务在交易完成后便消失了，消费者并没有“实质性”地拥有这些服务。缺乏所有权会使消费者在购买服务时感到有风险。如何消除业主的这种顾虑心理，是物业服务企业所需要解决的问题。

从对上述服务的五个特征的分析中不难看出，无形性是服务的最根本特征，其他特征都是由此而派生出来的。正是因为服务的无形性，才产生了不可分离性。而差异性、不可贮存性和缺乏所有权在很大程度上是受无形性和不可分离性两大特征所决定的。

（三）服务的质量

服务产品的质量不同于有形产品，只有全面地、正确地认识服务产品的质量，才能把握提高服务质量的途径。

将国外的服务管理专家对服务质量提出的多种解释归纳起来，大致有如下类型。

1. 感知服务质量

服务产品的质量水平并不完全由企业所决定，而与消费者的感受有很大的关系，即使提供服务的部门自诩是高标准的规范服务，却不一定为消费者所喜爱和接受。有些物业服务企业认为自己已经尽了最大的努力服务业主，但还是不能让业主满意。所以，一些服务质量研究专家把“服务质量”定义为一种衡量企业服务水平能够满足消费者期望程度的工具。而有些学者明确指出，服务质量是一个主观范畴，它取决于消费者对服务质量的期望即预期质量同其实际感知的服务水平，即检验质量的对比。如果消费者对服务的感知水平符合或高于其预期水平，则消费者获得较高的满意度，从而认为企业具有较高的服务质量；反之，则较低。

2. 技术质量和功能质量

技术质量主要指某项服务带给消费者的价值，包括所使用的设备和作业方法等技术层面的内容。例如，旅店为客人提供干净卫生的床上用品；银行为客人提供准确快捷的汇兑业务等。在物业管理服务中，管理人员为业主提供的咨询服务、受理投诉，以及工程维修人员提供的设备运行维修服务等方面反映出的专业水平，都是技术质量的反映。如果一个居住区，尽管物业服务企业的员工训练有素、服务意识强，但物业管理区域内水电设施严重失修，高层住宅在酷热的天气下供水不足，电力线路经常出故障而导致停电，那么业主无论如何也不会认为这是令人满意的服务质量。

功能质量是指提供服务时消费者的感觉，即消费者对服务的认知程度。无论服务人员如何工作，消费者的感觉总是“主观性”居多。因此，在功能质量中，主观的因素占据相当的成分。深圳一个智能化高层住宅区，所有通道安装了闭路电视监控系统，由于技防在一定程度上代替了人防，大堂和巡逻的保安不多，业主却投诉，反映眼皮底下总看不到保安人员，觉得在住宅区内没有安全感。这件事说明在现代化的管理手段下，还要体现人性化的服务。

3. 预期质量与信息质量

预期质量为消费者接受该项服务之前的期望值。如果消费者的期望过高，或不切合实际，即使他们接受的服务水平是很高的，他们仍然会认为企业的服务质量较低。预期质量主要受宣传沟通、企业形象、顾客口碑、顾客需求等因素的影响。当服务的准备过程往往不为消费者知晓时，宣传沟通对于预期质量的影响是显而易见的。消费者对服务产品质量的判断往往取决于体验质量与预期质量的对比。

信息质量是针对服务组织而言的。这里的信息是指包括市场形象、价格水平、处理客户投诉等有助于形成消费需求的综合信息。在信息质量的构成中，市场形象占据了相当重要的地位，而市场形象又与服务环境关系密切。例如，管理处（服务中心）整洁的环境布置、排列有序的文件档案、一目了然的服务项目和收费标准，内容全面的操作规程、富有品牌标志性的服务口号等，都会增强服务对象的信任感。

（四）影响服务质量的因素

顾客对服务产品质量的判断取决于体验质量与预期质量的对比。在体验质量既定的情况下，预期质量将影响顾客对整体服务质量的感知。预期质量受下面的因素影响。

1. 企业形象

如果企业在顾客心目中留下了较好的品牌形象，顾客则可能会原谅企业在推广服务过程中的个别失误。但是，如果这些失误频繁发生，则必然会破坏企业的形象。如果企业形象不佳，则企业任何细微的失误都会给顾客造成很坏的印象。所以，企业形象常被称为顾客感知服务质量的过滤器。

2. 宣传沟通

认知的东西是受信息的传输影响的。信息量越大，人们对其的认识越全面，信息沟通的方式越新颖、越多样，人们对其认识就越深刻。在现实中，人们每时每刻都在接受各种各样、许许多多的服务，很容易从主观上对服务质量进行判断。因此，对服务对象必须进行适时、适当的宣传，建立更多有效的沟通方式。

沟通通常要注重两大方面：一是倾听顾客的意见（需要、建议、服务感受、投诉等）；二是向顾客通报（如介绍服务、解释服务、回答咨询等）。市场沟通包括广告、公共关系、促销活动等。

3. 顾客口碑

口碑是服务业重要的传播媒介，它发挥的是“顾客告诉顾客”的作用。由于许多中、小型服务企业是地区性的，甚至是街区性的，它们的顾客群比较固定，不适合做大规模的广告宣传，因此，口碑就显得特别重要。来自亲朋好友的良好口碑会提高顾客对服务产品的感知质量。

4. 顾客需求

顾客的不同需求对顾客预期质量影响很大。例如，搭乘飞机的旅客，有些人只希望平安迅速地到达目的地，有些人则会对航空公司的服务人员提出许多要求，如礼貌、热情、尽量提供更多的信息等。顾客在需求方面的差异无疑会影响他们对服务质量的预期，从而影响他们对服务质量的感知。

在上述四种因素中，服务的沟通是企业可以直接控制的，企业形象和顾客口碑只能间接地被企业控制，而顾客需求差异大、变化多属于不可控因素。

二、服务质量的特征

（一）内涵的广泛性

服务质量是一个相当宽泛的概念，涉及服务的对象、内容、层次、要求等。从服务的内在性分析，可表现为上述的各种质量内涵。正如有人认为服务质量可分为技术质量和功能质量。从服务的过程来看，有学者认为服务质量分为过程质量和产出质量两部分。更有学者指出，服务质量是一种认知的质量，并非目标性质量。换言之，他们认为服务质量是多种服务要素、各种影响因素的综合作用，从而使消费者对于事物做出主观上的反应。

（二）评估的差异性

在现代社会经济中，质量是社会物质财富的重要组成部分，是社会进步和生产力发展的重要标志之一；质量是企业的生命，是产品进入市场的通行证，是企业改善经营管理环境、降低成本、提高效益、增强企业竞争力的重要途径。

由于服务具有无形性、不可贮存性和缺乏所有权等特性，服务的构成及其质量水平经常变化，很难统一界定。服务质量的判断标准主要是取决于被服务者的主观感知。由于人类个性的存在，又没有统一的服务检验标准，在服务规程、服务标准相同的情况下，消费者的知识、经验、动机、消费能力、消费偏好会直接影响服务质量的评价；就服务者而言，以人作为主体的服务者也受各种条件的影响而导致对产品质量判断的不确定性，从而增加评估的难度。当然，所采用评估的方法的科学性、针对性也会影响其结果。

（三）控制的难度大

控制是管理活动的基本职能之一，控制的目的是使实际工作的结果与预期的目标趋于一致。服务质量的控制方法和过程是同服务质量特性相关的。

1. 不同的服务产品具有不同的质量特性

服务有内在的特性，如结构、性能、强度、精度等；有经济特性，如成本、价格、运营费用、维修费用等；有商业特性，如保修期等。如果把各种产品的质量特性归纳起来，可以分为以下五种质量特性。

（1）性能。指产品能够满足使用目的所具备的技术特性。

（2）寿命。指产品能够正常使用的期限。

（3）可靠性。指产品在规定的时间范围内和规定的条件下，完成规定工作任务的能力。该指标反映了产品在使用过程中满足人们需要的程度。

（4）安全性。指产品在流通和使用过程中安全的保证程度。

（5）经济性。指产品从设计、制造到使用的整个过程中的成本的大小，包括设计成本、制造成本、使用成本（使用过程中的营运费用、维护修理费用）等。

通过对产品质量的定性化或定量化，就可以得到产品质量的标准。

2. 同一服务产品也具有其内在的各种特性

由于服务的无形性，服务质量通常体现在受用者的感知中；由于服务的广泛性和不可累积性，如一个旅游过程是由食、住、行、游、乐、购等各种活动构成，虽然景点的游玩尽致、尽兴，但并不代表路途的经历就没有不愉快。服务质量的评价标准更是复杂的、多层次的，因此，服务质量的控制难度较大。

三、服务质量管理

（一）开展服务质量管理的重要性

“让客户满意”是企业提供管理服务的基本目标。随着商品经济的迅速发展，众多的服务业人士都深深体会到，要解决服务质量差距，提高服务质量，就必须加强对服务质量的管理。服务质量管理的核心是及时向消费者提供他们所迫切需要的服务，同时，提高消费者的可感知服务的质量。

在物业管理市场竞争日趋激烈的今天，没有高水平的服务质量，很难赢得业主和住户的满意。一旦物业服务企业的服务出现差错，导致客户不满，不但会对企业的信誉造成极大的影响，还会使用户失去对企业的信任，从而失去物业的管理权，直接影响企业的经济效益乃至生存与发展。

（二）服务质量管理的内容

物业管理服务的质量管理覆盖物业服务企业运作的全过程，从服务方针和目标的制定，到物业管理的日常工作，再到对客户的服务（处理客户投诉、开展社区活动等），以及服务水平的考核与评估。

1. 制定服务方针和目标

服务方针和目标是指一个服务组织为了满足消费者的需要，保证服务质量而制定的该组织的服务宗旨和方向。告诉员工应该把什么奉为信条，并以此来制定更加详细的服务流程和服务规范。

（1）服务方针。

一个服务企业的服务方针能体现该企业对质量的追求。对消费者的承诺，是企业服务行动的准则和服务工作的方向。在制定服务方针时，应充分反映企业持续向消费者提供满意的服务产品的决心，并为此做出必要的承诺。作为消费者，最关心的是服务企业的质量保证意识和因此所采取的质量保证措施，对此，企业在服务方针中应予以体现。

（2）服务目标。

服务目标是落实服务方针的具体要求，是为实现服务方针而制定的某一阶段的具体、定量的要求。服务目标的管理则是服务企业内部的管理活动。服务目标应能促进服务质量的提高，适应周围环境变化的要求，提高服务效率。

2. 设计服务流程和确定服务职责

服务流程设计是与部门职责、岗位责任关系密切的一项工作。确定服务流程首先要搞清楚消费者的基本需求。服务流程主要是明确各部门及各岗位的工作程序，使每个岗位的员工明确自己处理问题的步骤和责任，与哪些人协作，遇到不能解决的问题该向谁请示，如何获得所需要的信息和资源，等等。

设计服务流程的一般方法如下：

（1）把服务的各项内容用流程图画出来，使得服务过程能够清晰、客观地表现出来。

（2）把容易导致服务失败的点找出来。

（3）确立执行标准和规范，而这些标准和规范应体现企业的服务质量标准。

（4）找出消费者能够看得见的服务证据，而每一个证据将被记为企业与消费者的服务接触点。因为每一个接触点的服务人员都在向消费者提供不同的职能质量和技术质量，而在这一点上，消费者对服务质量感知的好坏将影响他们对服务质量的评价。

3. 制定合适的服务规范和标准

服务质量虽然是属于一种感知质量，但并不是说服务质量没有标准。恰恰相反，服务产品的质量标准往往是通过员工执行服务规范来影响消费者的感知。服务规范主要是规定了服务提供所能达到的标准，对提供什么服务的问题给出了答案。服务规范确定后，企业员工的服务有了追求的目标，企业检查服务质量时也有了衡量的尺度。

服务规范的制定，根据不同行业、不同规模的企业自身特点和质量管理的要求，详略程度和格式都有所差异。如有些企业参照 ISO 9000 质量标准，制定由服务规范、服务提供规范、服务控制规范组成的质量体系文件。有些行业的服务规范则比较简单，但在详略程度不同的服务规范中，都必须包括服务项目，并对每一个服务项目特性进行清晰的描述，明确服务企业员工提供服务的程序与操作要求及验收标准等。

4. 检查与评估

为了使服务规范和质量标准能有效执行，还要在企业内部和外部，通过内部检查、消费者满意率调查、投诉处理等方法，对服务质量进行检查和评估。

（1）内部检查。

由于在许多企业实施服务质量管理时存在着某些误区，所以在企业内部定期或不定期地开展内部检查是十分必要的。事实上，为了实现持续改善服务质量的目的，应该使企业内的每一个人都重视服务质量的重要性，懂得如何做才能更好地满足消费者的要求，这就有赖于企业的内部检查。

（2）消费者满意率调查。

通过对消费者的调查可以了解消费者对服务质量的评价，从中可以得到消费者满意率的信息，同时，也可以发现在哪些服务项目或服务环节中存在问题。因此，很多服务行业，如酒店管理、物业管理等企业都把消费者满意率调查作为评估服务质量的主要手段之一。

（3）投诉处理。

投诉是消费者对服务不满的表现形式，也是从负面反映了消费者的感受。因此，服务企业应重视消费者的投诉，应有专门的部门受理消费者投诉。

四、质量管理模式

质量管理模式是指质量目标明确，由一系列相关的质量标准组成的一套质量管理标准形式。在服务质量管理文献中，国内外企业管理学家提出的服务质量管理模式，基本上可划分为三种类型：消费者满意程度模式、产品生产模式和相互交往模式。

（一）消费者满意程度模式

物业管理服务的过程是管理者与业主相互交往的过程。服务质量不仅和服务结果有关，而且和服务过程有关。业主委员会通常会对管理和服务实施监督，管理者依照管理合同开展各类服务，致力于获得业主或业主委员会的首肯。这是物业管理服务的一般原则。获得业主委员会的满意，成了目前管理公司的主导性追求。因此，当前物业管理服务通常采用消费者（业主）满意程度这一质量管理模式。

消费者满意程度模式强调业主对服务质量的主观看法。根据这个模式，业主是否聘请某一管理公司，是否反复享用某种服务；在服务过程中是否与管理者合作，是否会向他人介绍这种服务，是由业主对服务过程的主观评估决定的。业主的主观看法则与他们的个性、对服务的期望等因素有关。

在消费者满意程度模式中，服务属性与业主感觉中的服务质量并不存在简单的、机械的对应关系。业主的满意程度是他们对自己的消费经历进行主观评估的结果。根据这个模式，如果业主感觉中的服务质量超过他们对服务质量的期望，他们就会感到满意；如果他们感觉中的服务质量不如期望，他们就会不满意；如果感觉中的服务质量与期望相符，他们就既不会满意，也不会不满意。

消费者满意程度模式的运用，促使管理者重视服务质量的动态性、主观性、复杂性等特点。管理人员不仅应重视服务过程和服务结果，更应分析、掌握业主的看法及服务过程中影响管理者和业主相互交往的心理、社会和环境等因素。

（二）产品生产模式

产品生产模式认为管理人员可通过生产体系客观地控制无形产品的质量，企业可使用现代化设备（硬技术）和精心设计的服务操作体系（软技术）取代劳动密集型的服务工作，进行大规模的生产。但这种模式取决于两个假设：管理人员能全面控制投入生产过程的各种资源和生产过程使用的技术；管理人员规定的质量、消费者感觉中的服务质量与消费者行为之间存在着明显的对应关系。

在物业管理服务过程中，这些条件并不存在，企业能够完全控制的属性很少。或者说，物业管理服务不存在批量生产，而是个性化服务，不管是对设备、环境的管理，还是对人的服务。而值得借鉴的是，在服务过程中出现的差错，会使消费者对一系列后续服务产生消极看法。他们感觉中的服务质量是由他们与管理人员短暂的交往过程决定的。

（三）相互交往模式

相互交往模式认为，服务是消费者与服务人员的交往过程。管理人员应根据相互关系理论、角色理论等，指导此类的服务设计和管理工作。

概括所探讨的影响服务质量的各种因素，有服务程序、服务内容、消费者和服务人员特点、企业的品牌和声誉、服务环境和情境因素等，都会对服务质量的高低产生影响。因此，相互交往模式认为服务要素应由协调、完成任务和满意三个层次组成。

（1）协调。优质服务的首要条件是服务人员与消费者之间的礼节性行为和感情交流。例如，服务人员欢迎和尊重消费者，消费者对服务人员同样有礼貌。

（2）完成任务。优质服务的第二个条件是消费者和服务人员都能完成各自的任务，实现服务的目的。

（3）满意。消费者和服务人员都会根据自己的期望，评估满意程度。

第二节　物业管理服务质量

物业管理是一个特殊的行业，与一般产品的服务对象和服务需求不同。物业管理是通过对共用部位、共用设施的管理，为广大业主和使用者提供满足其物业使用功能方面的各种需求的服务。物业管理服务质量的高低决定了行业的管理水平，以及需求者对物业管理服务的满意度。如何提高物业管理服务的质量，是一个十分现实的问题。首先要理解物业管理服务的质量特征，根据管理理论，探求提高质量的有效办法。

一、物业管理服务质量的特征

（一）物业管理服务的特点

1. 服务对象的相对长期性

物业管理
服务质量

一般的维修服务或酒店服务与服务对象接触的时间较短，大多数都是一次或数次，而物业服务企业的服务对象则是购买了物业的业主或租赁了物业的使用人，委托物业服务企业实施管理服务的期限最短是2～3年，而且可以续聘。这样，提供服务和接受服务都是相对长期而且稳定的群体。相对长期性与稳定性对物业管理者和业主都有有利的一面，因为双方可以在一段较长的时间里互相适应，可以减少业主因管理者的一次不好的服务而对服务水准和质量有整体评价的偏差，管理者也可以有较充分的时间来调整和改进服务的技术。但同时也增加了物业管理服务的难度，因为长期要使业主满意并非一件容易的事情。

2. 业主监督的直接性

物业管理属于委托服务。物业服务企业受业主委托，对房屋的共有部位和共用设施进行管理，并提供全方位的服务。业主委员会根据业主大会的决议，有权选聘、续聘或解聘物业服务企业，与物业服务企业订立、变更或解除物业管理服务合同。业主委员会是在物业管理区域内代表全体业主对物业实施自治管理的执行机构，听取业主、使用人的意见和建议。监督物业管理单位的管理服务活动是业主委员会的基本职责和权利，这种有组织的、直接对服务结果进行的监督，在服务业的其他行业中还是比较少的。业主监督的直接性，促使物业服务企业必须要与业主委员会签订物业管理委托合同，明确双方的责、权、利，严格按照委托合同规定的管理服务内容和深度提供服务。

3．政策因素的导向性

政府有关部门制定的物业管理、法规政策对推动物业管理的发展极为重要，对物业管理服务质量也有一定的影响。如政府由于考虑到群众的承受能力，所制定的物业管理收费指导价均低于成本价，令大多数物业服务企业入不敷出。为维持企业的运作，很多物业服务企业往往会以降低管理服务水平为代价，最终招致业主的不满。当然，政府也并非没有注意到这种情况，一方面，做出了今后物业管理收费要与管理服务内容和深度相适应的承诺；另一方面，又由物业管理行政主管部门订立了全国物业服务企业资质标准，并修改了全国物业管理示范小区和示范大厦的考评标准，鼓励物业服务企业通过扩大经营规模，降低管理服务成本，同时通过创优工程，提高管理服务水平，取得收费方面的政策倾斜。

4．业主因素的相关性

业主对物业管理的认识程度不同，对购买服务产品的价值观念也有差异。沿海经济发达地区的大城市，如上海、广州、深圳、大连等地，物业管理工作开展较早，业主对物业管理的收费服务比较理解，因而在缴交物业费和业主自治自律等问题上，能够与物业服务企业的专业化服务协调，使物业管理服务者的水平能得到正常发挥。相反，在内地及一些中小城市，由于物业管理工作开展较迟，媒体的宣传力度也不足，认为只要交了物业费，物业服务企业就要提供一切服务，室内设备损坏也要由物业服务企业负责。而一旦不能满足要求，就抱怨物业服务企业“多收费少服务”，或以此为理由拒交物业费，引起服务者与被服务者之间的矛盾。若物业服务企业不及时通过加强宣传，增大物业管理费用开支的透明度等方法来化解矛盾，就会影响企业的正常运作和员工的工作积极性，影响物业管理者的服务水平。业主的社会背景、文化背景、职业特点、收入水平、消费习惯等都会影响对物业管理服务的价值判断。

5．环境条件的制约性

物业周边的环境，如治安、商业、人文、交通等状况，以及大环境下的社会服务体系的完善程度，都会对物业管理的发展造成人力、成本、效果等多方面的影响。现在很多居住小区都处于城乡接合部，周边环境也有一些不尽如人意的地方。例如，广州市周边的大型居住区，仅为治安防范就花了不少精力。有一大型居住区物业服务企业员工共 1 000 多人，其中保安员就占近 700 人；另一个居住区，物业服务企业员工

130 人，其中保安员就占 90 多人。这些用于治安防范的人力、财力，已经远远超过正常的比例，增加了物业管理费用的支出和业主的负担，使物业管理的区域环境效果也受到一定的影响。

（二）物业管理服务质量的一般特征

1．可感知性

可感知性是指服务产品的有形展示部分，如服务的实物环境、设备以及服务人员的衣着外表等。由于服务产品的本质是一种行为过程而不是某种实物，具有不可感知的特性，所以顾客只能通过这些有形的、可视的部分来了解服务。服务质量的可感知性从两个方面影响顾客对服务质量的认识：一方面，它们可以使顾客了解无形的服务产品；另一方面，它们又直接影响到顾客对服务质量的感知。例如，美味可口的饭菜等有形产品将提高顾客对服务产品质量的感知。水电运作正常反映了设施保养的效果，若电梯老是出毛病、困人，管理的质量肯定会大打折扣。

2．可靠性

可靠性是指企业准确无误地完成所承诺的服务，实际上是要求企业避免在服务过程中出现差错。以货物运输服务为例，客户需要的核心服务是将货物安全、准确地送到目的地，如果货物在运输过程中发生了货物的缺损、毁坏甚至是丢失，那么低廉的运费和良好的服务将毫无意义了。

3．时效性

时效性是指企业可以随时准备为顾客提供快捷、有效的服务。服务传递的效率是衡量服务质量的一个重要标准，特别是对于那些要求快速服务的行业，如医疗服务、客货运输、快餐服务和机械修理等，服务传递的效率将更加重要，往往会成为顾客判断服务质量的首要标准。

4．保证性

保证性是指服务人员的友好态度与胜任能力，它能增强顾客对企业服务质量的信心和安全感。例如，当顾客同一位友善且学识渊博的服务人员打交道时，他会认为自己找对了企业，从而获得信心和安全感。友好态度和胜任能力缺一不可、相辅相成。服务人员态度生硬恶劣自然会让顾客不快，而如果他们对专业知识一无所知也将令顾客大失所望，尤其是在服务产品推陈出新、产品差异越来越小的今天，服务人员的友好态度、热情服务以及对产品的详细了解就显得更加重要了。

5．富有感情性

富有感情性是指服务人员不仅要态度友好，而且还要真诚地关心顾客，了解他们的实际需要并予以满足，使整个服务过程富有人情味。

物业管理服务的特征除具有服务业共性特征外，其差异性也是十分明显的，表现为：由感知程度不同而带来的差异性；由物业管理服务的不可标识性带来的感知差异性；由需求差异带来的判断标准的差异性。

二、提高物业管理服务质量的途径

（一）管理者要确立管理与服务的质量意识

服务的好坏、优劣是影响整个管理服务的关键因素。优质的商业环境、优美配套完善的居住环境以及物业的造型、用料，是业主或非业主使用人决定购买、租赁某一物业单位的主要原因；同样，优质的物业管理服务自然会坚定业主的选择，劣质的服务则会使业主望而却步，业主完全可以拒绝这种劣质的服务。提高物业管理服务的质量，管理者要确立管理与服务的质量意识。

第一，质量是物业管理服务的重要的主导因素，有服务就必须有质量。没有质量的服务会给业主造成诸多不便，是一种“占用”业主管理费的行为，损害了业主的利益。

第二，优质的服务可以为物业及其所有者提供一笔无形资产。一个好的物业包括好的环境、好的设计与用料、好的服务等要素，其中，好的服务是无形的、不变的要素。好的服务可以使物业的好环境、好设计、好用料锦上添花，也可以弥补物业在环境、设计、用料上的不足。因此，服务质量是改变物业形象、提高物业质量的重要因素。

第三，服务质量直接影响业主的满意程度，也直接影响业主对管理公司的评估和好恶。因此，服务质量是物业管理服务的目标和指向，也是管理公司能否继续经营的决定因素之一。

第四，服务质量的提高关键在于物业管理者的素质与服务技能。

（二）制定并遵循适合与适度的质量标准

提高服务质量没有止境，并不是说物业管理服务质量没有标准，不讲标准。物业管理服务的质量标准，是指安全、舒适、高效、文明的居住、商务及其他服务，满足业主生理和心理两方面的需要，并保持其可靠性、一贯性。它包括物业的建筑、装饰、园林、设备、设施条件和维修保养、清洁卫生、管理水平和服务等各个方面。

（三）建立物业管理服务质量体系

为了提高物业管理质量水平，建立一套完整的企业服务质量体系，既有利于物业管理质量水平的提高，又便于管理工作的考核和评估。一般来说，质量体系由以下基本部分构成。

（1）内部组织管理质量系统，如组织计划质量系统、人员培训质量系统、财务管理质量系统、文件资料管理系统、合同管理系统。

（2）内部运作管理质量系统，如采购控制、服务用品进货检验和试验控制、设备检测控制系统。

（3）服务过程的质量系统，如接管验收管理质量系统、业主收楼管理质量系统、装修管理质量系统、房屋与设备管理质量系统、安全管理质量系统、环境管理质量系统。

（4）客户服务的质量管理系统，如客户服务中心管理系统、客户投诉处理系统、服务满意度测评系统。

三、推行2000年版ISO 9000族标准认证

（一）国际质量体系认证的开展

质量认证活动发源于商品经济发展初期，到19世纪中叶，一些工业化国家为了保护人身安全，开始制定法律或技术法规，规定锅炉等工业产品必须通过确认符合政府颁布的规格的程序，这就是法规性认证、强制性认证的开始。质量认证制度从20世纪30年代开始发展，到50年代，基本上普及所有工业发达国家。现在实行质量认证制度已经是一种世界趋势。

（二）ISO 9000标准系列形成

ISO是国际标准化组织（International Standardization Organization）的简称。第一个质量保证的标准于1979年分成三个部分以BS 5750出版。1987年，ISO根据BS 5750发行了一系列国际质量认证标准（ISO 9000系列），称为ISO第一版。国际标准化组织于1994年修订该系列的标准。现行的2000年版ISO 9000为第三版，并于2001年开始正式实施。

（三）2000年版ISO 9000族标准简介

ISO 9000族标准从1994年版到2000年版经过了6年时间，1994年版ISO 9000族经过了快速发展、扩大、推广的实践阶段，对国际贸易及标准体系产生了巨大影响；同时，实践对标准提出了更大的需求和更高的要求，因此，国际化标准组织/质量管理与质量保证技术委员会（ISO /TC176）于2000年12月正式颁布了2000年版ISO 9000标准。

1. 2000年版ISO 9000族标准的总体结构（见表11－1）

表11－1　2000年版ISO 9000族文件结构

核心标准	其他标准	技术报告
ISO 9000	ISO 10012	ISO 10006：1997－质量管理－质量计划指南

（续上表）

核心标准	其他标准	技术报告
ISO 9001		ISO 10007：1995－质量管理－项目质量管理指南
ISO 9004		ISO 10013：1995－质量手册编制指南
ISO 90011		ISO 10014：1998－质量经济性管理指南
		ISO 10015：1999－质量管理－培训指南
		ISO 10017：1999－ISO 9001－1994 的统计技术指南

2. 2000 年版 ISO 9000 族标准的核心标准

（1）ISO 9000：2000 质量管理体系——基本原理和术语。

（2）ISO 9001：2000 质量管理体系——要求。

（3）ISO 9004：2000 质量管理体系——业绩改进指南。

（4）ISO 90011：2000 质量和环境审核指南。

3. ISO 9000 族标准已颁布的标准

目前，ISO 9000 族标准已经正式颁布的三项标准：ISO 9000：2000、ISO 9001：2000 和 ISO 9004：2000。

4. 2000 年版 ISO 9000 族标准主要的特点

2000 年版 ISO 9000 族标准反映了当代质量管理思想、质量经营观念、质量改进方法的变革和发展。国际著名管理大师的质量思想和质量研究的成就都体现在新版 ISO 9000族标准中。2000 年版 ISO 9000 族标准的主要特点体现在以下方面：

（1）能适用于各种组织的管理和运作。

（2）能够满足各个行业对标准的需求和利益。

（3）易于使用，语言明确，易于翻译和容易理解。

（4）减少了强制性的“形成文件的程序”的要求。

（5）将质量管理体系与组织的管理过程联系起来。

（6）强调了对质量业绩的持续改进。

（7）强调了持续的顾客满意是质量管理体系的动力。

（8）考虑了所有相关方利益的需求。

新版标准吸收了全球范围内质量管理与质量体系认证实践的新进展和新成果，更好地满足了使用者的需要和期望，达到了修改的目的——更科学、更合理、更适用和更通用。

5. 2000 年版 ISO 9000 族标准关于质量管理的原则

2000 年版 ISO 9000 族标准关于质量管理的原则包括八个方面的内容：以顾客为中

心、领导作用、全员参与、过程方法、管理的系统方法、持续改进、基于事实的决策方法、互利的供方关系。

（1）以顾客为中心。

物业服务企业要想在经营上取得成功，关键是所提供的服务能持续地符合业主与用户的要求，并使他们满意和得到他们的信赖。另外，还应看到业主与用户的要求不是一成不变的，随着时间的推移，特别是对生活要求的不断提高，业主和用户的要求会随之发生变化。因此，企业要动态地掌握业主和用户的需求，不断地改进服务，使业主和用户满意。

（2）领导作用。

企业最高管理层的高度重视和强有力的领导是质量管理取得成功的关键。由于最高管理层是决策层，对企业能否在激烈的市场竞争中处于领先地位起着至关重要的作用。

（3）全员参与。

企业的质量管理是通过企业内部各级人员参与生产经营的各项质量活动加以实施的，人员的质量意识、思想和业务素质、事业心和责任心、职业道德，以及适应本岗位的能力，对实现企业的目标至关重要。

（4）过程方法。

过程是指将输入转化为输出所使用资源的各项活动。在开展质量管理各项活动中采用过程方法实施控制，可确保每个过程能达到预期的效果。

（5）管理的系统方法。

如何对各个过程系统地实施控制，确保企业预定目标的实现，就需要建立质量管理体系，运用体系管理方法，系统地控制各个过程，才能使服务满足顾客的需要和期望。

（6）持续改进。

持续改进是一个组织不断地寻找改进机会，努力提高有效性和效率的重要手段，它的目的是确保企业竞争力，使业主和用户满意。

（7）基于事实的决策方法。

有效的决策必须以充分的数据和起初的信息为基础，以客观事实为依据，只有对实现预期质量目标的多个方案进行分析比较，才能做出正确的决策。

（8）互利的供方关系。

企业在提供服务过程中要采购一定的产品，这些产品的质量会直接或间接地影响企业的服务效果，因此企业应采取合适的方法选择合格供方，并与供方建立互惠互利的合作关系，如此才能保证质量目标的实现。

总之，只有通过 ISO 认证的质量规范，制定结合实际的物业管理程序，规范物业管理者的服务行为，才能达到物业管理整体的标准性，实现业主和用户对服务态度、服务效率、服务质量的期望满意度。

6. ISO 9000 推行中的质量考核

一个企业一旦通过 ISO 9000 质量认证，并非意味着质量水平就居高不下。通过质量认证只是一个开端，因为 ISO 9000 质量标准首先只是一套各企业通用的质量管理和质量保证的系统化文件体系。一个企业通过 ISO 9000 质量认证大概需要半年到一年的时间，在这段时间内，企业建立了一套系统、规范、完善的质量体系文件，并且按这套质量体系文件试运行了几个月，达到了 ISO 9000 质量标准。若一个企业通过 ISO 9000质量认证，获得了认证证书，企业的管理层在管理工作中并不按 ISO 9000 标准进行质量管理，所开发生产出的产品的质量就无法得到保证，企业的管理水平也无法提高。

获得 ISO 9000 质量证书后，企业会受到以下三方的评审和检查：

其一是自己。开展 ISO 9000 质量认证并不是靠公司的一个或几个领导，而是依靠公司各部门的业务骨干建立文件体系，实施标准化管理。若企业的个别领导用自己的主观意志左右企业的质量管理，必然会受到企业内部质量管理员工的质疑。

其二是顾客。推行 ISO 9000 标准增强了顾客的信心，顾客自然也就会以 ISO 9000 质量标准要求企业，因而企业的质量管理活动也会得到全体顾客的监督。

其三是认证机构。任何企业建立 ISO 9000 质量标准都必须请认证机构评审。评审确认后证书有效期一般为 3 年，认证机构每年会对推行 ISO 9000 质量认证的企业进行检查，以确保企业履行对 ISO 9000 质量标准的承诺，否则，认证机构会收回证书，取消其 ISO 9000 质量认证的资格。

ISO 9000 质量体系是一整套体系化的提高服务质量的方法，多数企业的实践证明，它对提高服务质量具有直接的影响。但推行 ISO 9000 质量体系还只是企业发展中的一个步骤，服务质量的持续改善还要依赖企业的运行机制、人力资源管理、品牌战略等方面的配合。也只有把服务质量与企业发展的各个方面结合在一起，才能推进企业的不断发展壮大。在物业管理走上市场的过程中，物业服务公司之间的竞争会越来越激烈，只有主动学习和采用适合市场运作规律的先进的管理方式，才能保证企业在竞争中脱颖而出。

四、物业服务企业与 ISO 14000

1. ISO 14000 标准简介

ISO 14000 系列标准是国际通用的环境管理标准，是国际标准化组织于 1992 年制定的环境管理的相关国际标准，其内容包括：环境管理系统（EMS）、环境稽核（EA）、环境标章（EL）、环境状况评估（EPE）和生命周期评估（LCA）。它是应

ISO 9000系列质量管理和质量保证之标准化并兼顾发展中国家中小企业的需求以避免地域性标准造成贸易的障碍而产生的。它可以与其他管理要求（如 ISO 9000 系列）相结合，帮助组织实现并见证组织良好的环境表现（行为），以实现环境目标与经济目标。

ISO 14001 是 ISO 14000 系列标准中的核心标准，它既是认证机构审核物业服务企业的依据，同时也是物业服务企业建立环境管理体系的依据。ISO 14001 标准共分 6 部分，即引言、范围、引用标准、定义、环境管理体系要求及附录。

标准的引言部分重点阐述了 ISO 14001 标准产生的背景，标准的目的、作用及运作模式与要求，是准确认识本标准的基础。

ISO 14001 标准的范围规定了本标准的应用范围。它分为两个部分，一是规定了本标准所要解决环境问题的范围，二是本标准适用于组织的范围。

ISO 14001 标准的定义部分对本标准中使用的 13 个术语进行了定义，明确说明了它们在标准中的具体内涵。

ISO 14001 标准中的环境管理体系要求部分是本标准的中心内容，规定了各类组织建立、实施环境管理体系的最基本的要求。这些要求是各类组织获得 ISO 14001 认证的必要条件。深刻理解本部分内容是掌握、运用 ISO 14001 标准的关键。

ISO 14001 标准的附录部分，特别是附录 A 是对条款内容的进一步解释与说明，目的在于避免由于理解上的偏差，导致执行上的错误；附录 B 是对 ISO 14001 与ISO 9000 要素要求的比较；附录 C 是有关的文献目录。

2. ISO 14001 标准的特点

（1）强调污染的预防和持续改进。

ISO 14001 标准自始至终强调的是预防为主的原则。其强调全过程的管理，重在污染源头的削减和全过程污染控制，体现了当前国际环境保护领域的发展趋势；强调组织应不断对自己的环境绩效进行比较，发现自身的不足，然后加以改进，力争达到逐步改善的目的。环境问题的出现是一个积累的过程，只有不断减少这种积累，环境问题才能得以彻底解决。

（2）强调法律、法规的符合性。

ISO 14001 标准以遵守有关环境的法律法规为最低要求。

（3）强调系统化管理。

系统化的管理就是最优化的组合、最优化的结果。最优化的组合不代表最先进的技术组合。应根据自身实际，充分考虑人员素质、技术水平、经济能力、经济发展等方面的因素，在解决环境问题的过程中，使这些方面能够协调一致，实现最优化的组合。

（4）强调相关方的观点。

ISO 14001 标准要求组织应重视相关方的观点，同时也应影响相关方，带动相关方。环境问题是一个全球性问题，只靠局部的改善是无济于事的，只有一个带动一体，一个影响一片，威胁人类的问题才能得以根本解决。ISO 14001 标准充分强调了这一点，因此，其要求在识别环境因素时，就应想到自身的、可影响的因素。

（5）强调文件化。

系统化的管理需要将制度、要求文件化，以使人们“有法可依”“有章可循”。

3．环境管理体系建立的步骤

（1）领导决策与准备。

（2）初始环境评审。

（3）体系策划与设计。

（4）环境管理体系文件编制。

（5）体系运行。

（6）内部审核及管理评审。

在进行 ISO 14001 环境管理体系贯标时，会发现其很多环节与 ISO 9000 质量管理体系相似。从事贯标工作的人员往往考虑将两个体系融合起来，实现体系文件一体化，但这个一体化的过程并非易事。目前，在物业管理行业，还没有一家公司进行的是 ISO 9000 及 ISO 14001 一体化认证。物业服务企业在做这项工作时一定不要操之过急，应先把两个体系贯标的工作做好，再进一步将体系深化。物业服务企业在建立环境管理体系时，可参照 ISO 9000 质量管理体系的程序及主要步骤进行。

4．环境管理体系文件编制的参考格式

环境管理体系文件一般分为环境管理手册、程序文件、作业指导书（即三级文件）、记录四个层次。

（1）环境管理手册的格式。

①封面，应有版本号、编制日期、修订日期、批准日期及批准人。

②目录。

③内容，包括手册颁布令、管理者代表任命书、手册控制及使用说明、企业简介。

④正文，包括 17 个核心要素及其相互作用描述，并提供查询相关文件的途径。每一要素的内容要包括概述、职责、实施要求或控制要求、相关文件、附录或附件。

⑤附录，包括地理位置图（可标明周围环境敏感目标）、平面图；供水、供气、供电、排水管网图；主要污染源点位及治理设施分布图；组织机构图；重要环境因素清单（或含环境因素清单）；适用法律、法规及其他要求清单；目标、指标及管理方案一览表。

（2）程序文件的参考格式。

①封面，应有程序名，程序编号，版本号，制定，修改、审核和批准人及日期。

②正文，包括目的、适用范围、职责、工作程序（实施程序或控制程序或实施要

求）、相关文件、记录、附表或附件。

③附表或附件，视不同程序的需要而设计。

环境管理体系程序文件的编写要求与质量管理体系程序文件相同。

（3）作业指导书的格式。

作业指导书可包括技术规范、操作规程、作业规程、规定、办法、工程图表图示等，内容和形式较多，格式不一，可由各组织根据具体情况制定。

（4）记录的格式。

记录的种类和格式较多，应根据其所支持的程序或作业指导书的需要来设计。其内容信息可包括：记录的名称、内容、编号、记录人、记录日期、交流部门、交流记录、保管部门、保管期限等。

5. 企业申请 ISO 14001 认证需要具备的基本条件

企业要申请认证，应找已通过环境管理体系认证委员会认可的认证机构进行申请，可以要求该机构出示认可证书。

企业建立的环境管理体系要申请认证，必须满足以下两个基本条件：

（1）遵守中国的环境法律、法规、标准和总量控制的要求。

（2）体系试运行满 3 个月。

6. 实施 ISO 14001 认证的一般程序

环境管理体系认证程序与 ISO 14001 认证大体相似，大致分为以下四个阶段。

（1）受理申请方的申请。

申请认证的组织，首先要综合考虑各认证机构的权威性、信誉和费用等方面的因素，然后选择合适的认证机构，并与其取得联系，提出环境管理体系认证申请。认证机构接到申请方的正式申请书之后，将对申请方的申请文件进行初步的审查，如果符合申请要求，与其签订管理体系审核/注册合同，确定受理其申请。

（2）环境管理体系审核。

在整个认证过程中，对申请方的环境管理体系的审核是最关键的环节。认证机构正式受理申请方的申请之后，应迅速组成一个审核小组，并任命一个审核小组组长。审核小组中，至少有一名具有审核范围内专业项目种类的专业审核人员或技术专家，协助审核小组进行审核工作。在初次认证时，审核工作分为两个阶段。

第一阶段审核旨在全面了解受审核方环境管理体系的基本情况，确认审核范围，为第二阶段审核做好充足的准备。第一阶段审核的重点在于了解受审核方的产品、活动或服务的全过程及其所包含的环境因素，并对组织环境管理体系的策划情况及内审状况进行审核，通常包括文件审核和现场审核两部分。

第二阶段审核以判定受审核方的环境管理体系能否通过认证为目的，其审核计划是以第一阶段审核获取的信息为依据做出的。第二阶段审核是在第一阶段审核的基础上对受审核方的环境管理体系进行更为深入的审核，而且侧重于审核体系的运行与绩效。

（3）纠正措施跟踪验证。

受审核方按照审核计划与认证机构商定时间，纠正发现的不符合项。纠正措施完成之后，交认证机构再次审核。认证评定通过以后即可签发认证证书。认证证书一般由认证机构的最高管理者签发。认证机构会将认证评定结论正式通知受审核方。

（4）认证后监督及复评。

在证书有效期限（一般为3年）内，认证机构对获证企业进行监督检查，以保证该环境管理体系符合 ISO 14001，并能够切实、有效地运行。认证后监督包括监督审核和管理。对在监督审核和管理过程中发现的问题，受审核方应及时进行整改，如遇特殊情况认证机构可组织复审。监督审核和复审程序应与对受审核方进行初次审核的程序一致。受审核方的认证书有效期满时，可通过复评再次获准认证。

ISO 14001 环境管理体系的认证费用构成与 ISO 9000 质量管理体系认证基本相同。

7．环境管理体系建立时应考虑的问题

环境管理体系在建立时，除了应与物业服务企业现行的管理体系相结合及环境管理体系也是一个动态发展的过程外，也要注意与各类管理体系的一体化。在物业服务企业的全面管理体系中，依据管理对象的不同可细分为许多管理体系，如质量管理、环境管理、职业健康和安全管理、人事劳动管理、财务管理等。不同的管理体系虽有各自独特的管理要素，但仍有许多管理要素是共同、相似或可相融的。在建立和运行环境管理体系时，应尽可能充分地利用这些资源，实现资源的优化，最终实现环境行为改进的目的。

2000 年版 ISO 9000 质量管理标准及 OHSAS 18000 职业健康安全管理体系标准，其基本管理思路与 ISO 14001 相同，均遵循 PD CA 模式。其中的一些管理要素，如“组织机构和职责”“培训”“文件管理”“记录管理”“不符合纠正预防”“内部审核”等，都容易实现共通。在程序化、文件化管理和运行控制方面，只要依附于 ISO 9000 的相关程序和作业文件，加入环境管理和职业健康安全的一些要求，就可同时满足各类体系的要求。这是国际标准化组织的宗旨，也是企业的期望。

人们可能认为，只有建立完全独立的环境管理体系，才能表现对环境保护的重视，才能有利于环境管理体系的运行，但结果可能正好相反。环境管理体系在形式上与组织生产及质量管理体系的隔离，极易使环境保护被当作一项可有可无，或仅是一种点缀的工作。目前，有的认证机构已准备实施 ISO 9000 及 ISO 14001 管理体系一体化的认证工作，以避免两个体系可能出现的矛盾。

第三节 物业管理考评

一、物业管理考评的意义和分类

物业管理工作的考核评定（简称考评），是为了衡量物业管理各项工作的质量，加强物业管理工作的规范化、科学化，以及促进物业管理水平提高而采取的一项有效管理措施和手段。物业管理考评工作的推行已有10多年的历史，对行业乃至社会产生的推动作用是巨大的：一方面创造和形成了一个良性的市场竞争环境，促进行业管理水平的提高；另一方面也促进和带动了房地产市场兴旺，创优活动更为广大业主带来了物业的附加利益，使他们所拥有的物业增值、保值，为广大用户提供了一个创业安居的良好环境。

（一）物业管理考评的发展

1990年，建设部颁发了《全国城市文明住宅小区标准》。1992年全国首次选出28个“全国文明住宅小区”，其中的8个最突出者被授予“全国模范文明住宅小区”称号，拉开了我国物业管理评比创优的序幕。

1995年，建设部对原标准进行了修订，重新颁发了《全国优秀管理住宅小区标准》（原标准废止），并规定1992年获得“全国文明住宅小区”“全国模范文明住宅小区”称号的小区可保留原称号，也可按新标准复查达标后，获得新的称号。新评出的“全国优秀管理住宅小区”须每3年进行一次复验，复验不符合达标要求的，将被取消称号。

随着物业管理行业的快速发展和各地物业管理水平的普遍提高，2000年，建设部又发出通知，宣布从2000年起取消全国物业管理优秀项目考评验收及其称号，只对申报全国物业管理示范项目进行考评验收，授予称号，并同时发布了新的《全国物业管理示范住宅小区标准及评分细则》。2000年的新标准相对于1995年的标准，申报条件的要求有较大提高，考评标准也有较大的调整。至此，我国物业管理考评工作建立了从地方市级、省级到国家级的层级性的考评体系，考评的级别分为“全国物业管理示范项目”“省级物业管理示范项目”及“各市物业管理示范/优秀项目”等。

（二）开展物业管理考评的意义

1．促进行业整体水平的提高

物业管理是一个新兴行业，政府主管部门通过组织物业管理的系统性考评，确立示范项目，树立先进典型，以提高全行业的管理水平，推动行业发展，并为更好地提高居民的居住质量和改善居住环境起到积极作用。

2. 引入竞争机制，树立企业品牌

物业服务企业通过参加考评，规范管理，提高员工的整体业务素质，培养一支技术过硬的队伍，更高质、高效地服务业主，塑造企业的品牌。与此同时，企业通过考评，学习其他企业的管理经验，在对比、总结中提高，更好地适应行业的发展。

3. 推进物业管理市场体制的建立和完善

1995 年，建设部开展全国性的物业管理优秀项目考评工作以来，在全国范围内树立了一批管理的典范和学习的榜样，并有力地推进了物业管理市场体制的建立和完善，对提高全国物业管理水平发挥了重要作用。

（三）物业管理考评标准的分类

建设部住宅与房地产业司于 2000 年发出了《关于修订全国物业管理示范住宅区/大厦/工业区标准及有关考评验收工作的通知》，该通知要求，参评项目应符合城市规划建设要求，配套设施齐全，住宅小区、工业区建筑面积在 8 万平方米以上（别墅面积在 2 万平方米以上；大厦面积在 3 万平方米以上，且非住宅建筑面积占 60% 以上），入住率或使用率达 85% 以上，企业无重大事故，未发生经主管部门确认属实的有关收费、服务质量等方面的重大投诉。符合以上条件的才能申报。由此可见，目前我国主要按住宅区、大厦和工业区三种类型物业建立考评标准，开展考评工作。

二、参评示范项目（或达标项目、优秀项目）的准备和注意事项

（一）参评的准备工作

1. 确立考评目标

企业应首先准备参评的住宅区/大厦/工业区创优、示范的目标，即明确是否达到各级的示范标准，为考评定下一个基调。确立考评目标时，应注意结合参评项目的实际情况和公司能力，量力而行，不要过于攀高，以防欲速则不达。

2. 成立创优、示范考评领导小组

创优、示范考评开始前，应由公司总经理或副总经理亲自挂帅成立创优领导小组。创优小组一般应由公司各部门负责人和管理处（服务中心）主要领导组成。对于重要的创优工作，应由公司总经理任组长，以便加强创优工作的协调、支持力度，确保创优考评所必需的人力、物力到位。

3. 内部动员

考评创优开始时，应首先对内部员工，特别是参加创优项目管理处（服务中心）的全体员工进行总动员，通过会议、宣传，加强管理力度等措施使相关员工尽快进入紧张的创优工作状态，提高、加快工作效益和节奏。

4. 组织学习、培训、编写资料

通过组织学习，员工了解考评的有关标准要求，并有针对性地对各有关业务部门

人员进行重点培训，对考评的目的企业领导要讲透，对考评的标准各部门主管要掌握，对各项考评细则操作员工要熟悉，非检查部门要大力配合。

5. 对照标准进行内部整改

创优工作应以标准为参照。内部整改包括硬件设施（房屋、设备、设施、环境等）的整改和软件资料（原始凭证、管理体系等）的完善两大部分。

6. 按国际标准进行自检、预评

在准备好迎检资料、整改硬件的前提下，企业领导应组织创优小组成员对创优项目进行内部自评、预检。一方面，每项均要按国标分类、细则进行对照，全面进行自评逐项验收，及时发现扣分的不足之处，把存在问题记录下来，并按考评100分制逐项列出改进要求，把责任落实到人，及时整改；另一方面，通过预验，锻炼员工迎检能力，缩短与国际标准的距离。

7. 迎检准备

（1）写出创优工作汇报材料，包括项目情况介绍、物业管理工作情况、创优计划及实施情况、有关资料目录清单（应装订成册，交考评专家）。

（2）按资料、设备、环境三大类分三个迎检接待组。三个迎检组成员应对项目非常熟悉，能做到及时回答专家的提问（注意应答适度）。

（3）场地布置。参评项目场地适当布置，营造迎检气氛，但不要过分表面化，并准备好会议室作为首站接待、汇报及摆放资料等用途。

（4）迎检的员工要有良好的精神面貌，仪表仪容、言谈举止，经过整改，更需要员工以饱满的精神面貌、良好的状态参加考评。

（5）准备部分工具，如开启管井的锁匙、市政设施管理检查的辅助工具等。

（二）考评时应注意的其他事项

（1）在迎检时，要在业主中广泛宣传，争取支持，并与所在地公安、街道配合，听取各方意见。

（2）资料记录要真实，特别是各种会议记录、重大问题决策的原始材料等，资料应全面且有说服力。

（3）迎检发言稿应突出中心，把项目管理特色、状况、管理工作情况、取得的成绩等做简明汇报，不要冗长乏味。

（4）不能因为迎检而影响业主的正常生活。

考评可以说是一次综合的检验，它是管理者日常管理的积累，并非一项突击性的工作，管理者必须有良好的基础工作才能谈创优。创优考评是一次大检阅，考察了一个管理公司有没有真正为业主服务，对物业精心呵护，保持其功能完好和正常使用，并且做到使物业延长使用年限，为业主创造一个方便、舒适、安全、优雅的工作和生活环境。为更好地迎接考评，参评企业可考虑请专家到现场提出一些工作意见，以便把考评工作做得更好。

【本章小结】

1．服务的特征有无形性、不可分离性、差异性、不可贮存性、缺乏所有权。

2．顾客对服务产品质量优劣的判断取决于体验质量与预期质量的对比。预期质量受企业形象、宣传沟通、顾客口碑和顾客需求四大因素的影响。服务质量特征具有内涵的广泛性、评估的差异性和控制的难度大三大特征。不同的服务产品具有不同的质量特性，同一服务产品也具有其内在的特性差异。物业管理服务因房地产商品的巨额性、不可移动性等特征而具有自身的特点：服务对象的相对长期性、业主监督的直接性、政策因素的导向性、业主因素的相关性、环境条件的制约性。物业管理服务质量的一般特征有：可感知性、可靠性、时效性、保证性、富有感情性。

3．提高物业管理服务质量的途径：管理者要确立管理与服务的质量意识；制定并遵循适合与适度的质量标准；建立物业管理服务质量体系。

4．物业管理质量体系由内部组织管理质量系统、内部运作管理质量系统、服务过程的质量系统、客户服务的质量管理系统四大基本部分构成。2000 年版 ISO 9000 标准的总体结构包括四个核心标准、八大基本原则。ISO 14000 系列标准是国际通用的环境管理标准，是国际标准化组织于 1992 年制定的环境管理的相关国际标准，其内容包括：环境管理系统（EMS）、环境稽核（EA）、环境标章（EL）、环境状况评估（EPE）和生命周期评估（LCA）。

5．我国物业管理考评主要按住宅区、大厦和工业区三种类型物业建立考评标准。

【案例分析】

深圳某物业管理公司的质量管理

某物业管理公司是深圳市某集团全资子公司，起步于 1996 年，管理物业面积只有 40 多万平方米。多年来，面对激烈的竞争形势，认真苦练内功，抓住机遇，勇于开拓，积极实施“北上西进”战略。自 20××年 3 月以来，在原有管理面积 250 多万平方米的基础上，又在北京、重庆等地接管物业管理区域 4 个，面积达 70 多万平方米，公司一跃成为全国物业管理行业的新秀。

该公司起步伊始，就注意抓“牛鼻子”，狠抓内部管理，于 1997 年通过了 ISO 9000 质量管理体系国际、国内双重认证。同年，公司管理的××花园、××工业区、

××海景花园等相继获得“深圳市安全文明小区标兵”“全国城市物业管理优秀示范小区”的荣誉称号。2001 年，通过深圳质量认证中心 ISO 9000：2000 质量管理体系认证，获得深圳市质量管理协会颁发的深圳市用户满意服务单位。

近年来，该公司除不定期聘请知名的管理专家为员工讲课之外，还积极与深圳职业技术学院合作，走“产学联手”之路，把公司作为深圳职业技术学院建筑工程系实习基地和××物业管理培训基地。通过培训，公司一大批优秀的物业管理人才脱颖而出，并陆续走上管理岗位，从而为公司进一步拓展市场奠定了良好的基础。该公司于××××年以来提出“职业管理处主任”的新概念后，在实际操作上又加大了预备管理处主任的考核、竞选、任用工作力度。到目前为止，全公司已进行多次“预备管理处主任”的理论考试、考场答辩、就职预演，并通过一系列严格的考评，选用了 10 多名预备管理处主任，部分已走马上任。

该物业管理公司在不断拓展市场的同时细抓质量管理。20××年，北京分公司在抓好××小镇紧张的入伙、装修等工作的同时，不忘加强对操作层员工综合素质的提升。聘请了星级酒店的礼仪对公司员工的服务礼仪培训之后，××国际花园管理处针对项目的定位及要求组织了一系列的培训，还进行了针对××国际花园员工的服务礼仪知识竞赛活动。

[问题讨论]

1. 该物业管理公司的质量管理工作体现在哪些方面？

2. “‘预备管理处主任’的理论考试、考场答辩”与“××国际花园员工的服务礼仪知识竞赛活动”是属于何种形式的考核？

[参考点评]

本案例反映的是物业服务企业如何提高物业管理服务质量的问题，说明物业服务企业只有以优质的服务才能使业主满意。某物业服务公司的质量管理工作体现在：一是狠抓内部管理，于 1997 年通过了 ISO 9000 质量管理体系国际、国内双重认证，获得“深圳市安全文明小区标兵”“全国城市物业管理优秀示范小区”和深圳市质量管理协会颁发的深圳市用户满意服务单位的荣誉称号。二是不定期聘请知名的管理专家为员工讲课，并走“产学联手”之路，通过培训，公司一大批优秀的物业管理人才脱颖而出，并陆续走上管理岗位，从而为公司进一步拓展市场奠定了良好的基础。三是加强对操作层员工综合素质的提升。聘请了星级酒店的礼仪对公司员工的服务礼仪培训，并针对项目的定位及要求组织了一系列的培训，开展员工的服务礼仪知识竞赛活动。

“‘预备管理处主任’的理论考试、考场答辩”与“××国际花园员工的服务礼仪知识竞赛活动”是属于服务质量管理的内部检查。目的是使企业内每一个人都重视服务质量，懂得如何去满足业主的要求，实现持续改善服务质量的目的。

【问题思考】

1. 简述服务的含义与特征。
2. 如何理解服务质量?
3. 简述影响服务质量的因素。
4. 简述物业管理服务的特点。
5. 简述物业管理服务质量的特征。
6. 论述提高物业管理服务质量的途径。
7. 论述物业管理考评的发展以及开展考评工作的意义。

第十二章　物业管理现代化

【学习目标】

了解： 代理制的发展；个人固定资产管理业务的开展；物业管理模式方法现代化；物业管理手段现代化。

掌握： 物业管理与现代管理理论；物业管理理论创新与公共管理理论。

识记： 组织结构扁平化与有机化；团队管理；虚拟管理。

【学习概要】

本章的重点内容包括物业管理与现代管理理论；物业管理创新与公共管理理论；物业管理模式；代理制的发展；组织结构扁平化与有机化；团队管理；虚拟管理；物业管理智能化；我国的物业管理的发展趋势；等等。

通过本章的学习，将认识物业管理学科理论知识，特别是与物业管理学科关系较紧密的现代管理理论、公共管理理论等相关理论；了解物业管理手段现代化的概况，把握技术创新的脉搏以及物业管理发展趋势；学会运用组织结构扁平化与有机化、团队管理、虚拟管理等新的管理理论与方法，运用先进的物业管理服务技术手段，来改进物业管理工作，提高物业管理实际工作水平。

第一节　物业管理思想理论现代化

物业管理现代化应当包括管理思想理论现代化、管理模式与方法现代化、管理手段的现代化、管理人员的现代化等。

一、物业管理与现代管理理论

（一）现代管理理论的新特点

随着社会的进步与发展，管理理论也在不断地变化与发展。特别是进入 21 世纪后，管理理论与管理实践有了一个长足的发展。在世界范围内，管理理论与实践出现了一些新的特点。

物业管理思想理论现代化

1. 权变管理

在现代管理中，人们对各种学派的管理理论兼容并蓄，形成当代系统化的管理理论体系；同时，结合管理的具体环境、条件，因地制宜地灵活运用。因而，形成了管理理论的融合性和理论应用上的权变性等特点。

（1）管理理论的融合性。

现代管理学体系，正是古往今来一切科学管理学说的融合和系统化。现代管理理论体系作为人类知识宝库的一个子系统，既不具备明显的某一家学派的标志，又同历史上各种不同学说之间存在着某种渊源关系。它既是对以往学说的兼容并蓄，又是在突破、创新和发展基础上形成的，适应现代环境，反映现代管理本质要求的有机系统。

（2）理论应用上的权变性。

权变管理最重要的观点是否认存在普遍的、适用于所有环境的管理原则与方法。当代社会的组织类型庞杂多样，各自的目标与任务、组织性质、人员构成及各种条件差异较大；同时，组织所处的外部环境复杂多变，不可能存在一种普遍适用的统一管理模式。组成现代管理理论系统的各种学说，各有其优势与局限，各适用于不同的环境与条件，不能得出哪一学派提供的是唯一最优方法的结论。而只有将理论、方法与适宜的具体条件结合起来，才会有卓越的管理。

2. 创新管理

在现代管理中，管理者不再拘泥于传统的管理理论，而在坚持管理的科学原理的同时，不断更新管理观念，鼓励采用富有创造性的管理方法和手段，实行开创性管理。其特点表现在以下方面。

（1）非理性主义倾向。

实际上，管理活动是复杂多变、极不稳定的，特别是涉及人的管理，更有一些无意识因素在起作用。这说明管理绝不是纯科学，应该说它既是科学又是艺术。不能只靠逻辑推理与精确计算，还要靠热情，甚至是直觉。在一定的条件下，某些违背管理理论条文的“反常”之举，可能会出奇制胜。因此，非理性管理主张，在坚持必要管理原则的基础上，应特别注意创造与革新，要致力于独具匠心，并善于运用情感等人的心理因素，进行现代化的管理。

（2）全方位地开拓创新。

当今世界，科学技术迅速发展，各种经济联系日趋国际化，市场瞬息万变，竞争趋于白热化。处于这种技术、经济、社会环境中的企业，只有不断创新，开拓进取，才能立于不败之地，不断发展壮大，因此，现代管理者应全方位地开拓创新。

(3) 鼓励内部竞争。

在过去传统观念的支配下，竞争只是外部的，而在企业内部只强调合作统一。在当今时代里，为强有力地应付激烈的外部竞争，许多企业大胆地将竞争机制引进企业内部的各个领域。

(4) 给职工以一定的自由处理度。

要充分发挥职工的创新潜能，想获得更多的新成果，就要在各方面给予职工一定的自由处理度。当前国外、国内的许多企业，大力推行目标管理，实行自我控制。在订立制度、制定规范、下达指示、规定任务目标等方面，留有一定的余地，在规定的自由处理度内，由职工充分发挥其创造性。

3. 无形资源管理

在传统的管理中，企业只重视对所拥有的以物质或资金形式表现出来的有形资源进行管理。在现代社会，有形资源效益的发挥已越来越有限，而企业的无形资源的效益却越来越显著，管理者越来越重视对无形资源的开发和利用。

无形资源是指企业除有形资源以外的所有其他形式的资源，主要包括知识成果和精神成果。

无形资源管理的具体内容包括：管理者主要对信息进行管理；追求技术进步；把企业文化建设作为管理重点；大力开展公共关系工作，重视企业形象塑造；重视非正式沟通；等等。

4. 人本管理

现代管理的最突出特点就是坚持以人为中心，以人为根本的管理。目的是建立权利共享机制与利益共享机制。随着社会的进步，各种社会矛盾的激化，人的因素越来越受到重视。同时，由于科学技术的发展，提高劳动生产率已由过去主要靠体力转变为智力。人是决定管理绩效及整个企业效益的关键因素，重视人本管理是当代管理最为突出的特点。

人本管理的主要内容有：感情管理、全员参与、权力分散与自我控制。

（二）现代管理理论在物业管理中的应用

物业服务企业实质上是市场经济的伴生物。在国外，多数国家和我国港台地区对房地产早已实行了这种管理模式。西欧、北美一些国家的物业管理起步更早，成效尤为突出，对这些国家和地区的经济发展起着重要的促进作用。我国的物业管理相对国外来讲十分“年轻”，要使我国物业管理水平赶上世界先进水平，必须结合管理思想现代化理论，加快物业管理现代化建设，关键是要在思想观念上进行更新，只有这样才能重构现代物业管理观念，推进现代管理理论在物业管理中的应用。

1. 创新观念

虽然物业管理行业在国外已兴起和发展了几十年，一些成功的经验可为我国借鉴，但我国的实际情况决定了不可能照搬、照抄国外的经验。自我国改革开放以来，市场经济起步较早的南方沿海城市与交通不便的内地城市，在物业管理观念和物业管理水平上有很大的差别。我国的物业管理既要借鉴国外一些成功的管理经验，又要积极创新，走出一条既符合我国国情，又符合管理服务对象实际情况的新路子。

2. 人才观念

人才是企业生存、发展之根本，这已成为当今人们的共识。但作为从事物业管理工作的人才，则需要重新认识。物业管理所提供的服务范围很广，包括建筑物本身，以及建筑物以外的环境、场地和附属设施，还有保安、通信等方面的内容。特别是在建立和谐的人际关系和公共关系、形成良好的工作环境和居住环境方面，需要大量有现代管理知识和物业知识的高层次的复合型物业管理人才。

3. 市场观念

物业服务企业的发展，已经不能背靠房地产开发建设单位或房管部门“吃现成饭”了，物业服务企业成为独立的法人企业已经成为现实和发展趋势，物业管理行业作为独立的行业也为期不远。按市场经济的游戏规则，物业管理行业的市场竞争是必然的趋势。因此，市场观念是物业服务企业及其员工必须具备的基本素质条件。当前，一些物业服务公司被业主“炒鱿鱼”，而另一些物业服务公司被业主迎入已经表明市场机制的作用。

二、物业管理理论创新与公共管理理论

（一）公共管理的含义及性质

1. 公共管理的定义

从区别企业管理与各种形式的私域（或私人）管理出发，公共管理可以定义为：公共管理是政府与非政府公共组织所进行的、不以营利为目的，旨在追求有效地增进与公平地分配社会公共利益的调控活动。公共管理定义的前半部是区别企业管理，后半部是区别非企业化的私域中一切形式的管理。

物业管理性质与理论体系

从公共管理所包括的基本内容出发，公共管理可以定义为：公共管理是政府与非政府公共组织，在运用所拥有的公共权力，处理社会公共事务的过程中，在维护、增进与分配公共利益，以及向民众提供所需的公共产品（服务）而进行的管理活动。

2. 公共管理的性质

公共管理具有管理性与公共性两种性质。从管理性分析，法约尔早就指出，为实现管理中的高效，需要通过“计划、组织、指挥、协调、控制”等手段，达到资源的

有效配置。从公共性分析，对社会公共事务实施管理的主体（政府与非政府公共组织），他们拥有着公共权力，承担着与企业目标不同的公共责任。这些目标是有效公平地向民众提供公共产品（服务），维护社会的公共秩序。为了实现目标，公共组织需要不断制定与实施，旨在有效增进与公平分配社会公共利益的公共政策。为了保证达到这些目的，需要强化公共监督，倡导高尚的公共道德。

（二）物业管理的根本属性

物业管理虽然采用企业化方式，但从本质上讲，其根本属性是公共管理。许多物业管理区域业主公共事务的管理是由业主集体委托给物业服务企业，以企业化的方式来实施的。在物业管理领域采用企业管理方式运作是对管理高效率和高效益的追求，是为了充分发挥物业区域资源的效能和企业经营管理优势，为物业服务企业赢得更多收益，便于企业持续经营和稳定发展，也更好地满足业主的需要。很显然，物业管理服务是由物业服务企业向业主提供的物业管理服务产品，是企业对外（即业主）的管理服务活动，不是对于企业内部的经营管理活动。物业管理牵涉面很广，它涉及政府机构、公用事业单位、业主委员会、居民委员会、物业服务企业、相关专业服务企业等组织。而物业服务企业接收的业主集体委托业务只涉及合同约定的公用设施设备、公共场地、公共秩序等公共事务的管理，这只是物业管理的一部分。还有很多物业管理任务需要政府或业主自己来完成。很显然，物业管理不同时，物业服务企业的专业管理也不同，更不同于物业服务企业内部的经营管理，其性质不同，范围也要大得多。同时，物业服务企业也可以利用物业区域公共资源开展经营服务，作为对公共管理服务的补充和支持，不影响、不改变物业管理的根本属性，否则业主的公共利益得不到保证。

1．业主自主治理的内容是业主公共事务

业主作为建筑区分所有权人，不但拥有专业所有权，还拥有共有所有权和成员权（或共同管理权），也就是说，业主通过对物业区域业主公共事务的自主治理来实现其成员权（或共同管理权）和共有权。这种自主治理的活动是通过业主大会和业主委员会的运作活动，以及业主的民主参与、过程监督等活动来实现的，其治理活动内容就是物业区域业主公共事务。当然，业主还要管理属于自己的专有部分物业，但这不是专业物业管理服务活动（即物业公共服务）的主要内容，不过，它可以成为个性化经营管理服务的业务来源。物业服务企业通过委托代理制从业主那里获得物业公共服务的管理服务权，为业主提供“准公共管理”服务产品，同时也获得物业经营管理机会，但是经营服务要服从于公共管理服务，否则业主集体会行使选聘权，解除与物业服务公司的服务合同关系。

2．物业服务企业接受业主集体委托管理约定的业主公共事务

物业业主作为产权人虽是物业管理的原始主体，但由于业主公共事务，如公用场

所、公用设施设备和公共秩序的管理，业主个体无法实现，需要业主集体行使共同管理权来实现。业主可以将部分专业性强的公共事务管理服务项目委托给物业服务企业或其他管理人进行管理服务。

3. 物业服务企业受托管理社区公共事务、城市公共管理事务

目前，物业服务企业的服务范围已从物业服务区域的业主集体委托物业服务项目，拓展到以承接社区居委会购买社会服务、社区服务，或承接城市政府部门及街区（乡镇）政府购买社会服务、社区服务、城市街区服务、城市公共管理服务等项目。此时的“业主”范围也从区分所有权建筑物的业主，扩大到社区居民组织、城市政府及部门等公权组织。物业服务企业还要建立智慧物业服务平台，为广大居民业主提供线上线下生活服务，对接城市电子政务，打通城市公共服务“最后一百米”。

4. 物业服务企业依法实施政府应急管理措施，协助开展社区行政管理工作

《民法典》第二百八十五条规定：“物业服务企业或者其他管理人应当执行政府依法实施的应急处置措施和其他管理措施，积极配合开展相关工作。”除此之外，在有业主委托管理的物业项目，物业服务企业还有可能接受政府的委托管理公共行政管理事务，或依法协助政府管理物业区域公共事务。物业区域公共行政管理是政府通过街道居委会、公安、交警、规划、城建、工商、税务等行政管理部门对物业区域公共事务实施的管理，包括街道办事处和居民委员会的民政、征兵、计划生育、侨务、综合治理、社区服务、人防、城市规划等各项工作。其主要任务是贯彻执行政府的政策、法令和各种法规。物业服务企业开展的公共行政管理活动，其权利来自于政府的行政授权。

5. 物业服务企业融入社区治理体系，开展社区党建和红色物业建设工作

物业管理服务已经从传统的物业服务区域“小物业管理”，拓展到城市服务“大物业管理”。物业管理服务已经成为社区治理体系的重要组成部分，并成为社区治理、社区服务和城市管理的基础和载体，在进入“共同富裕时代”，物业管理服务成为居民美好生活的体现，也是体现党的“为人民服务”宗旨的重要领域。物业服务企业在党建引领下，将支部建设在物业项目和社区，强化党组织和党员的政治功能作用，将“为人民服务”与“为业主服务”有机结合，打造“红色物业”，形成和谐社区关系和物业管理服务关系，促进物业服务功能回归正轨，让居民、业主美好生活的愿景得到实现。

总之，物业项目所在地政府赋予物业服务企业在所管理的物业区域履行公共管理的职能，可以委托物业服务企业管理部分不便于自己直接管理的物业区域公共事务，社区、城市、区（县）、街（乡镇）等不同层级、部门都可以引入专业的物业管理服务，开展城市及社区公共管理服务，以提高公共管理效率，实现用“企业家精神”治理公共事务的理想。物业服务企业既按公司法人的权利行使企业经营权，又受托管理

物业区域、社区及城市公共管理服务等公共管理业务。可见，物业管理与公共管理是具有明确界限的两个相关范畴，两者之间是相依存、相互补的关系。

（三）以公共管理理论为核心的物业管理理论创新

物业管理行业经过多年的发展，积累了丰富的经验，为物业管理理论创新提供了大量实践材料。由黄安心教授提出的物业公共事务管理理论，不但总结了以前的物业管理理论研究的成果，而且创新了物业管理理论。他认为，物业管理活动牵涉面广，是一门涉及学科众多的综合性学科，很难以一种工具性学科理论，如经济学、心理学等来解释清楚，它应是以某一学科为核心构成的理论体系（见图 12－1）。

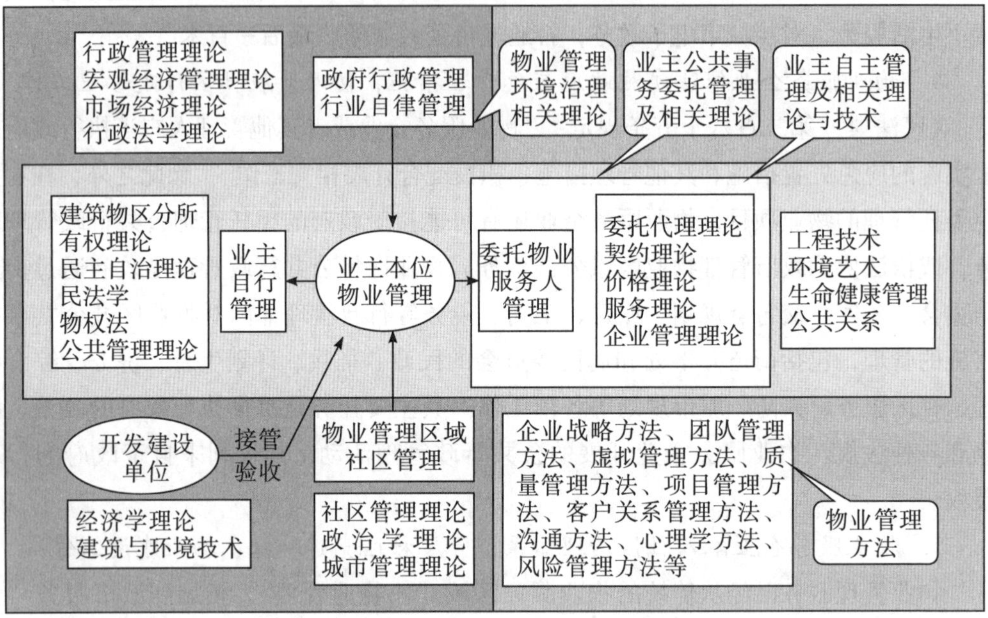

图 12－1　物业管理的理论体系构成图①

物业管理的理论体系是从建筑物业区分所有权理论出发构建形成的，以区分所有权建筑物的业主本位为立论的理论体系，它包括一个核心理论、两个运营理论、三大层次理论系列、四个理论作用的管理领域。一个核心理论是指业主公共事务管理理论，也是指导物业管理活动的核心理论。两个运营理论是指导业主自行管理活动和委托代理条件下的专业物业管理活动的理论，分别是建筑物区分所有权理论和委托代理理论。三大层次理论系列是指以业主公共事务管理委托代理理论为基本作用领域的物业管理基本理论系列、与物业管理的环境治理相关的理论系列和物业管理方法系列。四个理论作用的管理领域是指业主自主物业管理、委托企业专业物业管理、物业社区管理和

① 黄安心．物业管理原理［M］．2 版．重庆：重庆大学出版社，2010.

物业行政管理等。

具体来说，物业管理学科体系，是建立在其他学科理论支撑和本学科理论系统化与实践需要的基础上的完整科学体系。它的逻辑主线可以简述为：从建筑物区分所有权理论出发——构成物业业主自主管理的产权基础；沿着业主公共事务自治管理的轨迹开展物业管理活动——确保业主公共管理权有效实现；专业物业管理按照物业服务企业和业主的物业服务（主要是公共服务）产品市场化交易委托代理关系的市场交易方式——确保业主权益的实现和需求的合理满足；以物业服务企业为专业物业管理的市场化物业服务产品供给主体——保障物业公共服务与经营活动的市场高效率；围绕物业区域社区公共环境因素综合治理的理念——达到社区微观的有效治理；最终实现物业业主满意、物业服务企业发展与社区文明进步——全面提升物业区域综合效益。

随着物业管理的发展，国内外对物业管理理论的研究也不断地深入和完善。物业管理学需要在理论上更加成熟和完善。一方面，要不断完善以建筑物区分理论为基础、公共管理理论为核心构建起来的物业管理理论体系；另一方面，也需要从经济学、工程技术、法学等其他学科角度研究物业管理理论与实践问题。形成物业管理学科主干体系和分支体系，繁荣我国物业管理理论研究事业，丰富我国物业管理学术思想，早日创建和完善中国化的物业管理理论体系。

三、代理制的发展

（一）非对称信息与委托—代理人的一般理论

所谓非对称信息就是在相互对应的经纪人之间，不做对称分布的有关某些事件的知识或概率分布。非对称信息即是交易的一方参与人拥有而另一方参与人不拥有的信息。

对非对称信息的分析，可以通过委托—代理模型来进行。信息经济学中的委托—代理与法律上的委托—代理有一定的区别，前者是指任何一种涉及非对称信息的市场，在建立或签订某种合同前后，市场参与者双方所掌握的信息不对称。这种经济关系在信息经济学中被称为委托—代理人关系。掌握信息多（处于信息优势）的市场参与者称为代理人，又称知情人；掌握信息少（处于信息劣势）的市场参与者称为委托人，又称非知情人。其中委托—非知情者（uninformed player）处于信息劣势，代理—知情者（informed player）处于信息优势。非知情者将不得不因为知情者的信息优势而付出较大的交易代价。

信息经济学将委托—代理人理论划分为两大模型。

其一称为隐藏行为的道德风险模型（moral hazard model with hidden action），指签约后代理人所选择的行动及代理人所面临的自然状态（为不受代理人控制的外生变量，如市场状况、交易背景等）是委托人所直接观察不到的，委托人只能观测到代理人行动和自然状态所共同决定的交易结果，故委托人的目标是设计激励机制使代理人从自身利益出发，选择对委托人有利的行动。

其二称为逆向选择模型（adverse selection model）。逆向选择发生在签约前，委托人不知道代理人的状况、类型及代理人的私人信息。因此，逆向选择模型要解决的问题是通过一种契约设计来获得代理人的私人信息。

法律上讲的代理是指一方（代理人）以他方（被代理人）的名义，在授权的范围内与第三人进行的法律行为，其法律后果直接归属他方。委托代理是指由代理人依照被代理人的委托而进行的代理。委托是被代理人授予代理人以代理权的一种单方的法律行为，但委托代理还应以一定的法律关系（如委托合同）作为基础。委托合同是一种双方的法律行为，委托人与受托人双方要有一致的意见。在物业管理中，“主权在业主”的原则不能改变，但众多的业主（使用人）又不可能直接从事具体的管理事务，这就决定了此项工作必须经由业主委托的代理人来完成，通过委托合同来规定双方的权利与义务。

（二）代理制对物业管理的意义

物业服务企业委托代理业务主要有两类：一是受开发建设单位之托代理物业管理业务；二是受业主之托代理物业管理业务。

代理制对物业管理的意义在于：

（1）注意物业委托中的信息不对称性，尽可能掌握更多的信息。如物业服务企业在接受开发建设单位委托时，可采用“逆向选择”，通过提前介入可获得多一点信息，以确保建筑工程的质量，为未来的业主负责。

（2）业主应尽可能地了解有关开发建设单位和物业服务企业的信息，诸如诚信、实力、工程技术水平、服务水平、经营理念、企业文化等。改变在信息上的劣势地位。

（3）无论是哪种代理业务都要签订物业管理委托合同。合同的文本要规范，内容要全面，用词要准确，确保信息的准确性，从而保证双方利益。

（4）物业服务企业和业主尽可能地利用专业中介机构，如调查公司、律师事务所等搜集重要信息，为决策服务，减少决策失误。由于业主可能处于信息的劣势，因此，应慎重选择代理人。

第二节　管理模式现代化

一、物业管理模式

物业管理模式的特点体现在物业服务企业的经营管理方式和物业管理行业的体制

类型上。前者是指物业服务企业在经营管理过程中形成的，具有与某物业服务企业实际相适应的，能够推动企业较快发展的独特的经营管理理念、权力运作方式、管理方法、制度体系、文化风格等管理要素组合体。后者是根据物业管理行业经营管理体制的特征而划分的不同管理类型。由于我国物业管理行业起步较晚，物业服务企业还没有成熟的管理模式，而当前物业管理行业体制类型的转换更重要。

物业管理
现代化的内容

（一）传统的房屋管理与现代物业管理两种模式的区别

目前我国内地大多采用房地产管理模式，沿海地区虽已出现了物业服务企业，但大多采取母公司与子公司的管理模式。

内地房地产管理模式的运作特色表现在：一是所管理的绝大部分是自有房产（包括直管公房或单位公房），管理者以业主（或业主代理人）的身份实施管理。二是管理的房屋中虽也有部分是代管房产，但这种代管都是按政策或法律规定执行的，实际上已纳入公房管理的渠道。三是有些被称为托管的房产，是按民事方式接受委托管理的，在性质上，趋近于新的物业管理模式，但这部分的比例很小，且是按行政性垄断的方式接受委托的，谈不上市场竞争。

沿海地区采取子公司的物业管理模式，它包括房地产开发企业作为母公司，与政府住宅供给部门作为“母公司”两种架构。这类管理模式的运作方式是：以业主的身份出租房屋，以受托人身份进行管理。目前，我国更多的是两种形式的混合——开发商建成房屋后，既卖出部分房屋以尽快回收资金，又保留部分房屋作为长期出租之用，由此形成了既以业主身份又以受托人身份进行的物业管理。

随着《物业管理条例》的实施，物业管理逐步实现与房地产开发的分离，物业服务企业的独立法人地位逐步加强，并按现代企业制度规范运作，物业管理行业也日益成熟。同时我国物业管理经理人制度也开始建立，物业管理模式将不断创新。

（二）我国物业管理模式发展呈现出的特点

根据建立社会主义市场经济体制的要求，我国的物业管理应当选择市场化、社会化、专业化、规范化的发展模式。

物业管理的市场化就是要使物业管理首先按照市场经济的原则去运作。它有以下含义：一是物业管理机构应是市场的主体，即企业法人组织，既不能看成行政性的组织，也不能看成是开发企业的子公司。二是允许市场主体在满足业主个性化需要时获取合理的利润，其利润由市场来决定。三是物业管理实行提供社区性有偿服务，收费标准在国家有关法规的指导下由市场定价。

物业管理的社会化具有以下内涵：一是为适应社会化大生产专业分工的要求，物业服务企业代表未来的业主接受房地产开发建设单位的委托管理物业，并在前期介入，不但保证了房地产开发建设单位的利益，而且保证了未来业主的利益，展现其社会化的功能。二是物业管理的社会化还表现在它是一项需要全社会的参与、监督，才能得以健康、顺利发展的事业。

物业管理的专业化具有以下内涵：一是有专门的组织机构。物业服务企业要有科学健全的组织机构，各职能部门各司其职，分工协作，这是顺利实施管理的组织保证。二是有专业人员配备。三是有专业工具设备配备，这是物业管理的物质保证。

物业管理的规范化具有以下内涵：一是物业服务企业要根据国家有关政策法规，在工商行政管理部门正式登记注册，接受审核，依法经营。二是物业服务企业要建立一套完整的、科学规范的管理制度、工作标准和服务程序，以确保企业的管理与服务质量。三是物业服务企业要主动接受业主委员会和政府主管部门的监督检查，以此作为自己规范化经营管理的重要条件之一。

二、组织结构扁平化与有机化

（一）组织结构扁平化与有机化的基本含义

随着经济全球化和跨国经营规模的不断扩大，组织结构扁平化管理的趋势越来越明显，最典型的例子就是行业内的兼并现象不断发生。这种管理模式，实际上是当前股份制模式的进一步发展。目前，许多发达国家的企业都在逐步摒弃自工业革命以来形成的垂直式功能化管理的组织模式，而走向一种全新的扁平式过程化管理组织模式。国内一些物业服务企业，如中海物业管理有限公司已引入这种管理模式，并取得一定的效果。

组织结构扁平化是指通过减少管理层次，裁减冗余人员，分散权力，建立一种紧凑的组织，使组织变得灵活、敏捷，以提高组织管理的效率和效能。扁平式管理触及企业产权深层次问题，随着资本日益社会化，其最终结果将是产权的社会化和企业的社会所有制。如果从心理学的角度来看，扁平式的管理可以满足广大被管理者的物质利益和参与意识，可以找到管理者和被管理者之间冲突化解的最终平衡点。

组织的有机化，指的是改变基于传统分工理论形成的多层组织机构和按职能划分的资源组织方式，坚持以人为本、以绩效为中心的理念，把企业组织建构成一个自适应、自学习、自组织的刚柔相济的高度自治的组织系统。一些从事委托服务管理的物业服务企业，如珠江酒店物业服务公司较好地运用了这种管理模式，充分利用和发挥各种资源的作用，拓展了业务，提高了效益。

随着信息技术的不断发展，知识经济已向各行各业渗透，现代企业管理逐渐走向组织结构扁平化、管理方式柔性化、办公方式分散化。

（二）组织结构扁平化和有机化在物业服务企业组织机构设置与结构创新中的应用

在物业服务企业组织机构设置中，贯彻组织结构扁平化和有机化的思想，目的是保证物业管理统一、畅通、健康、高效地运转。物业服务企业不但要根据企业化、专业化、社会化的原则设计构建组织结构，而且要体现组织结构扁平化、管理方式柔性化、办公方式分散化的思想。在“互联网＋”时代，组织结构扁平化已成为物业服务企业组织结构变革创新的大趋势。

（1）在管理机构的设置上，一方面，必须充分体现统一领导、分级管理的原则和物业管理分散化的要求；另一方面，还必须服从管理、服务、经营的需要，让物业管理处（服务中心）等基层管理机构有更多的自主权，建立柔性化的管理制度体系。

（2）组织机构设置应有利于实现企业的经营目标。特别要注重于岗位功能最大化，通过激发每一个员工的积极性，达到精干、高效、节约的目的。在一专多能的前提下，减少冗员，特别是管理人员，以实现组织结构扁平化。

（3）要建立良好、畅通的信息传递渠道，加强横向联系，注意分工协作。组织机构既要合理分工，又要互相配合。物业管理不同于工厂企业管理的一个地方，就是其管理的社会化。社会化的管理既是一个开放性管理，又是一个系统化的管理，必须随时在管理中掌握动态情况，注重横向、纵向关系的协调，在搞好自己本职工作的同时，找到自己在整个管理系统中的位置，妥善处理与各个职能部门、业主、社会等方面的关系。

三、团队管理

（一）团队及团队管理的基本内涵

1. 团队的含义

斯蒂芬·罗宾斯认为，团队是指一种为了实现某一目标而由相互协作的个体所组成的正式群体。这一定义突出了团队与群体的不同，所有的团队都是群体，但只有正式群体才能是团队。

团队与普通群体的区别在于：一是群体强调信息共享，团队则强调集体绩效；二是群体的作用是中性的（有时是消极的），而团队的作用往往是积极的；三是群体责任个体化，而团队的责任既可能是个体的，也可能是共同的；四是群体的技能是随机的或不同的，而团队的技能是相互补充的。

2. 团队的分类

斯蒂芬·罗宾斯根据团队成员的来源、拥有自主权的大小，以及团队存在的目的不同将团队分为以下三种类型：

（1）问题解决型团队（problem-solving team），组织成员往往就如何改进工作程序、方法等问题交换不同看法，并就如何提高生产效率、产品质量等问题提出建议，不过它对调动员工参与决策过程的积极性方面略显不足。

（2）自我管理型团队（self-managed team），这是一种真正独立自主的团队，它们不仅探讨问题怎么解决的方法，并且亲自执行解决问题的方案，并对工作承担全部责任。

（3）跨功能型团队（cross-functional team），这种团队由同一等级、不同工作领域的员工组成，他们组成团队之后，能够使组织内（甚至组织之间）的员工交流信息，激发新观点，解决面临的问题，协调完成复杂项目。

3. 高效团队的基本特征

斯蒂芬·罗宾斯认为，作为一支高效团队，它具有以下八个基本特征：

（1）明确的目标。团队成员清楚地了解所要达到的目标，以及目标所包含的重大现实意义。

（2）相关的技能。团队成员具备实现目标所需要的基本技能，并能够良好合作。

（3）相互间信任。每个成员对团队内其他成员的品行和能力都确信不疑。

（4）共同的诺言。这是团队成员对完成目标的奉献精神。

（5）良好的沟通。团队成员间拥有畅通的信息交流。

（6）谈判的技能。高效的团队内部成员间角色是经常发生变化的，这要求团队成员具有充分的谈判技能。

（7）合适的领导。高效团队的领导往往担任的是教练或后盾的角色，他们对团队提供指导和支持，而不是试图去控制下属。

（8）内部与外部的支持。既包括内部合理的基础结构，也包括外部给予必要的资源条件。

（二）团队管理理论对物业管理团队的借鉴意义

物业服务企业的经营管理的许多目标任务是通过组建项目管理团队来完成的，项目管理团队活动需要借助团队管理思想理论。

1. 物业服务企业团队领导究竟采用哪种领导模式，与一个团队成员的人性假设相关

管理学界曾有过“经济人假设”“社会人假设”“决策人假设”“自我实现人假设”“复杂人假设”等不同假设，不能武断地说哪一种人性假设理论比另外一种更好。因为处在不同历史阶段、不同文化背景条件下，不同人性假设理论都有其合理的一面。

2. 对于规模较大的物业服务企业，应当倡导、支持和利用团队来实现企业目标

一个积极的、运转灵活的团队不但非常清楚自己的目标体系，而且还会积极主动

地与企业的其他部门保持友好的交往关系。一般而言，以任务为导向的团队，往往易于接受新的工作方式，此时，倘若企业主管人员还能做到与这样的团队进行必要协商的话，团队成员为实现企业目标的积极性就会得到充分展现。物业服务企业的许多业务可以通过专业服务团队来实现快捷、灵活、规范、稳定、高效的服务供给，提高客户满意度。

3. 团队管理需要高度重视企业文化建设

团队赖以运行的企业文化是团队工作能力的一个关键因素。高效率团队一个很大的特点是信任。一是团队成员间相互的高度信任，即团队成员必须彼此相信各自的正直、个性特点、工作能力。二是管理者对团队成员的信任，主要表现为组织过程中的透明度和公开性。为此，物业服务企业高层管理者必须致力于创造一种支持团队建设的、开放性的企业文化。这种文化既能支持团队成员积极开发自身技能，建立一种勇于承担风险的自信心，又能接受来自基层对上级管理者制订的战略方案、管理模式的种种质疑，容许团队成员工作中的失败，进而达到使团队成员创造性潜能最大限度地释放的目的。

四、虚拟管理

（一）虚拟管理概述

虚拟管理的发展是伴随与适应网络经济发展而兴起的一种组织观念和经营观念，是针对虚拟企业组织所提出的管理方法。20 世纪 90 年代，企业经营环境面临空前激烈的变革，科学技术的迅猛发展，产品不断地被推陈出新，计算机及其通信技术的更新与便捷缩短了地理概念上的界限和距离，整个世界正逐步朝着一个无国界的“地球共同村”迈进。经济全球化的结果使企业竞争的优势从掌握自然资源转变为掌握信息资源和智能资源，而把握这种资源若是靠彼此间割裂的“大而全”“小而全”的企业是不能真正实现的，只有靠相互间的合作与学习才能达成。在这种潮流强有力的冲击下，传统的企业组织结构、组织形式似乎已不能适应时代的要求。

关于虚拟组织主要从以下方面理解：

（1）虚拟组织是以优势产品或服务为核心的企业间的伙伴关系和联盟。这些成员彼此拥有自己的核心优势而且能提供给对方，同时也需要对方提供自己所需要的资源。所以说，虚拟组织强调以资源为基础。

（2）虚拟组织虽然是一种组织管理的变革，但是它的产生所依赖的基础是网络技术的应用和发展。没有计算机网络技术的进步，虚拟企业也就不可能产生。因为网络技术的应用使得企业间的相互学习成为可能。

（3）网络组织的出现代表着传统的科层组织已经被大批迅速回应市场变化的组织

体所替代。在这样的组织形态中，组织变为由许多知识节点和功能节点所组成的动态网络，而网络组织的成功则来自各个节点的活化。

（4）随着虚拟企业内涵的不断扩展，其内容和形式也在呈多样化发展。已有的虚拟企业所具有的形式有企业产权虚拟、企业管理职能虚拟、企业组织构架虚拟以及技术人才的虚拟。

（5）虚拟企业赖以产生的另一个基础是彼此的合作和信任。传统的企业竞争方式和竞争观念是你死我活、势不两立；而虚拟企业的出现则使之有了根本性的改变，企业为了生存，必须首先学会合作和彼此信赖，为竞争而合作，靠合作来竞争，彼此达成某种利益的共生体。

总之，在瞬息万变的新时代，在企业组织追求速度、创新与弹性的大趋势下，虚拟企业的产生将会开创企业组织革命的新纪元，虚拟式的组织管理似乎也是企业解决面对环境冲击的“最佳解药”。在现实中，很多世界著名的企业也都采取这种虚拟式组织而取得很大成功。

传统的理论认为企业进行虚拟管理，其动因有以下方面：

其一，成本方面的考虑。对于人力资源管理来说，其目的是防止企业组织机构臃肿，人力资源成本增加，而转向企业外部的特定领域的专家的支持。这也是大多数组织进行虚拟管理的主要原因。

其二，降低企业的运营风险。这一般是基于对外部环境和内部该业务的发展前景的考虑。通过将人力资源虚拟管理，企业达到将经营风险部分地由专营业主分担的目的。这时专营业主的收益将取决于或部分取决于客户经营的好坏。这种利益共生体的建立分担了企业运营中的系统风险和特殊风险。

其三，建立和提升企业的核心能力。在激烈竞争的情势下，组织不断寻求自身在特定环节上的竞争优势，因此往往将企业的非核心因素排斥在企业组织以外。因为企业不可能也没有能力关注企业价值链的所有环节，而只能集中力量于企业的战略核心环节和高附加值活动。

（二）虚拟管理对我国物业服务企业组织与人力资源管理的借鉴意义

国外人力资源管理部门虚拟的理论与实践对我国物业服务企业组织和人力资源管理也有很大的借鉴意义。成功的组织将属于有能力快速将战略转化为实际行动的企业，有效率的、创新管理的企业，最大限度整合企业能量和员工贡献的企业。

通过对人力资源管理部门业务或部分业务的虚拟管理，例如，通过社会上的人力资源管理专营企业或部门得到优良的服务，达到更好地控制、利用人力资源的目的。又如，通过专营物业服务企业实现业务分包等，物业服务企业不但能集中优势和资源关注自身的核心能力，提升竞争力，而且还能使物业服务企业将对人的管理和对事的管理结合得更好。通过区域内容项目资源就近整合，实现资源高效利用、节约成本开支等。

第三节　物业管理手段现代化

物业管理手段现代化，是指使用计算机、互联网和其他现代办公设备进行物业管理服务。现代社会是信息化社会，物业管理服务信息化、网络化、智能化势在必行。物业服务企业只有应用现代技术手段，才能更好地收集、整理、筛选、储存、提取各种信息，才能节约人力、物力、财力资源，高效、快捷地搞好物业管理服务工作。

一、物业管理智能化

（一）物业管理智能化的形式

物业管理智能化指的是将信息技术及高新技术应用于物业管理工作中，辅助处理日常事务，全面提供信息服务并参与辅助科学决策，从而达到充分利用各种资源，提高管理效率和管理质量的目的。它包括智能大厦管理系统和物业管理信息系统两个方面的内容。

1. 智能大厦管理系统

美国智能大厦协会（MBI）指出："智能大厦是人们通过促使建筑物的四个基本要素——结构、系统、服务、管理以及它们之间的相互联系达到最佳组合，从而提供一个投资合理、高效率运作及舒适、方便的环境。"

随着新技术的不断出现和应用，智能大厦如何确保智能系统投资效益、质量和项目进度，对管理人员无论是从科技知识，还是从管理能力方面都提出了新的要求。这些管理人员需了解各种智能技术的发展，行业动态和系统应用施工方式，也需了解建筑的相关规范。工程实践证明，如果没有一个有效的管理系统，尽管有各种专业技术人员，也不能确保各智能系统实际应用的顺利实现，只有把各个智能子系统归纳起来集中管理，才能保证整个系统的有效运行。因此，要使智能大厦得到有效的管理，就离不开智能大厦管理系统。

2. 物业管理信息系统

物业管理信息系统，是利用计算机硬件和软件，对实际管理中的建筑物、住户、费用、工程、设备、管理人员、绿地、附属设施、图片、投诉、违章、维修等信息资料统一进行一系列收集、传递、加工、存贮、计算等操作，反映企业的各种运行状况，辅助企业决策，促进企业高效管理，实现规划目标的应用系统。

（二）计算机在物业管理中运用的基本模式

在我国，物业管理使用计算机辅助管理的发展还未形成一个成熟、统一的模式，但是其管理功能和内在流程已存在着许多一致性。它是评价一个物业管理信息系统软件的基本准则。

1. 功能覆盖物业管理的所有环节，与其他软件配合，实现物业管理的办公自动化

（1）存储各类资料和数据，如数字、图形、图像、表格、文字、声音等。

（2）记录每天发生的各种业务管理事务，如治安、投诉、房屋维修、设备养护、工程施工等。

（3）记录每个时段管理人员的组织管理事务，如计划编制、统计分析、审核、概念等工作情况。

（4）计算、记录种类费用，实现财务电算化。

2. 采用方便灵活的输入方法，有着良好的人机接口

（1）用户界面简洁，普通人员稍加培训即可方便地使用，例如，用触摸式屏幕，有多种字符输入方式等。

（2）具有检测程序，保证输入系统数据的安全与正确，例如日期的输入可以控制其格式、日期、月份的大小，错误的有提示警报等。

（3）输出方式多样，例如录像机、水电表扫描仪等设备采集的数据资料，均可引入系统使用。

3. 高效的查询与输出系统

（1）组合、分析数据，多方面地反映管理状况，以表格、图像、坐标等方式输出。

（2）自动分类统计，绘制图形，纵横比较。

（3）在保证数据安全的基础上，实现共享。

（4）按管理人员思考、处理问题的习惯，横向、纵向查寻各类相关信息。

（5）实现运程访问、通信。

（6）以多种设备输出，可以是打印机、传真机、绘图机等。

（7）可以在全局图上自动定位，并可以放大局域部分，查看细节部分和有关资料。

（8）有数据字典，随时查阅各种数据概念。

4. 与其他软件有良好的互用能力

（1）可以把系统中的数据输出到其他软件中，利用其他软件的特长进行处理或输出（如利用文字编辑工作输出系统中的资料和提供系统中的数据供图形处理软件使用等），也可以把其他系统中的资料引入该系统使用或直接调用其他系统的功能（如把制图软件中的建筑图等自动引入系统或调用三维图形制作软件，显示房屋状况）。

（2）管理信息系统虽没必要具备太强的除数据处理之外的专业处理能力，但它必须具备与其他专业处理软件共享数据的能力，互相配合，发挥各自所长，并具有扩展

接口。

5. 建立与外界交流信息的网络系统

（1）与住户相互沟通，住户的计算机可以访问到物业服务公司的计算机中向外界公布信息的部分。

（2）办公达到无纸化作业，财务通过银行实现自动转账。

6. 辅助管理人员的日常工作

（1）根据设定的工作日程表，指出哪些工作需要完成。

（2）根据累积的资料，分析各类设备的运行情况和问题，提供解决方案。

（3）介入日常管理，承担记录每天的设备检测等工作，成为规范化管理的一部分。

（4）为高层管理者和一般管理人员提供不同的统计材料，为决策提供初步的依据。

（三）计算机在物业管理中的应用范围

现代化、专业化的物业管理需要引进现代化的科技设施、设备以提高管理水平和服务质量。国内一些名牌的物业服务公司和具有一定规模的物业区域都采用以计算机管理为主的新技术，这标志着中国的物业管理正向智能化管理方向发展。

考虑到国内目前的管理模式和管理水平以及管理人员的素质，现阶段计算机在物业管理中的应用范围主要包括以下方面。

（1）编辑、处理、打印各类文档和表格。

（2）以图文方式综合介绍项目区域的情况，包括规划设计图、市政和公用配套设施状况、各类管理制度和法规、各项收费标准、开发商资料等。

（3）存储各项基本资料，包括各幢楼宇的结构图、水电、机械设备的资料和保养状况，房屋的竣工、验收、交接、装修、维修等各个阶段的档案资料（含图片），绿化、保洁、人事方面的文件、合同、档案等。

（4）记录发生的各类事务及处理结果，包括投诉、治安、设备保养及维修、房屋装修及维修等内容。

（5）计算各项费用，并在费用收缴过程中完善收费方式和收费制度，初步实现财务电算化。

（6）综合查询各类相关资料，并分类汇总存储在计算机中的各项数据，为决策提供初步的依据。

（7）建立内部网络系统，实现数据、设备的共享。

二、物业管理信息系统

（一）物业管理信息系统的含义及功能

1．物业管理信息系统的含义

物业管理信息系统是一个由人、计算机软硬件、通信设备等有机组成的能进行物业管理信息处理、维护和使用的完整的系统。这种系统能够实测出物业管理过程的运行状况，处理日常事务，并利用各种数据预测将来，从全局出发辅助物业管理单位进行决策，充分利用信息资源控制物业服务公司行为，帮助物业服务公司实现其规划目标并提高管理效率和管理质量。

从上述定义中可以得出：

（1）物业管理信息系统是以管理科学、系统工程、社会学、信息论以及数字控制论为基础，为物业管理实践活动服务的。

（2）物业管理信息系统的技术基础是计算机技术、数据通信及网络技术等。

（3）物业管理信息系统的客体对象是物业管理信息处理，即对信息的采集、加工、存储、传输、应用等一系列活动。

（4）人、机器和物业管理信息构成一个有机整体。在这里，信息是加工的对象，机器是加工的手段，人是加工过程的设计者、指挥者和成果的享用者。

2．物业管理信息系统的功能

（1）文字处理。

完成各种文件、信函、单据等的起草、修改、编辑排版、输出打印等功能。例如，用户卫生费管理收费通知单的打印、每天用户保安状况的记载、记录、投诉、治安、设备保养和维修房屋等各类事务及处理结果等。

（2）数据处理。

对物业管理事务中涉及的大量数据进行收集、整理、录入、加工、存储、输出、传输等。例如，水电费用统计分析。又如，计算各项费用，并在费用收缴过程中完善收费方式和收费制度，初步实现财务电算化。

（3）图形图像处理。

对物业管理事务中的图形、图像进行输入、加工、输出。例如，项目区域的规划设计图，市政和公用配套设施状况，各幢楼宇的结构图，水电、机械设备的保养状况和图片等。

（4）电子报表。

具有对各种综合数据进行报表格式处理以及对各种报表格式数据进行输入、加工及输出的功能。

（5）文档管理。

对各种文件档案资料进行收、发、存及会签等处理。

（6）电子邮件处理。

利用计算机及网络系统对物业服务公司内外部交流的各种公文、信函、报表和资料进行编辑、加工存储及传递等。

（7）声音处理。

利用电子设备对语音进行识别、合成、存储和传输等。例如，以图文声并茂的方式，生动形象、综合地介绍项目区域的情况。

（8）查询记录。

利用系统内的数据库综合查询各类相关资料，并分类汇总存储在计算机中的各项数据，为决策提供初步的依据。

（9）安全保密。

信息系统对收集、加工、传输的信息具有检测程序；对信息的修改、利用设置权限，从而保证数据的可靠、安全、保密。

（10）资源共享。

建立内外网络系统，实现数据、设备的共享。

（11）辅助决策功能。

例如，计算机根据资金运用状况及住宅区内房屋失修、维护现状，合理地排列出房屋修缮的前后次序，有效地指导物业服务公司合理地利用资金。

（二）物业管理信息系统的整体架构

1. 物业管理法规管理系统

物业管理法规管理系统，主要是对整个物业管理的法律体系，建立数据库。它包括三个层次的法律和法规，第一个层次是宪法的有关条款；第二个层次是全国人大及其常委会、国务院颁布的物业管理方面的法律、法规，如《民法典》《物业管理条例》《物业服务企业资质管理办法》等，以及其相配套的法规、规章，如《业主大会和业主委员会指导规则》《物业服务收费管理办法》等；第三个层次是各省、自治区、直辖市人大及人大常委会颁布的物业管理法规，如《广东省物业管理条例》《上海市住宅物业管理规定》。

通过物业管理法规管理信息系统，可以很方便地阅览、检索、编辑和打印以下内容：

（1）房屋及维修管理法律、法规、规章。

（2）设备设施管理法律、法规、规章，如电梯、道路路灯、空调、通信等的管理条例和办法。

（3）环境卫生管理法律、法规、规章。

（4）治安、保卫、消防管理法律、法规、规章，如防盗护栏安装、物业管理区域道路交通、机动车等管理条例和办法。

（5）城市绿化管理法律、法规、规章。

（6）业主委员会管理规章、办法。

（7）行业管理，包括《物业管理条例》《物业服务企业资质管理办法》及有关物业服务企业的税收、合同、招标、投标、企业协会等的管理办法。

（8）各类物业管理，有关住宅小区、商业物业、工业物业、特殊物业、高层住宅、别墅区物业管理条例和管理办法等。

2. 物业管理文献信息管理系统

物业管理文献信息管理系统能对物业管理活动中的思想、理论基础、经济事实以及各种经济技术数据等信息进行收集、整理、存储、查询、使用，从广度和深度上积累物业管理各方面的知识，加强物业管理的理论研究工作和培训工作，有效地指导物业管理实践活动。物业管理文献信息管理系统分门别类地记录了有关物业管理方面文献的名称、作者、收藏单位、出处、文摘、主题词以及引用文献等有关情况，方便用户查询。

3. 工业物业管理信息系统

工业物业管理信息系统包括工业村物业管理，工业厂房类物业管理，仓储类物业管理，开发区物业管理，船坞、码头物业管理等子系统。

4. 商业物业管理信息系统

商业物业管理信息系统包括商业大厦物业管理、娱乐场所物业管理、酒店物业管理等子系统（目前酒店物业管理已分离成一门专项管理——酒店管理）。

5. 特殊物业管理信息系统

特殊物业管理信息系统包括高尔夫球场物业管理，寺庙物业管理，机场、火车站物业管理等子系统。

6. 住宅区管理信息系统

住宅区管理信息系统包括住宅区物业管理、单位自管住宅物业管理、军队住宅区物业管理、别墅区物业管理、度假村物业管理等子系统。

三、其他物业服务现代化手段

随着大量现代化建筑的不断增加，建筑物内均已配备了先进的设施，如自动电梯、自动消防系统、自动报警系统、防盗传呼对讲系统、有线电视接收系统等设备。这就为物业管理采用先进的技术手段展示了广阔的前景。

在一些高级公寓和办公楼中，较为普遍的是现代化的电子中央控制室已被物业管理所接受和应用。管理人员对楼宇的安保、消防、电梯、供水、供电等系统均实现电子监视和控制，体现了物业管理技术的现代化水准。

（一）信息通信设备系统

信息通信设备系统为建筑物的管理人员及建筑物内的各个业主、租户提供最快和最有效的信息服务。它可具有对于来自建筑物内外的各种不同的信息予以收集、处理、存贮、传输、检索和提供决策支持的能力。

1. 程控交换机系统

程控交换机系统应根据用户的需求，设置相应容量（门数）的系统设备。程控交换机系统既可以是大楼专用的用户小交换机，也可以是市内电话网中的一个端局、支局或能实现规模转换的用户电路终端设备。用户小交换机系统应采用数字式，应具有电脑服务员服务功能、语音用户服务功能、电子号码簿服务功能、直接拨入或拨出服务功能、自动收费功能等，还应根据用户需要，交换机系统配有光缆接口、ISDN 接口、X. 25 接口、卫星通信接口、数据通信接口（异步及同步）等。

2. 声讯服务和视讯服务系统

（1）语音信箱系统具有使外来语音存贮，并使语音信箱的用户通过信箱来提取留言的功能。其包括：电子信箱（电子邮件）系统具有存贮及提取文本、传真、电传等邮件功能；语音应答（声讯服务）系统具有被询问有关信息及时应答服务的功能；可视图文（视讯服务台）系统具有能通过专用终端或微机终端来检索数据库中动态图信息的功能。

（2）微小区域（建筑物内）无绳通信（电话）系统具有当通话（主叫或被叫）暂不在其办公室而在微小区域其他地方时，可通过该系统工程来进行双向通信。可视电话、电视会议系统可通过具有视频压缩技术的设备向使用者显示近处或远处可观察的图像并进行同步通话。卫星通信系统应向使用者提供图像、数据通信的功能。

（3）共用天线电视系统（含闭路电视系统）应向使用者集中提供本地的电视节目和建筑物内闭路（自制）电视节目，以及连接卫星通信系统向使用者提供国内外不加密或加密的电视节目和加密的数据信息。公共广播传呼系统应向建筑物内公共场所等处，提供优雅舒适的开、闭路多音源信号节目以及公共的传呼信息，并与紧急广播系统结合在一起，当遇事故时，进行紧急播音传呼。

3. 建筑物内信息管理系统

（1）完整的信息管理系统应具有物业管理子系统、综合服务管理子系统、共有信息管理库子系统。其包括：物业管理子系统应具有建筑物内各类设施资料管理、各类设施运行状况及维护管理的功能；综合服务管理子系统应具有建筑物内各类购物、餐饮、娱乐管理、各类服务设施租用、计费管理以及租用公司或人员状况管理体制的功能；共用信息库子系统应具有国内外信息的收集、分类、存库以及具有提供公共信息服务的功能。建筑物内办公自动化系统应有个人事务、办公事务处理以及各租用户公司对外不能共享的专用信息库服务的功能。

（2）建筑物内、外各信息传输网和网络系统应做如下规定：建筑物连接外围电话网络和数据网络的中继线缆应采用单模光纤和高质量的铜芯线缆，以满足用户各种通信业务的要求；建筑物内应有信息传输网；建筑物内应设立网络管理设备，对各计算机信息进行维护和监控，及时排除网络故障。

（二）楼宇设备监控系统

随着社会的进步，人们对生活、工作环境的要求越来越高。许多新型设备纷纷进入物业管理领域，为人们创造一个安全、舒适、方便的居住、工作环境。为了更好地对设备的运行和维修进行管理，在许多大厦中安装了设备监控系统，以便控制物业中的空调、电梯等设备，便于物业管理。

1. 空调系统

空调系统应能对冷暖源设备、通风设备、空调设备及环境监测设备等进行监视、测量、控制。

人们对空调的要求不是简单的恒温，还要求温度和新鲜空气一样，一般以人体感觉舒适为标准。因此，在大厦的中央空调运行管理中，需要管理系统综合协调多种设备的运行，才能达到要求。而设备监控系统正是起这个作用的。设备监控系统能保证设备的正常运行，一旦运行中出现异常情况，该设备会自动报警，且会在中央电脑中具体显示设备异常的情况，为维修人员提供材料。待故障排除，设备试运行正常后，电脑仍回到正常运行的程序控制状态。

监控系统中的电脑主机还能协调各种设备，创设出大楼内舒适的小环境。即根据季节和人们的要求，电脑可对楼内的温湿度标准进行不同的调节，每位使用者也可以设定自己所在单元的温度，自控设备和中央电脑将根据其要求控制安排这个区域的设备运行，以满足使用者的要求。

中央空调可以说是大厦中规模和日常消耗费用较大的设备。因此，中央空调的节能是一个重要的问题。设备监控系统由于对设备的综合管理，使各设备之间的协调性得以增加，从而提高了效率，使能耗下降。

在中央空调条件下，如何保证大厦内空气净化、森林化、自然化，避免“高楼烦恼症”既是开发商的课题，也是物业管理的课题。

空调系统监控应具有以下功能：冷、热源机组运行控制；空调设备的工况优化控制；空调用电设备的监视；温度、湿度的监视、控制；空调房间的有关参数的监测。

空调系统应对冷、热源的流量、温度、压力进行监视、控制、测量、记录等。

2. 电力系统

电力系统应能对电流、电压、有功功率、无功功率、功率因数等参数进行测量、记录。

在规模较大的高层物业中，电梯数量较多，这些电梯运行中的监控、协调都要靠设备监控系统完成，一旦出现突发事件，在中央电脑的控制下，电梯立即能做好应急处理工作。对垂直升降电梯、自动扶梯设有运行监视装置。电梯运行是大厦内部垂直交通的关键。许多大城市，如上海大部分高层物业都规定了人等电梯的时间不超过45秒，这就对大厦的电梯管理提出了更高的要求。

除了以上设备外，设备监控系统还可以对变配电设备、给排水设备等进行管理，发现问题能及时报警。总之，设备监控系统能使物业中的设备运行全部受电脑控制。

3. 给排水系统

给排水系统应能对给排水设备、饮水设备及污水处理设备等进行监视、测量、控制；给水系统应能对流量、压力、液位进行监视、控制、测量、记录；排水系统应能对流量进行测量、记录；对阻塞进行显示；等等。

（三）火灾报警与消防联动控制系统

在监控系统中，各层设有的烟感报警器所出现的情况都可以显示。若室内温度超过标准，消防设备控制器将自动报警，电脑中会显示火警点的具体位置。同时，自动喷淋设备会向室内喷射灭火材料，控制火势蔓延，大楼内部的普通电梯自动回到底层后停止使用。管理人员通过紧急广播网通知人们从楼梯或消防电梯疏散。根据电脑显示的火警点位置、范围，保安人员配合消防赶到现场灭火。

火灾报警与消防联动系统必须根据设置对象的等级分类、功能要求、管理体制和经济性等因素综合决定。火灾报警传感设备应是以烟雾、温度及可燃气体等探测器为主体；系统应能显示报警区域、点的状态信号及基本消防装置的状态情况；系统中应设置整个监控范围中人工报警及消防灭火设备监控；系统中应有对消防泵、喷淋泵、防烟排烟等设施的监控和联动等；电梯运行管制应能在确认火灾后，可自动或手动控制电梯依次迫降于首层，使客梯停运，消防电梯待命；在规定的防火区域内，装置手动报警按钮，且在区域集中显示屏中显示；在防火区域内，设置紧急广播及警铃系统，对此两系统的控制应为火灾时着火层（区域）及其相邻的上下层（区域），紧急广播系统应由消防控制中心直接分层监控，可利用建筑物内公共广播系统来实施。

建筑物中应设消防控制室，火灾报警控制系统主机及控制盘应设在消防控制室中，消防控制室应具有接受火灾报警，准确区分火灾报警、故障报警，及时发出火灾信号及安全疏散指令，控制相关消防联动控制设备及显示电源运行情况等功能。

（四）公共安全管理系统

公共安全管理系统应根据各类建筑的使用功能、建设标准及公共安全防范管理的需要确定系统的综合模式、系统相应配置的组合和系统功能相应达到的等级。

公共安全管理系统的组合及设备配置应是结构化、规范化的方式，并能适应工程建筑发展和技术发展的需要。

1. 公共安全管理系统的基本模式

（1）采用子系统组合式的安全管理系统，各子系统应分别单独设置。

（2）采用子系统集成的计算机安全综合管理系统，各子系统应联网，并采用共享同一管理软件资源的集中统一操作。

2. 公共安全管理系统主要子系统

（1）电视监视系统。

电视监视系统应能根据安全防范管理的需要，在各类建筑的主要公共活动场所、通道以及重要部位，再现现场图像画面，进行有效的监视和记录。

（2）防盗报警系统。

防盗报警系统应能根据各类建筑的公共安全防范管理的要求和防范区域及部位的具体现状条件，安装红外或微波等各种类型报警探测器，实现对设防区域非法入侵及时可靠和正确无误的报警。

（3）出入口控制系统。

出入口控制系统应能根据各类建筑中的公共安全防范管理的需要，对大楼内部分区域的通行门、出入口通道及电梯等的通行位置、通行对象、通行时间进行有效的控制和管理。

（4）安保人员巡逻系统。

安保人员巡逻系统能对各类建筑的安保人员巡逻的运动状态进行监视，做好记录并能及时报告警信。

（5）访客和报警系统。

访客和报警系统在高层公寓楼（高层商住楼）中应能为来访客人与楼内居住人员提供双向通话或可视通话，以及居住人员向安保中心及时报警的功能。

（6）汽车库综合管理系统。

汽车库综合管理系统应能根据各类建筑的管理要求，对车库（场）车辆通行的出入通道的控制、行车信号指示及停车计费等进行综合管理。

第四节　物业管理的发展趋势

一、我国物业管理的发展趋势

（一）物业服务企业化

1. 强调规模经济

物业管理虽然是服务性行业，但物业服务企业作为一个企业，发展新物业点时，在立足于提高企业经济效益和减低房屋业主或使用人管理费负担的基础上，也应该考虑运用规模经济，开展企业化经营。物业服务企业的规模越接近经济规模，单位管理成本就越低。如果物业服务企业手中的物业点过于分散，这往往会导致管理成本居高不下，经济效益就无法提高。

2. 强调“一业为主，多种经营”

物业管理要取得经济效益，既要通过各种方法降低管理成本，又要开拓经营渠道增加收入。物业管理本身就是个涵盖面很广的行业，在从事物业的管理和服务的同时，也可将经营范围扩大到与物业相关的业务。

（二）专业服务社会化

专业服务社会化包含两个方面的内容：

（1）专业化，这是前提条件。社会生产服务的内容专业了，服务水平才会有较大的提高。但这种专业化的生产服务又要求社会上其他专业服务与之相配套，这样才有充足的市场。

（2）社会化，即物业服务通过市场化方式向社会公开招标，物业服务企业或其他管理人的参与投标竞争，优胜者获得管理项目且与业主签订物业服务合同，并提供约定服务。这种方式有利于优质服务企业获得更多的项目，为业主提供更好的服务。

（三）物业管理现代化

物业管理是一个复杂的系统工程，其包含的内容与我国原来实行的房管制度有很大的差别。根据物业管理的量大、复杂多样、细化、长期性等特点，以及物业管理行业竞争日益激烈的事实，物业管理现代化是行业发展的必由之路。如前所述，物业管理现代化既是思想观念的现代化，学科理论的系统化，也是管理模式、管理方法和管理手段的现代化。

二、物业管理发展的必备条件

物业管理虽然有美好的发展前景，但从物业管理的现状来看，行业内部和社会环境方面有一系列的问题需要解决，只有随着社会经济进一步发展形成良好的物业管理外部环境，加之行业内部不断自我完善，物业管理的美好前景才能变为现实。

（一）外部条件

1. 人们普遍重视居住质量和生活品位

随着生活水平的提高，人们对住房的要求已经从有房住、住得下升格到住得好，强调环境保护和低碳生活。而“住得好”即是良好的管理服务，优美宜人、健康的生活环境，和谐的社区氛围，智能化的安防设施，正常的水电供应，配套的各类设施及文化娱乐场所、商业网点等，保障生活的高质量、高品位。

2. 人们普遍重视房屋的保值、增值，物业管理意识的形成

一方面，随着经济水平的提高，人们的物质生活水平提高了，必然会寻找高回报的投资，在继国库券、债券、股票后，房屋成了新的投资热点。房屋土地的稀缺性，决定了房地产增值的趋势。另一方面，人们的物业管理意识逐渐形成，普遍接受物业委托代理服务方式，使之成为生活的一部分。

3. 立法到位，规范明确

当前物业管理发展中遇到的最突出的问题就是缺乏法律、法规的规范和约束。管理系统中各因素之间的关系、权利、义务没有明确的规定。

4. 房屋体制的改革

在市场经济中，国家对经济的控制不再是强制采用行政命令，而是通过法律、法规、经济手段来调控。因此，房屋管理体制改革是要建立一种适应市场经济的企业化物业管理模式。

5. 搞好房地产行业的内部协调

这里所说的房地产行业是指包括参与房地产开发、经营、管理的各种企业，它包括设计、勘察、施工、销售、中介、咨询和物业管理等子行业。在房地产开发过程中各子行业之间只有保持均衡关系，才能促进自身的健全发展。首先，要搞好房地产内部结构调整。房地产开发的数量大、层次高，而与其配套的物业管理单位数量相对较少，管理服务水平普遍偏低，开发建设与售后服务比例不协调。其次，要开发建设单位与物业服务企业合作，推行规划设计—建设施工—管理服务一条龙模式。开发建设单位在住宅开发建设中，由于没有把售后管理联系起来统一规划，往往会造成建成后管理上的困难及矛盾。

6. 处理好物业服务企业与其他方面的关系

国家对物业的管理最终是通过管理企业实施的，而物业服务企业对物业点的管理也必须符合当地的政策规定，并接受属地政府职能部门的管理。因此，物业服务企业在管理中要处理好这样的双轨关系，积极与当地区委会、派出所、交警队、居委会、

街道办、物价局、税务局等单位取得联系，协助行政机关工作，共创安全文明模范物业管理区域。

（二）内部条件

1. 处理好行业内部平衡关系

首先，处理好物业服务企业与开发商的关系，按照“分业经营”的模式逐步实现物业服务企业的独立运营；处理好物业管理服务与其他工商业经营的关系，按照各自规律进行“分开运营”，发挥各自的资源功能和效用，以及各自企业家的价值，实现社会经济资源整体优化，效用提高。

其次，处理好物业管理行业内部不同等级水平和不同专业方向的物业服务企业的服务业务关系，按照“专业管理、优质优价、发挥特长”的原则开展物业服务业务工作。

2. 发挥行业协会的行业自律作用，提高行业管理的整体水平

物业管理行业协会，对整个行业实行协调管理，并已在以下两方面发挥作用：一是协助政府部门制定行业规范。二是组织各种经验交流活动，提高企业管理服务水平。

3. 重视员工的专业素质，保证物业服务质量

要求重视员工的专业技术素质，不断进行专业技术培训，使从业人员达到上岗资格要求，还要建立考核制度，明确岗位职责，充分发挥员工的能动性。

4. 提供多种服务和多层次服务

物业管理行业是微利行业，在国内由于人们的经济承受能力有限，业主所交纳的物业费等收入仅够维持物业企业的日常开支，物业企业要想自我发展、收支平衡就必须提供多种有偿服务，增加利润。

5. 合理收取、管理和使用经费

经费来源合理充足与否，直接影响到物业服务区域的管理效果和质量。只有以雄厚的经济实力为后盾，才能搞好物业管理区域内的清洁卫生、安全保卫、公共绿化、机电维修等方面的服务。

三、个人固定资产管理业务的开展

（一）个人固定资产管理的出现

个人固定资产从广义上可以理解为有明确的所有权归属的，为个人或者法人单位所有的不能搬动的或者在长时间内不能消耗完的不动资产；狭义上是指居民个人的固定资产。随着经济的发展，城乡居民的收入水平不断提高，人们除了满足生活消费支出外还有大量货币资产结余，产生投资不动产的置业需求。随着个人固定资产逐步增加，个人固定资产的管理成为物业服务公司新业务拓展的一个亮点，个人固定资产的

管理将成为资产管理的新市场。而这些领域正是物业服务企业所熟悉的，是其业务延伸的新空间。目前，在深圳已经出现由物业服务企业提供售后房产服务管理，并约定盈利水平的个人售房业务。

（二）物业服务企业的个人固定资产的管理业务

个人固定资产管理是指通过物业服务企业的介入，让原有的个人固定资产保值，甚至在一定程度上增值的经营管理活动。传统的物业管理是资产管理的最基础层次，物业服务企业进入个人固定资产管理领域并非易事，它需要一定的条件。

1．选择理性的决策方式

不动产行业是个投资大、风险大的行业，只有谨慎的、理性的决策方式，才有可能化解风险。对于个人固定资产的管理，管理者对其所管理的一系列相关的固定资产，有如下的决策方式。

（1）是否投资于不动产业，在何地区投资。

（2）投资于何类不动产，如办公楼宇或商住楼等。

（3）在进行不动产买卖时，进行挑选和鉴别。

（4）恰当的融资安排。

2．必备的资源条件

当物业管理由基础层次向更高层次迈进时，必须具备三个基本条件：人才、资金、市场。物业管理行业是一个门槛比较低的行业，它不需要很强的资金实力，但如果要从物业管理转向固定资产管理，进入楼盘销售市场，资金的问题就凸显出来了。或者更全面地说，物业管理要向固定资产管理迈进，要解决三个方面的问题。第一是资金问题，即要有足够的资金支持这项业务；第二是人力资源问题，即具有一批相关专业的经营管理专业技术人员；第三是市场问题，即个人固定资产管理需求市场达到一定的规模，并且人们认同、习惯于这种服务方式。就现有的物业服务企业来说，要让全社会接受“个人固定资产管理”的观念，物业服务企业自身首先要发展起来。而目前物业管理行业本身还只是一个微利行业，能够通过自身积累发展壮大的企业并不多，实力雄厚的企业更是屈指可数，目前资金基础还比较薄弱，是个瓶颈问题，需要多方的资源合作途径拓展个人固定资产管理业务。而资产管理、资产运营的专门人才更是目前所紧缺的。因此，物业服务企业进入资产管理领域有很大难度，从信息网络、营销网络的建立，到专业人才、资金实力的储备，到运作机制的探索以及运作经验的积累，都需要有一个循序渐进的过程。除此之外，目前个人固定资产管理业务受房地产开发商的习惯性制度安排的制约，主要由房地产中介机构来开展此项业务。其主要业务先是一手房市场，现在发展到二手房市场并逐步介入房地产咨询、评估、经纪等服务活动领域。而物业服务企业则专注于物业服务管理领域，基本上被排除在资产管理领域之外。

3．物业服务企业在开展个人固定资产管理业务方面的优势

目前，物业服务企业在开展个人固定资产管理方面有一些困难，但这并不表明物业服务企业在开展个人固定资产管理方面没有优势。物业管理介入资产管理市场其最大的优势就在于，物业服务企业对个人固定资产管理项目的了解不只停留在面上。因为物业服务企业有众多的、亲自管理的物业管理项目，对这些项目有全面细微的了解。也就是说，物业服务企业可以深入到该项目的每一个角落，包括每一套设备的运行状况等都了如指掌。这是一般中介公司所做不到的。

物业服务企业与业主的特殊关系，决定了物业服务企业如何清楚地掌握房地产的终端市场，并懂得这个产品该卖给谁，以及业主使用以后的意见等方面的情况，是获得第一手信息的权威机构。例如，从地段的选取角度来说，由于是较多地征得业主的意见，物业服务企业知道某个路段比较适合开发什么样的产品，提供给什么样的客户群体，而这些情况都可以反馈给开发建设单位，并进行有针对性的产品开发。此外，物业服务企业的前期介入，既有工程监理上的某些方面的优势，它也比一些专业的监理公司介入更有利，因为物业服务企业不仅关注施工过程中的质量，更注重今后业主使用上的效用性。

物业服务企业直接介入物业管理区域的二手个人固定资产（如房屋、铺面、场地、设备等）的租、售业务更具优势，如掌握有业主物业资料、系统的物业管理资源、与业主的良好的人际关系、对设备设施的运行保养等方面的熟悉、对物业项目区基地生活圈居民社会经济信息的了解等等。

物业服务企业要想在个人固定资产管理方面有所作为，并全面介入物业中介领域，必须改变目前的行业分工，特别是要使物业管理成为一个独立的行业，这样才能从根本上解决问题。

【本章小结】

1．物业管理现代化需要思想理论的创新发展，物业管理理论需要现代管理理论以及其他相关理论的支撑。现代管理理论与实践出现了一些新的特点：权变管理、创新管理、无形资产管理、人本管理。现代管理理论应用到物业管理工作就必须树立创新观念、人才观念、市场观念。物业管理的根本属性是公共管理，物业管理理论创新需要公共管理理论的支撑，以构成全新的物业管理理论体系。

2．物业管理模式必须现代化。目前，在我国内地已出现房地产管理的行业，在沿海地区已经出现了物业服务公司，但多采取母公司与子公司配套的管理模式。根据建立社会主义市场体制的要求，我国物业管理模式发展呈现出市场化、社会化、专业化、

规范化的特点。

3. 物业管理服务手段现代化是指使用计算机、互联网和其他现代办公设备进行物业管理服务。物业管理服务手段现代化主要是物业管理服务信息化、网络化、智能化，它能更好地收集、整理、筛选、储存、提取各种信息，节约人力、物力、财力资源，高效、快捷地搞好物业管理服务工作。

4. 组织结构必须实现扁平化与有机化。组织结构扁平化，精简中层，将成为一种潮流。团队及团队管理的基本内涵和团队的类型。虚拟管理的发展是伴随和适应网络经济发展而兴起的一种组织观念和经营观念，是针对虚拟企业组织所提出的管理方法。虚拟管理对我国物业服务企业组织与人力资源管理具有借鉴意义。

5. 我国物业管理的发展趋势是：物业服务企业化、专业服务社会化、物业管理现代化。物业管理发展必须具备内部和外部条件。

6. 代理制正在我国发展，必须掌握非对称信息与委托人—代理人的一般理论。物业服务企业委托代理业务主要有两类：一是受开发建设单位之托代理物业管理业务；二是受业主之托代理物业管理业务。无论是哪种代理业务都要签订物业管理委托合同。

7. 个人固定资产管理总的来说还是一个比较新的概念。

【案例分析】

经营型物业管理发展模式

近年来，国内一些知名品牌的物业服务企业在探索经营型物业管理发展模式方面做了大量的有益尝试。

经营型物业管理模式最早由深圳市中航物业管理有限公司提出。到目前为止，该公司是运作该模式较为成功的典型。经过 20 多年的实践和积累，这一运行模式使企业具备了较强的生命力和发展空间。深圳市中航物业管理有限公司运用经营型物业管理模式最初体现在将清洁、绿化、消杀等基础服务项目分包给市场专业公司承担，将企业发展重点放在物业经营、技术服务、配套服务项目方面，通过参与物业的租赁和相关配套项目的经营，继而向专业化公司、产业化布局等方向实施规模化、集团化发展：以物业管理服务为中心，通过为开发商、业主（客户）策划并实施物业经营方案，实施对物业的整体功能的开发，发挥物业的增值潜力。自 1996 年以来，公司的物业租赁经营收入已连续 4 年超亿元，管理的各类型物业面积达 120 多万平方米。集中企业技术优势、资金优势，通过全资、参股等方式实现了对中航电梯公司、中航健身会、21 世纪演艺中心、唐人食街等专业化公司和配套项目的多元化经营等，通过与中国长江航运集团武汉置业总公司强强联合，成立了武汉市中航物业管理有限公司，借武汉

“九省通衢”“物华天宝”的区域优势，扩大了企业的市场拓展空间，优化了企业的区域布局。该公司通过经营型物业管理模式的成功运作，突破了“物业管理是微利行业”这一传统观念，企业已逐步进入持续发展的轨道。

深圳市天健物业管理有限公司在多年的探索发展过程中，确定了“以物业管理为根本，物业经营为支柱，工程实业为配套，城市管理为依据”的经营战略，在争创企业品牌的同时，相继成立景田水泥厂、电梯维修中心、园林绿化中心、香密新村幼儿园、天健爱心幼儿园、综合市场等多个经济实体，作为公司物业管理服务的补充，为适应高品位、大社区的物业管理提供强有力的经济后盾，形成了一业为主、多元发展的格局。

[问题讨论]

1. 你怎么看待经营型物业管理发展模式?
2. 试述案例中的总结经营型物业管理发展模式的主要做法。
3. 如果你是物业服务公司经理，你又如何做?

[参考点评]

本案例反映的是物业服务企业经营管理战略问题。这说明物业服务企业通过调整经营战略是可以打破“物业管理行业是微利行业”的传统思维定式，实现物业管理高效益的经营目标的。

该公司确定的“以物业管理为根本，物业经营为支柱，工程实业为配套，城市管理为依据”的经营战略，形成了一业为主、多元发展的格局。这是一条成功的物业服务企业发展之路。“以物业管理为根本”就是以物业综合管理服务为根本，体现物业管理的根本属性的要求，并以此打造品牌和形成其他业务的发展基础，较好地处理了物业综合管理服务与经营管理服务的关系；“物业经营为支柱”主要是从企业盈利的角度考虑，体现了企业的经营目的，也为企业实力增强和较快发展提供了战略空间；“工程实业为配套”就是利用现有的企业资源和物业区域公共资源优势，充分发挥资源功能为企业增加业务量，增加盈利途径，是一种现实的选择，也是拓展经营管理业务范围的长远考虑和安排；“城市管理为依据”体现了物业管理区域与城市发展的协调发展的要求，也是社区管理与物业管理的相互支持与渗透作用的要求，也就是说，物业管理必须遵循城市发展与规划的政策和制度。

经营型物业管理模式主要做法：一是将清洁、绿化、消杀等基础服务项目分离给市场专业公司承担，将企业发展重点放在物业经营、技术服务、配套服务项目等方面，通过参与物业的租赁和相关配套项目的经营，继而向专业化公司、产业化布局等实施规模化、集团化发展。二是以物业管理服务为中心，通过为开发建设单位、业主（客户）策划并实施物业经营方案，实施对物业的整体功能的开发，发挥物业的增值潜力。

三是集中企业技术优势、资金优势，通过全资、参股等方式实现专业化公司和配套项目的多元化经营。四是通过强强联合，扩大企业的市场拓展空间，优化企业的区域布局。通过经营型物业管理模式的成功运作，突破“物业管理行业是微利行业”这一传统观念，企业已逐步进入持续发展的轨道。物业管理处（服务中心）主任（经理）应该在专业化和资源的整体开发利用方面向中航物业公司学习，搞好经营管理工作，增加管理处（服务中心）的经济效益；根据本物业管理处（服务中心）的具体情况，有选择性地支持公司开展多元化经营和市场拓展的战略，主要是考虑本公司的特点，不搞盲目行动，在有条件的情况下选择实施这些战略。一旦选定，物业管理处（服务中心）主任（经理）应当积极配合支持公司的决定，做好管理处（服务中心）应该做好的工作。

【问题思考】

1. 现代管理理论有哪些新特点？如何应用到物业管理服务中？
2. 如何理解物业管理的公共管理属性？
3. 我国物业管理模式发展呈现出哪些特点？
4. 物业服务企业组织结构设计中如何体现扁平化有机化思想？
5. 简述团队管理理论对物业管理团队的借鉴意义。
6. 物业管理手段现代化主要体现在哪些方面？
7. 试述物业管理发展的必备条件。

课程导学

参考文献

[1] 王在庚，白丽华．物业管理学［M］．北京：中国建材工业出版社，2002.

[2] 宋林飞．物业管理［M］．北京：社会科学文献出版社，2000.

[3] 黄福华．现代企业物流运作与管理［M］．长沙：湖南人民出版社，2001.

[4] 黄安永．物业管理实务［M］．北京：中国建筑工业出版社，1999.

[5] 方芳，吕萍．物业管理实务［M］．上海：上海财经大学出版社，2001.

[6] 林广志，甘元薪．物业管理学［M］．广州：中山大学出版社，1999.

[7] 贺学良，王子润．中国物业管理［M］．上海：文汇出版社，1999.

[8] 黄安永．现代房地产物业管理［M］．南京：东南大学出版社，2002.

[9] 杨振标，杨戟，陈德豪．物业管理实务［M］．广州：中山大学出版社，2000.

[10] 韩强，魏小乐．物业管理实用教程［M］．上海：上海远东出版社，1996.

[11] 王之泰．现代物流学［M］．北京：中国物资出版社，1995.

[12] 凯尔，等．物业管理：案例与分析［M］．朱文奇，译．北京：中信出版社，2001.

[13] 宋建阳．物业管理概论［M］．广州：华南理工大学出版社，2002.

[14] 谢献春．居住物业管理［M］．广州：华南理工大学出版社，2001.

[15] 张汝国．物业管理企业财务［M］．广州：华南理工大学出版社，2002.

[16] 王青兰．物业管理：一个新兴的与千家万户密切相关的行业［M］．上海：上海三联书店，1994.

[17] 卜一德．房地产开发经营管理实用手册［M］．北京：中国建筑工业出版社，2002.

[18] 宋建阳，陈锦锋，郑淑玲．商业物业管理［M］．广州：华南理工大学出版社，2002.

[19] 王方华，高松，刘路辕，等．服务营销［M］．太原：山西经济出版社，1998.

[20] 史广燕．浅析我国推行代理制存在的问题［J］．中国流通经济，1999（3）：12－13.

[21] 刘冠军．论现代管理的“六化”特征［J］．天府新论，1998（5）：41－44.

[22] 陈忠卫. 团队管理理论述评 [J]. 经济学动态，1999 (8)：64－67.

[23] 刘俊振. 企业内人力资源的虚拟管理 [J]. 南开管理评论，1999 (5)：21－25.

[24] 顾涧清. 建立大城市现代社区管理新模式 [J]. 人民论坛，2000 (5)：18－19.

[25] 金太军，王庆五，叶蕾，等. 我国城市社区管理的现状及对策 [J]. 中国行政管理，1998 (3)：18－20.

[26] 张久营. 试论我国城市社区管理体制的改革走向 [J]. 理论建设，2002 (1)：33－36.

[27] 马骏，郭巍青. 公共管理：新的研究方向 [J]. 武汉大学学报（哲学社会科学版），2002 (1)：76－83.

[28] 陈庆云. 强化公共管理理念推进公共管理的社会化 [J]. 中国行政管理，2001 (12)：20－21.

[29] 王乐夫. 论公共管理的社会性内涵及其他 [J]. 政治学研究，2001 (3)：78－84.

[30] 郝时光. 物业管理职位工作手册 [M]. 北京：人民邮电出版社，2009.

[31] 滕宝红，李建华. 物业管理人员技能手册 [M]. 北京：人民邮电出版社，2009.

[32] 姚裕群. 职业生涯管理 [M]. 大连：东北财经大学出版社，2009.

[33] 李俊琦. 职业素质与就业能力训练 [M]. 北京：清华大学出版社，2009.

[34] 王健朴. 物业管理专业能力单元课程标准（高职物业管理） [M]. 重庆：重庆大学出版社，2008.

[35] 李爽. 物业管理师 [M]. 北京：机械工业出版社，2007.

[36] 罗宗科. 物业管理知识手册 [M]. 太原：山西科学技术出版社，2005.

[37] 黄安心. 物业管理原理 [M]. 重庆：重庆大学出版社，2009.

[38] 黄安心. 物业管理职业能力训练 [M]. 北京：清华大学出版社，北京交通大学出版社，2010.

[39] 于卉敏. 物业管理工作细化执行与模板 [M]. 北京：人民邮电出版社，2008.

[40] 余源鹏. 物业管理服务人员实用从业知识三日通 [M]. 北京：机械工业出版社，2009.

[41] 张野，邵小云. 物业管理处业户服务管理 [M]. 广州：广东经济出版社，2009.

[42] 赵涛，潘欣鹏. 项目成本管理 [M]. 北京：中国纺织出版社，2004.

[43] 吴光铭. 物业管理 & 危机处理 [J]. 住宅与房地产，2004 (3)：50－51.

[44] 朱成立. 面向过程管理的物业服务项目管理 [J]. 现代物业，2007 (8)：

79 – 81.

［45］周小路. 物业管理实务［M］. 北京：电子工业出版社，2007.

［46］杨灵芝. 客户关系管理中对客户的分析［J］. 市场周刊（研究版），2005 (9)：21 – 22.

［47］郭宗逵. 物业管理［M］. 北京：化学工业出版社，2007.

［48］马克力，王磊，罗海艳. 物业管理纠纷［M］. 北京：法律出版社，2007.

［49］董秀金. 新时期物业管理纠纷的处理办法［J］. 中国集体经济，2007 (6)：3.

［50］姚裕群. 团队建设与管理［M］. 北京：首都经济贸易大学出版社，2006.

［51］黄安心. 公共管理：物业管理的根本性质［J］. 广州广播电视大学学报，2004（3）：27 – 32.

［52］黄安心. 融入社区治理：物业管理服务迈向成熟的希望之路［J］. 湖北社会科学 2013（1）：58 – 60.

［53］黄安心. 物业管理导论［M］. 中国人民大学出版，2020.

［54］靳勤，黄安心. 物业管理基础［M］. 华中科技大学出版社，2021.